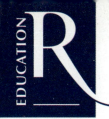

Gilda Flaccavento • Nunzio Romano

progetto scienze
per la scuola secondaria di primo grado

Obiettivo Scienze

2

Coordinamento editoriale: Isabella Randone
Coordinamento redazionale: Elisa Brunelli
Progetto grafico: CL'EM, Milano
Redazione: Valentina Amerio
Ricerca iconografica: Imagoteca di Luciana De Riccardis
Elaborazione digitale testo e immagini e impaginazione: Studio Mizar, Bergamo
Disegni: Bluedit, Graffito, Studio Giancarlo Pennati, Filippo Pietrobon, Andrea Bianchi/Agenzia MIA

Referenze iconografiche: Ardea-Flpa-Minden-Science Source-Visual: unlimited/The Lighthouse, Science Photo Library/Tips Images.

L'Editore si scusa per eventuali omissioni o errori di attribuzione e dichiara la propria disponibilità a regolarizzare.

La realizzazione di un libro presenta aspetti complessi e richiede particolare attenzione nei controlli: per questo è molto difficile evitare completamente inesattezze e imprecisioni. L'Editore ringrazia sin da ora chi vorrà segnalarle alle redazioni.

Per segnalazioni o suggerimenti relativi al presente volume scrivere a: **supporto@rizzolieduction.it**

Le fotocopie per uso personale del lettore possono essere effettuate nei limiti del 15% di ciascun volume/fascicolo di periodico dietro pagamento alla SIAE del compenso previsto dall'art.68, commi 4 e 5, della legge 22 aprile 1941 n.633.

Le riproduzioni effettuate per finalità di carattere professionale, economico o commerciale o comunque per uso diverso da quello personale possono essere effettuate a seguito di specifica autorizzazione rilasciata da CLEARedi, Corso di Porta Romana n. 108, Milano 20122, e-mail: autorizzazioni@clearedi.org

I nostri testi sono disponibili in formato accessibile e possono essere richiesti a: Biblioteca per i Ciechi Regina Margherita di Monza (http://www.bibliotecaciechi.it) o Biblioteca digitale dell'Associazione Italiana Dislessia "Giacomo Venuti" (http://www.libroaid.it).

Il processo di progettazione, sviluppo, produzione e distribuzione dei testi scolastici dell'Editore è certificato UNI EN ISO 9001.
L'Editore è presente su Internet all'indirizzo: **http://www.rizzolieducation.it**

Proprietà letteraria riservata
www.rcseducation.it

ISBN 978-88-915-0365-7

© 2014 RCS Libri S.p.A., Milano
© 2018 RCS Education S.p.A., Milano
Prima edizione: marzo 2014

Ristampe
    2021   2022   2023   8   9   10   11

Stampato presso L.E.G.O. S.p.A., Lavis (TN)

Presentazione del corso

In queste pagine si trovano indicazioni utili per organizzare lo studio al meglio, attraverso gli strumenti che *Obiettivo Scienze* mette a disposizione: il libro di testo cartaceo e i contenuti digitali.
Il testo inquadra i diversi argomenti scientifici mediante un ricco e dettagliato apparato didattico. Numerosi esempi e immagini aiutano a focalizzare le informazioni più importanti e a riconoscere le relazioni di causa-effetto proprie dei principali fenomeni scientifici, nonché ad apprendere un linguaggio tecnico e scientifico adeguato.

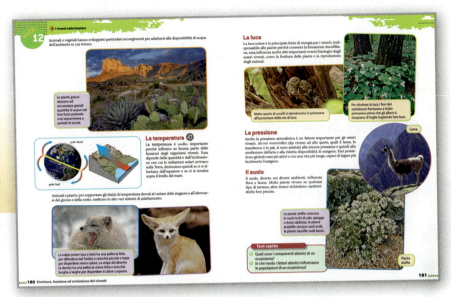

Immagini di ampio respiro, accattivanti e spiegate in maniera esaustiva, accompagnano gli studenti alla scoperta delle scienze in tutte le sue forme e manifestazioni. Testo e illustrazioni si fondono in un unico corpo facilitando la comprensione e la memorizzazione dei concetti chiave. Si può così esplorare, anche visivamente, il mondo della fisica, della chimica, della geologia e delle scienze biologiche.

Approfondimenti, focus ed esperimenti completano ogni singola unità stimolando l'interesse e la curiosità verso le scienze e le loro applicazioni.
Ogni unità, inoltre, si conclude con una proposta di simulazione dell'interrogazione con domande e risposte.
Infine, esercizi specifici permettono allo studente di memorizzare i concetti e sviluppare contemporaneamente gli strumenti idonei al percorso dell'apprendimento.

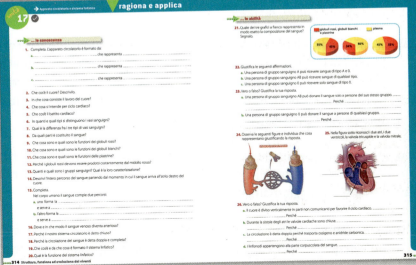

III

Presentazione del corso

I contenuti digitali di *Obiettivo Scienze*

Il corso è completato da una grande varietà di approfondimenti reperibili nei materiali digitali che lo accompagnano. Tutti i contenuti digitali e i servizi per la didattica di *Obiettivo Scienze* sono reperibili in **Hub Scuola**, l'ambiente virtuale e collaborativo che risiede su www.rizzolieducation.it.
In particolare in **Hub Scuola** si possono trovare l'Open**Book** e l'Extra**Kit** di *Obiettivo Scienze*.

 L'Open**Book** è il libro di testo digitale, interattivo e multimediale, fruibile su computer e tablet, arricchito di strumenti e contenuti digitali che non si trovano nel tradizionale libro di carta. Nelle pagine dell'Open**Book** di *Obiettivo Scienze* i contenuti digitali integrativi sono attivati toccando o cliccando le icone.

 Video: da questa icona si accede a vari tipi di video: interviste a scienziati, filmati di approfondimento…

 Contenuto multimediale aggiuntivo: da questa icona si accede a vari contenuti integrativi: fotogallery, testi di approfondimento, esperimenti e schemi animati…

 Digitest: da questa icona si accede alla verifica interattiva autocorrettiva.

 Zoom: da questa icona è possibile accedere all'ingrandimento di una immagine.

 Link interno: da questa icona si possono raggiungere le pagine dei Laboratori attinenti all'argomento del testo.

 Accorpamento risorse: da questa icona si accede a più contenuti multimediali, raggiungibili da un piccolo sommario.

Nell'Open**Book** è inoltre possibile sottolineare ed evidenziare parti di testo, inserire note o registrazioni vocali, lavorare sulle pagine in autonomia o condividere con gli altri i risultati di quello che si fa.
Il testo può essere visualizzato in formato adattabile ai vari supporti, con la possibilità di variare la grandezza e il tipo di carattere; è fruibile anche in un carattere ad alta leggibilità o con l'ausilio di un sintetizzatore vocale che aiutano nella lettura gli allievi dislessici.

 L'insieme dei contenuti digitali integrativi di *Obiettivo Scienze* è raccolto anche nell'Extra**Kit** disponibile in **Hub Scuola**. Periodicamente nell'Extra**Kit** saranno inoltre reperibili eventuali aggiornamenti.

Inoltre in **Hub Scuola** studenti e docenti possono cercare, scegliere e aggregare contenuti, costruire percorsi, condividere materiali e attività, confrontarsi nei blog, e fare insieme molto altro ancora.

Indice

Fisica e Chimica

unità 1 — Il moto e le sue caratteristiche — 1
- In quiete o in moto? — 2
- Gli elementi caratteristici del moto — 4
  - La misura di queste grandezze — 5
- Il moto rettilineo uniforme — 7
  - Il diagramma cartesiano del moto rettilineo uniforme — 8
- Il moto vario — 9
  - Moto vario e velocità media — 9
  - Il diagramma cartesiano del moto vario — 10
  - Il moto accelerato — 10
- Il moto uniformemente accelerato — 12
  - Il diagramma cartesiano del moto uniformemente accelerato — 13
  - La caduta libera dei corpi — 13
  - Il diagramma cartesiano del moto di caduta libera — 14
- Fissa i concetti chiave — 15
- Ragiona e applica — 16

Materiali digitali

hub SCUOLA
- Fotogallery
- Approfondimenti
  Per misurare la velocità • La misura del tempo • Il moto circolare • Galileo e la caduta dei corpi • In caduta libera
- Laboratorio competenze
  Moto e velocità. Velocità in gara
- Verifica interattiva

unità 2 — I principi della dinamica — 21
- Le forze — 22
  - La pressione — 24
- Composizione di forze — 25
- Forze e movimento — 27
  - Il primo principio della dinamica — 27
  - Il secondo principio della dinamica — 28
  - Il terzo principio della dinamica — 29
- Fissa i concetti chiave — 31
- Ragiona e applica — 32

hub SCUOLA
- Approfondimenti
  Pressione e superficie • L'attrito • Velocità, casco e cinture di sicurezza • Isaac Newton
- Osservazioni ed esperimenti
- Verifica interattiva

unità 3 — Forze ed equilibrio — 35
- Forze in equilibrio — 36
  - Come si determina il baricentro di un corpo? — 38
- L'equilibrio dei corpi — 39
  - L'equilibrio dei corpi sospesi — 39

hub SCUOLA
- Approfondimenti
  La spinta aerostatica
- Laboratorio competenze
  Galleggiamento. Un sottomarino semplicemente magico!

Indice

L'equilibrio dei corpi appoggiati	40
Forze ed equilibrio nei liquidi	42
Fissa i *concetti chiave*	45
Ragiona e applica	46

unità 4
Le macchine semplici — 49

Le leve	50
Vari tipi di leva	53
Leve vantaggiose, svantaggiose e indifferenti	53
Leva di primo genere	54
Leva di secondo genere	54
Leva di terzo genere	54
Il piano inclinato, la vite e il cuneo	55
Fissa i *concetti chiave*	58
Ragiona e applica	59

unità 5
La meccanica dei liquidi — 63

Caratteristiche di un liquido in quiete	64
Le forze di adesione	66
La pressione idrostatica	67
Liquidi in movimento	69
Fissa i *concetti chiave*	72
Ragiona e applica	73

unità 6
Elementi di chimica — 75

Le trasformazioni della materia	76
I mattoni della materia	78
Numero atomico e numero di massa	79
Massa atomica e peso atomico	80
Gli isotopi	80
Elettroni e strati elettronici	81
La tavola periodica degli elementi	82
La tavola di Mendeleev	83
I legami chimici	85
Il legame ionico	86
Il legame covalente	87
Il legame metallico	88
La valenza	88
Fissa i *concetti chiave*	89
Ragiona e applica	90

Materiali digitali

▶ **Video**
Il baricentro

Osservazioni ed esperimenti

✓ **Verifica interattiva**

hub SCUOLA

Fotogallery

Approfondimenti
Le leve • Archimede, scienziato e inventore • Leve nel nostro corpo • La carrucola, una particolare leva

Osservazioni ed esperimenti

✓ **Verifica interattiva**

hub SCUOLA

Approfondimenti
I vasi comunicanti • La capillarità • La tensione superficiale • Il torchio idraulico

Laboratorio competenze
Vasi comunicanti. Cannucce magiche

Osservazioni ed esperimenti

✓ **Verifica interattiva**

hub SCUOLA

Approfondimenti
L'atomo, da Dalton ai giorni nostri • Dentro l'atomo • Elementi per la nostra salute • Gli ultimi elementi della tavola periodica • Esempi in natura

▶ **Video**
Scienziati si diventa. Intervista a Fabio Pupilli. A caccia di particelle • Scienziati si diventa. Intervista a Matteo Dalmiglio. Fiori di luce

✓ **Verifica interattiva**

Indice

unità 7 — Reazioni e composti chimici — 93
Le reazioni chimiche — 94
Equazioni e leggi chimiche — 96
    La legge della conservazione della massa — 97
    La legge delle proporzioni definite — 98
I principali composti chimici — 99
    Gli ossidi — 99
    Le anidridi — 100
    Gli idrossidi o basi — 100
    Gli acidi — 101
    I sali — 102
Sostanze acide, basiche e neutre — 104
Fissa i concetti chiave — 107
Ragiona e applica — 108

Materiali digitali
hub SCUOLA
- **Approfondimenti**
Trasformazioni chimiche: reazione esotermica e reazione endotermica • Ossidazione e combustione • Sintesi, analisi e scambio • Acidi e basi intorno a noi • Gli indicatori: acida, basica, o neutra?
- **Laboratorio competenze**
Combustione. Un estintore invisibile • Ossidoriduzioni. Mondo color rame! • Doppio scambio. Miscugli forzati • Acidi e basi. Magia?... col cavolo!
- **Video**
Chimica in cucina
- **Osservazioni ed esperimenti**
- **Verifica interattiva**

unità 8 — I composti organici — 111
La chimica organica — 112
Gli idrocarburi — 113
Le materie plastiche — 114
    Alcoli e acidi carbossilici — 115
Carboidrati — 116
Lipidi — 118
Proteine e acidi nucleici — 119
Fissa i concetti chiave — 120
Ragiona e applica — 121

Materiali digitali
hub SCUOLA
- **Fotogallery**
- **Approfondimenti**
Il carbonio • Il fullerene • Non solo carburante
- **Verifica interattiva**

Astronomia e Scienze della Terra

unità 9 — Dalle stelle all'universo — 123
Stelle e galassie — 124
    Le stelle — 125
    Una stella nasce e... muore — 126
L'Universo: origine e futuro — 128
La Via Lattea — 132
Fissa i concetti chiave — 134
Ragiona e applica — 135

Materiali digitali
hub SCUOLA
- **Fotogallery**
- **Approfondimenti**
Distanze astronomiche • L'astronomia: un'antica scienza • Le costellazioni
- **Video**
Scienziati si diventa. Intervista a Giulia Migliori. Lo spazio da scoprire • Scienziati si diventa. Intervista a Marco Regis. Segnali dal cosmo
- **Laboratorio competenze**
Costruzione di un planetario. Una torcia... planetaria!
- **Osservazioni ed esperimenti**
- **Verifica interattiva**

VII

Indice

unità 10 — Il sistema solare — 137
Il Sole e l'origine del Sistema Solare — 138
   L'origine del Sistema Solare — 140
Il Sistema Solare: i pianeti — 141
   Le leggi di Keplero — 142
Gli altri corpi del Sistema Solare — 144
Fissa i concetti chiave — 147
Ragiona e applica — 148

Materiali digitali
hub SCUOLA
- Fotogallery
- Area di zoom
- Approfondimenti
  Altre ipotesi sul sistema solare • I pianeti del sistema solare
- Video
  Asteroidi e comete
- Laboratorio competenze
  Sistema solare. L'astronomia delle stagioni
- Verifica interattiva

unità 11 — La Terra: il nostro pianeta — 151
Sulla Terra: paralleli e meridiani — 152
   Le coordinate geografiche — 153
Il moto di rotazione della Terra — 154
Il moto di rivoluzione della Terra — 156
Il nostro satellite: la Luna — 159
   L'origine della Luna — 160
I movimenti, le fasi lunari e le maree — 161
   Le fasi lunari — 162
   Le maree — 163
Eclissi di Sole e di Luna — 164
I fusi orari — 166
Fissa i concetti chiave — 167
Ragiona e applica — 169

Materiali digitali
hub SCUOLA
- Fotogallery
- Area di zoom
- Approfondimenti
  Le coordinate geografiche in pratica • La terra è piatta o sferica? • Il moto di rotazione della Terra • Il sole a mezzanotte
- Osservazioni ed esperimenti
- Verifica interattiva

Biologia

unità 12 — I viventi nella biosfera — 175
Ecologia: dall'habitat all'ecosistema — 176
I componenti abiotici di un ecosistema — 179
   L'acqua — 179
   La temperatura — 180
   La luce — 181
   La pressione — 181
   Il suolo — 181
I componenti biotici di un ecosistema — 182
Catene alimentari — 185
La piramide ecologica — 186
Le zone climatiche della Terra — 188
I grandi ambienti: i biomi terrestri — 190
I biomi acquatici — 192
   Il bioma marino — 192
   Biomi d'acqua dolce — 192

Materiali digitali
hub SCUOLA
- Fotogallery
- Approfondimenti
  Il prato, un ecosistema vicino a noi • La nicchia ecologica • Aree protette in Italia • Per un pianeta malato • Catene e reti alimentari • Cicli biogeochimici • Equilibrio e dinamica degli ecosistemi • Tra bosco e prateria • I biomi terrestri • I biomi acquatici • La nascita dell'etologia • Aspetti della vita degli animali • Le api, una società ben organizzata • Come comunicano gli animali? • Konrad Lorenz
- Video
  Scienziati si diventa Intervista a Michela Pin. I biocarburanti • Scienziati si diventa. Intervista a Lisa Locatello. La scelta del partner

VIII

Indice

Etologia: lo studio del comportamento animale	193
Comportamenti innati e appresi	194
L'apprendimento	195
Un particolare apprendimento, l'imprinting	196
Fissa i concetti chiave	198
Ragiona e applica	200

unità 13 · Il sistema uomo — 205

Il ciclo vitale dell'uomo	206
Struttura generale del corpo umano	208
Dalla cellula all'organismo	209
L'apparato tegumentario	212
La pelle	212
Gli annessi cutanei	213
Le ghiandole cutanee	214
Le funzioni della pelle	215
Per la salute dell'apparato tegumentario	217
Fissa i concetti chiave	220
Ragiona e applica	222

unità 14 · L'apparato locomotore — 225

Il sistema scheletrico: le ossa	226
Il tessuto osseo	226
Il tessuto cartilagineo	227
Le ossa	228
Le articolazioni	230
Lo scheletro	232
Lo scheletro del capo	232
Lo scheletro del tronco	233
Lo scheletro degli arti	234
Le funzioni del sistema scheletrico	235
Per la salute del sistema scheletrico	236
Il sistema muscolare	239
Tipi di tessuto muscolare e muscoli	239
Il lavoro dei muscoli	242
Le funzioni del sistema muscolare	244
Per la salute del sistema muscolare	246
Fissa i concetti chiave	247
Ragiona e applica	250

unità 15 · La nutrizione e l'apparato digerente — 255

Nutrirsi, un'esigenza fondamentale	256
I principi nutritivi	257
Alimenti e fabbisogni	259
I nostri fabbisogni alimentari	259
Il tuo fabbisogno energetico	261

Materiali digitali

Laboratorio competenze
Surriscaldamento. Ghiacciai in pericolo • Reti alimentari. Una rete che non si vede

Osservazioni ed esperimenti

Verifica interattiva

hub SCUOLA

Fotogallery

Approfondimenti
In caso di emergenza
• Salute e malattie
• Melanociti e melanina

Verifica interattiva

hub SCUOLA

Approfondimenti
Formazione e riparazione delle ossa • Quali muscoli usiamo per … • Impariamo a camminare

Video
Le articolazioni

Osservazioni ed esperimenti

Verifica interattiva

hub SCUOLA

Approfondimenti
Una corretta alimentazione
• Le vitamine • La carie
• I disturbi alimentari

Video
Bile e digestione

Indice

L'apparato digerente	263
Il canale digerente	263
Stomaco e intestino	266
Lo stomaco	266
L'intestino	266
Gli organi annessi: fegato e pancreas	268
Il processo digestivo	269
In bocca la prima digestione	270
La digestione gastrica ed enterica	271
Assorbimento e assimilazione	274
Per la salute dell'apparto digerente	276
Fissa i concetti chiave	277
Ragiona e applica	280

unità 16 — L'apparato respiratorio — 285

Respirare, un continuo bisogno	286
Gli organi dell'apparato respiratorio	287
Le vie respiratorie	287
I polmoni	288
La respirazione	290
La respirazione esterna o polmonare	290
La respirazione interna o cellulare	294
Per la salute dell'apparato respiratorio	295
Fissa i concetti chiave	296
Ragiona e applica	297

unità 17 — Apparato circolatorio e sistema linfatico — 299

Il cuore e il ciclo cardiaco	300
Il ciclo cardiaco	301
Vasi sanguigni e sangue	302
Il sangue	304
I gruppi sanguigni	306
La circolazione del sangue	307
Per la salute dell'apparato circolatorio	309
Il sistema linfatico	311
Fissa i concetti chiave	312
Ragiona e applica	314

unità 18 — L'apparato escretore — 317

Eliminare i rifiuti	318
Gli organi dell'apparato renale	319
Le funzioni dell'apparato escretore	320
Per la salute dell'apparato escretore	322
Fissa i concetti chiave	324
Ragiona e applica	325

Materiali digitali

- Osservazioni ed esperimenti
- Laboratorio competenze
  Alimentazione. Un uovo dal cuore duro
- Verifica interattiva

hubSCUOLA
- Approfondimenti
  La fonazione • Capacità polmonare e vitale • I pericoli del fumo
- Video
  Scienziati si diventa. Intervista a Luca Tiano. Gli agenti ossidanti
- Osservazioni ed esperimenti
- Laboratorio competenze
  La respirazione. Un torbido respiro
- Verifica interattiva

hubSCUOLA
- Approfondimenti
  Harvey e Malpighi • Battito cardiaco • Il fattore Rh
- Laboratorio competenze
  Apparato circolatorio. Un cuore modello!
- Verifica interattiva

hubSCUOLA
- Approfondimenti
  Analisi del sangue • Attenzione ai farmaci
- Verifica interattiva

Unità

1

Perché ne parliamo?

L'albero lungo la strada, il cagnolino seduto in attesa del suo padrone, l'automobile posteggiata sono fermi o si muovono? Sicuramente non avrai dubbi nel dire che sono fermi.
La moto che velocemente si allontana, il ragazzo che sta andando a scuola, l'uccellino che vola sopra gli alberi sono corpi fermi o in movimento? Anche in questo caso sai affermare che sono in movimento.

Non è però sempre facile capire se un corpo è fermo o in movimento. Per chiarire i nostri dubbi, occupiamoci allora di quest'argomento: il **movimento** e la **quiete**.

IL MOTO E LE SUE CARATTERISTICHE

Contenuti

- **In quiete o in moto?**
- **Gli elementi caratteristici del moto**
- **Il moto rettilineo uniforme**
- **Il moto vario**
- **Il moto uniformemente accelerato**

Prerequisiti

- **Conoscere le unità di misura delle grandezze fondamentali**
- **Conoscere il concetto di rapporto**

Obiettivi

- **Conoscere i concetti di moto e di quiete**
- **Comprendere i concetti di velocità e accelerazione**
- **Conoscere e distinguere il moto rettilineo uniforme, vario, uniformemente accelerato e di caduta libera dei corpi**

unità 1 In quiete o in moto?

"Essere fermi" o "muoversi", cioè la **quiete** e il **moto**, sono due concetti relativi nel senso che per renderci conto se ci muoviamo o no dobbiamo fare riferimento a qualcosa che, in quel momento, possiamo considerare fermo.

OSSERVA

In queste immagini non riesci a individuare quale dei due ragazzi nella seconda figura risulta essersi mosso.

In questo caso, invece, puoi sicuramente stabilire che si è mossa la ragazza con i jeans, perché rispetto alla panchina, che è ferma, è questa ragazza che risulta aver cambiato posizione.

Questo "qualcosa" da considerare fermo, la panchina nel nostro esempio, si chiama **sistema di riferimento**, ed è a esso che dobbiamo sempre riferire le nostre osservazioni sullo stato di quiete o di moto di un corpo.
Se prendiamo in esame, ad esempio, il caso della ragazza in mezzo alla strada diremo che:

Prendendo come sistema di riferimento la strada, la ragazza è in quiete.

Possiamo allora definire questi primi due concetti, **quiete** e **moto**, dicendo che:

- Un corpo è in **quiete** se, rispetto a un certo sistema di riferimento, non cambia la sua posizione nel tempo.
- Un corpo è in **moto** se, rispetto a un certo sistema di riferimento, cambia la sua posizione nel tempo.

FOCUS SU...

Quando non si parla di un sistema di riferimento particolare, ci si riferisce alla Terra. In effetti, come sai, il nostro pianeta si muove e quindi tutto ciò che è sulla Terra si muove con essa rispetto al Sole, ma poiché noi siamo su di essa, non avvertiamo il suo movimento e quindi possiamo considerarla un **sistema di riferimento fisso**.
Sarà quindi rispetto a essa che parleremo di moto o di quiete di un corpo e che prenderemo in esame i vari movimenti che studieremo.

Test rapido

→ Che cosa si intende per sistema di riferimento?
→ Quando un corpo è in quiete?
→ Quando un corpo è in movimento?

unità 1 — Il moto e le sue caratteristiche

Gli elementi caratteristici del moto

Quali sono gli elementi che caratterizzano il moto di un corpo? Rispondiamo cercando il modo più preciso di descrivere, ad esempio, il moto del signor Paolo da casa sua alla stazione.

Sono in ritardo, farò il percorso più breve, che è lungo 400 m; mantenendo una discreta velocità impiegherò dieci minuti circa.

Sicuramente dobbiamo indicare il **percorso** che il signor Paolo ha effettivamente fatto, cioè la **traiettoria del moto**, la **lunghezza di tale percorso**, il **tempo** complessivamente **impiegato** e la **velocità** mantenuta.

Il solco lasciato da ogni sciatore sulla neve evidenzia la sua posizione istante per istante ed è la **traiettoria del moto.**

La scia lasciata da ogni aereo evidenzia la sua posizione istante per istante ed è la **traiettoria del moto.**

Le orme lasciate sulla sabbia evidenziano la posizione dello scorpione istante per istante ed è la **traiettoria del moto.**

La traiettoria del moto è la linea immaginaria formata da tutti i punti che un corpo nel suo spostamento occupa dalla posizione iniziale a quella finale.

La traiettoria è individuata dalla **direzione**, dal **verso** e dalla **lunghezza** e ci dà lo **spazio percorso** dal corpo.
Spazio, **tempo** e **velocità** sono quindi gli elementi, o le grandezze, che caratterizzano il moto di un corpo.

Fisica e Chimica

La misura di queste grandezze

- Per quanto riguarda lo **spazio**, l'unità di misura è il **metro** (**m**), con i suoi multipli e sottomultipli. Ma poiché lo spazio è caratterizzato, oltre che dal suo valore assoluto (400 m, ad esempio), anche dalla direzione e dal verso, dobbiamo sempre stabilire il punto di partenza e di arrivo (direzione e verso). Ciò si esprime dicendo che:

> Lo spazio percorso è una **grandezza vettoriale**, in quanto è una grandezza individuata dal valore assoluto, detto **modulo**, dalla direzione e dal verso.

Una grandezza vettoriale si rappresenta con un segmento orientato, chiamato **vettore**. La lunghezza del vettore ci dà il valore assoluto (reale o in scala), la retta a cui appartiene ci indica la direzione e la freccia il verso.

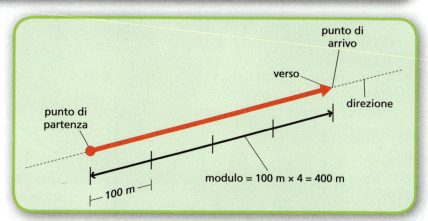

- Il tempo intercorso tra l'inizio e la fine del moto è il **tempo** impiegato. L'unità di misura del tempo è il **secondo** (**s** oppure **sec**) e lo strumento di misura è l'**orologio**. Il tempo, come misura, è individuato solo da un valore numerico (5 – 10 – 2... ore) e si dice pertanto che è una **grandezza scalare**.

Unità di misura	Simbolo	Valori
secondo	s	
minuto	m	1^m = 60^s
ora	h	1^h = 1^m = 3600^s

- Per quanto riguarda la **velocità**, osserviamo che se per percorrere un certo spazio, ad esempio 100 km, abbiamo impiegato 4 ore, vuol dire che ogni ora abbiamo percorso (100 : 4 = 25) 25 km, ovvero che la nostra velocità è stata di 25 km/h (chilometri all'ora). Possiamo pertanto dire che:

> La velocità, v, è il rapporto fra lo spazio percorso, s, e il tempo impiegato, t, per percorrerlo:
> $$v = \frac{\text{spazio percorso}}{\text{tempo impiegato a percorrerlo}} = \frac{s}{t}$$

La velocità indica quindi lo spazio percorso nell'unità di tempo ed è una grandezza derivata, la cui unità di misura dipende dalle unità di misura dello spazio e del tempo.
Se lo spazio è misurato in metri e il tempo in secondi, l'unità di misura della velocità è **m/s** (metri al secondo); se lo spazio è misurato in chilometri e il tempo in ore, l'unità di misura della velocità è **km/h** (chilometri all'ora).

unità 1

→ Il moto e le sue caratteristiche

Secondo le caratteristiche della traiettoria si possono avere vari tipi di moto.

Se la traiettoria descritta dal corpo è una retta, il moto si dice **rettilineo**.

Se la traiettoria descritta dal corpo è una linea curva, il moto si dice **curvilineo**.

Secondo il tipo di linea, il moto **curvilineo** può essere:

- **circolare**, se la traiettoria è un cerchio;
- **ellittico**, se la traiettoria è un'ellisse;
- **parabolico**, se la traiettoria è una parabola.

Ellittico.

Circolare.

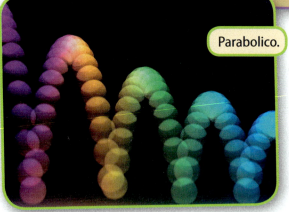

Parabolico.

Anche in base alla velocità del corpo si possono avere vari tipi di moto, quali: il **moto rettilineo uniforme**, il **moto vario** e il **moto uniformemente accelerato**.

Test rapido

- Quali grandezze caratterizzano il moto di un corpo?
- Perché lo spazio percorso è una grandezza vettoriale?
- Quando un moto si dice rettilineo?
- Come può essere un moto curvilineo?

6 Fisica e Chimica

Il moto rettilineo uniforme

Diciamo che un corpo si muove di **moto rettilineo uniforme** se la traiettoria che esso descrive è una retta e se la velocità si mantiene costante nel tempo. In questo caso il corpo percorre **spazi uguali in tempi uguali**.

Osserviamo un'automobile che, su un tratto di strada senza curve e senza ostacoli, si muove di moto rettilineo uniforme alla velocità di 100 km/h.

L'automobile percorre **spazi uguali in tempi uguali**:
- in 1 ora percorre 100 km;
- in 2 ore percorre (100 x 2) km = **200 km**;
- in 3 ore percorre (100 x 3) km = **300 km**;
- e così via…

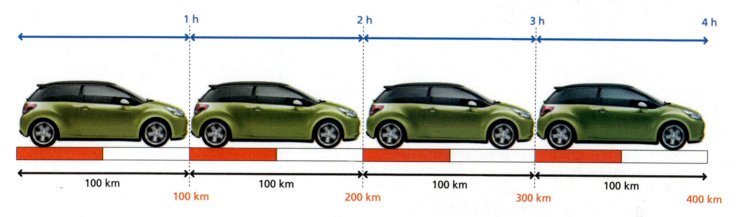

Se un corpo si muove di moto rettilineo uniforme, con la formula $s = v \cdot t$, possiamo quindi calcolare quanto spazio percorrerà in un certo tempo.

- Il moto di un corpo che si muove lungo una linea retta a velocità costante, percorrendo quindi spazi uguali in tempi uguali, si dice **moto rettilineo uniforme**.
- Nel moto rettilineo uniforme $s = v \cdot t$ rappresenta la relazione che lega spazio, velocità e tempo e prende il nome di **legge oraria del moto rettilineo uniforme**.

FOCUS SU...

La legge oraria del moto rettilineo uniforme ci permette di rispondere a tre quesiti.

- Se ho una velocità costante di 20 m/s, quanti metri posso percorrere in 5 secondi? Ovviamente: **(20 × 5) m = 100 m**.
- Se ho fatto un percorso di 300 km alla velocità costante di 50 km/h, quanto tempo ho impiegato? Ovviamente: **(300 : 50) h = 6 h**.
- Se ho percorso 270 km in 3 ore, qual è stata la velocità? Ovviamente: **(270 : 3) km/h = 90 km/h**.

Per rispondere alle domande abbiamo usato tre formule:

$$s = v \times t \qquad t = \frac{s}{v} \qquad v = \frac{s}{t}$$

unità 1 — Il moto e le sue caratteristiche

Il diagramma cartesiano del moto rettilineo uniforme

Rappresentiamo il moto rettilineo uniforme con il diagramma cartesiano della sua legge oraria. Consideriamo, ad esempio, il moto rettilineo uniforme la cui legge oraria è **s = 80 t**. Per rappresentarla in un sistema di riferimento cartesiano riportiamo i valori del tempo e dello spazio della tabella (ricavati dalla legge oraria) rispettivamente sull'asse x e sull'asse y.

Tempo (t) in ore	Spazio (s) in chilometri
0	0
1	80
2	160
3	240
4	320
....	....

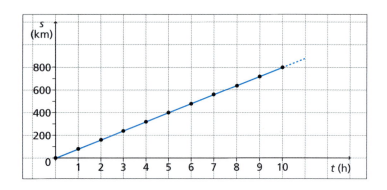

Spazio e tempo, come vedi dalla tabella, sono due **grandezze direttamente proporzionali**, quindi il diagramma cartesiano del moto rettilineo uniforme è **una semiretta uscente dall'origine degli assi**.

La maggiore o minore inclinazione della semiretta sull'asse x indica la minore o maggiore velocità del moto. Osserva il grafico a fianco: il moto rappresentato dalla semiretta blu, meno inclinata sull'asse x, ha una velocità maggiore del moto rappresentato dalla semiretta rossa, più inclinata sull'asse x.

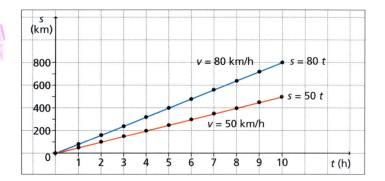

FOCUS SU...

L'unità di misura della velocità è **m/s** o **km/h**. Come si passa da un'unità di misura all'altra?

- Se abbiamo l'unità di misura della velocità in km/h e vogliamo trasformarla in m/s, osserviamo che:

  1 km = 1000 m e 1 h = 3600 s, quindi 1 km/h = $\frac{1000 \text{ m}}{3600 \text{ s}}$ = $\frac{1}{3,6}$ m/s; basterà quindi **dividere il valore espresso in km/h per 3,6: 144 km/h = (144 : 3,6) m/s = 40 m/s.**

- Viceversa se abbiamo l'unità di misura della velocità in m/s e vogliamo trasformarla in km/h, basterà **moltiplicare il valore espresso in m/s per 3,6: 20 m/s = (20 × 3,6) km/h = 72 km/h.**

Test rapido

- Quando il moto di un corpo si dice rettilineo uniforme?
- Qual è la sua legge oraria?
- Spazio e tempo sono due grandezze direttamente proporzionali?

Fisica e Chimica

Il moto vario

Nella realtà è difficile trovare corpi che si muovono di moto uniforme, perché un corpo difficilmente mantiene una velocità costante per tutto il tempo di un suo determinato percorso.
Il moto di un'automobile nel traffico stradale o di un ragazzo in bicicletta, ad esempio, sono moti soggetti a continui cambiamenti di velocità in seguito a rallentamenti, curve e soste ai semafori.

Moto vario e velocità media

Il moto di un corpo la cui **velocità varia** durante il percorso in base a diverse esigenze è detto **moto vario**. Nel caso del moto vario non si parla di velocità ma di **velocità istantanea** (v_i), cioè la velocità che si ha in un preciso istante, e di **velocità media** (v_m), cioè la velocità con cui, senza tener conto di eventuali cambiamenti, si percorre complessivamente un certo spazio in un determinato tempo.
Se un automobilista ha percorso 360 km, impiegando in tutto 5 ore, la sua **velocità media** è stata: $(360 : 5)$ km/h = **72 km/h**, indipendentemente da come in effetti si è svolto il percorso.

L'automobilista in autostrada ha mantenuto una velocità di 100 km/h.

autostrada: v = 100 km/h

Sulla provinciale, un po' dissestata, ha mantenuto invece una velocità di soli 50 km/h.

strada provinciale: v = 50 km/h

Ha fatto poi una sosta al bar.

ultimo tratto: v = 90 km/h   360 km

Nell'ultimo tratto ha mantenuto infine una velocità di 90 km/h. Alla velocità costante di 72 km/h avrebbe percorso i 360 km in 5 ore.

Diciamo che:

- Il moto di un corpo la cui velocità non è costante si dice **moto vario**.
- La **velocità media**, $v_m = \frac{s}{t}$, di un corpo che si muove di moto vario è la velocità che il corpo avrebbe percorrendo lo stesso spazio nello stesso tempo con moto uniforme.

→ Il moto e le sue caratteristiche

Il diagramma cartesiano del moto vario

Anche un moto vario può essere rappresentato con un diagramma cartesiano. Osserva.

Un ciclista procede per un'ora alla velocità media di 20 km/h, poi procede per due ore alla velocità media di 5 km/h e infine, dopo due ore di sosta, riparte e procede per altre tre ore alla velocità media di 10 km/h.

Consideriamo i punti del percorso:
- il ciclista ha percorso 20 km nella prima ora, (5 · 2) km = 10 km nelle due ore successive e (10 · 3) km = 30 km nelle ultime tre ore; in tutto:
  $s = (20 + 10 + 30)$ **km = 60 km**;
- complessivamente ha impiegato:
  $t = (1 + 2 + 2 + 3)$ **h = 8 h**;
- la velocità media di tutto il moto è stata:
  $v_m = (60 : 8)$ **km/h = 7,5 km/h.**

Rappresentiamo questi dati sugli assi cartesiani riportando sull'asse *x* il tempo e sull'asse *y* lo spazio.

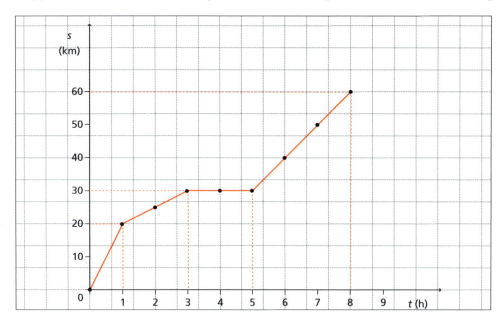

Il moto accelerato

Consideriamo un moto vario, ad esempio un tuo giro in bicicletta. Per esigenze diverse (un ostacolo, il traffico intenso, un bel rettilineo) cambi sicuramente più volte la velocità, aumentandola o diminuendola.

Questa variazione di velocità, in relazione all'intervallo di tempo in cui avviene, si chiama **accelerazione**:

$$a = \frac{\text{velocità finale} - \text{velocità iniziale}}{\text{tempo finale} - \text{tempo iniziale}} = \frac{v_2 - v_1}{t_2 - t_1}$$

10 Fisica e Chimica

Se, ad esempio, in 10 secondi da una velocità di 6 m/s si passa a una velocità di 10 m/s, la variazione di velocità è di (10 − 6) m/s = 4 m/s in 10 secondi e quindi:

$a = \dfrac{4 \text{ m/s}}{10 \text{ s}} = 0{,}4 \text{ m/s}^2$, cioè ogni secondo la velocità è aumentata di 0,4 m/s,

ovvero c'è stata un'accelerazione di 0,4 m/s ogni secondo.

Possiamo quindi dire che:

> **L'accelerazione** è il rapporto fra la variazione di velocità e l'intervallo di tempo in cui tale variazione è avvenuta: $a = \dfrac{v_2 - v_1}{t_2 - t_1}$.

Anche l'accelerazione è una **grandezza vettoriale** e la sua unità di misura è derivata da quelle della velocità e del tempo.
Poiché l'unità di misura della velocità è m/s e quella del tempo è il secondo, per l'accelerazione l'unità di misura è m/s² (metro al secondo per secondo). Ciò significa che la velocità aumenta di un metro al secondo ogni secondo.

L'accelerazione può essere tale da determinare:
- **un aumento della velocità** e in questo caso si parla di **accelerazione** e di **moto accelerato**;
- **una diminuzione della velocità** e in questo caso si parla di **decelerazione** e di **moto decelerato**.

La moto blu per sorpassare la moto bianca aumenta la sua velocità, determinando un'**accelerazione**.

Il ragazzo per fermarsi al semaforo diminuisce la sua velocità, determinando una **decelerazione**.

Test rapido

- Quando il moto di un corpo si dice vario?
- Che cosa si intende per velocità media di un moto vario?
- Che cos'è l'accelerazione?
- Qual è la differenza fra moto accelerato e moto decelerato?

Il moto uniformemente accelerato

Un particolare moto accelerato è quello in cui la variazione di velocità, cioè l'accelerazione, è costante, ovvero aumenta in modo uniforme a ogni unità di tempo. Questo tipo di moto si dice **moto uniformemente accelerato**. Qual è la legge di un moto uniformemente accelerato? Ricaviamola.

Consideriamo il moto di un'automobile che a ogni secondo aumenta la sua velocità di 2 m/s.

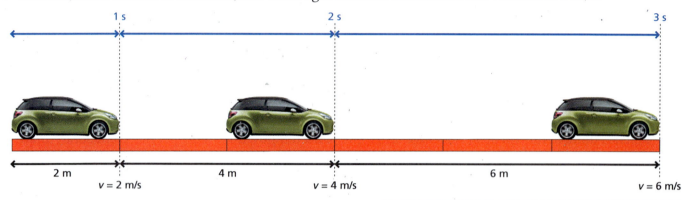

La velocità dell'automobile:
- dopo 1 secondo è di **2 m/s**;
- dopo 2 secondi è di **4 m/s**;
- dopo 3 secondi è di **6 m/s**;
- e così via…

Calcoliamo l'accelerazione secondo per secondo:

t(s)	1 s	2 s	3 s
a(m/s²)	2 m/s²	$\dfrac{4\,m/s - 2\,m/s}{2\,s - 1\,s} = 2\,m/s^2$	$\dfrac{6\,m/s - 4\,m/s}{3\,s - 2\,s} = 2\,m/s^2$

 Come vedi, secondo per secondo l'**accelerazione aumenta di 2 m/s²**. L'automobile si muove quindi di **moto uniformemente accelerato**.

- La velocità media v_m nel moto uniformemente accelerato è data dalla media aritmetica tra la velocità iniziale (v_0) e la velocità finale (v): $v_m = \dfrac{v_0 + v}{2}$.

- Se consideriamo il moto alla partenza, v_0 sarà nulla. Per cui: $v_m = \dfrac{v}{2}$.

- Ma l'accelerazione, essendo la velocità iniziale nulla, sarà: $a = \dfrac{v - v_0}{t - t_0} = \dfrac{v}{t}$, ovvero $v = a \cdot t$, e quindi: $v_m = \dfrac{a \cdot t}{2}$.

- Ne segue che, essendo $s = v_m \cdot t$, avremo: $s = \dfrac{a \cdot t}{2} \cdot t$, e quindi: $\boldsymbol{s = \dfrac{1}{2} a \cdot t^2}$.

- Il moto di un corpo che si muove con un'accelerazione costante si dice **moto uniformemente accelerato**.

- Nel moto uniformemente accelerato vale la relazione $s = \dfrac{1}{2} at^2$, che prende il nome di **legge oraria del moto uniformemente accelerato**.

Il diagramma cartesiano del moto uniformemente accelerato

Consideriamo un moto uniformemente accelerato con un'accelerazione costante di **8 m/s²**; la sua legge oraria, $s = \frac{1}{2} at^2$, sarà: $s = 4t^2$.

Rappresentiamo questa legge oraria con un diagramma cartesiano riportando sull'asse x i valori del tempo e sull'asse y i valori dello spazio dati nella tabella.

Tempo (t) in secondi	Spazio (s) in metri
0	0
1	4
2	16
3	36
4	64
5	100
6	144
......	......

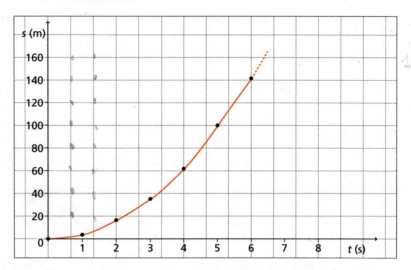

Il diagramma cartesiano del moto uniformemente accelerato è un **ramo di parabola con il vertice nell'origine degli assi**. Lo spazio è infatti direttamente proporzionale al quadrato del tempo; si dice quindi che fra queste due grandezze vi è una **proporzionalità quadratica diretta**.

La caduta libera dei corpi

Un esempio di moto uniformemente accelerato è quello di **caduta libera dei corpi**. Se da una certa altezza lasci cadere un sasso, questo comincia a cadere con una velocità iniziale uguale a zero (fermo), che aumenta in modo uniforme nel corso della caduta e raggiunge al suolo il suo valore massimo.
La scoperta delle leggi che regolano la caduta libera dei corpi si deve a **Galileo Galilei**; egli ha dimostrato sperimentalmente che **un corpo in caduta libera**, soggetto alla forza di gravità della Terra, **si muove di moto uniformemente accelerato**.

Se lasciamo cadere un sasso da una certa altezza e osserviamo la distanza che percorre a ogni decimo di secondo (vedi schema a fianco), otterremo i seguenti dati:
4,9 cm – 14,7 cm – 24,5 cm – 34,3 cm – 44,1 cm – ...
A ogni intervallo di tempo (decimo di secondo) il sasso avrà quindi le seguenti velocità (v = s/t):

1° intervallo v_1 = 4,9/0,1 cm/s = 49 cm/s
2° intervallo v_2 = 14,7/0,1 cm/s = 147 cm/s
3° intervallo v_3 = 24,5/0,1 cm/s = 245 cm/s
4° intervallo v_4 = 34,3/0,1 cm/s = 343 cm/s
5° intervallo v_5 = 44,1/0,1 cm/s = 441 cm/s

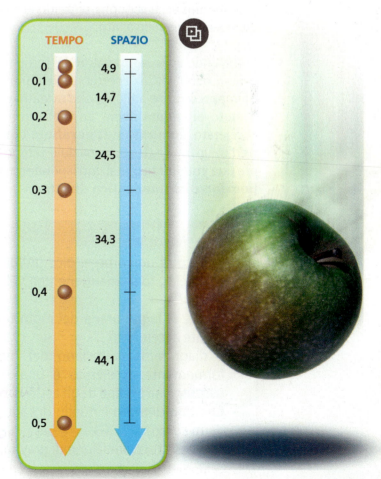

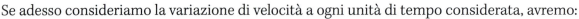

Il moto e le sue caratteristiche

Se adesso consideriamo la variazione di velocità a ogni unità di tempo considerata, avremo:
$v_2 - v_1 = (147 - 49)$ cm/s $= 98$ cm/s
$v_3 - v_2 = (245 - 147)$ cm/s $= 98$ cm/s
$v_4 - v_3 = (343 - 245)$ cm/s $= 98$ cm/s
$v_5 - v_4 = (441 - 343)$ cm/s $= 98$ cm/s

La variazione di velocità risulta quindi costante, cioè è costante l'accelerazione ovvero il **moto di caduta libera dei corpi è un moto uniformemente accelerato**.
Quest'accelerazione prende il nome di **accelerazione di gravità**, **g**, e il suo valore risulta quindi: **g = 9,8 m/s²**.
La legge oraria del moto di caduta libera è quindi $s = \frac{1}{2} at^2$,

cioè: $s = \frac{1}{2} \cdot 9{,}8 \, t^2$

- Un corpo in caduta libera si muove di **moto uniformemente accelerato** dall'alto verso il basso, soggetto alla forza di gravità della Terra. La sua **accelerazione costante**, detta **accelerazione di gravità**, è 9,8 m/s².
- La legge oraria del moto di caduta libera è: $s = \frac{1}{2} \cdot 9{,}8 \, t^2$.

Il diagramma cartesiano del moto di caduta libera

Possiamo rappresentare il moto di caduta libera con il diagramma cartesiano della sua legge oraria: $s = \frac{1}{2} \cdot 9{,}8 \, t^2$.

Se ci riferiamo ai dati prima osservati, avremo una tabella come quella a lato.

Riportando sull'asse *x* i valori del tempo e sull'asse *y* i valori dello spazio, avremo il diagramma cartesiano rappresentato a fianco che ovviamente, essendo il moto di caduta libera un moto uniformemente accelerato, è un **ramo di parabola con il vertice nell'origine degli assi**; spazio e tempo sono sempre due grandezze che si corrispondono in una **proporzionalità quadratica diretta**.

Tempo (s)	Spazio (cm)
0	0
0,1	4,9
0,2	19,6
0,3	44,1
0,4	78,4
0,5	122,5
......	......

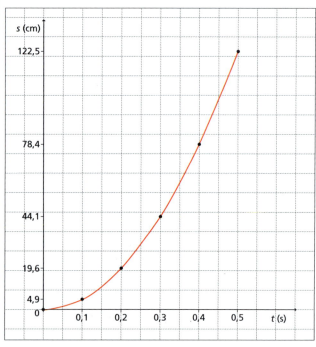

Test rapido

- Il moto di un corpo si dice uniformemente accelerato se mantiene una velocità costante?
- Qual è la legge oraria del moto uniformemente accelerato?
- Il diagramma cartesiano del moto uniformemente accelerato è una semiretta uscente dall'origine degli assi?
- Che tipo di moto è quello di caduta libera di un corpo?
- Che cos'è l'accelerazione di gravità?

unità 1 — Il moto e le sue caratteristiche

fissa i concetti chiave

Quando un corpo si dice in quiete e quando in moto?

- Un corpo è **in quiete** se, rispetto a un certo sistema di riferimento, non cambia la sua posizione nel tempo.
- Un corpo è **in moto** se, rispetto a un certo sistema di riferimento, cambia la sua posizione nel tempo.

Che cos'è la traiettoria del moto?

- La **traiettoria del moto** è la linea immaginaria costituita da tutti i punti che un corpo in moto occupa successivamente dalla posizione iniziale a quella finale.
- Essa è individuata dalla **direzione**, dal **verso** e dalla **lunghezza** e ci dà lo **spazio percorso** dal corpo.

Quali sono le grandezze caratteristiche del moto?

- **Spazio, tempo** e **velocità** sono le grandezze che caratterizzano il moto di un corpo.
- Lo **spazio** percorso è **una grandezza vettoriale**, in quanto è una grandezza individuata dal **valore assoluto**, detto **modulo**, dalla **direzione** e dal **verso**.
- La **velocità** è il rapporto fra lo spazio percorso e il tempo impiegato per percorrerlo:

$$v = \frac{s}{t}$$

Quando un moto si dice rettilineo uniforme?

- Si dice **moto rettilineo uniforme** il moto di un corpo che si muove lungo una linea retta a velocità costante; la sua **legge oraria** è:

$$s = v \cdot t$$

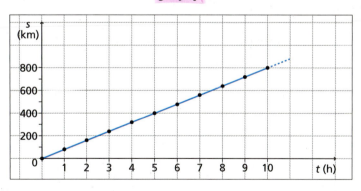

Quando un moto si dice vario?

- Si dice **moto vario** il moto di un corpo la cui velocità non è costante.
- La **velocità media** di un moto vario, $vm = s/t$, è la velocità che il corpo avrebbe percorrendo lo stesso spazio nello stesso tempo con moto uniforme.
- L'**accelerazione** è il rapporto fra la variazione di velocità e l'intervallo di tempo in cui tale variazione è avvenuta:

$$a = \frac{v_2 - v_1}{t_2 - t_1}$$

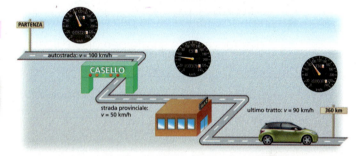

Quando un moto si dice uniformemente accelerato?

- Si dice **moto uniformemente accelerato** il moto di un corpo che si muove con un'accelerazione costante; la sua **legge oraria** è:

$$s = \frac{1}{2} a t^2$$

- Un corpo in **caduta libera** si muove di moto **uniformemente accelerato** dall'alto verso il basso, sotto l'azione della **forza di gravità della Terra**.
La sua accelerazione costante, detta **accelerazione di gravità**, è **9,8 m/s²**.
La **legge oraria** del moto di caduta libera è:

$$s = \frac{1}{2} \, 9{,}8 \, t^2$$

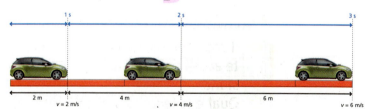

i miei appunti

unità 1 → Il moto e le sue caratteristiche

ragiona e applica

$\frac{1}{2} \cdot 9,8 \, m/s^2$

... le conoscenze

1. Quando un corpo si dice in quiete? E quando in moto? *FERMO   MOVIMENTO*
2. Parlando di moto, che cosa si intende per sistema di riferimento? *UN PUNTO FERMO*
3. Quali sono le grandezze caratteristiche del moto? Descrivile.
4. Segna il completamento esatto.

   La velocità di un corpo in movimento è:
   a. il prodotto fra lo spazio percorso e il tempo impiegato per percorrerlo;
   b. il rapporto fra lo spazio percorso e il tempo impiegato per percorrerlo;
   c. la differenza fra lo spazio percorso e il tempo impiegato per percorrerlo.

5. Che cosa rappresenta la figura a fianco?

   Scrivi in essa i termini mancanti.

6. Qual è l'unità di misura della velocità? *m/s o k/h*
7. Come può essere un moto secondo le caratteristiche della traiettoria?
8. Quando un moto si dice rettilineo uniforme?
9. Qual è la legge oraria del moto rettilineo uniforme?
10. Quando un moto si dice vario?
11. Che cosa sono la velocità istantanea e la velocità media in un moto vario?
12. Che cos'è l'accelerazione? Segna la risposta esatta.
    a. Il rapporto fra la variazione di percorso e l'intervallo di tempo in cui avviene la variazione. *velocità*
    b. Il prodotto fra la variazione di velocità e l'intervallo di tempo in cui avviene la variazione.
    c. Il rapporto fra la variazione di velocità e l'intervallo di tempo in cui avviene la variazione.
13. Quando un moto si dice accelerato e quando decelerato?
14. Quando un moto si dice uniformemente accelerato?
15. Qual è la legge oraria del moto uniformemente accelerato? $\frac{1}{2} a t^2$
16. Che tipo di moto è quello di un corpo in caduta libera? *UNIFORMEMENTE ACCELERATO*
17. Qual è la legge oraria del moto di caduta libera?

16 Fisica e Chimica

... le abilità

V = SPAZIO / TEMPO

18. Osserva la figura e rispondi alle seguenti domande.
   a. Rispetto all'autista, i passeggeri sono in moto o in quiete? __QUIETE__
   b. Rispetto alla signora che osserva, i passeggeri sono in moto o in quiete? __MOTO__
   c. Rispetto al pullman, l'autista è in moto o in quiete? __QUIETE__

19. Osserva la traiettoria dei moti rappresentati nelle seguenti figure. Che tipo di moto è rappresentato in ciascuna di esse? Giustifica la risposta.

   a. Moto __VARIO__
      perché __DRITTO E CURVO__

   b. Moto __RETTILINEO UNIFORME__
      perché __DRITTO E UNIFORME__

   c. Moto __CURVILINEO__
      perché _____

20. Osserva la figura. Qual è il moto accelerato? E quello decelerato? Perché?

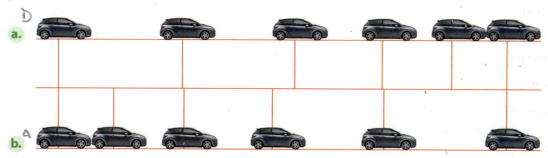

a. __DECELERATO__   b. __ACCELERATO__

→ Il moto e le sue caratteristiche ▼ ragiona e applica

21. Nelle seguenti figure individua il moto rettilineo uniforme, quello vario e quello uniformemente accelerato, spiegandone il motivo.

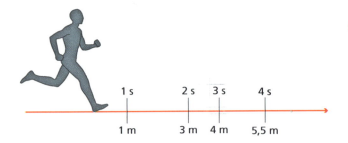

a. È il moto ....

perché ....

....

....

....

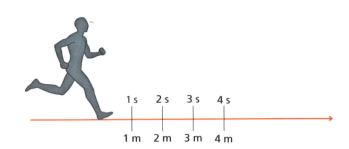

b. È il moto ....

perché ....

....

....

....

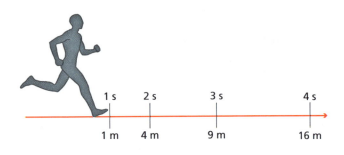

c. È il moto ....

perché ....

....

....

....

22. Osserva i grafici e rispondi alle domande.

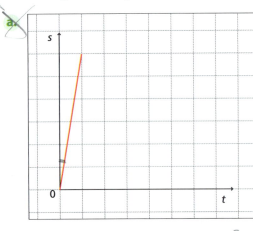
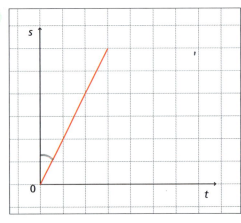

a. Che tipo di moto rappresentano? RETILINEO UNIFORME ....

....

b. In quale dei due grafici la velocità è maggiore? A ....

18 Fisica e Chimica

23. Osserva i grafici e rispondi alle domande.

a.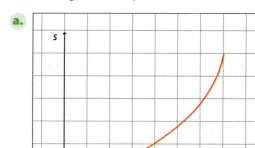

b.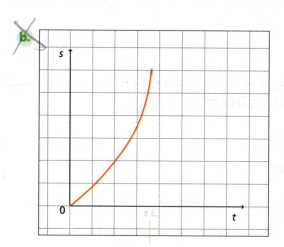

a. Che tipo di moto rappresentano? UNIFORMEMENTE ACCELLERATO

b. In quale dei due grafici l'accelerazione è maggiore? IN B

24. Osserva nella figura a fianco il diagramma cartesiano del moto di due automobili (A e B) e rispondi alle seguenti domande.

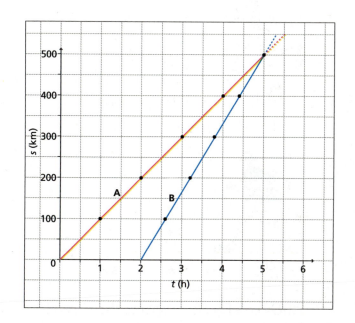

a. Dopo quanto tempo rispetto all'automobile A parte l'automobile B? ....

b. Quale automobile è più veloce? ....

c. Dopo quanto tempo l'automobile meno veloce è raggiunta da quella più veloce? ....

d. A che distanza dalla zona di partenza si incontrano le due automobili? ....

e. Qual è la velocità dell'automobile A e quella dell'automobile B? ....

25. Il grafico a fianco rappresenta un moto vario. Osservalo e rispondi alle seguenti domande.

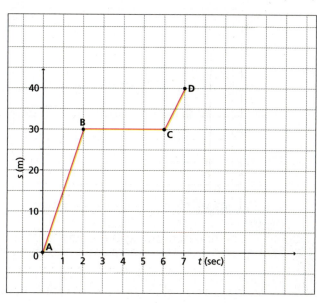

a. Com'era il moto nei primi 2 secondi? ....

b. Che cosa rappresenta il segmento AB? ....

c. Quanti metri sono stati percorsi dal secondo al sesto secondo? ....

d. Com'era la velocità nell'ultimo secondo? ....

Il moto e le sue caratteristiche — ragiona e applica

SCIENZE e Matematica

26. Completa.
Un corpo si muove di moto rettilineo uniforme:
  a. se percorre 315 km in 7 ore, la sua velocità è di ....
  b. se si muove alla velocità di 115 km/h, in 3 ore percorre ....
  c. se si muove alla velocità di 95 km/h, per percorrere 380 km impiegherà ....

27. Completa.
  a. Se in 3 ore ho percorso un tragitto lungo 270 km, la velocità era di .... km/h, ovvero di .... m/s.
  b. Se ho percorso un tragitto di 45 m in 5 secondi, avevo una velocità di .... m/s, ovvero di .... km/h.
  c. Il tragitto è durato due ore e mezza; se era lungo 7,5 km, la velocità era di .... km/h, ovvero di .... m/s.

28. Un treno copre una distanza di 336 km in 4 ore. Quanti chilometri ha percorso dopo due ore e mezza?

29. Un veicolo si muove di moto rettilineo uniforme secondo i valori della seguente tabella.
  a. Calcola la velocità del veicolo.
  b. Traccia il diagramma cartesiano del moto.

s (km)	15	30	45	60
t (minuti)	30	60	90	120

30. Due automobilisti partono contemporaneamente dalla stessa località e compiono un tragitto di 300 km senza alcuna sosta.
Il primo viaggia alla velocità media di 50 km/h e il secondo a quella di 60 km/h. Quale dei due arriva prima a destinazione e con quale anticipo sull'altro?

31. Due automobilisti, A e B, viaggiano a velocità costante: A alla velocità di 80 km/h e B alla velocità di 120 km/h. Se partono dalla stessa località, A alle ore 8 e B alle ore 9, a che ora i due automobilisti avranno percorso lo stesso spazio?

32. Un motociclista percorre un primo tratto di 60 km a una velocità di 30 km/h e un secondo tratto di 60 km alla velocità di 40 km/h. Con quale velocità media ha percorso l'intero tragitto?

33. Un veicolo da fermo (velocità nulla) si porta in 20 secondi alla velocità di 30 m/s. Qual è stata la sua accelerazione?

34. Un veicolo passa da una velocità di 10 m/s a una velocità di 30 m/s in 10 secondi. Qual è stata la sua accelerazione?

35. Un corpo si muove di moto uniformemente accelerato con un'accelerazione costante di 6 m/s². Quanto spazio percorrerà in 10 secondi?

36. Una sfera in caduta libera arriva a terra in 24 secondi. Da che altezza è caduta?

37. Un sasso cade da un'altezza di 10 m; quale velocità avrà nel momento del suo impatto al suolo?

Fisica e Chimica

Unità 2

I PRINCIPI DELLA DINAMICA

Perché ne parliamo?

Se qualcuno ti chiede come fa il pallone a rotolare, il cappello a volteggiare o la macchina a correre, sicuramente saprai dire che il pallone rotola perché ha ricevuto un bel calcio, il cappello volteggia perché trasportato dal vento e la macchina corre grazie al suo motore. Anche se in modo intuitivo sai che un movimento è sempre dovuto a "qualcosa" che lo causa.

Ma adesso guarda la figura sotto; ti ricorda qualcosa? Forse quella volta che sei finito contro un sasso, la tua bicicletta si è fermata di colpo... e tu sei finito sul prato davanti.
O anche quella volta che ti è scappato il palloncino dalle mani... hai sentito l'aria che usciva dal basso e hai visto il palloncino salire in alto.

Riesci a spiegarti questi fenomeni che avvengono in un modo diverso da quello che ti saresti aspettato?
Andando avanti nello studio del moto, i tre **principi della dinamica** ti chiariranno questi dubbi.

Contenuti
- Le forze
- Composizione di forze
- Forze e movimento

Prerequisiti
- **Conoscere il concetto di rapporto**
- **Conoscere i concetti riguardanti il movimento**

Obiettivi
- **Conoscere il concetto di forza e saperla rappresentare**
- **Capire il concetto di pressione**
- **Capire che cosa succede applicando a un corpo una o più forze**
- **Conoscere il concetto di pressione e le sue proprietà**
- **Conoscere i tre principi della dinamica e riconoscerne le conseguenze.**

unità 2 Le forze

Che cosa causa il movimento di un corpo? Più esattamente, che cosa fa sì che un corpo da fermo si metta in moto o, se è già in moto, si fermi o cambi il suo movimento?
Se osservi, ad esempio, una barca a vela che avanza spinta dal vento o il pallone bloccato dal portiere, sicuramente pensi alla forza del vento che spinge la barca o alla forza muscolare del portiere che ferma il pallone.
Ma che cos'è una **forza**?

> Si chiama **forza** tutto ciò che determina il cambiamento dello stato di quiete o di moto di un corpo.

Consideriamo una forza, ad esempio la nostra forza muscolare, e immaginiamo di spingere una scatola. Sappiamo che possiamo spingerla in tanti modi:
- con più o meno forza;
- in varie direzioni, orizzontale, verticale o obliqua;
- secondo versi opposti, a destra o a sinistra, in alto o in basso.

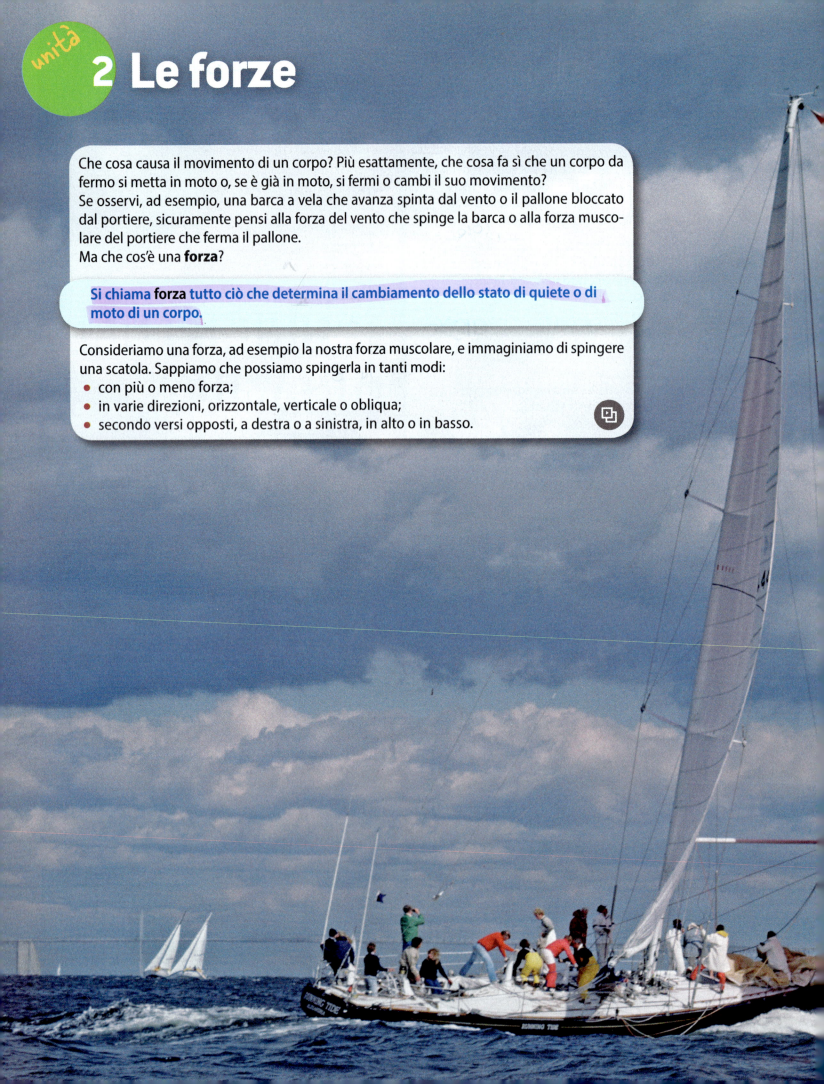

La forza è quindi una **grandezza vettoriale** e per rappresentarla si usa un vettore, $\vec{F}$, che ne specifica:
- l'**intensità**, cioè il valore quantitativo;
- il **punto di applicazione**, cioè il punto in cui è applicata;
- la **direzione**, cioè la retta lungo la quale agisce;
- il **verso**, cioè uno dei due possibili sensi di azione (destra, sinistra; in alto, in basso).

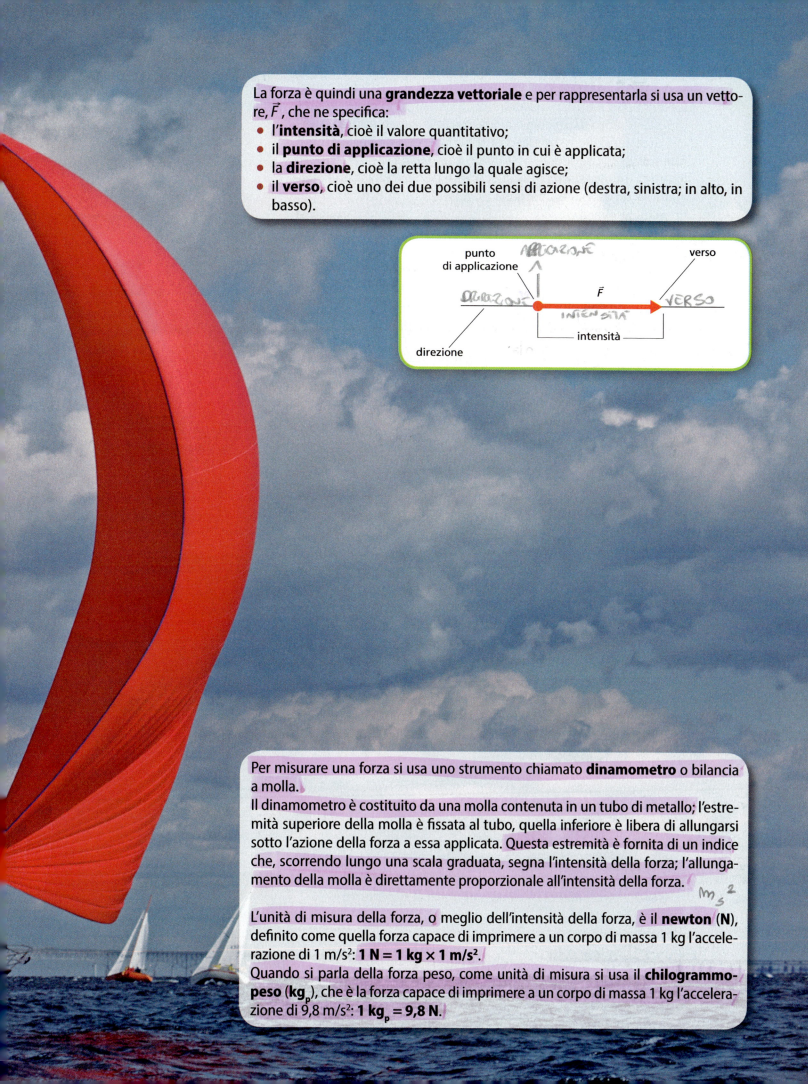

Per misurare una forza si usa uno strumento chiamato **dinamometro** o bilancia a molla.
Il dinamometro è costituito da una molla contenuta in un tubo di metallo; l'estremità superiore della molla è fissata al tubo, quella inferiore è libera di allungarsi sotto l'azione della forza a essa applicata. Questa estremità è fornita di un indice che, scorrendo lungo una scala graduata, segna l'intensità della forza; l'allungamento della molla è direttamente proporzionale all'intensità della forza.

L'unità di misura della forza, o meglio dell'intensità della forza, è il **newton** (**N**), definito come quella forza capace di imprimere a un corpo di massa 1 kg l'accelerazione di 1 m/s²: **1 N = 1 kg × 1 m/s²**.
Quando si parla della forza peso, come unità di misura si usa il **chilogrammo-peso** (**kg$_p$**), che è la forza capace di imprimere a un corpo di massa 1 kg l'accelerazione di 9,8 m/s²: **1 kg$_p$ = 9,8 N**.

→ I principi della dinamica

2

La pressione

La forza può mettere quindi in moto un corpo in quiete o modificare il moto di un corpo accelerandolo, rallentandolo e anche arrestandolo. In questi casi si parla di **effetti dinamici** di una forza. Ma se il corpo al quale è applicata la forza non è libero di muoversi, che cosa succede? Il pezzo di plastilina poggiato su un tavolo e una palla poggiata a terra non sono più liberi di muoversi verso il basso e una forza che preme su di essi **riesce a deformarli**. In questi casi si parla di **effetti statici** di una forza. Un particolare effetto statico delle forze si manifesta nella **pressione** che un corpo, anche solo per effetto del suo peso, può esercitare su un altro o su una superficie. Quanto abbiamo considerato ci suggerisce che la pressione diminuisce all'aumentare della superficie di appoggio e viceversa.
Possiamo quindi spiegarci perché, ad esempio:
- sulla neve sprofondiamo meno camminando con le racchette da neve o con gli sci piuttosto che con un paio di scarponi;
- sulla sabbia avanza meglio un veicolo con le ruote larghe;
- una puntina penetra con più facilità di un chiodo;
- ecc.

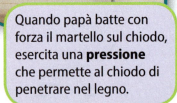

Quando papà batte con forza il martello sul chiodo, esercita una **pressione** che permette al chiodo di penetrare nel legno.

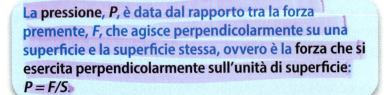

Possiamo quindi dire che:

> La **pressione**, *P*, è data dal rapporto tra la forza premente, *F*, che agisce perpendicolarmente su una superficie e la superficie stessa, ovvero è la **forza che si esercita perpendicolarmente sull'unità di superficie**:
> $P = F/S$.

L'unità di misura della pressione nel S.I. è il **pascal** (**Pa**), definito come la pressione esercitata dalla forza di **1 N su una superficie di 1 m²**. Anche i liquidi e gli aeriformi, come vedremo più avanti, esercitano una pressione sui corpi in essi immersi o sulle superfici dei recipienti.

Test rapido

- Che cos'è una forza?
- Qual è l'unità di misura di una forza?
- Che cos'è la pressione?
- Qual è l'unità di misura della pressione?

24 Fisica e Chimica

Composizione di forze

Che cosa succede se a un corpo applichiamo più forze?

Le forze, come tutte le grandezze vettoriali, possono essere sommate vettorialmente.

> La **somma di due o più forze**, $\vec{F}_1$ e $\vec{F}_2$, è la forza che da sola produce lo stesso effetto delle varie forze applicate contemporaneamente a un corpo; questa forza-somma si chiama **risultante**, $\vec{R}$.

Ma come si sommano esattamente le forze? Osserva.

OSSERVA

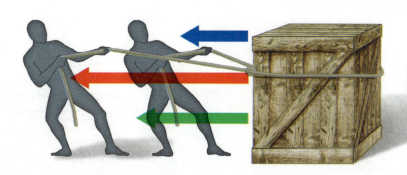

I due ragazzi applicano due forze secondo la stessa direzione e lo stesso verso. La risultante avrà la stessa direzione e lo stesso verso delle due forze e come intensità la somma delle intensità.

I due ragazzi applicano due forze secondo la stessa direzione ma verso opposto. La risultante avrà la stessa direzione delle due forze, il verso della forza di maggiore intensità e come intensità la differenza delle intensità.

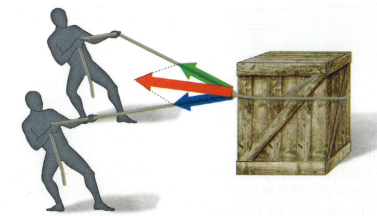

I due ragazzi applicano due forze di direzione e verso diversi. La risultante avrà la direzione, il verso e l'intensità della diagonale del parallelogramma avente per lati le due forze.

→ I principi della dinamica

Riassumendo quanto osservato, diciamo che:

Forze di uguale direzione e verso si sommano in intensità e la risultante ha la stessa direzione e lo stesso verso delle forze applicate.

Forze di uguale direzione ma verso opposto si sottraggono in intensità e la risultante ha la stessa direzione delle forze applicate e il verso della forza maggiore.

Forze di direzioni diverse si sommano sia in intensità, sia in direzione e in verso, secondo la regola del parallelogramma.

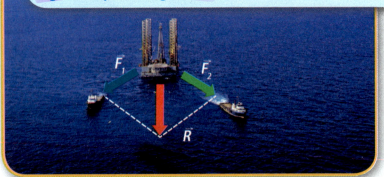
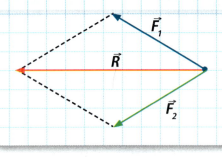

Test rapido

- Che cosa s'intende per risultante di due o più forze?
- Qual è la risultante di due forze che hanno stessa direzione e stesso verso?
- Qual è la risultante di due forze che hanno la stessa direzione ma verso opposto?
- Qual è la risultante di due forze che hanno direzioni diverse?

26 Fisica e Chimica

Forze e movimento

Abbiamo parlato del movimento di un corpo e abbiamo anche visto che la causa che lo determina è sempre una forza. Tra la forza applicata e il moto che essa provoca esistono dei precisi rapporti regolati dalle tre leggi del moto, i **principi della dinamica**, conosciuti anche come le tre **leggi di Newton**, dal nome del loro scopritore. Esaminiamole.

Il primo principio della dinamica
Un corpo non soggetto ad alcuna forza non subisce alcuna variazione.

La biglia che rotola sul pavimento continuerà a rotolare; se si fermerà è solo perché verrà frenata dall'attrito del pavimento.

I libri sono fermi sulla mensola e resteranno fermi finché non interverrà qualcosa a modificare tale stato.

non solo TEORIA

Prendi un bicchiere, poni su di esso una carta da gioco e su questa metti una moneta. Dai quindi un bel colpo secco alla carta.

Osserverai che la carta va a terra, ma la moneta non segue la carta e rimane al suo posto... cadendo nel bicchiere.

Hai verificato che la moneta ha **mantenuto il suo stato di quiete**... finendo nel bicchiere.

MASSA GRANDE PIÙ PRINCIPIO DI INERZIA

Quanto abbiamo visto ci porta al **primo principio della dinamica**, o **principio di inerzia**, che afferma:

- Ogni corpo mantiene il suo stato di quiete o di moto rettilineo uniforme finché non interviene una forza in grado di modificare tale stato.
- La tendenza di un corpo a mantenere il proprio stato di quiete o di moto in assenza di forze applicate si chiama **inerzia**.

27

unità 2 → I principi della dinamica

Osserviamo alcuni effetti del **principio di inerzia**.

Si parte, e i passeggeri dell'auto o dell'autobus vengono sbalzati all'indietro: **per inerzia hanno cercato di mantenere il loro stato di quiete**.

Un'improvvisa frenata e i passeggeri questa volta vengono sbalzati in avanti: **per inerzia hanno cercato di mantenere il loro stato di moto**.

Un improvviso ostacolo e tu fai una brusca frenata: la tua bici si blocca... e tu? Tu vieni sbalzato in avanti: **per inerzia hai cercato di mantenere il tuo stato di moto**.

Il secondo principio della dinamica

Consideriamo alcuni corpi di uguale massa, *m*, e applichiamo a essi forze di intensità diversa.

L'accelerazione che acquista il carrello spinto da una persona adulta (più forza) sarà sicuramente maggiore di quella che acquista lo stesso carrello spinto da un ragazzino (meno forza).

Consideriamo adesso due corpi di massa diversa e applichiamo a essi due forze uguali.

L'accelerazione che acquista il secondo carrello più pesante (massa maggiore) sarà sicuramente minore di quella che acquista un carrello meno pesante (massa minore) spinto dalla stessa persona (uguale forza).

28 Fisica e Chimica

Se ripetiamo la stessa osservazione con le misure esatte delle forze applicate e delle masse, osserveremo che:

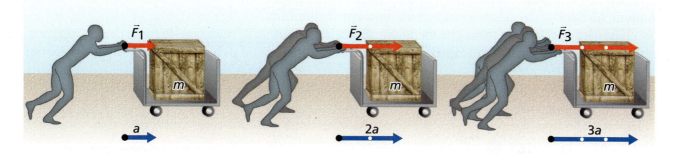

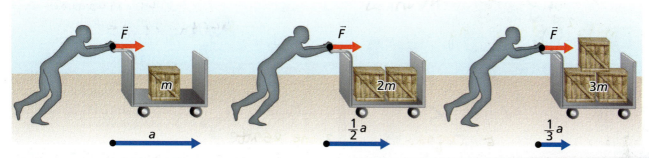

Queste due osservazioni ci portano al **secondo principio della dinamica**, o **legge di Newton**, che afferma:

> L'accelerazione che un corpo subisce se sottoposto a una forza è direttamente proporzionale alla forza stessa e inversamente proporzionale alla sua massa:
> $$F = m \cdot a$$

FORZA = MASSA · ACCELLERAZIONE

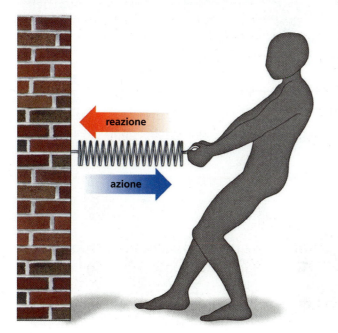

Il terzo principio della dinamica

Stai tirando l'estremità di una molla fissata con l'altro estremo al muro. Mentre tiri, non avverti a tua volta una forza che ti tira verso la molla? Due palloni di uguale massa sono stati calciati con la stessa forza. Quando si urtano, non ti accorgi che si allontanano dalle parti opposte?

29

unità 2 → I principi della dinamica

Come possiamo interpretare questi fenomeni?
Tirando la molla hai applicato a essa una forza, ma la molla ha risposto a questa forza con un'altra che tira la tua mano. I due palloni urtandosi hanno applicato l'uno all'altro una forza, ma ciascun pallone ha risposto a questa forza con un'altra che li allontana.
Se chiamiamo "azione" la forza che viene esercitata inizialmente e "reazione" la forza di risposta, possiamo enunciare il **terzo principio della dinamica**, detto anche **principio di azione e reazione**:

> A ogni forza che agisce su un corpo, **azione**, corrisponde sempre un'altra forza uguale e contraria, **reazione**.

Osserviamo questo principio di azione e reazione in varie situazioni.

Per allontanarti dalla scrivania alla quale sei seduto appoggi le mani alla scrivania e dai una spinta in avanti (azione)... la sedia riceverà una spinta all'indietro (reazione) che ti allontanerà dalla scrivania.

Dal palloncino che ti scappa di mano prima che tu lo abbia legato fuoriesce l'aria (azione) che va verso il basso e il palloncino riceve una spinta (reazione) che lo farà salire in alto.

Le pale dell'elica dell'elicottero creano un vortice di aria diretto verso il basso (azione), una spinta opposta (reazione) permette all'elicottero di alzarsi in volo.

Per camminare con i piedi spingiamo indietro il terreno (azione) e, ricevendo una spinta uguale e contraria (reazione), riusciamo a muoverci in avanti.

I gas di scarico emessi dai potenti motori dei razzi vettori sono diretti verso il basso (azione), una spinta opposta (reazione) spinge in alto lo shuttle.

Test rapido

- Che cosa afferma il primo principio della dinamica?
- Perché è detto anche principio di inerzia?
- Per il secondo principio della dinamica, l'accelerazione che un corpo subisce se sottoposto a una forza è inversamente proporzionale alla forza stessa e direttamente proporzionale alla sua massa?
- Che cosa afferma il terzo principio della dinamica?

30 Fisica e Chimica

unità 2 → I principi della dinamica

fissa i concetti chiave

Che cos'è una forza?

- Si chiama **forza** tutto ciò che determina il cambiamento dello stato di quiete o di moto di un corpo.
- La forza è una **grandezza vettoriale** e per rappresentarla si usa un vettore che ne specifica l'**intensità**, il **punto di applicazione**, la **direzione** e il **verso**.

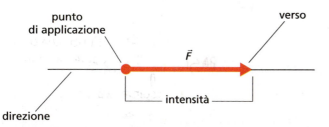

Come si misura una forza?

- Per misurare una forza si usa uno strumento chiamato **dinamometro** o bilancia a molla.
- L'unità di misura della forza è il **newton (N)**, definito come quella forza capace di imprimere a un corpo di massa 1 kg l'accelerazione di 1 m/s^2:

$$1 \text{ N} = 1 \text{ kg} \times 1 \text{ m/s}^2$$

Quando si parla della forza peso, come unità di misura si usa il **chilogrammo-peso (kg$_p$)**, che è la forza capace di imprimere a un corpo di massa 1 kg l'accelerazione di 9,8 m/s^2:

$$1 \text{ kg}_p = 9,8 \text{ N}$$

Che cos'è la pressione?

- La **pressione**, *P*, è data dal rapporto tra la forza premente, *F*, che agisce perpendicolarmente su una superficie e la superficie stessa, ovvero è la **forza che si esercita perpendicolarmente sull'unità di superficie**:

$$P = \frac{F}{S}$$

- Essa si misura in **pascal (Pa)**, definito come la pressione esercitata dalla forza di **1 N su una superficie di 1 m^2**.

Come si sommano due forze?

- Forze di **uguale direzione e verso** si sommano in intensità e la risultante ha la stessa direzione e lo stesso verso delle forze applicate.
- Forze di **uguale direzione ma verso opposto** si sottraggono in intensità e la risultante ha la stessa direzione delle forze applicate e il verso della forza maggiore.
- Forze di **direzioni diverse** si sommano sia in intensità, sia in direzione e in verso, secondo la regola del parallelogramma.

Che cosa afferma il primo principio della dinamica?

- Per il **primo principio della dinamica** ogni corpo mantiene il suo stato di quiete o di moto rettilineo uniforme finché non interviene una forza in grado di modificare tale stato.
- La tendenza di un corpo a mantenere il proprio stato di quiete o di moto in assenza di forze applicate si chiama **inerzia**.

Che cosa dice il secondo principio della dinamica?

- Per il **secondo principio della dinamica** l'accelerazione che un corpo subisce se sottoposto a una forza è direttamente proporzionale alla forza stessa e inversamente proporzionale alla sua massa:

$$F = m \cdot a$$

Che cosa afferma il terzo principio della dinamica?

- Per il **terzo principio della dinamica** a ogni forza che agisce su un corpo, **azione**, corrisponde sempre un'altra forza uguale e contraria, **reazione**.

31

I principi della dinamica

ragiona e applica

... le conoscenze

1. Che cosa s'intende per forza? *UNA COSA CHE FA SPOSTARE UN OGGETTO, N+D*

2. Quali elementi caratterizzano una forza?

3. Completa.
   a. Lo strumento utilizzato per misurare le forze è *DINAMOMETRO*
   b. L'unità di misura delle forze è *NEWTON*, che è la forza capace *DI AGGIUNGERE 1 m/s² a ogni kg*, o anche *PASCAL*,
   che è la forza capace ....
   1P = 1N × 1m²

4. Che cos'è la pressione?

5. Segna l'affermazione esatta. *Segnale affermazione esatte*
   a. A parità di forza la pressione aumenta all'aumentare della superficie su cui la forza agisce.
   b. A parità di forza la pressione diminuisce all'aumentare della superficie su cui la forza agisce.
   c. A parità di superficie la pressione aumenta se aumenta la forza.

6. Completa specificando in che modo si sommano:
   a. due forze di uguale direzione e verso: ....
   b. due forze di uguale direzione ma verso opposto: ....
   c. due forze di direzioni diverse: ....

7. Che cosa afferma il primo principio della dinamica?
8. Che cosa afferma il secondo principio della dinamica?
9. Che cosa afferma il terzo principio della dinamica?
10. Descrivi qualche effetto del principio d'inerzia.
11. Descrivi qualche effetto del principio di azione e reazione.

... le abilità

12. Osserva le composizioni a fianco formate da cinque cubi uguali e rispondi alle seguenti domande.
    a. In quale composizione la pressione esercitata sulla superficie è maggiore?
    b. In quale composizione la pressione esercitata sulla superficie è minore?

32 Fisica e Chimica

13. Disegna la risultante delle seguenti coppie di forze.

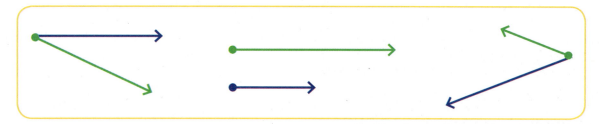

Disegna la risultante delle forze rappresentate nelle figure date nei seguenti esercizi.

14.

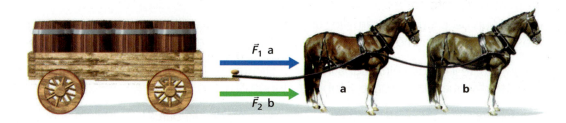

15.

16.

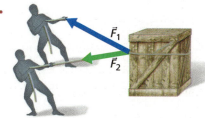

17. Osserva le seguenti figure e in ciascuna di esse segna, spiegandone il motivo, il carrello che acquisterà maggiore accelerazione.

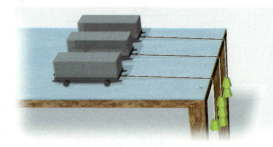

18. Osserva i due carrelli a fianco.
Se hanno acquistato la stessa accelerazione e il secondo ha massa doppia del primo, con quale forza viene spinto il secondo carrello rispetto al primo?

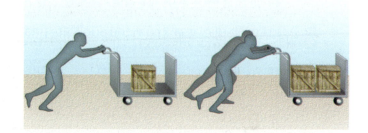

19. Quale situazione rappresenta secondo te la figura a lato? Segna l'ipotesi esatta e spiegane il motivo.

a. Una frenata brusca dell'autobus.
b. Una partenza improvvisa dell'autobus.
c. Una curva dell'autobus.

unità 2 — I principi della dinamica — ragiona e applica

20. Una forza agisce su un corpo accelerandolo. Se raddoppia l'intensità della forza e quadruplica la massa del corpo, la sua accelerazione:

　a. resta la stessa;　　b. diminuisce;　　c. aumenta.

21. Due corpi, uno di massa 7 kg e uno di massa 12 kg, vengono spinti con una forza di uguale intensità. Quale acquisterà più accelerazione? Perché?

22. Hai fatto un bel giro con una barca a remi e hai constatato che per avanzare spingevi con i remi l'acqua indietro. Come puoi spiegarlo?

23. Hai appoggiato un pacchetto di caramelle sul cruscotto della macchina. A un certo punto il pacchetto ti cade addosso. La macchina in quel momento è partita o si è fermata? Perché?

24. Papà vuole innaffiare il giardino, impugna il tubo di gomma collegato a un rubinetto e apre il rubinetto. Appena il getto d'acqua inizia a uscire, il tubo gli sfugge di mano. Perché?

25. Sei in piedi, fermo, su una barca e salti a riva. Che cosa succede alla barca?

　a. Avanza verso la riva.　　b. Si allontana dalla riva.　　c. Resta ferma.

SCIENZE e Matematica

26. Calcola la pressione che esercita il solido a fianco sapendo che ciascun cubo ha lo spigolo di 10 cm e pesa 200 g.

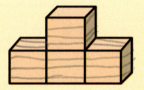

27. Disegna la forza risultante di ciascuna delle seguenti coppie di forze e, supponendo che 1 cm corrisponda a 5 N, calcolane l'intensità.

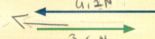 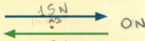

28. Disegna la risultante di due forze perpendicolari, una di 12 N e l'altra di 16 N, che hanno lo stesso punto di applicazione e calcolane l'intensità.

29. Nel punto **P** sono applicate due forze $\vec{F}_1$ e $\vec{F}_2$:

　a. disegna la risultante delle due forze;

　b. calcola l'intensità della risultante sapendo che l'intensità delle due forze è 90 N e che l'angolo che esse formano misura 60°.

30. A un corpo di massa 1 kg viene applicata una forza di 1 N e il corpo subisce un'accelerazione di 1 m/s². Calcola l'accelerazione nei seguenti casi:

　a. m = 2 kg　　b. m = 1 kg　　c. m = 2 kg
　　F = 1 N　　　F = 2 N　　　F = 2 N
　　a = ...　a = ...　a = ...

31. Completa.

　a. Un corpo di massa 500 kg, sotto l'azione di una forza, accelera di 4 m/s². La forza applicata ha un'intensità di ....

　b. Se a un corpo di massa 20 kg è applicata una forza di 10 N, esso subisce un'accelerazione di ....

　c. Un corpo a cui è stata applicata una forza di 50 N ha acquistato un'accelerazione di 8 m/s². La sua massa è di ....

Unità 3

FORZE ED EQUILIBRIO

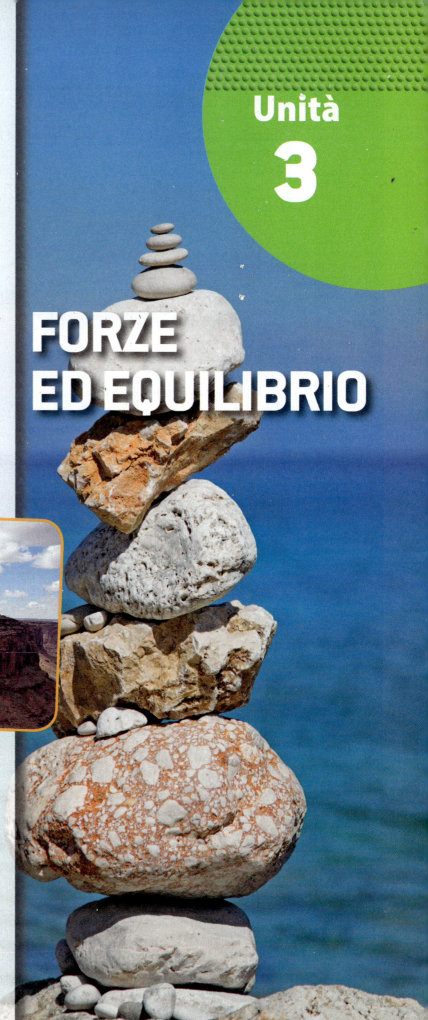

Perché ne parliamo?

Abbiamo visto che una forza è anche in grado di determinare la quiete di un corpo. Un corpo, cioè, sta fermo perché è sottoposto a una forza in grado di tenerlo in quiete. Sai individuare quale forza mantiene fermi i corpi che vedi raffigurati a fianco? Ad esempio, quale forza mantiene fermi il vaso e il libro sul tavolo, o il quadro appeso alla parete, o ancora il divano sul pavimento?
Magari vorresti dire che sono fermi perché su di essi non agisce alcuna forza, ma ricorda che tutti i corpi sono soggetti al loro peso, cioè alla forza di gravità.

E adesso prova a ricordare:
- tutte le volte che, lanciando un sassolino in mare, lo hai visto affondare e hai pensato che una grande nave invece galleggia;
- quel giorno che, sporgendoti per prendere la palla a terra, stavi per cadere.

Riesci a spiegarti il perché di questi fatti?
Continuando lo studio delle forze, capiremo il concetto di **equilibrio** e ci spiegheremo tutto.

Contenuti
- Forze in equilibrio
- L'equilibrio dei corpi
- Forze ed equilibrio nei liquidi

Prerequisiti
- Conoscere il concetto di forza
- Conoscere i concetti di peso, peso specifico e volume

Obiettivi
- Capire il significato di forze in equilibrio
- Individuare le condizioni di equilibrio dei corpi sospesi e appoggiati
- Capire la differenza fra equilibrio stabile, instabile e indifferente
- Capire come agiscono le forze nei liquidi

→ Forze ed equilibrio

Forze in equilibrio

Abbiamo detto che forze di uguale direzione ma verso opposto si sottraggono in intensità e la risultante ha la stessa direzione delle forze applicate e il verso della forza maggiore.
Che cosa succede se le due forze hanno direzione uguale, verso opposto e uguale intensità?

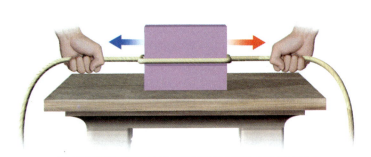

Due ragazzi tirano una scatola da parti opposte, ma nonostante gli sforzi questa non si muove.

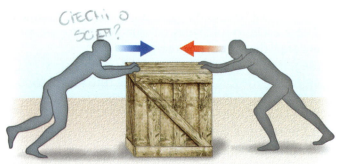

Due ragazzi spingono una cassa l'uno verso l'altro, ma questa non si muove.

La scatola e la cassa non si muovono perché la **risultante delle forze a esse applicate ha intensità nulla**, diciamo che le **forze sono in equilibrio** e non causano quindi alcuno spostamento, ovvero determinano l'**equilibrio statico** (essere fermi) dei due corpi.
Ma se un corpo anche fermo è soggetto alla forza di gravità, ovvero alla sua forza peso, come fa a mantenere il suo equilibrio statico?
Evidentemente, esistono altre condizioni.

Il calendario sta fermo perché è appeso al muro e il suo peso è bilanciato dalla forza esercitata dal chiodo a cui è appeso.

Il pacchetto sta fermo perché è appoggiato sul tavolo e il suo peso è bilanciato dalla forza esercitata dal piano di appoggio.

Il libro sta fermo perché è sostenuto dalla mano e il suo peso è bilanciato dalla forza esercitata dalla mano.

Un corpo appeso, appoggiato o sostenuto è un esempio di equilibrio ottenuto con dei **vincoli** che ne determinano l'equilibrio in quanto esercitano una forza, detta **reazione vincolare**, che si oppone alla forza peso annullandola.

36 Fisica e Chimica

Complessivamente affermiamo quindi che:

- Un corpo soggetto a più forze è in **equilibrio statico** se la **risultante** di queste forze è **nulla**.
- Un corpo non soggetto ad alcuna forza se non il suo peso è in **equilibrio statico** quando il peso è bilanciato da una **reazione vincolare**.

Una reazione vincolare determina quindi l'equilibrio in quanto si oppone alla forza peso annullandola. Ma dov'è applicata la forza peso in un corpo?

Se teniamo un oggetto in mano e poi lo lasciamo cadere, esso si dirige verso il basso perché su di esso agisce la **forza di gravità** diretta verso il centro della Terra, che si manifesta nel **peso** dell'oggetto. La forza di gravità, o peso, agisce su ogni molecola del corpo; la forza peso (p) è quindi la risultante delle innumerevoli forze di gravità, parallele tra loro, applicate a tutte le molecole del corpo. Possiamo quindi dire che:

- La **forza peso** è una forza verticale, diretta verso il basso, con un'intensità uguale alla somma delle intensità delle varie forze di gravità che agiscono sul corpo.
- La forza peso è applicata in un punto particolare, detto **centro di gravità** del corpo o **baricentro**, che è il punto in cui si può considerare concentrata tutta la massa del corpo.

FOCUS SU...

Un corpo soggetto a più forze è in equilibrio statico quando la risultante di queste forze è nulla; per stabilire l'equilibrio di un corpo basta quindi trovare la risultante delle forze a cui è soggetto e verificare che sia nulla. Come si fa a trovare la risultante di più forze? Basta sommarle a due e due, secondo le regole viste.

La risultante delle prime due forze, $\vec{F}_1 + \vec{F}_2$, sommata con la terza forza, $\vec{F}_3$, che ha la stessa direzione, verso opposto e intensità uguale, dà risultante nulla. Le **forze sono in equilibrio** e il corpo risulta in **equilibrio statico**.

La risultante delle prime due forze, $\vec{F}_1 + \vec{F}_2$, sommata con la terza forza, $\vec{F}_3$, secondo la regola del parallelogramma, non dà risultante nulla. Le **forze non sono in equilibrio** e il corpo **si muoverà** secondo la direzione e il verso di $\vec{R}$.

37

→ **Forze ed equilibrio**

Come si determina il baricentro di un corpo?

Tutti i corpi dotati di massa sono quindi soggetti alla forza peso applicata nel baricentro. Dove si trova e come si determina il baricentro di un corpo?

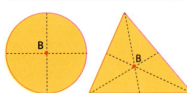 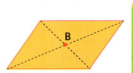

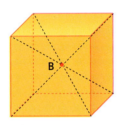 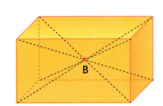 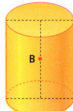

Se il corpo è rigido e omogeneo e ha una forma geometrica regolare, il baricentro (B) coincide con il centro geometrico o di simmetria della figura. Per determinarlo, basta disegnare gli assi di simmetria della figura: il loro punto di incontro, B, sarà il baricentro.

Se il corpo ha una forma geometrica irregolare, si individua il baricentro nel modo seguente:
- si sospende il corpo per mezzo di un filo applicato in un punto qualsiasi e, quando il corpo non oscilla più, si traccia su di esso il prolungamento del filo di sospensione;
- si ripete il procedimento sospendendo il corpo per un altro punto qualsiasi;
- le semirette disegnate sul corpo si incontrano in un punto che è sempre lo stesso, comunque si appenda il corpo; questo punto è il baricentro.

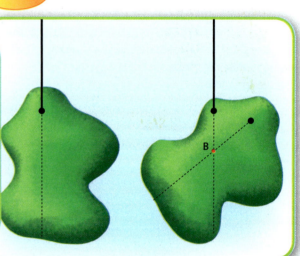

FOCUS SU...

Anche il nostro corpo ha un baricentro; dove si trova?
Il nostro corpo è omogeneo ma non è rigido e determinarne il baricentro è un po' complicato perché esso varia a seconda della posizione che assumiamo. Osserva ad esempio alcuni punti in cui si può trovare il baricentro nel nostro corpo.

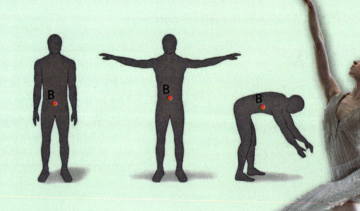

Test rapido

- Quando due forze sono in equilibrio? RISULTANTE O
- Quando un corpo soggetto a più forze è in equilibrio statico? RISULTANTE O
- Che cos'è il baricentro di un corpo? FORZA PESO

38 Fisica e Chimica

L'equilibrio dei corpi

Per analizzare le condizioni di equilibrio dei corpi distinguiamo due casi: **corpi sospesi** e **corpi appoggiati**.

L'equilibrio dei corpi sospesi

Consideriamo un corpo rigido sospeso e cerchiamone le condizioni di equilibrio con un esperimento.

non solo TEORIA

Procurati una tavoletta di sughero e un pezzetto di spago.
Disegna sulla tavoletta il baricentro e fai in essa tre buchi: uno sopra il baricentro, uno sotto e uno a lato. Appendi adesso la tavoletta infilando lo spago successivamente nei tre buchi e tienila ogni volta sospesa finché non si ferma. Osserva bene, ogni volta, il punto di sospensione (il buco) e il baricentro. Quando la tavoletta raggiunge l'equilibrio?

Osserverai che in tutti e tre i casi l'equilibrio si raggiunge quando il punto di sospensione si trova allineato con il baricentro e sulla verticale passante per il baricentro.

Hai constatato che un **corpo sospeso è in equilibrio quando il punto di sospensione si trova sulla verticale passante per il baricentro.**

Possiamo affermare che:

> Un corpo sospeso è **in equilibrio** quando il punto di sospensione si trova sulla verticale passante per il baricentro.

Se il corpo è in equilibrio, il punto di sospensione si trova quindi sempre sulla verticale passante per il baricentro e può essere esattamente sopra, sotto o coincidente con il baricentro stesso.

Al variare della posizione del punto di sospensione, un corpo sospeso può trovarsi in tre posizioni di equilibrio: **stabile**, **instabile** o **indifferente**.

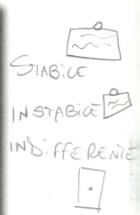

Si trova in **equilibrio stabile** se il punto di sospensione S si trova al di sopra del baricentro B; in questo caso il corpo, comunque lo si sposti, oscillerà ma ritornerà sempre nella sua posizione iniziale.

equilibrio stabile: — il corpo se spostato oscillerà… — …e si riporterà nella posizione iniziale

39

→ Forze ed equilibrio

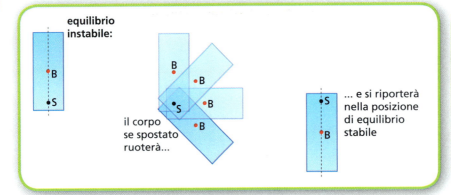

Si trova in **equilibrio instabile** se il punto di sospensione S si trova al di sotto del baricentro B; in questo caso basta un piccolo spostamento perché il corpo ruoti fino a portarsi nella posizione di equilibrio stabile senza più ritornare nella sua posizione iniziale.

Si trova in **equilibrio indifferente** se il punto di sospensione S coincide con il baricentro B; in questo caso infatti il corpo, in qualunque posizione si trovi, rimane sempre in perfetto equilibrio.

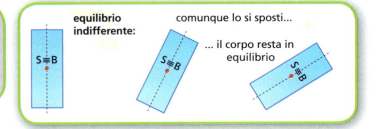

L'equilibrio dei corpi appoggiati

Consideriamo adesso un corpo appoggiato, ad esempio un tavolo o una valigia posti sul pavimento. I punti in cui questi corpi toccano il piano su cui poggiano sono i **punti di appoggio** che nel loro insieme formano un poligono, detto **poligono di base** o **base di appoggio**. Cerchiamo la condizione di equilibrio di un corpo appoggiato con un esperimento.

non solo TEORIA

Procurati un numero dispari di monete tutte uguali e appoggiale su un tavolo mettendole una sull'altra in modo da formare una pila. Il baricentro della pila è, ovviamente, nella moneta centrale. Lentamente sposta le monete, tranne quella che poggia sul tavolo, facendo inclinare la pila... finché non cade. Osserva bene la verticale passante per il baricentro.

Osserverai che la verticale passante per il baricentro è sempre interna alla prima moneta, cioè al poligono di base; solo quando la pila cade la verticale è esterna al poligono di base.

Hai constatato che **un corpo appoggiato è in equilibrio finché la verticale passante dal baricentro cade dentro il poligono di base**.

Possiamo quindi dire che:

Un corpo appoggiato è in equilibrio se la verticale passante per il suo baricentro cade all'interno della base di appoggio.

Anche un corpo appoggiato può essere in equilibrio **stabile**, **instabile** o **indifferente**.

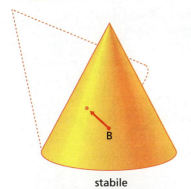
stabile

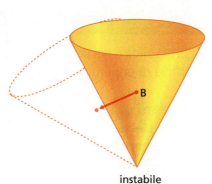
instabile

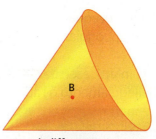
indifferente

È in **equilibrio stabile** se, spostato, ritorna sempre nella sua posizione iniziale.

È in **equilibrio instabile** se, anche per piccoli spostamenti, si allontana definitivamente dalla sua posizione iniziale.

È in **equilibrio indifferente** se, spostato, conserva sempre la posizione che gli viene data e resta in equilibrio.

FOCUS SU...

● Anche il nostro corpo, per la fisica, è un corpo appoggiato e il suo peso è applicato al baricentro, che si trova al centro sull'asse di simmetria. Stando ben appoggiato sui piedi, prova ad assumere diverse posizioni: in quali riesci a stare in equilibrio e in quali rischi di cadere? Manterrai l'equilibrio finché la verticale passante per il tuo baricentro "cade" all'interno della base di appoggio, diversamente cadi per terra.

● In un corpo appoggiato l'equilibrio è tanto più stabile quanto più ampia è la sua base di appoggio e più bassa è la posizione del suo baricentro.

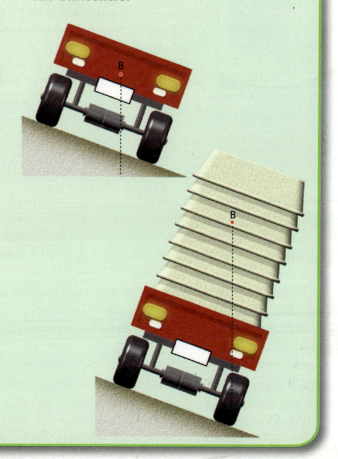

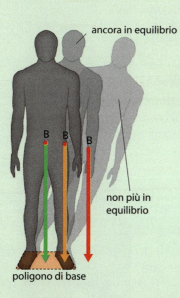

Test rapido

⮕ Quando un corpo sospeso è in equilibrio?
⮕ Quando un corpo appoggiato è in equilibrio?

unità 3 Forze ed equilibrio nei liquidi

Parlando di forze e di equilibrio, ci siamo riferiti a corpi solidi. E nei liquidi che cosa accade? Che cosa succede se appoggiamo un corpo sulla superficie di un liquido? Come sai, o galleggia o affonda.
Anche i liquidi, infatti, esercitano sui corpi in essi immersi delle forze che determinano, come vedremo, il galleggiamento o l'affondamento dei corpi stessi.

Abbiamo misurato il peso di un sasso appendendolo a un dinamometro e abbiamo ottenuto: $p = 30$ g.

Abbiamo misurato nuovamente il peso del sasso appeso al dinamometro immergendolo questa volta in un recipiente contenente 40 g di acqua. L'acqua si innalza di un volume del peso di 10 g e il dinamometro ci indica un peso del sasso diverso: $p = 20$ g.

Come possiamo spiegarci il fenomeno?
Fu Archimede, il famoso matematico e fisico siracusano, a dare una spiegazione al fenomeno che abbiamo descritto enunciando il suo principio, detto appunto **principio di Archimede**:

Un corpo immerso in un liquido riceve una spinta, detta **spinta di Archimede**, di intensità uguale al peso del volume del liquido spostato e di verso opposto a quello della forza peso del corpo stesso.

Ecco perché il sasso, avendo spostato un volume d'acqua del peso di 10 g, ha ricevuto una spinta verso l'alto pari a questo peso; quindi, anziché pesare ancora 30 g, nell'acqua pesa $(30 - 10)$ g $= 20$ g.
In base a quanto abbiamo detto, un corpo immerso in un liquido è sottoposto a due forze: la forza peso (p) che lo attira verso il basso e la **spinta di Archimede** (f), o **spinta idrostatica**, che lo spinge verso l'alto. In base all'intensità di queste due forze il corpo nel liquido risulta in equilibrio, cioè galleggia, o affonda o resta sospeso.
Osserva.

Forza peso > spinta di Archimede, come puoi osservare, la sfera affonda.

Forza peso < spinta di Archimede, come puoi osservare, la sfera galleggia.

Forza peso = spinta di Archimede, come puoi osservare, la sfera resta sospesa.

Poiché il volume del corpo e il volume del liquido spostato sono uguali, l'intensità della **forza peso**: *p = ps* **(del corpo)** · *V* **(del corpo)** e l'intensità della **spinta di Archimede**: *f = ps* **(del liquido)** · *V* **(del liquido)** dipendono solo dai pesi specifici del corpo immerso e del liquido in cui è immerso.
Diciamo che:

Un corpo immerso in un liquido:
- **affonda** se il peso specifico del corpo è maggiore del peso specifico del liquido;
- **galleggia** se il peso specifico del corpo è inferiore al peso specifico del liquido;
- **è in equilibrio indifferente** se il peso specifico del corpo è uguale al peso specifico del liquido.

unità 3
→ Forze ed equilibrio

FOCUS SU...

Un pezzo di plastilina galleggia se modellato a forma di barchetta, mentre va a fondo se è appallottolato. Questo perché la barchetta appoggia sull'acqua una superficie più grande e quindi, spostando un maggior volume d'acqua, riceve una spinta verso l'alto sufficiente a tenerla a galla. La plastilina appallottolata invece, appoggiando sull'acqua una piccola superficie, sposta solo un piccolo volume d'acqua e riceve quindi una spinta minore, non sufficiente a tenerla a galla.

Da quanto abbiamo visto, il galleggiamento, oltre che dal peso specifico, dipende quindi anche dalla **forma del corpo**.

FOCUS SU...

Perché una nave enorme e pesante non affonda? Il segreto del galleggiamento sta nel fatto che la nave, pur essendo costruita per la maggior parte di ferro (che va a fondo), all'interno è cava e piena d'aria. Il peso specifico da considerare non è quindi solo quello del ferro, ma di tutto quanto costituisce la nave, compresa l'aria. Questo peso specifico medio è minore di 1, per cui la nave galleggia; non solo, ma può trasportare anche carichi pesanti (automobili, camion ecc.), purché il peso specifico medio del complesso risulti sempre inferiore a 1. Quando si esagera col carico o quando la nave per una falla nello scafo imbarca acqua, allora affonda. In questo caso infatti il peso specifico medio supera il valore di 1.

Test rapido

- Che cosa afferma il principio di Archimede?
- Quando un corpo immerso in un liquido affonda e quando galleggia?
- Se il peso specifico di un corpo è uguale al peso specifico del liquido in cui è immerso, il corpo galleggia o affonda? INDIFFERENTE

unità 3 → Forze ed equilibrio

fissa i concetti chiave

Quando un corpo è in equilibrio statico?

- Un corpo soggetto a più forze è in **equilibrio statico** se la **risultante di queste forze è nulla**.
- Un corpo non soggetto ad alcuna forza se non il suo peso è in **equilibrio statico** quando il peso è bilanciato da una **reazione vincolare**.

Che cos'è la forza peso e dove è applicata?

- La **forza peso** è una forza verticale, diretta verso il basso, con un'intensità uguale alla somma delle intensità delle varie forze di gravità che agiscono sul corpo.
- La forza peso è applicata in un punto particolare, detto **centro di gravità** del corpo o **baricentro**, che è il punto in cui si può considerare concentrata tutta la massa del corpo.

Quando un corpo sospeso è in equilibrio?

- Un corpo sospeso è in equilibrio quando **il punto di sospensione si trova sulla verticale passante per il baricentro**. Esattamente:
  > è in **equilibrio stabile** se il punto di sospensione si trova al di sopra del baricentro;
  > è in **equilibrio instabile** se il punto di sospensione si trova al di sotto del baricentro;
  > è in **equilibrio indifferente** se il punto di sospensione coincide con il baricentro.

Quando un corpo appoggiato è in equilibrio?

- Un corpo appoggiato è in equilibrio se **la verticale passante per il suo baricentro cade all'interno della base di appoggio**.

Che cos'è la spinta di Archimede?

- Un corpo immerso in un liquido riceve una spinta, detta **spinta di Archimede**, di intensità uguale al peso del volume del liquido spostato e di verso opposto a quello della forza peso del corpo stesso.

Quando un corpo affonda, galleggia o è in equilibrio indifferente?

- Un corpo immerso in un liquido:
  > **affonda** se il suo peso specifico è maggiore del peso specifico del liquido;
  > **galleggia** se il suo peso specifico è inferiore al peso specifico del liquido;
  > **è in equilibrio indifferente** se il suo peso specifico è uguale al peso specifico del liquido.

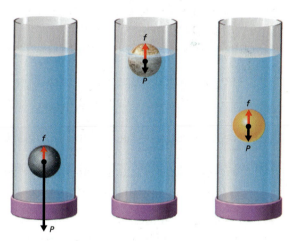

i miei appunti

45

ragiona e applica

→ Forze ed equilibrio

... le conoscenze

1. ~~Quando due forze applicate a uno stesso corpo si dicono in equilibrio?~~ RISULTANTE NULLA

2. Quando la forza vincolare determina l'equilibrio di un corpo?

3. Che cos'è la forza peso?

4. Completa.
   Il baricentro di un corpo, detto anche ...., è il punto in cui ....

5. Completa.
   a. Un corpo soggetto a più forze è in equilibrio statico se ....
   b. Un corpo non soggetto ad alcuna forza se non il suo peso è in equilibrio statico quando ....

6. Segna il completamento esatto.
   Un corpo sospeso è in equilibrio quando il punto di sospensione si trova:
   a. su una parallela passante per il baricentro.
   b. sulla verticale passante per il baricentro.
   c. su una retta che oscilla attorno al baricentro.

7. Qual è la condizione per cui un corpo sospeso è in equilibrio stabile?

8. Qual è la posizione reciproca del punto di sospensione e del baricentro in un corpo in equilibrio instabile?

9. Quando un corpo sospeso è in equilibrio indifferente?

10. Come si chiama l'insieme dei punti di un corpo che toccano il piano su cui poggia?

11. Qual è la condizione per cui un corpo appoggiato è in equilibrio?

12. Come è detta la forza che si contrappone alla forza peso di un corpo immerso in un liquido?

13. Che cosa afferma il principio di Archimede?

14. Segna il completamento esatto.
    Un corpo immerso in un liquido affonda se:
    a. il suo peso specifico è uguale al peso specifico del liquido.
    b. il suo peso specifico è maggiore del peso specifico del liquido.
    c. il suo peso specifico è minore del peso specifico del liquido.

15. Segna il completamento esatto.
    Dato un corpo immerso in un liquido, la relazione "peso < spinta di Archimede" ci dice che:
    a. il corpo affonda.
    b. il corpo galleggia.
    c. il corpo è in equilibrio indifferente.

Fisica e Chimica

16. Vero o falso? Scrivilo al posto dei puntini.

Se un corpo è in equilibrio indifferente allora il peso specifico del corpo è uguale al peso specifico del liquido. ....

... le abilità

17. Nelle seguenti figure individua il vincolo che permette agli oggetti indicati di stare fermi.

a. .... b. .... c. .... d. ....

18. Osserva le figure qui a lato e stabilisci il loro tipo di equilibrio.

a. ....
b. ....
c. ....

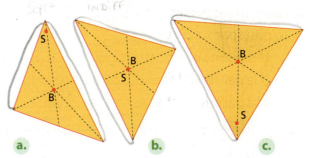

a. b. c.

19. Disegna nei tre casi proposti il punto di sospensione (S) in modo che si realizzi l'equilibrio indicato in ciascuno di essi.

equilibrio stabile   equilibrio instabile   equilibrio indifferente

20. Osserva le figure qui a lato e stabilisci quali pile di monete resteranno in equilibrio e quali cadranno.

a. Resteranno in equilibrio: ....
....

b. Cadranno: ....
....

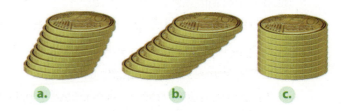

a. b. c.

21. Osserva le figure a fianco rappresentanti tre corpi appoggiati e indica in quale tipo di equilibrio (stabile, instabile e indifferente) si trovano.

a. ....
b. ....
c. ....

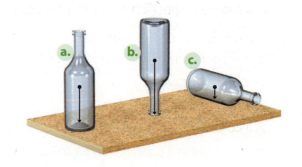

→ Forze ed equilibrio   ▼ ragiona e applica

STABILE
INSTABILE
INDIFERENTE

22. Quale delle due posizioni rappresentate permette un maggior equilibrio? Perché?
IL BARICENTRO È NEL POLIGONO DI
BASE AUMENTANDOLA

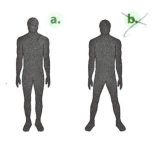

23. Osserva la figura e completa quanto richiesto.
   a. Lo stesso corpo fa registrare due pesi diversi perché ....
   ....
   b. La differenza di peso (45 − 15) g corrisponde all'intensità della
   ....

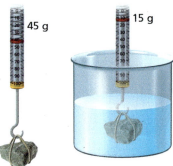

24. Osserva la posizione delle palline immerse in un recipiente pieno di acqua e completa la seguente affermazione.

Ordinate a partire da quella di peso specifico maggiore a quella di peso specifico minore, le palline sono nella seguente posizione:

1ª la pallina color ....

2ª la pallina color ....

3ª la pallina color ....

4ª la pallina color ....

5ª la pallina color ....

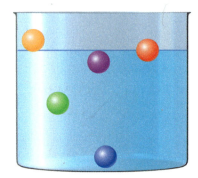

SCIENZE e Matematica

25. Un blocchetto di ferro (ps = 7,8 g/cm³) avente un volume di 55 cm³ viene immerso completamente in un recipiente pieno d'acqua. Quanto pesa il blocchetto prima dell'immersione? Quanto misura l'intensità della spinta idrostatica che riceve?
Quale sarà il peso del blocchetto quando è immerso?

26. Un blocco di ferro avente il volume di 2,5 dm³ viene immerso in acqua.
Quanto vale l'intensità della spinta di Archimede che esso riceve?

27. Un blocchetto di ferro (ps = 7,8 g/cm³) viene immerso nel mercurio (ps = 13,56 g/cm³).
Il cubetto galleggia o affonda?

28. Un pezzo di sughero (ps = 0,25 g/cm³) viene immerso nella benzina (ps = 0,72 g/cm³).
Il pezzo di sughero galleggia o affonda? GALLEGGIA

29. In un recipiente pieno d'acqua (ps = 1 g/cm³) vengono immersi due cubetti del volume di 1 cm³, rispettivamente di carbone (ps = 0,4 g/cm³) e di vetro (ps = 2,5 g/cm³). Quale cubetto galleggia e quale affonda? Perché?

30. In tre recipienti contenenti rispettivamente acqua (ps = 1 g/cm³), benzina (ps = 0,72 g/cm³) e alcol (ps = 0,78 g/cm³) viene messo un cubo di legno (ps = 0,78/cm³) del volume di 1 cm³.
In quale liquido il cubo galleggia, in quale affonda e in quale resta in equilibrio indifferente?

Fisica e Chimica

Perché ne parliamo?

Ricordi l'ultima volta che sei stato su un'altalena? Con chi eri? Sei sempre riuscito a stare in equilibrio?

Un tuo coetaneo è sull'altalena con la sua mamma e si sta ancora chiedendo perché non è riuscito a stare in equilibrio appena la mamma è salita. Tu sapresti rispondere?

Perché si fa tanta fatica a sollevare un pesante secchio, ma se ne fa molta di meno usando una carrucola?
Per essere sicuri di poter rispondere a queste domande forse vale la pena di continuare il nostro studio; capiremo perché in molte attività che richiedono l'uso della forza muscolare, l'uomo ha inventato le cosiddette **leve** che permettono di vincere forze di una certa intensità con una forza di intensità minore.

Unità 4

LE MACCHINE SEMPLICI

Contenuti
- Le leve
- Vari tipi di leva
- Il piano inclinato, la vite e il cuneo

Prerequisiti
- Conoscere il concetto di forza
- Conoscere le leggi della proporzionalità

Obiettivi
- Conoscere il concetto di leva e individuarne i vari tipi
- Comprendere il funzionamento di una leva
- Riconoscere leve vantaggiose, svantaggiose e indifferenti
- Riconoscere altre macchine semplici e capirne il funzionamento

unità 4 Le leve

Il problema di vincere alcune forze opponendo la minor forza muscolare possibile, in modo da poter compiere con il minor sforzo vari tipi di lavoro, ha da sempre interessato l'uomo. Moltissime nostre attività, quali sollevare, spostare o tagliare oggetti, anche grandi e pesanti, si basano infatti sull'uso di strumenti che permettono di eseguirle con poco sforzo.

Tante volte usiamo una chiave inglese o un martello per rendere più facile un lavoro altrimenti faticoso.

In casa spesso ci aiutiamo con pinze o forbici per rendere più agevoli alcuni lavori.

In fisica questi strumenti, ma anche la carrucola, lo schiaccianoci, le tenaglie, la canna da pesca, la carriola, il remo e tanti altri ancora, vengono chiamati **macchine semplici** perché non richiedono l'utilizzo di un motore.

Un qualsiasi dispositivo adatto a vincere una forza, detta **resistenza**, con la sola forza muscolare dell'uomo, detta **potenza**, è una **macchina semplice**.

Tutte le macchine semplici che l'uomo usa quotidianamente sono riconducibili a due tipi fondamentali: la **leva** e il **piano inclinato**.
Incominciamo a esaminare una leva osservandone una per vedere come è fatta e per scoprire la legge che ne regola il funzionamento.

→ Le macchine semplici

Scopriamo adesso sperimentalmente come funziona una leva:

non solo TEORIA

Procurati una leva con tacche ogni 3 cm e delle monete tutte uguali: alcune faranno da resistenza e altre da potenza.

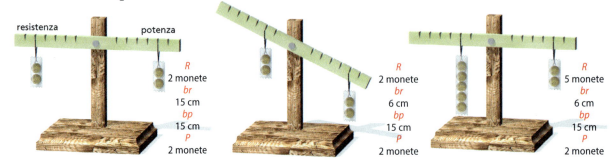

R	R	R
2 monete	2 monete	5 monete
br	br	br
15 cm	6 cm	6 cm
bp	bp	bp
15 cm	15 cm	15 cm
P	P	P
2 monete	2 monete	2 monete

1. Fissa su due pezzi di nastro adesivo un ugual numero di monete e appendili alle penultime tacche della leva. Come vedi questa resterà in equilibrio.

2. Sposta adesso le monete che fanno da resistenza nella seconda tacca. Come vedi la leva non è più in equilibrio.

3. L'equilibrio della leva è stato ristabilito aggiungendo tre monete al nastro adesivo che fa da resistenza.

Nella prima figura abbiamo osservato che:

R	br	bp	br
2 monete	15 cm	15 cm	2 monete

Nella seconda abbiamo osservato che:

R	br	bp	br
2 monete	6 cm	15 cm	2 monete

Nella terza abbiamo osservato che:

R	br	bp	br
5 monete	6 cm	15 cm	2 monete

Constatiamo che l'equilibrio sussiste solo quando $R \cdot br = P \cdot bp$; infatti:
$R \cdot br = 2 \cdot 15 = 30$ $P \cdot bp = 2 \cdot 15 = 30$ sussiste equilibrio
$R \cdot br = 2 \cdot 6 = 12$ $P \cdot bp = 2 \cdot 15 = 30$ non sussiste equilibrio
$R \cdot br = 5 \cdot 6 = 30$ $P \cdot bp = 2 \cdot 15 = 30$ sussiste equilibrio

Possiamo affermare la **legge di equilibrio delle leve** dicendo che:

> Una leva è in equilibrio quando il prodotto della resistenza per il suo braccio, detto **momento della resistenza**, è uguale al prodotto della potenza per il suo braccio, detto **momento della potenza**:
> $R \cdot br = P \cdot bp$ ovvero: $R : P = bp : br$
> (legge di equilibrio di una leva)

Test rapido

- Che cos'è una macchina semplice?
- Che cos'è una leva?
- Che cosa sono il braccio della potenza e il braccio della resistenza?
- Quando una leva è in equilibrio?

52 Fisica e Chimica

Vari tipi di leva

Sono esempi di leva l'altalena, la zappa, lo schiaccianoci, la bilancia a due piatti, la carriola, le tenaglie, la carrucola, le forbici, le pinze del ghiaccio, il cacciavite ecc.

Osservando bene alcune leve, ad esempio lo schiaccianoci, le tenaglie e le pinze del ghiaccio, noterai che non sono tutte uguali, ma differiscono fra loro per la posizione del fulcro, della resistenza e della potenza.

In base alle diverse posizioni del fulcro, della potenza e della resistenza, le leve possono essere **vantaggiose**, **svantaggiose** o **indifferenti** e, sempre in base alle diverse posizioni del fulcro, della potenza e della resistenza, si distinguono in **leve di primo genere**, di **secondo genere** e di **terzo genere**.

Leve vantaggiose, svantaggiose e indifferenti

Osserviamo le posizioni del fulcro, della resistenza e della potenza per determinare innanzi tutto se una **leva** è più o meno **vantaggiosa**. Ma che cosa si intende per "vantaggio" di una leva?

> Per **vantaggio** di una leva si intende la possibilità di vincere una resistenza con una potenza a essa inferiore.

In questo senso una leva può essere vantaggiosa, svantaggiosa o indifferente.

- Una leva è **vantaggiosa** se permette di vincere una certa resistenza con una potenza di intensità minore. Essendo quindi $P < R$, per la legge di equilibrio, deve essere $bp > br$.

- Una leva è **svantaggiosa** se per vincere una certa resistenza occorre una potenza di intensità maggiore. Essendo quindi $P > R$, per la legge di equilibrio, deve essere $bp < br$.

- Una leva è **indifferente** se per vincere una certa resistenza occorre una potenza di uguale intensità. Essendo quindi $P = R$, per la legge di equilibrio, deve essere $bp = br$.

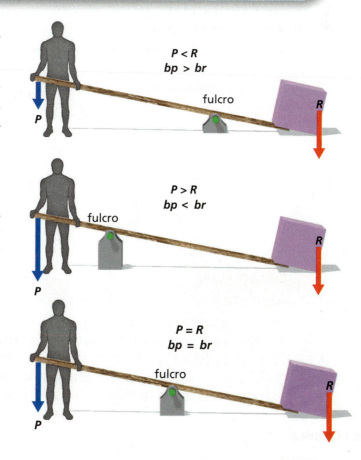

Le macchine semplici

Leva di primo genere

Una leva è di **primo genere se il fulcro si trova fra la resistenza e la potenza**.

Essa è **vantaggiosa** se il braccio della potenza è più lungo del braccio della resistenza, **svantaggiosa** se il braccio della potenza è più corto del braccio della resistenza e **indifferente** se i due bracci sono uguali. Sono leve di primo genere: la bilancia a stadera, l'apribottiglia, le pinze, la bilancia a bracci uguali ecc.

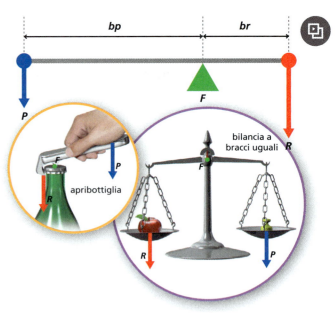

Leva di secondo genere

Una leva è di **secondo genere se la resistenza si trova tra il fulcro e la potenza**.

Essa è **sempre vantaggiosa** in quanto, trovandosi la resistenza fra la potenza e il fulcro, si ha sempre **bp > br** e di conseguenza **P < R**.
Sono leve di secondo genere: la carriola, l'apribottiglia a "occhiello", il remo, lo schiaccianoci ecc.

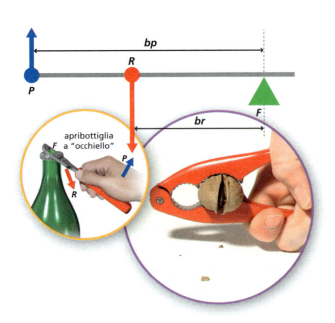

Leva di terzo genere

Una leva è di **terzo genere se la potenza si trova tra il fulcro e la resistenza**.

Essa è **sempre svantaggiosa** in quanto, trovandosi la potenza tra la resistenza e il fulcro, si ha sempre **br > bp** e quindi **P > R**.
Sono leve di terzo genere: il badile, le pinze per il ghiaccio, la canna da pesca, la scopa ecc.

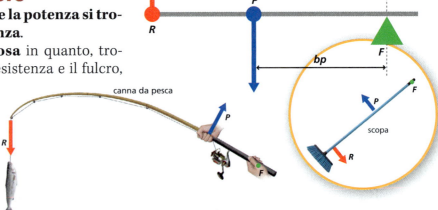

> **Test rapido**
> - Che cos'è il vantaggio di una leva?
> - Quando una leva si dice vantaggiosa, svantaggiosa o indifferente?
> - Quando una leva è di primo genere?
> - Quando una leva è di secondo genere?
> - Quando una leva è di terzo genere?

Fisica e Chimica

Il piano inclinato, la vite e il cuneo

Un altro tipo fondamentale di macchina semplice è il **piano inclinato**, utilizzato per ridurre gli sforzi. Il **piano inclinato** è una superficie rigida, inclinata di un certo angolo rispetto a un piano orizzontale, che permette di sollevare a determinate altezze pesi che l'uomo non riuscirebbe a sollevare o solleverebbe a fatica con la sola forza muscolare.

La passerella di imbarco delle navi, le rampe che permettono di sollevare carichi, ma anche funivie, seggiovie e strade di montagna con tornanti sono esempi di piano inclinato.

Osserviamo il funzionamento del piano inclinato.
Il peso P da sollevare, come vedi, risulta scomposto in due forze: P_1 e P_2. Di queste due forze, una (P_2) è equilibrata dalla reazione vincolare del piano; l'altra (P_1) parallela al piano inclinato, è la sola che deve essere bilanciata dalla forza F. Poiché P_1 è sempre inferiore al peso del carico, il piano inclinato è una macchina sempre **vantaggiosa**.

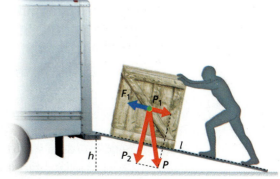

La condizione di equilibrio del piano inclinato è data dalla proporzione:
$$l : h = P : F$$
(l lunghezza del piano, h altezza o dislivello)

Poiché l è sempre maggiore di h, il rapporto $P : F$ è sempre maggiore di 1, quindi sarà $P > F$ e il piano inclinato risulta, come abbiamo detto, una macchina sempre vantaggiosa e tanto più vantaggiosa quanto più la sua lunghezza è maggiore dell'altezza.
Verifichiamo con un esperimento che il piano inclinato è una macchina sempre **vantaggiosa**.

unità 4 → Le macchine semplici

non solo TEORIA

Procurati un sostegno, un dinamometro, del filo di nylon, un chiodo ad anello, un'asse e una pietra. Lega al gancio del dinamometro il filo di nylon e fallo poi passare attraverso l'anello del chiodo. Appendi all'estremità del filo di nylon la pietra e controlla poi il suo peso con il dinamometro.

Adesso sistema il sostegno così com'è su una base collocata su un tavolo e fai in modo che la pietra, sempre legata al filo di nylon, poggi su un'asse che fa da piano inclinato. Controlla ancora il peso della pietra.

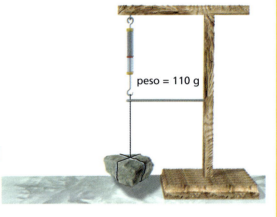

> La pietra pesa 110 g.

Sistema adesso il dispositivo su una base meno alta in modo da avere una minore inclinazione del piano e controlla ancora il dinamometro.

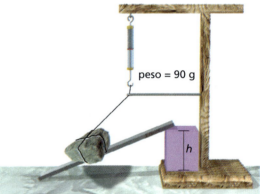

> Osserveremo che adesso la pietra pesa 90 g.

Hai constatato che per sollevare la pietra lungo il piano inclinato non serve più una potenza di 110 g, ma una tanto più piccola quanto minore è l'inclinazione del piano.

> Adesso il dinamometro segna 60 g.

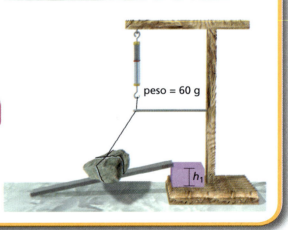

Il piano inclinato è dunque **sempre vantaggioso** e tale **vantaggio aumenta quanto più diminuisce l'inclinazione** ovvero l'**altezza**.

> Puoi constatare il vantaggio del piano inclinato salendo una scala: quanto minore è la pendenza della scala, tanto minore sarà la fatica necessaria per salire.

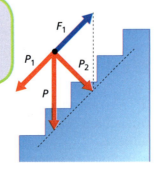
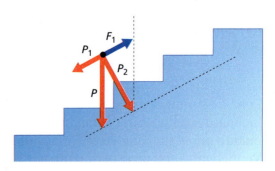

56 Fisica e Chimica

Riconducibili al piano inclinato sono due macchine semplici: la **vite** e il **cuneo**.

- La **vite** si può considerare **un piano inclinato avvolto a spirale**. Lo puoi constatare arrotolando un foglio a forma di triangolo rettangolo attorno a una matita.

> Le **spire** permettono l'avanzamento della vite che avviene con maggiore o minore facilità e velocità (quindi minor sforzo) a seconda del **passo**, cioè la distanza tra due spire successive.

Sono basati sul principio di funzionamento di una vite gli oggetti raffigurati a fianco.

- Il **cuneo** si può considerare **la combinazione di due piani inclinati**. È formato da un prisma a sezione triangolare avente due facce uguali, i **fianchi**, e una faccia più piccola, la **testa**.

Sono basati sul principio di funzionamento del cuneo gli oggetti raffigurati a fianco.

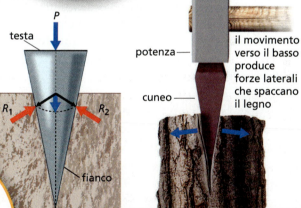

> Il cuneo è una macchina sempre vantaggiosa perché la potenza necessaria a farlo penetrare deve vincere una resistenza minore di quella effettiva, in quanto è la risultante delle due resistenze R_1 ed R_2.

Test rapido

- Che cos'è il piano inclinato?
- Perché è sempre vantaggioso?

unità 4 → Le macchine semplici
fissa i concetti chiave

Che cos'è una macchina semplice?

- Un qualsiasi dispositivo adatto a vincere una forza, detta **resistenza**, con la sola forza muscolare dell'uomo, detta **potenza**, è una **macchina semplice**.

Che cos'è una leva?

- Una leva è un'asta rigida libera di ruotare intorno a un punto fisso, detto **fulcro**.
  A un'estremità dell'asta è applicata la forza che deve essere vinta, detta **resistenza**, e all'altra estremità la forza adatta a vincere la resistenza, detta **potenza**.

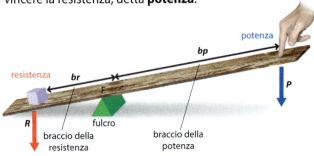

Quando una leva è in equilibrio?

- Una leva è in equilibrio quando il prodotto della resistenza per il suo braccio, **momento della resistenza**, è uguale al prodotto della potenza per il suo braccio, **momento della potenza**:
  $R \cdot br = P \cdot bp$ ovvero $R : P = bp : br$

Che cosa s'intende per vantaggio di una leva?

- Per **vantaggio** di una leva s'intende la possibilità di vincere una resistenza con una potenza a essa inferiore.

Quando una leva è vantaggiosa, svantaggiosa o indifferente?

- Una leva è:
  > **vantaggiosa** se permette di vincere una certa resistenza con una potenza di intensità minore;
  > **svantaggiosa** se per vincere una certa resistenza occorre una potenza di intensità maggiore;
  > **indifferente** se per vincere una certa resistenza occorre una potenza di uguale intensità.

Quali sono i tre tipi di leva?

- Una leva è di *primo genere* se il fulcro si trova fra la resistenza e la potenza.
  Essa è **vantaggiosa** se il braccio della potenza è più lungo del braccio della resistenza, **svantaggiosa** se il braccio della potenza è più corto del braccio della resistenza e **indifferente** se i due bracci sono uguali.

- Una leva è di **secondo genere** se la resistenza si trova tra il fulcro e la potenza. Essa è **sempre vantaggiosa** in quanto, trovandosi la resistenza fra la potenza e il fulcro, si ha sempre: $bp > br$ e di conseguenza $P < R$

- Una leva **è di terzo genere** se la potenza si trova tra il fulcro e la resistenza. Essa è **sempre svantaggiosa** in quanto, trovandosi la potenza tra la resistenza e il fulcro, si ha sempre: $br > bp$ e quindi $P > R$

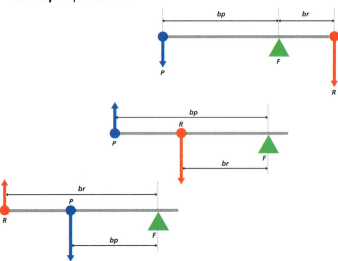

Che cosa sono il piano inclinato, la vite e il cuneo?

- Il **piano inclinato** è una superficie rigida, inclinata di un certo angolo rispetto a un piano orizzontale, che permette di sollevare dei pesi; è una macchina sempre **vantaggiosa**. La condizione di equilibrio del piano inclinato è data dalla proporzione:
  $l : h = P : F$

- La **vite** si può considerare **un piano inclinato avvolto a spirale**.

- Il **cuneo** si può considerare **la combinazione di due piani inclinati**. È formato da un prisma a sezione triangolare avente due facce uguali, i **fianchi**, e una faccia più piccola, la **testa**.

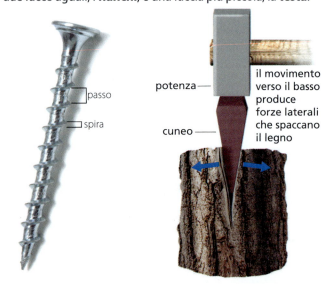

58 Fisica e Chimica

unità 4 → Le macchine semplici
ragiona e applica

... le conoscenze

1. Che cos'è una leva?

2. Collega con una freccia ciascun termine all'esatta definizione.
   - a. RESISTENZA
   - b. POTENZA
   - c. BRACCIO DELLA RESISTENZA
   - d. FULCRO
   - e. MOMENTO DELLA POTENZA
   - f. BRACCIO DELLA POTENZA
   - g. MOMENTO DELLA RESISTENZA

   1. Punto fisso attorno a cui ruota una leva
   2. Distanza fulcro-resistenza
   3. Forza da vincere
   4. Il prodotto della potenza per il suo braccio
   5. Forza applicata
   6. Distanza fulcro-potenza
   7. Il prodotto della resistenza per il suo braccio

3. Qual è la condizione di equilibrio di una leva?

4. Completa le seguenti affermazioni.
   - a. Una leva è vantaggiosa se ....
   - b. Una leva è svantaggiosa se ....
   - c. Una leva è indifferente se ....

5. Individua a quale tipo di leva (*vantaggiosa*, *svantaggiosa* o *indifferente*) si riferisce ciascuna delle seguenti condizioni:
   - a. $bp = br$ leva ....
   - b. $bp > br$ leva ....
   - c. $P > R$ leva ....
   - d. $P < R$ leva ....
   - e. $P = R$ leva ....
   - f. $bp < br$ leva ....

6. Descrivi i tre generi di leva e per ognuno di essi indica se è vantaggioso, svantaggioso o indifferente.

7. Che cos'è il piano inclinato?

8. Qual è la condizione di equilibrio del piano inclinato?

9. Che cos'è il cuneo?

→ **Le macchine semplici** ▼ **ragiona e applica**

unità 4

... le abilità

10. Nelle seguenti leve individua il fulcro, la resistenza e la potenza.

11. Riconosci negli oggetti a fianco i tre generi di leva.

a. ....
b. ....
c. ....
d. ....
e. ....
f. ....
g. ....
h. ....
i. ....

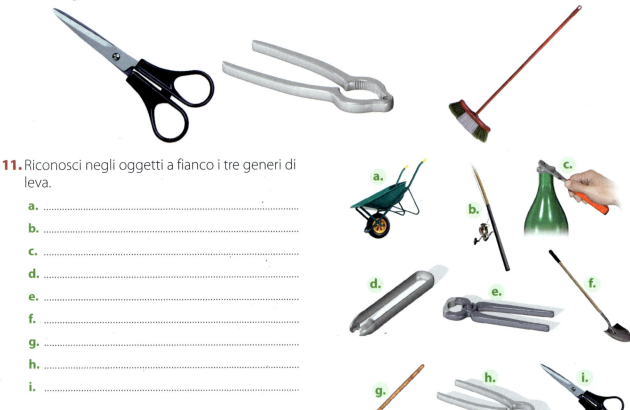

12. Osserva la leva qui sotto. Essa in realtà non può essere in equilibrio: correggi l'errore.

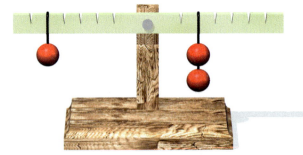

13. La leva qui sotto è costituita da un righello lungo 20 cm appoggiato nel suo punto medio a una gomma. Quanti bulloni devi mettere a 6 cm dal fulcro perché il righello sia in equilibrio?

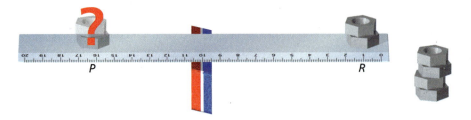

60 Fisica e Chimica

Osserva le leve date nei seguenti esercizi e rispondi alle relative domande.

14.

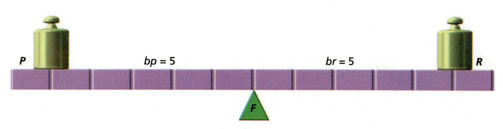

a. Se $R = 10$ kg, quanto deve essere P perché la leva sia in equilibrio? ....
b. Di che genere di leva si tratta? ....

15.

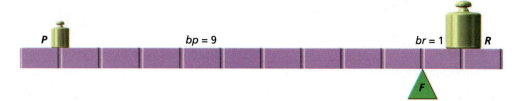

a. Se $R = 9$ kg, quanto deve essere P perché la leva sia in equilibrio? ....
b. Di che genere di leva si tratta? ....

16.

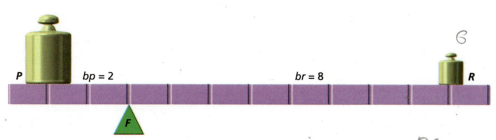

a. Se $R = 6$ kg, quanto deve essere P perché la leva sia in equilibrio? _24 kg_
b. Di che genere di leva si tratta? _svantaggiosa 1° genere_

SCIENZE e Matematica

Osserva le figure date nei seguenti esercizi e, in base ai dati, calcola quanto richiesto.

17.

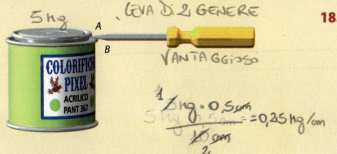

Resistenza del coperchio = 5 kg
Lunghezza del cacciavite = 10 cm
$AB = 0{,}5$ cm
Potenza necessaria per aprire la scatola = _15 kg_

18.

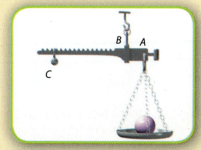

Peso dell'oggetto sul piatto = 1 kg
Peso usato nella bilancia = 200 g
$AB = 6$ cm
$BC = $ ....

→ Le macchine semplici   ragiona e applica

SCIENZE e Matematica

19.

Peso del parallelepipedo = 40 kg

Peso del cono = 60 kg

AB = 3 cm

BC = ...

20. Una leva è costituita da un'asta rigida. A una sua estremità, distante 40 cm dal fulcro, è posto un peso di 25 kg; a che distanza dal fulcro va messo un peso di 10 kg per ottenere l'equilibrio?

21. Su una leva, a 15 cm dal fulcro, è posto un peso di 15 kg. Quale peso deve essere posto a 45 cm dal fulcro perché la leva resti in equilibrio?

22. Una leva di primo genere è lunga 30 cm e a una sua estremità è applicata una resistenza di 80 g con un braccio di 10 cm. Quale potenza va applicata all'altra estremità per avere l'equilibrio?

23. Una leva di secondo genere è lunga 40 cm; con una resistenza di 100 g, avente un braccio di 8 cm, essa è in equilibrio. Qual è la potenza applicata?

24. Una leva di terzo genere, lunga 80 cm, ha una resistenza di 30 g ed è in equilibrio con una potenza di 80 g. Quanto misura il braccio di questa potenza?

25. A una leva di primo genere avente il braccio della resistenza lungo 30 cm viene applicata una resistenza di 20 N; quale deve essere il braccio della potenza se questa ha un'intensità di 5 N?

26. La bimba seduta sull'altalena pesa 28 kg e si trova a 2 m dal fulcro. Se la leva è in equilibrio, quanto pesa il ragazzo seduto a 1 m dal fulcro?

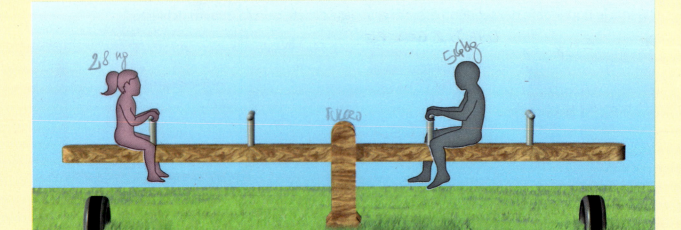

Fisica e Chimica

Perché ne parliamo?

Hai mai visto come si fa per travasare il vino da un recipiente a un altro?

Si inserisce l'estremità di un tubo nel recipiente dove si trova il vino e si aspira il vino dall'altra estremità.

Appena il vino inizia a uscire si inserisce l'estremità nel recipiente in cui lo si vuole travasare e il vino naturalmente continua a fuoriuscire senza ulteriore sforzo, riempiendo il contenitore.

Come fa il vino a uscire senza essere più aspirato?

Per innaffiare un prato occorre un getto di acqua abbastanza lungo.

Avrai sicuramente notato che per ottenere questo getto con un dito si copre parzialmente l'apertura del tubo da cui fuoriesce l'acqua.

Come mai?

Potrai spiegarti il perché di quanto hai osservato con lo studio della **meccanica dei liquidi**, con lo studio cioè del comportamento dei liquidi in quiete e in movimento.

Unità
5

LA MECCANICA DEI LIQUIDI

Contenuti
- Caratteristiche di un liquido in quiete
- La pressione idrostatica
- Liquidi in movimento

Prerequisiti
- Conoscere i concetti di forza e movimento

Obiettivi
- Conoscere le proprietà specifiche dei liquidi
- Riconoscere le caratteristiche delle forze riferite ai liquidi
- Capire le caratteristiche dei liquidi in stato di quiete e in stato di moto

unità 5
Caratteristiche di un liquido in quiete

Iniziamo lo studio della **meccanica dei liquidi**, cioè del movimento dei liquidi, ricordando prima le proprietà tipiche di questo stato di aggregazione della materia.

Come sai già, i liquidi:

- **non hanno forma propria**, ma assumono la **forma del recipiente** che li contiene;

- hanno un volume proprio, cioè sono **incomprimibili**.

- le loro molecole possiedono una **discreta agitazione termica** e sono legate da una **debole forza di coesione**;

Osserviamo adesso il comportamento di un **liquido in quiete**, su cui cioè non agisce alcuna forza.

- Tre bottiglie contenenti acqua sono state appoggiate in modo diverso su un piano. Come si dispone la superficie del liquido, che prende il nome di **superficie libera**, in tutti e tre i casi?

La superficie libera del liquido in stato di quiete è sempre piana e orizzontale.

- In un recipiente formato da contenitori di forma e dimensioni diverse e tutti fra loro comunicanti, che prendono appunto il nome di **vasi comunicanti**, è stato versato del liquido.
Quando il liquido è fermo, cioè in quiete, che livello raggiunge nei vari contenitori?

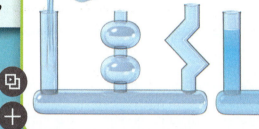

Il liquido si distribuisce nei vasi comunicanti **raggiungendo in tutti lo stesso livello**, qualunque sia la loro forma e il loro volume.

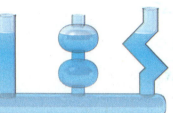

- Se i vasi comunicanti sono dei tubi via via sempre più sottili, detti **capillari**, il liquido raggiunge ancora in tutti lo stesso livello?

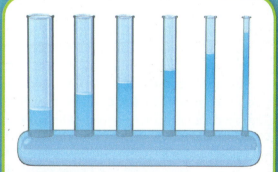

Il liquido nei capillari sale tanto più in alto quanto più sottile è il capillare. Tale fenomeno è detto **capillarità** dei liquidi.

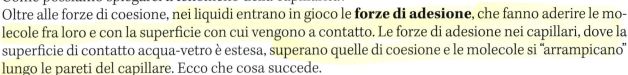

unità 5 — La meccanica dei liquidi

Le forze di adesione

Come possiamo spiegarci il fenomeno della capillarità?
Oltre alle forze di coesione, nei liquidi entrano in gioco le **forze di adesione**, che fanno aderire le molecole fra loro e con la superficie con cui vengono a contatto. Le forze di adesione nei capillari, dove la superficie di contatto acqua-vetro è estesa, superano quelle di coesione e le molecole si "arrampicano" lungo le pareti del capillare. Ecco che cosa succede.

OSSERVA

Nel punto in cui l'acqua incontra il vetro di un qualsiasi recipiente, si nota che essa sale proprio sul vetro.
La superficie dell'acqua a contatto col vetro non è piana ma curva.
Le forze di adesione acqua-vetro superano le forze di coesione acqua-acqua e le molecole di acqua a contatto con il vetro tendono a salire "arrampicandosi" su di esso e trascinando le molecole vicine.

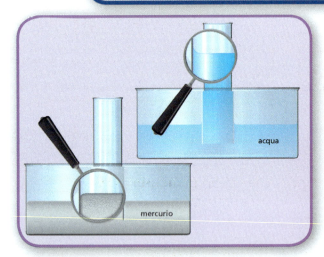

La curvatura dell'acqua a contatto con il vetro si chiama **menisco concavo** e si osserva in tutti i liquidi che, come l'acqua, bagnano il recipiente che li contiene.
Per i liquidi che non bagnano il recipiente, come ad esempio il mercurio, si osserva una curvatura inversa, detta **menisco convesso**, e nei capillari questi liquidi hanno un comportamento opposto, cioè raggiungono il livello più basso via via che il capillare si restringe.
Le forze di adesione mercurio-vetro non superano le forze di coesione mercurio-mercurio e le molecole di mercurio a contatto con il vetro non riescono a salire, ma vengono piuttosto trascinate in basso dalle molecole sottostanti.

FOCUS SU...

Esci dall'acqua dopo una bella nuotata e il tuo corpo è ricoperto di goccioline di acqua che non cadono giù. Perché?

Dopo la pioggia tante goccioline d'acqua restano attaccate ai rami delle piante. Perché?
È come se le gocce di acqua sul tuo corpo o sui rami della pianta fossero attratte da una qualche forza.
Ed è proprio così: l'acqua aderisce alle superfici con cui viene a contatto a causa della **forza di adesione**.

Test rapido

- Che cosa afferma il principio dei vasi comunicanti?
- Che cosa si intende per capillarità?
- Che cosa sono le forze di adesione?

La pressione idrostatica

$P = \dfrac{P_s \cdot V}{A}$ $P_R = P_s \cdot h$

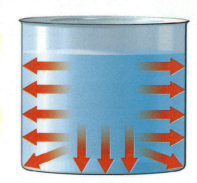

I liquidi, con il loro peso, esercitano una forza sul fondo e sulle pareti del recipiente che li contiene o su un corpo in essi immerso.
Questa forza, come sai, è la **pressione idrostatica**.
A differenza dei solidi, però, i liquidi non possono esercitare la loro forza in un solo punto, né si può applicare a essi una forza in un loro punto ben preciso. Di conseguenza la pressione idrostatica esercitata da un liquido è distribuita sulla superficie del recipiente che lo contiene o sulla superficie dei corpi che vi sono immersi. In che modo? Verifichiamolo con un esperimento.

non solo TEORIA

Prendi un palloncino di gomma sgonfio e fissalo a un rubinetto. Riempilo lentamente di acqua e, quando è ben gonfio, con uno spillo fai dei forellini in vari punti. Che cosa osservi?

> Dai fori gli zampilli d'acqua escono tutti uguali e in direzione perpendicolare alla superficie del palloncino.

Hai constatato che la pressione dell'acqua **agisce in tutte le direzioni perpendicolarmente alle pareti del recipiente che la contiene**.

L'esperimento ci ha evidenziato una proprietà valida per tutti i liquidi, che è detta **principio di Pascal**, dal nome dello scienziato francese **Blaise Pascal** (1623-1662) che per primo ha individuato tale proprietà.

> La pressione esercitata da un liquido si distribuisce in tutti i punti del liquido e agisce con la stessa intensità su tutta la parete con la quale è a contatto, in direzione a essa perpendicolare.

Da quali fattori dipende la pressione idrostatica?

OSSERVA

In tre recipienti di forma e capacità diverse, aventi come fondo delle membrane di gomma, è stata versata dell'acqua facendo in modo che nei primi due raggiungesse lo stesso livello e nel terzo un livello maggiore. Che cosa osservi?

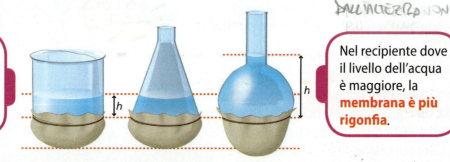

Nei recipienti dove il livello dell'acqua è uguale, le **membrane sono ugualmente rigonfie**.

Nel recipiente dove il livello dell'acqua è maggiore, la **membrana è più rigonfia**.

unità 5

La meccanica dei liquidi

Possiamo dire che la pressione esercitata da un liquido sul fondo è uguale nei recipienti dove l'acqua raggiunge lo stesso livello, aumenta nel recipiente dove il livello è maggiore, cioè la pressione idrostatica **dipende dal livello del liquido**. Ma è uguale per tutti i liquidi?
Verifichiamo che cosa succede con due liquidi diversi.

non solo TEORIA

Procurati due bottiglie di plastica e pratica, in ciascuna di esse, tre fori a diverse altezze ma uguali nelle due bottiglie. Coprili con del nastro isolante e riempi una bottiglia d'acqua e una con un liquido di peso specifico inferiore a quello dell'acqua, ad esempio olio. Tappa accuratamente le bottiglie, poi togli il nastro isolante e osserva ciò che succede in entrambe le bottiglie.

> Sia l'acqua sia l'olio fuoriescono dai tre fori con intensità crescente all'aumentare della profondità, dal foro più in basso il liquido schizzerà più lontano e con maggiore forza. Gli zampilli hanno un'intensità minore nella bottiglia con l'olio.

Hai constatato che **la pressione dipende dalla profondità del liquido e dal peso specifico del liquido**.

L'osservazione e l'esperimento ci permettono di affermare la **legge di Stevin**, dal nome dello scienziato olandese **Simon Stevin** (1548-1620) che ha individuato tale proprietà.

> La pressione idrostatica che un liquido esercita su una superficie è **direttamente proporzionale alla profondità del liquido e al peso specifico del liquido stesso:**
> $$p = ps \cdot h$$

FOCUS SU...

Il principio di Pascal e la legge di Stevin ci spiegano la particolare costruzione delle dighe. Le dighe sono infatti costruite con uno spessore crescente verso il fondo, proprio per contrastare i valori della pressione idrostatica che crescono via via che si va in profondità.

Test rapido

- Che cosa afferma il principio di Pascal?
- Che cosa afferma la legge di Stevin?

68 Fisica e Chimica

Liquidi in movimento

Anche per i liquidi possiamo parlare di movimento: pensa all'acqua potabile che scorre da un rubinetto di casa tua o all'acqua di un fiume che incessantemente scorre verso valle. Scopriamone proprietà, cause ed effetti.

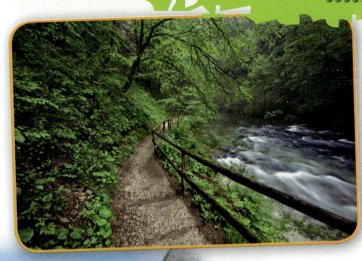

Consideriamo un liquido in movimento, ad esempio l'acqua di un fiume che scorre a valle o anche l'acqua che scorre in un canale o in un condotto.

sezione

Il movimento ordinato di un liquido all'interno di un condotto, quale un tubo, un canale, un fiume, si chiama **corrente**.

La superficie che taglia perpendicolarmente il condotto in un determinato punto si chiama **sezione**, S, del condotto.
La quantità di liquido che si muove in un condotto è individuata dalla **portata** del condotto.

> Si chiama **portata (Q)** di un condotto il volume di liquido che passa, in un secondo, attraverso una sezione del condotto: $Q = V/t$.
> La sua unità di misura è il **metro cubo al secondo (m^3/s)**.

La portata di un fiume può essere di migliaia di metri cubi d'acqua al secondo, quella di un rubinetto domestico è mille volte inferiore a un metro cubo di acqua al secondo.

Ecco come fare per calcolare la portata di un rubinetto domestico.

> Riempi per un tempo ben preciso, ad esempio 5 secondi esatti, un recipiente graduato.
> Il volume di acqua raccolto nel recipiente, supponiamo 500 cm³, è l'acqua che ha attraversato in 5 secondi la sezione del rubinetto.
> Per calcolare la portata del rubinetto basterà quindi dividere tale volume per i secondi:
>
> $$Q = \frac{\text{volume}}{\text{tempo}} = \frac{500 \text{ cm}^3}{5 \text{ s}} = 100 \text{ cm}^3/\text{s} = 0{,}0001 \text{ m}^3/\text{s}$$

La meccanica dei liquidi

Calcoliamo adesso la portata di un condotto a sezione costante.
Consideriamo un condotto a sezione circolare costante, ad esempio un tubo cilindrico, ed esaminiamone un tratto di lunghezza h.

Condotti dell'acqua.

Lungo questo tratto il volume di liquido che attraversa la sezione S in un tempo t è uguale al volume del cilindro di base S e altezza h: **$V = S \cdot h$**.

La portata sarà quindi: $Q = \dfrac{S \cdot h}{t}$, e poiché h è lo spazio percorso dal liquido, il rapporto **h/t** non è altro che la velocità del liquido; possiamo quindi scrivere $Q = S \cdot v$, cioè:

> **La portata di un condotto** è uguale al prodotto della sua sezione per la velocità media delle particelle di liquido che passano nel condotto: $Q = S \cdot v$

Possiamo quindi dire che:
- a **velocità costante** la portata è tanto maggiore quanto più ampia è la sezione del condotto;
- a **sezione costante** la portata è tanto maggiore quanto maggiore è la velocità;
- a **portata costante** la velocità del liquido è tanto maggiore quanto minore è la sezione.

Rendiamoci conto di quest'ultima affermazione considerando un condotto a sezione variabile. Se, ad esempio, il condotto si restringe, essendo la portata uguale ed essendo il liquido incomprimibile, passerà nella parte più stretta lo stesso volume di liquido.

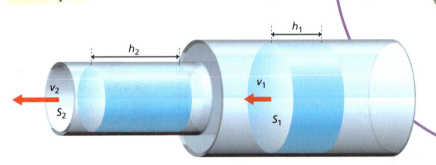

Questo volume sarà uguale a quello di un cilindro che ha una sezione minore e che dovrà quindi avere una maggiore altezza.
Il liquido percorrerà di conseguenza più spazio, ovvero avrà una velocità tanto maggiore quanto minore è la sezione del condotto.

Se la **portata è costante** in tutti i punti del condotto si parla di **flusso stazionario** e, in questo caso, la **velocità del liquido è inversamente proporzionale alla sezione del condotto**.

FOCUS SU...

Quest'ultima affermazione "*in un flusso stazionario la velocità del liquido è inversamente proporzionale alla sezione del condotto*" ci permette di capire perché, quando si innaffia un prato, con un dito si copre parzialmente l'apertura del tubo da cui fuoriesce l'acqua.

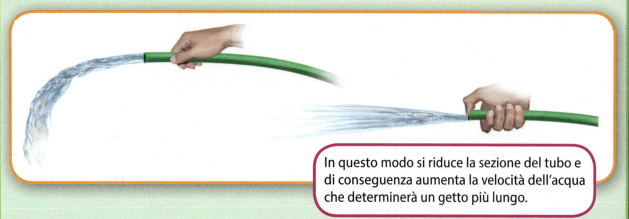

In questo modo si riduce la sezione del tubo e di conseguenza aumenta la velocità dell'acqua che determinerà un getto più lungo.

Ci fa capire anche che apportare modifiche al corso di un fiume, riducendone ad esempio il letto, cioè la sezione, può provocare danni nel caso di straripamenti per piogge intense. In questo caso infatti, avendo ridotto la sezione, aumenta notevolmente la velocità dell'acqua e gli effetti di uno straripamento possono diventare disastrosi.

Esondazione del fiume Elba, bassa Sassonia, Germania.

Test rapido

- Che cos'è la portata di un condotto?
- A che cosa è uguale?
- A portata costante la velocità del liquido è tanto maggiore quanto maggiore è la sezione?
- Come sono tra loro velocità e sezione di un condotto in caso di flusso stazionario?

unità 5 → La meccanica dei liquidi

fissa i concetti chiave

Quali sono le caratteristiche dei liquidi?

I liquidi:
- **non hanno forma propria**, ma assumono la **forma del recipiente** che li contiene;
- hanno un volume proprio, cioè sono **incomprimibili**;
- le loro molecole possiedono una **discreta agitazione termica** e sono legate da una **debole forza di coesione**;
- in stato di quiete mantengono la **superficie libera** sempre **piana e orizzontale**;
- nei **vasi comunicanti raggiungono sempre lo stesso livello**, qualunque sia la loro forma e il loro volume;
- nei capillari salgono tanto più in alto quanto più sottile è il capillare: questo fenomeno è detto **capillarità**.

Che cosa afferma il principio di Pascal?

- Secondo il **principio di Pascal** la pressione esercitata da un liquido **si distribuisce in tutti i punti del liquido** e agisce con la **stessa intensità su tutta la parete** con la quale è a contatto, **in direzione a essa perpendicolare**.

Che cosa afferma la legge di Stevin?

- Secondo la **legge di Stevin** la pressione idrostatica che un liquido esercita su una superficie è **direttamente proporzionale alla profondità del liquido e al peso specifico del liquido stesso**:

$$p = ps \cdot h$$

Che cosa caratterizza il movimento di un liquido?

- Il movimento ordinato di un liquido all'interno di un condotto, quale un tubo, un canale o un fiume, si chiama **corrente**.
- La superficie che taglia perpendicolarmente il condotto in un determinato punto si chiama **sezione** (S) del condotto.
- Il volume di liquido che passa, in un secondo, attraverso una sezione del condotto è la **portata** del condotto:

$$Q = V/t$$

La sua unità di misura **è il metro cubo al secondo (m3/s)**.
- La **portata di un condotto** è uguale al prodotto della sua sezione per la velocità media delle particelle di liquido che passano nel condotto:

$$Q = S \cdot v$$

- Se **la portata è costante** in tutti i punti del condotto si parla di **flusso stazionario** e, in questo caso, la **velocità del liquido è inversamente proporzionale alla sezione del condotto**.

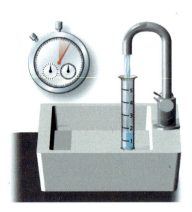

i miei appunti

Fisica e Chimica

→ La meccanica dei liquidi

ragiona e applica

... le conoscenze

1. Come si dispone la superficie libera di un liquido in un recipiente quando è fermo, cioè in equilibrio? PIANA E ORIZZONT

2. Segna il completamento esatto.
   Per il principio dei vasi comunicanti il liquido si distribuisce raggiungendo:
   a. sempre lo stesso livello qualunque sia la forma e il volume dei vasi;
   b. un livello che dipende sia dalla forma sia dal volume dei vasi;
   c. sempre il massimo livello nei vasi di forma e volume maggiori.

3. Che cos'è il fenomeno della capillarità? I FLUIDI SI METTONO ALLA STESSA ALTEZZA

4. Qual è la differenza fra menisco concavo e menisco convesso? A che cosa è dovuta?

5. Che cosa afferma il principio di Pascal? LA PRESSIONE DI UN LIQ. SI DISTR. IN TUTTI I PUNTI DEL LIQ E AGISCE CON UGUALE INTENSITÀ NEL RECIPIENTE

6. Segna il completamento esatto.
   Per la legge di Stevin la pressione idrostatica che un liquido esercita su una superficie è:
   a. inversamente proporzionale alla profondità del liquido e al peso specifico del liquido stesso;
   b. direttamente proporzionale alla profondità del liquido e al peso specifico del liquido stesso;
   c. direttamente proporzionale alla profondità del liquido e inversamente proporzionale al peso specifico del liquido stesso.

7. Che cosa indicano i termini "condotto", "corrente" e "sezione di un condotto"?
   a. ....
   b. ....
   c. ....

8. Che cos'è la portata di un condotto?

9. Completa.
   a. La portata di un condotto è uguale al ....; in formula: Q = ...
   b. Se la velocità è costante, la portata è tanto maggiore ....
   c. Se la sezione è costante, la portata è tanto maggiore ....
   d. Se la portata è costante, la velocità del liquido è tanto maggiore ....

10. Che cosa s'intende per flusso stazionario?

73

→ La meccanica dei liquidi

▼ ragiona e applica

11. Segna il completamento esatto. In un condotto a flusso stazionario:
   a. la velocità del liquido è inversamente proporzionale alla sezione del condotto.
   b. la velocità del liquido è direttamente proporzionale alla sezione del condotto.
   c. la velocità del liquido è uguale alla sezione del condotto.

... le abilità

12. Disegna gli zampilli d'acqua che fuoriescono dai fori praticati nelle due bottiglie e giustifica il disegno.
....
....
....
....

13. I tre contenitori illustrati in figura contengono lo stesso liquido in quantità diverse ma allo stesso livello. In quale contenitore la pressione esercitata dal liquido sulla base è maggiore?
   la stessa

14. Osserva le figure a fianco.
   a. Che fenomeno rappresentano?
   ....
   b. Sono entrambe esatte? ....
   c. Se no, qual è quella esatta? Perché?
   ....

SCIENZE e Matematica

15. Calcola la pressione idrostatica esercitata sul fondo di una bottiglia dall'olio (ps = 0,92 g/dm3) contenuto in essa, sapendo che il livello dell'olio è di 2 dm.

16. Un condotto ha la portata di 0,2 l/s e il diametro di 5 cm. Quale velocità raggiunge un liquido all'interno di questo condotto?

17. Un liquido passa da un tratto di conduttura di un certo diametro a un altro di diametro doppio. Se la velocità iniziale del liquido era 10 m/s, quale sarà quella finale?

18. Sulle pareti esterne di un batiscafo, a 6000 m di profondità, quale sarà la pressione idrostatica?

74 Fisica e Chimica

Unità 6

ELEMENTI DI CHIMICA

Perché ne parliamo?

Ricordi che cosa abbiamo detto parlando di "**materia**" e "**sostanze**"?

"*La diversità delle varie sostanze è dovuta alla **costituzione atomica**, in quanto qualsiasi sostanza è costituita da tante particelle elementari dette **atomi** che, legandosi tra loro secondo leggi ben precise, formano altre piccole particelle che si chiamano **molecole** che costituiscono le varie sostanze di cui è composta tutta la materia come, ad esempio, il vetro, l'acqua, l'acciaio e la carta*".

Abbiamo anche evidenziato che in natura esistono solo **92 specie di atomi diversi**, gli **elementi chimici**, ed è dalla combinazione di questi elementi chimici che si ottengono le molecole delle innumerevoli e varie sostanze che esistono. Come mai, in che modo e secondo quali leggi da questi pochi atomi si formano le varie molecole e quindi le varie **sostanze semplici** e **composte**?

Il fosforo, ad esempio, è un **elemento** formato da quattro atomi uguali, ma perché e come si sono uniti questi atomi?

E l'acqua, che invece è una **sostanza composta** costituita da due atomi di idrogeno e uno di ossigeno, come si forma?

Conoscere bene gli atomi ci permetterà di capire le proprietà e il comportamento della materia nella sua struttura interna.

Ed è di questa struttura interna che s'interessa la **chimica**, di cui adesso inizieremo lo studio.

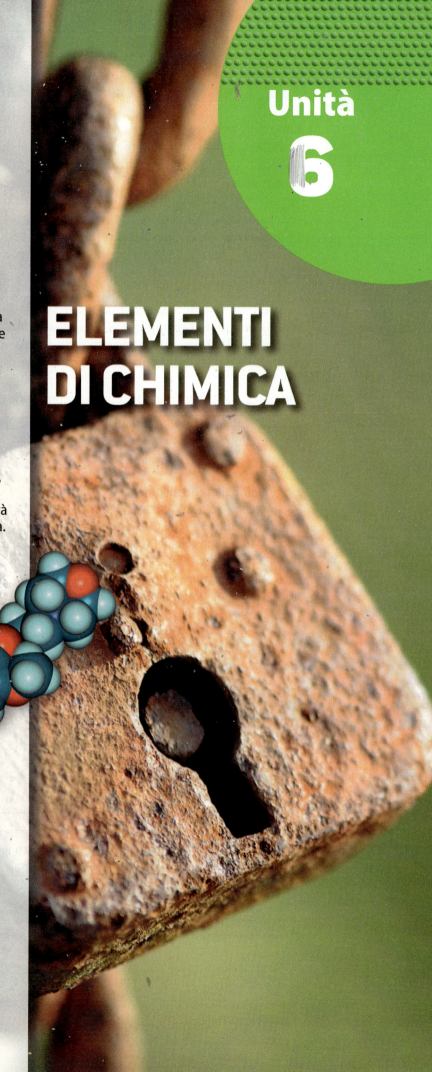

Contenuti
- Le trasformazioni della materia
- I mattoni della materia
- La tavola periodica degli elementi
- I legami chimici

Prerequisiti
- Conoscere le proprietà della materia
- Conoscere il concetto di massa

Obiettivi
- Riconoscere fenomeni fisici e chimici
- Capire la teoria atomica e la struttura dell'atomo
- Comprendere il significato di atomo stabile e instabile
- Comprendere e distinguere i vari legami chimici

→ Elementi di chimica

unità 6 — Le trasformazioni della materia

Sappiamo già che tutto ciò che ci circonda costituisce la materia e che le varie forme sotto cui essa si presenta costituiscono le varie sostanze. Indagando sull'intima costituzione delle sostanze, abbiamo osservato che la parte più piccola in cui si può suddividere una sostanza, senza che essa perda le sue caratteristiche, è la **molecola**, una combinazione di particelle invisibili, gli **atomi**, che caratterizzano in modo inequivocabile le varie sostanze.

Continuiamo le nostre indagini con lo studio dei principali concetti di **chimica**, la scienza che studia **la materia in relazione alla sua composizione, alla sua struttura e alle trasformazioni che può subire**.

Quali sono le trasformazioni che la materia può subire?

OSSERVA

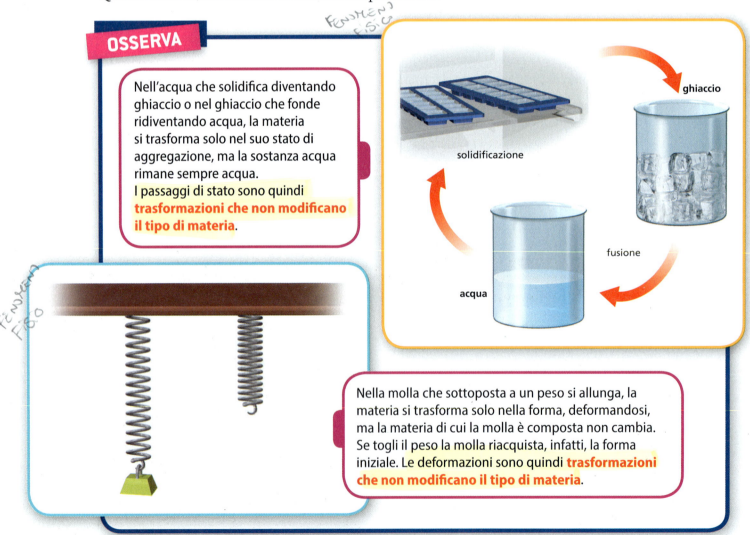

Nell'acqua che solidifica diventando ghiaccio o nel ghiaccio che fonde ridiventando acqua, la materia si trasforma solo nel suo stato di aggregazione, ma la sostanza acqua rimane sempre acqua.
I passaggi di stato sono quindi **trasformazioni che non modificano il tipo di materia**.

Nella molla che sottoposta a un peso si allunga, la materia si trasforma solo nella forma, deformandosi, ma la materia di cui la molla è composta non cambia. Se togli il peso la molla riacquista, infatti, la forma iniziale. Le deformazioni sono quindi **trasformazioni che non modificano il tipo di materia**.

Le trasformazioni che la materia può subire, quindi, possono essere tali da **non cambiare la natura delle sostanze**.
Queste trasformazioni (cambiare stato di aggregazione, deformare, spostare, modellare...) sono dette **fenomeni fisici**.

OSSERVA

Nel ferro che, lasciato all'aperto, si unisce con l'ossigeno e si trasforma in ruggine, la sostanza iniziale e quella finale, ferro e ruggine, sono di natura completamente diversa.
È avvenuta una **trasformazione che modifica il tipo di materia**.

Di un pezzo di legno che brucia, quando il fuoco si spegne, rimane solo la cenere. La sostanza iniziale e quella finale, legno e cenere, sono di natura completamente diversa. È avvenuta una **trasformazione che modifica il tipo di materia**.

Le trasformazioni che la materia può subire, quindi, possono essere anche tali da **modificare le sostanze**. Queste trasformazioni (ferro in ruggine, legno in cenere, vino in aceto...) sono dette **fenomeni chimici**.

Riassumiamo dicendo che:

- **Le trasformazioni della materia che cambiano solo il suo stato fisico o la sua forma, senza modificare la sua costituzione, sono dette fenomeni fisici.**
- **Le trasformazioni della materia che modificano completamente la sua costituzione sono dette fenomeni chimici.**

Test rapido

- Che cos'è la chimica?
- Quando un fenomeno si dice fisico?
- Quando un fenomeno si dice chimico?

unità 6 I mattoni della materia

Solida, liquida o aeriforme, la materia è caratterizzata dagli atomi, i "mattoni" di tutte le sostanze. Iniziamo a conoscerli meglio.

Un tempo ritenuto indivisibile, si è poi scoperto che l'**atomo** è, a sua volta, costituito da particelle ancora più piccole: i **protoni**, i **neutroni** e gli **elettroni**.
I **protoni**, particelle dotate di carica elettrica positiva, e i **neutroni**, particelle elettricamente neutre (prive di carica), formano una massa alquanto compatta che costituisce il **nucleo** dell'atomo.
Attorno al nucleo, su gusci ben precisi, ruotano velocemente gli **elettroni**, particelle dotate di carica elettrica negativa.

In ogni atomo il numero dei protoni è sempre uguale a quello degli elettroni; l'**atomo**, quindi, **risulta** completamente privo di carica elettrica, cioè **neutro**.

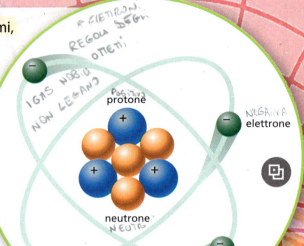

OSSERVA

Oggi, secondo gli studi più avanzati sulla struttura atomica, sappiamo che anche i protoni e i neutroni sono a loro volta formati da altre particelle, i **quark** (up e down), ritenuti i veri "mattoni" per la costruzione delle altre particelle.
Osserva che cosa ci "nasconde" il nucleo di un atomo.

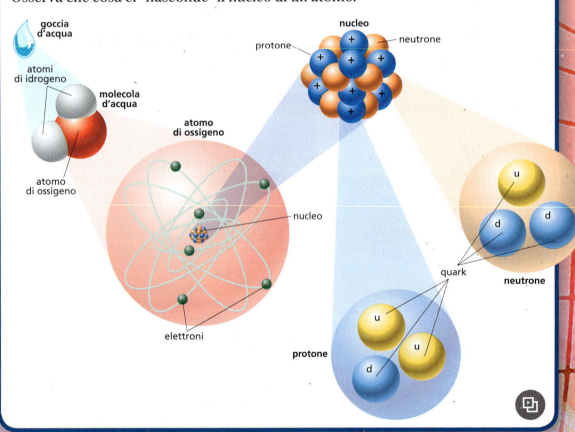

Numero atomico e numero di massa

Il numero di protoni (e quindi anche di elettroni) è detto **numero atomico** (**n.a.**); esso identifica un atomo, determinandone le diverse caratteristiche e proprietà chimiche.

In natura esistono tanti tipi di atomi (92) quanti sono gli elementi (92), cioè le sostanze semplici formate da atomi tutti dello stesso tipo. Ogni atomo si differenzia dagli altri per il numero di protoni ed elettroni, a cominciare da quello più semplice, quello dell'idrogeno, che ha un solo protone e un solo elettrone, per finire con quello dell'uranio, che ha 92 protoni e 92 elettroni.

Il numero dei neutroni è generalmente diverso da quello dei protoni o degli elettroni. La somma del numero dei protoni e del numero dei neutroni è detta **numero di massa** (**n.m.**) ed è molto importante in quanto determina le caratteristiche fisiche di un elemento.

- Il numero di protoni (o di elettroni) presenti in un atomo è detto **numero atomico**.
- La somma del numero dei protoni e del numero dei neutroni è detta **numero di massa**.

Per l'atomo di litio, ad esempio, abbiamo:

unità 6

→ Elementi di chimica

Massa atomica e peso atomico

Ciascuna di queste particelle, protoni, neutroni ed elettroni, ha una sua massa, sia pure piccola (vedi valori nella tabella a fianco).

La somma di queste masse è la **massa atomica**, cioè la massa di un atomo. Come vedi, sono valori estremamente piccoli ed esprimerli in grammi risulta laborioso; per questo motivo gli scienziati usano una speciale unità di misura, detta **unità di massa atomica** (**u.m.a.**). Essa è pari a 1/12 della massa atomica dell'isotopo 12 del carbonio, l'elemento che è stato scelto come campione e che ha, per definizione, massa 12. Essendo la massa di un elettrone infinitamente piccola, possiamo trascurarla e pensare che tutta la massa dell'atomo sia concentrata nel nucleo, con i suoi protoni e neutroni. Ciascun protone e neutrone verrà ad avere quindi massa uguale a **1 u.m.a.** e la massa di un atomo, pertanto, sarà uguale alla somma delle masse dei suoi protoni e dei suoi neutroni e quindi, in u.m.a., sarà uguale al numero di massa.

Particella	Massa
protone	$1{,}76 \cdot 10^{-24}$ g
neutrone	$1{,}76 \cdot 10^{-24}$ g
elettrone	$9{,}11 \cdot 10^{-28}$ g

Pesi atomici di alcuni elementi

Elemento	Peso atomico	Elemento	Peso atomico
elio	4,003	calcio	40,08
carbonio	12	ferro	55,85
ossigeno	16	argento	107,88
idrogeno	1,008	piombo	207,21
sodio	22,99	uranio	238,07
azoto	14,008	selenio	78,96
cloro	35,437	zirconio	91,22

Molto importante in chimica è anche il **peso atomico**, ovvero il peso di un atomo, che è ovviamente dato dalla somma dei pesi atomici delle varie particelle che lo compongono.

In realtà, in chimica non si fa riferimento a questo peso atomico, detto più esattamente **peso atomico assoluto**, ma piuttosto al **peso atomico relativo**, che è il numero che indica il rapporto tra il peso atomico dell'atomo e l'unità di misura.

L'unità di misura scelta è ancora la dodicesima parte del peso di un atomo dell'isotopo 12 del carbonio, al quale si attribuisce, per definizione, peso atomico uguale a 12.
In base a questa unità di misura, adottata ufficialmente nel 1961, è stata creata una nuova scala, detta **scala unificata dei pesi atomici**.

Gli isotopi

A proposito di massa atomica e peso atomico, abbiamo parlato dell'isotopo 12 del carbonio. Ma che cos'è un **isotopo**?

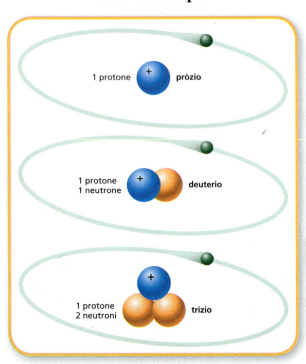

Ogni elemento è caratterizzato dal numero atomico, ma il numero di massa per uno stesso elemento può variare.
Ciò vuol dire che il numero dei neutroni di un elemento non è sempre lo stesso.
Poiché i neutroni non determinano le caratteristiche chimiche degli elementi, l'atomo, anche se con un numero diverso di neutroni, è sempre "dello stesso tipo" e determina quindi lo stesso elemento ma in un "aspetto diverso".
Questi diversi aspetti di uno stesso elemento si chiamano **isotopi**; l'elemento e i suoi isotopi hanno quindi lo stesso comportamento chimico, ma diverse caratteristiche dal punto di vista fisico.

> Atomi di uno stesso elemento con numero di neutroni diverso si dicono **isotopi** dell'elemento stesso.

Tutti gli elementi presenti in natura hanno diversi isotopi. L'idrogeno (n.a. = 1), ad esempio, ha tre isotopi: il pròzio, il deuterio e il trizio, rispettivamente con 0, 1 e 2 neutroni e quindi con numero di massa rispettivamente uguale a 1, 2 e 3.

80 Fisica e Chimica

Elettroni e strati elettronici

Abbiamo detto che gli elettroni ruotano attorno al nucleo su gusci ben precisi. Se potessimo osservare un atomo, infatti, vedremmo una piccola sfera con un contorno nebuloso: la sfera è il nucleo e il contorno nebuloso è la nuvola di elettroni che vi ruota attorno a grande velocità.

Dal punto di vista chimico, è molto importante il modo in cui questi elettroni ruotano intorno al nucleo. Secondo il moderno modello atomico, gli elettroni ruotano innanzi tutto a distanze ben definite dal nucleo, formando attorno a esso degli "strati" o "gusci" concentrici, detti, appunto, **strati elettronici** o **gusci elettronici**.

Ogni strato elettronico possiede una quantità di energia ben definita, ha cioè un suo caratteristico **livello energetico**.

Questi strati elettronici, via via più grandi a mano a mano che ci si allontana dal nucleo, sono 7 e contengono ciascuno un numero ben preciso di elettroni.

Il numero degli strati e il numero degli elettroni presenti in ciascuno strato sono tipici per ogni atomo e seguono leggi ben precise e complesse.

Per il nostro studio è sufficiente ricordare che il primo strato, quello più vicino al nucleo, può contenere al massimo 2 elettroni, il secondo strato al massimo 8 e così pure l'ultimo strato; se l'atomo ha un solo strato conterrà non più di 2 elettroni. Gli elettroni di un atomo si dispongono inizialmente sul primo strato, passando al secondo quando il primo è completo e così via, finché non si esauriscono.

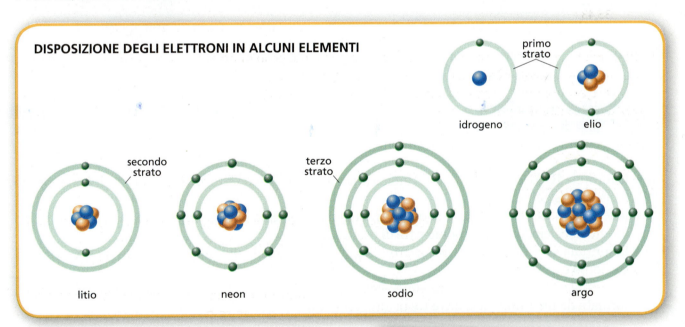

DISPOSIZIONE DEGLI ELETTRONI IN ALCUNI ELEMENTI

idrogeno — elio — litio — neon — sodio — argo

Test rapido

- Che cosa sono i protoni, i neutroni e gli elettroni?
- Che cos'è il numero atomico? E il numero di massa?
- Che cosa sono la massa atomica e il peso atomico?
- Che cosa sono gli strati elettronici di un atomo?

Scienziati si diventa

81

→ Elementi di chimica

unità 6 — La tavola periodica degli elementi

Come abbiamo già osservato, dalla combinazione dei vari atomi si formano le molecole delle diverse sostanze, che si suddividono in **sostanze semplici** o **elementi**, formati da molecole costituite da uno o più atomi tutti dello stesso tipo, e **sostanze composte** o **composti**, formati da molecole costituite da due o più atomi di diverso tipo. Gli atomi, e quindi gli elementi fino a ora individuati, sono **118**; di questi elementi solo 92 esistono in natura, gli altri sono stati creati artificialmente dall'uomo e hanno un numero atomico maggiore di quello dell'uranio (per questo sono detti **elementi transuranici**); il loro numero atomico va da **93**, quello del *nettunio*, a **118**, quello dell'*ununoctio*, l'ultimo a cui si arriva attualmente.

Prima di continuare il nostro studio è fondamentale conoscere la simbologia propria della chimica. Ogni atomo ha il suo **simbolo** (spesso derivato dal nome latino dell'elemento), formato da una o due lettere dell'alfabeto (la prima maiuscola e la seconda minuscola) che vanno lette separatamente:

Elemento	Nome latino	Simbolo	Come si legge
idrogeno	*hydrogenum*	H	acca
ossigeno	*oxygenum*	O	o
calcio	*calcium*	Ca	ci-a
ferro	*ferrum*	Fe	effe-e
mercurio	*hydrargyrum*	Hg	acca-gi
carbonio	*carbonium*	C	ci

Per indicare una molecola o una sostanza composta si usa la "**formula chimica**", che è costituita dai simboli dei vari elementi dai quali essa è formata, ciascuno con un numero in basso a destra che indica quanti atomi di quell'elemento sono presenti nella molecola:

- la formula H_2O (leggi "acca-due-o") indica una molecola di acqua, formata da due atomi di idrogeno e uno di ossigeno;
- la formula $CaCO_3$ (leggi "ci-a-ci-o-tre") indica una molecola di carbonato di calcio, formata da un atomo di calcio, uno di carbonio e tre di ossigeno;
- la formula CH_4 (leggi "ci-acca-quattro") indica una molecola di metano, formata da un atomo di carbonio e quattro di idrogeno;
- la formula $4NH_3$ (leggi "quattro-enne-acca-tre") indica quattro molecole di ammoniaca, ciascuna formata da un atomo di azoto e tre di idrogeno.

Alcuni elementi, quali l'oro, l'argento, il calcio ecc., hanno la molecola formata da un solo atomo; in questo caso il simbolo dell'atomo coincide con la formula della molecola: **Ag** indica sia l'atomo sia la molecola dell'argento.

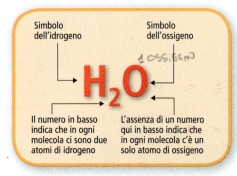

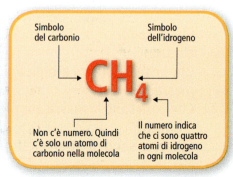

La tavola di Mendeleev

In base alle loro caratteristiche gli elementi sono stati classificati in uno schema adatto a mettere in evidenza tutte le loro proprietà e il loro comportamento sia fisico sia chimico. Un chimico russo, **Dimitrij Ivanovic Mendeleev**, nel 1869 ordinò tutti gli elementi allora conosciuti in una tabella, detta **tavola periodica degli elementi** o **tavola di Mendeleev**.

Nella tavola periodica oggi in uso, più completa rispetto a quella originaria di Mendeleev, gli elementi sono disposti in ordine crescente rispetto al numero atomico e sono ordinati in 7 righe orizzontali, dette **periodi**, e in 8 colonne verticali, dette **gruppi**, a cui si aggiunge il gruppo degli **elementi di transizione**.

In questa tavola ogni elemento è inserito in una casella che ne riporta il nome, il simbolo chimico, il numero atomico e il peso atomico.
Gli elementi di uno stesso gruppo hanno lo stesso numero di elettroni nel guscio più esterno e quindi hanno proprietà chimiche simili. La geniale scoperta di Mendeleev è stata uno strumento di progresso per la chimica; infatti, in base alle proprietà evidenziate da un elemento situato in una certa posizione nella tavola periodica, è stato possibile prevedere, prima ancora di scoprirle, le proprietà di elementi vicini.
Quando Mendeleev propose la sua tavola, ben 38 caselle erano vuote, ma egli stesso aveva previsto le proprietà generali di parecchi elementi che avrebbero poi occupato queste caselle.
Quando questi elementi sono stati scoperti hanno mostrato proprietà e caratteristiche conformi a quelle previste da Mendeleev e hanno trovato il loro posto nelle caselle vuote della tavola periodica.

Dimitrij Ivanovic Mendeleev.

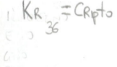

Scienziati si diventa

unità 6 — Elementi di chimica

Nella tavola di Mendeleev gli elementi sono distinti complessivamente in **metalli**, **non metalli**, **semimetalli** e **gas nobili**.
Particolare importanza rivestono **metalli** e **non metalli** perché, come vedremo, sono elementi che si combinano facilmente dando origine a numerosi composti. Esaminiamone le differenze.

I **metalli**:
- a temperatura ambiente sono tutti **allo stato solido**, con eccezione del mercurio;
- sono **lucidi** e **splendenti**;
- generalmente hanno **un alto punto di fusione e di ebollizione**;
- sono **duttili**, possono cioè essere ridotti in fili;
- sono **malleabili**, possono cioè essere facilmente ridotti in fogli sottili;
- sono **buoni conduttori di elettricità e di calore**.

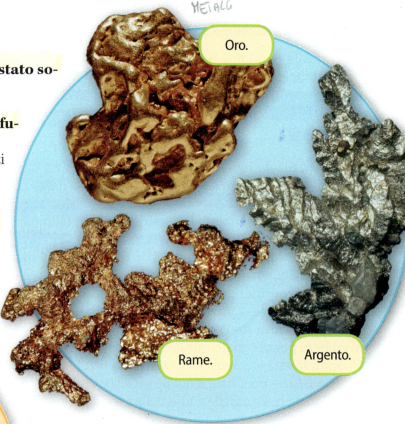

Oro. Rame. Argento.

Zolfo. Grafite. Diamante.

I **non metalli**:
- a temperatura ambiente la **maggior parte si trova allo stato gassoso** (idrogeno, azoto, cloro…), **alcuni sono allo stato solido** (carbonio, silicio, zolfo…), **uno solo**, il bromo, **è allo stato liquido**;
- **non sono né lucenti né splendenti**, ma **opachi**;
- generalmente hanno il **punto di fusione e di ebollizione basso**;
- **non sono malleabili**, quelli solidi sono piuttosto fragili;
- **sono cattivi conduttori di elettricità e di calore**, con eccezione del carbonio nella forma di grafite.

Test rapido

- Come si legge la formula H_2CO_3, che indica una molecola di acido carbonico?
- Quanti atomi di ossigeno contiene una molecola di acido solforico: H_2SO_4?
- Che cos'è la tavola periodica degli elementi?
- I metalli sono cattivi conduttori di calore?
- I non metalli sono opachi?
- Hanno punto di ebollizione più alto i metalli o i non metalli?

Fisica e Chimica

I legami chimici

Per quanto visto a proposito delle molecole di un elemento o di un composto, possiamo dire che ci sono: atomi che restano isolati e da soli formano la molecola degli elementi che hanno un solo atomo, detti *monoatomici*; atomi di uno stesso elemento che si uniscono tra loro dando così origine alle molecole degli elementi con più atomi, detti *poliatomici*; atomi di diverso tipo che si combinano tra loro formando le molecole dei composti. Ma che cosa determina questa tendenza degli atomi a legarsi fra loro o a restare isolati?

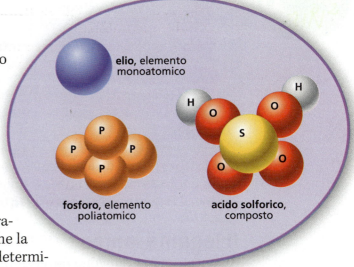

Per rispondere a questa domanda riconsideriamo la configurazione elettronica degli atomi, esattamente prendiamo in esame la configurazione dell'ultimo strato elettronico, che è quella che determina la tendenza degli atomi a unirsi o a restare isolati. Quest'ultimo strato, come sappiamo, contiene al massimo 2 elettroni (se c'è un solo strato) o 8 elettroni.

Se quest'ultimo strato è completo (2 o 8 elettroni) l'atomo si dice **stabile**, non presenta quindi attività chimica e rimane isolato senza alcuna tendenza a unirsi né con atomi dello stesso tipo, né con atomi di tipo diverso.

ATOMI STABILI: elio, neon, argo

È il caso di alcuni gas, detti **gas nobili**, quali l'elio, il neon, l'argo ecc. La loro configurazione elettronica nell'ultimo strato presenta 2 o 8 elettroni.

Se invece l'ultimo strato non è completo, l'atomo si dice **instabile**. Esso presenta attività chimica e tende quindi a unirsi con altri atomi per completare l'ultimo strato e raggiungere così la sua stabilità, cioè 2 o 8 elettroni nell'ultimo strato (**ottetto stabile**).

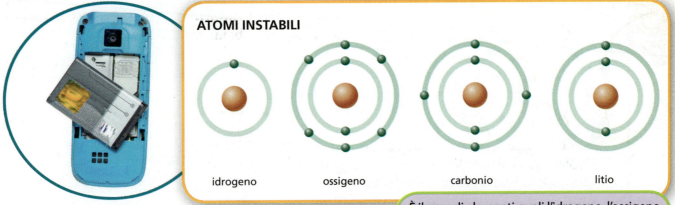

ATOMI INSTABILI: idrogeno, ossigeno, carbonio, litio

È il caso di elementi quali l'idrogeno, l'ossigeno, il carbonio, il litio ecc. La loro configurazione elettronica nell'ultimo strato non è completa.

La tendenza a raggiungere l'ottetto stabile crea delle forze di natura elettrica, dette **legami chimici**, che determinano l'unione dei vari atomi.

→ Elementi di chimica

- **Secondo la regola dell'ottetto stabile** ogni atomo tende a raggiungere una configurazione elettronica che prevede il completamento del suo strato più esterno con il massimo numero possibile di elettroni.
- **I legami chimici sono forze di natura elettrica** capaci di legare fra loro gli atomi in modo da raggiungere l'ottetto stabile.

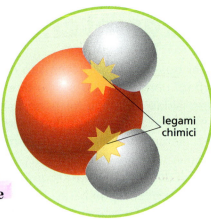

legami chimici

Non tutti gli atomi instabili raggiungono l'ottetto stabile nello stesso modo. Esistono infatti diversi tipi di legame chimico: il **legame ionico**, il **legame covalente** e il **legame metallico**.

Il legame ionico

Alcuni atomi raggiungono l'ottetto stabile acquistando o cedendo elettroni. In questo modo l'atomo, oltre a raggiungere l'ottetto stabile, acquista una carica elettrica positiva o negativa, a seconda che ceda o acquisti elettroni.

- Un atomo che cede uno o più elettroni, infatti, verrà ad avere un numero di protoni (carica positiva) maggiore di quello degli elettroni; non risulterà quindi più neutro ma elettricamente positivo: si dice che è diventato uno **ione positivo**.

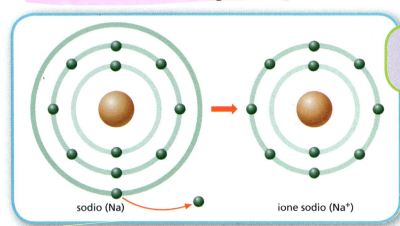

sodio (Na) → ione sodio (Na⁺)

L'atomo di sodio (Na) cede un elettrone e si trasforma in ione sodio positivo (Na⁺).

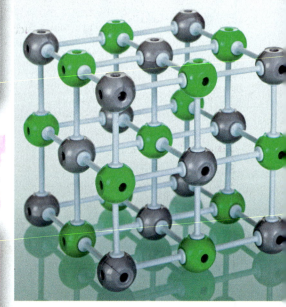

- Un atomo che acquista uno o più elettroni, invece, verrà ad avere un numero di elettroni (carica negativa) maggiore di quello dei protoni; non sarà quindi più neutro ma elettricamente negativo: si dice che è diventato uno **ione negativo**.

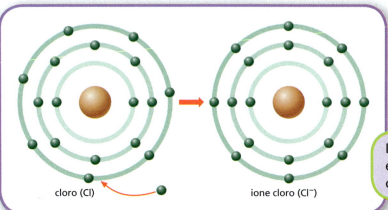

cloro (Cl) → ione cloro (Cl⁻)

L'atomo di cloro (Cl) acquista un elettrone e si trasforma in ione cloro negativo (Cl⁻).

Il legame che si stabilisce tra due ioni è detto **legame ionico** ed è determinato dalle forze elettriche opposte che, come vedrai, si attraggono.

Osserva che cosa succede fra un atomo di sodio e uno di cloro.

OSSERVA

Il sodio ha un solo elettrone nell'ultimo strato e per raggiungere l'ottetto stabile tende a cederlo, diventando uno ione positivo (Na⁺).
Il cloro ha 7 elettroni nell'ultimo strato e quindi tenderà ad acquistarne uno, diventando uno ione negativo (Cl⁻).

Ciò porta alla formazione di una molecola di cloruro di sodio (NaCl), il comune sale da cucina.

cariche elettriche opposte si attraggono

A questo punto Na⁺ e Cl⁻, dotati di carica elettrica opposta, si attraggono, creando un legame ionico.

molecola di cloruro di sodio (NaCl)

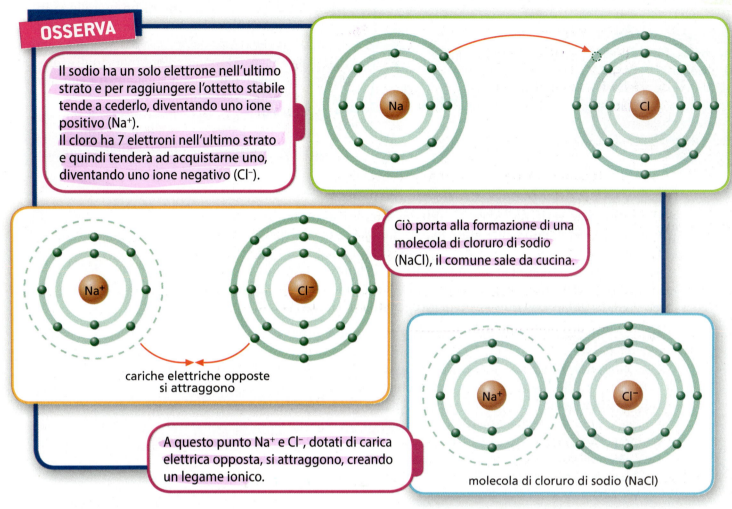

Il legame covalente

Fra gli atomi instabili, alcuni completano l'ultimo strato senza né cedere né acquistare elettroni, ma mettendoli in comune con atomi dello stesso tipo o di tipo diverso, in modo tale da formare molecole costituite da atomi che hanno 2 o 8 elettroni nell'ultimo strato. Questo tipo di legame si dice **legame covalente**. Osserva che cosa succede fra un atomo di ossigeno e due atomi di idrogeno.

OSSERVA

L'atomo di ossigeno per completare l'ultimo strato ha bisogno di 2 elettroni; l'atomo di idrogeno invece ha bisogno di un elettrone.

Un atomo di ossigeno si lega allora con due atomi di idrogeno e avrà in comune con ciascuno di essi 2 elettroni. Si forma così una molecola di acqua (H_2O), nella quale i tre atomi sono complessivamente stabili.

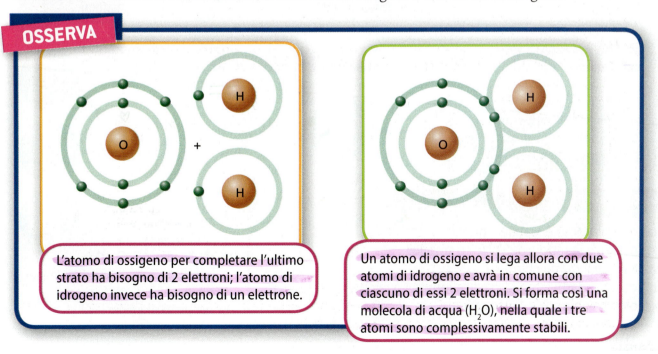

unità 6
→ Elementi di chimica

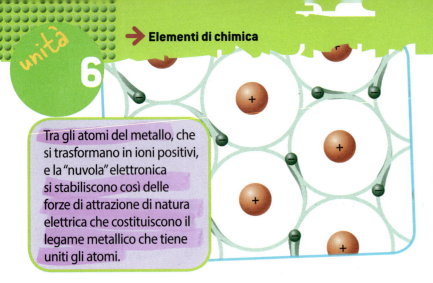

Tra gli atomi del metallo, che si trasformano in ioni positivi, e la "nuvola" elettronica si stabiliscono così delle forze di attrazione di natura elettrica che costituiscono il legame metallico che tiene uniti gli atomi.

Il legame metallico

Tra atomi e atomi all'interno di un metallo si instaura un particolare legame chimico. Nei metalli, infatti, gli elettroni del guscio più esterno sono molto mobili, tendono ad allontanarsi dall'atomo stesso e si muovono anche sugli strati degli altri atomi del metallo stesso.
Tutti questi elettroni esterni provenienti dai vari atomi formano, all'interno del metallo, una specie di "**nuvola**" **elettronica carica negativamente**.

La valenza

Per formare le varie molecole, quindi, gli atomi instaurano legami chimici cedendo, acquistando o mettendo in comune gli elettroni dell'ultimo strato. Le modalità con cui si instaurano questi legami chimici fra gli atomi non sono del tutto casuali. Perché, ad esempio, l'atomo di ossigeno si combina con un altro atomo di ossigeno per formare una molecola di ossigeno, ma può combinarsi anche con due atomi di idrogeno per formare l'acqua?

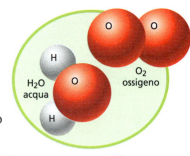

Gli elettroni dell'ultimo strato sono detti **elettroni di valenza** e il loro numero rappresenta la **valenza** dell'atomo, ovvero il numero di elettroni che l'atomo può acquistare, cedere o mettere in comune. È la **valenza quindi che determina i legami chimici** che un atomo può instaurare. Considerando i vari esempi fatti, possiamo quindi dire che il sodio, il cloro e l'idrogeno hanno valenza 1 o sono **monovalenti**; il calcio e l'ossigeno hanno valenza 2 o sono **bivalenti**; i gas nobili hanno **valenza 0** (zero). La maggior parte degli elementi, inoltre, non presenta una sola valenza ma diverse valenze, anche quando si combina con lo stesso elemento. Se rappresentiamo la valenza con un gancetto, possiamo visualizzare cosa permette, ad esempio all'ossigeno, che ha valenza 2, di potersi combinare in vari modi, come rappresentato nei disegni qui sotto:

molecola di acqua
H_2O

con 2 atomi di idrogeno, che ha valenza 1, per formare una molecola di acqua;

molecola di ossigeno
O_2

con un altro atomo di ossigeno per formare una molecola di ossigeno.

Se due elementi hanno la stessa valenza si combinano nel **rapporto 1 : 1**; se hanno valenza diversa si combinano in **rapporto inverso alla loro valenza**. Osserva.

Na e Cl sono entrambi monovalenti e quindi si combinano nel rapporto 1 : 1, un atomo di sodio e uno di cloro per formare il cloruro di sodio (NaCl).

NaCl

AlCl₃

Al è trivalente e Cl monovalente, quindi si combinano nel rapporto inverso 1 : 3, un atomo di alluminio con tre di cloro, per formare il cloruro di alluminio (AlCl₃).

Test rapido

- Quando un atomo è stabile e quando instabile?
- Che cosa dice la regola dell'ottetto stabile?
- Che cos'è un legame chimico?
- Quando un legame chimico si dice ionico, covalente o metallico?
- Che cos'è la valenza?

88 Fisica e Chimica

unità 6 → Elementi di chimica

fissa i concetti chiave

Quali fenomeni sono detti fisici e quali chimici?

- Sono detti **fenomeni fisici** le trasformazioni della materia che cambiano solo il suo stato fisico o la sua forma; sono detti **fenomeni chimici** le trasformazioni della materia che modificano la sua costituzione.

Da che cosa è costituito l'atomo?

- L'**atomo** è costituito da **protoni**, **neutroni** ed **elettroni**.
- I **protoni** sono particelle dotate di carica elettrica positiva, i **neutroni** sono particelle elettricamente neutre (prive di carica); protoni e neutroni formano il **nucleo** dell'atomo.
- Gli **elettroni** sono particelle dotate di carica elettrica negativa che ruotano velocemente attorno al nucleo su gusci ben precisi, detti **strati** o **gusci elettronici**.

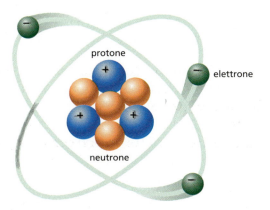

Che cosa sono numero atomico e numero di massa?

- Il **numero atomico** è il numero di protoni (o di elettroni) presenti in un atomo.
- Il **numero di massa** è la somma del numero dei protoni e del numero dei neutroni.

Che cosa sono massa atomica e peso atomico?

- La **massa atomica** è la somma delle masse di tutte le particelle presenti in un atomo.
- Il **peso atomico** è la somma dei pesi di tutte le particelle presenti in un atomo.

Perché l'atomo è neutro?

- L'atomo è **neutro**, cioè completamente privo di carica elettrica, perché in esso il numero dei protoni è sempre uguale a quello degli elettroni.

Che cosa sono gli isotopi di un elemento?

- Si dicono **isotopi** di un elemento gli atomi dell'elemento stesso che hanno un numero diverso di neutroni.

Che cos'è la tavola di Mendeleev?

- In base alle loro caratteristiche gli elementi sono classificati in uno schema, la **tavola periodica degli elementi** o **tavola di Mendeleev**, dove sono disposti in ordine crescente rispetto al numero atomico e sono ordinati in 7 righe orizzontali, dette **periodi**, e in 8 colonne verticali, dette **gruppi**; sono distinti complessivamente in **metalli**, **non metalli**, **semimetalli** e **gas nobili**.

Che cosa afferma la regola dell'ottetto stabile?

- Secondo la **regola dell'ottetto stabile** ogni atomo tende a raggiungere una configurazione elettronica che prevede il completamento del suo strato più esterno con il massimo numero possibile di elettroni.

Che cosa sono i legami chimici?

- I **legami chimici** sono **forze di natura elettrica** capaci di legare fra loro gli atomi in modo da raggiungere l'ottetto stabile.

Quali sono i legami chimici?

- Esistono tre diversi tipi di legame chimico:
  > il **legame ionico**, quello che si stabilisce tra due ioni di carica elettrica opposta che si attraggono;
  > il **legame covalente**, quello che si stabilisce fra atomi che completano l'ultimo strato mettendo in comune elettroni con atomi dello stesso tipo o di tipo diverso;
  > il **legame metallico**, quello che si stabilisce all'interno dei metalli, dove fra gli atomi del metallo diventati ioni positivi e la "nuvola" elettronica carica negativamente si stabiliscono delle forze di attrazione di natura elettrica.

Che cosa sono e che cosa rappresentano gli elettroni di valenza?

- Gli elettroni dell'ultimo strato sono detti **elettroni di valenza** e il loro numero rappresenta la **valenza** dell'atomo, ovvero il numero di elettroni che l'atomo può acquistare, cedere o mettere in comune.
La **valenza determina i legami chimici** che un atomo può instaurare.

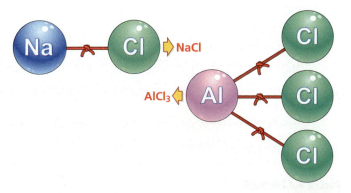

unità 6 — Elementi di chimica — ragiona e applica

... le conoscenze

1. Descrivi la struttura dell'atomo. ELETTRONI, NEUTRONI, PROTONI

2. Perché un atomo è elettricamente neutro?

3. Segna il completamento esatto.
   Il numero atomico è:
   a. il numero dei protoni presenti in un atomo. ✓
   b. il numero degli elettroni presenti in un atomo.
   c. il numero dei protoni e degli elettroni presenti in un atomo.

4. Completa.
   Il numero di massa è la somma di neutroni e protoni

5. Indica che cosa si intende per:
   a. massa atomica ....
   b. peso atomico ....

6. Che cosa si intende per isotopo di un elemento?

7. Che cosa sono gli strati elettronici di un atomo?

8. Che cosa si intende per livello energetico di uno strato elettronico?

9. Descrivi le caratteristiche dei metalli.

10. Descrivi le caratteristiche dei non metalli.

11. Completa le seguenti affermazioni.
    a. Un atomo si dice stabile quando ....
    b. Un atomo si dice instabile quando ....

12. Che cosa afferma la regola dell'ottetto stabile?

13. Che cosa s'intende per legame chimico? Che cosa determina?

14. Quanti tipi di legami chimici esistono? Illustrali con degli esempi.

15. Che cos'è la valenza di un elemento?

90 Fisica e Chimica

... le abilità

16. Quali fra i seguenti fenomeni sono fisici e quali chimici? Scrivilo al posto dei puntini.

a. .... b. .... c. .... d. ....

17. Osserva la configurazione dell'atomo a fianco e completa quanto richiesto.

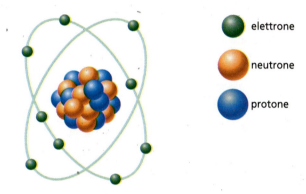

a. Numero protoni = ...
b. Numero neutroni = ...
c. Numero elettroni = ...
d. Numero atomico = ...
e. Numero di massa = ...

18. Completa la descrizione di questi due atomi:

Na (sodio)	protoni 11	neutroni 12	elettroni	n.a.	n.m. ......
Al (alluminio)	protoni 13	neutroni	elettroni	n.a.	n.m. 27

19. Sapendo che il litio ha numero atomico 3 e che il suo nucleo contiene 4 neutroni, quali delle seguenti affermazioni sono vere e quali false? Scrivilo accanto a ciascuna di esse.

a. L'atomo di litio ha 7 protoni. FALSO
b. L'atomo di litio ha 3 elettroni e 3 protoni. VERO
c. Il numero di massa del litio è 6. FALSO
d. L'atomo di litio ha 7 elettroni. FALSO

20. Osserva lo schema della molecola di acido solforico e rispondi alle seguenti domande.

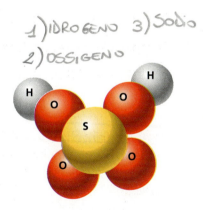

1) IDROGENO 3) SODIO
2) OSSIGENO

a. L'acido solforico è un elemento o un composto? COMPOSTO
b. Da quanti atomi è composto? 7
c. Quanti atomi di ossigeno contiene? 4
d. Qual è la sua formula? H_2SO_4

21. Una molecola di zolfo (S) è formata da 8 atomi uguali. Quali delle seguenti affermazioni sono vere e quali false? Scrivilo accanto a ciascuna di esse.

a. Lo zolfo è un elemento. VERO
b. La sua formula chimica è 8 S. FALSO S_8
c. S indica una molecola di zolfo. VERO

91

22. Una molecola di ammoniaca è formata da un atomo di azoto (N) e 3 atomi di idrogeno (H). Quale delle seguenti affermazioni è vera e quale falsa? Scrivilo accanto a ciascuna di esse.

   a. L'ammoniaca è un elemento. ....
   b. La sua formula chimica è NH$_3$. ....

23. Scrivi il numero di atomi di ogni elemento presente nelle seguenti molecole.

   a. NH$_3$ ⟶ N *uno*   H *tre*
   b. H$_2$S ⟶ H *due*   S *uno*
   c. CuSO$_4$ ⟶ Cu *uno*   S *uno*   O *quattro*
   d. CaCO$_3$ ⟶ Ca *uno*   C *uno*   O *tre*
   e. H$_2$SO$_4$ ⟶ H *due*   S *uno*   O *quattro*

24. Osserva la configurazione elettronica degli atomi seguenti e stabilisci quali sono stabili e quali instabili.

  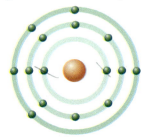 

a. *instabile*   b. *stabile*   c. *instabile*   d. *stabile*

25. Che tipo di legame è rappresentato in questa figura?

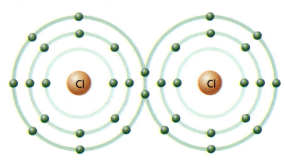

ionico

26. Che tipo di legame è rappresentato in questa figura?

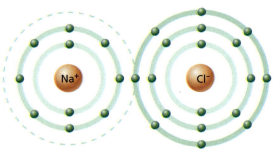

....

27. Osserva a fianco la configurazione elettronica dell'atomo di litio. Con quale degli elementi di cui puoi osservare la configurazione elettronica qui sotto reagirà più facilmente stabilendo un legame chimico? Perché? E quale tipo di legame chimico stabilirà?

Cl
ionico

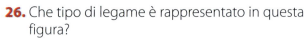
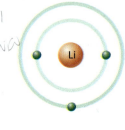

Unità 7

REAZIONI E COMPOSTI CHIMICI

Perché ne parliamo?

Conoscere bene gli atomi ci ha permesso di capire le proprietà e il comportamento della materia nella sua struttura interna.

E adesso sapresti spiegarti perché, ad esempio, un pezzo di ferro lasciato all'aperto o un chiodo di ferro immerso in un bicchiere di acqua arrugginiscono?

Sappiamo che è avvenuto un fenomeno chimico, cioè una **trasformazione che modifica il tipo di materia**; ma che cosa accade esattamente?

In tanti fenomeni che osserviamo quotidianamente accadono trasformazioni che modificano il tipo di materia. Diciamo che accadono **reazioni chimiche** fra le varie sostanze di un pezzo di legna che brucia, o nell'uovo che la mamma sta friggendo in padella, o ancora in quei meravigliosi spettacoli che sono i fuochi d'artificio.

Vale la pena capire come tutto ciò accada studiando come avvengono queste reazioni chimiche.

Contenuti
- Le reazioni chimiche
- Equazioni e leggi chimiche
- I principali composti chimici
- Sostanze acide, basiche e neutre

Prerequisiti
- Conoscere la struttura atomica della materia
- Conoscere la differenza fra elementi e composti
- Conoscere il significato di legame chimico

Obiettivi
- Individuare una reazione chimica
- Riconoscere reagenti e prodotti
- Conoscere e applicare le leggi che regolano le reazioni chimiche
- Conoscere i principali composti
- Riconoscere sostanze acide, basiche e neutre
- Comprendere e distinguere i vari legami chimici

unità 7 Le reazioni chimiche

Tutti gli elementi, tranne i gas nobili, hanno atomi instabili e quindi presentano una loro attività chimica, cioè una tendenza a unirsi con altri atomi per formare le varie sostanze.

Queste combinazioni di elementi, ma anche le combinazioni fra elementi e composti o fra i vari composti, sono tutte **fenomeni chimici**.

Infatti, quando due o più sostanze si combinano tra loro, perdono le loro singole proprietà e danno origine a una nuova sostanza, detta **composto chimico**, che possiede proprietà specifiche diverse da quelle delle sostanze di partenza.

Nel ferro che lasciato all'aperto si trasforma in ruggine osserviamo la combinazione dell'ossigeno con il ferro e la formazione di un composto chimico, la ruggine, di natura completamente diversa dall'ossigeno e dal ferro.

Combinazioni e quindi trasformazioni di questo tipo prendono il nome di **reazioni chimiche** e sono, ovviamente, dei **fenomeni chimici**, perché durante tali fenomeni alcune sostanze si combinano tra loro formando altre sostanze di natura diversa.

Ma che cosa avviene esattamente durante una reazione chimica?

OSSERVA

Due sostanze, ad esempio l'acido cloridrico (HCl) e la soda caustica (NaOH), mescolate in opportune quantità reagiscono fra loro.

Dopo un po' nel becher, infatti, non ci sono più le due sostanze di partenza ma cloruro di sodio (NaCl, sale da cucina) e acqua (H$_2$O).

A livello molecolare è come se…

… le molecole di acido cloridrico e quelle di soda caustica avessero rotto i legami chimici dei loro atomi e…

… avessero formato nuovi legami chimici, combinando diversamente i loro atomi e formando così nuove sostanze.

HCl + NaOH → NaCl + H$_2$O

NaCl e H$_2$O hanno caratteristiche diverse rispetto ai composti di partenza.

Possiamo quindi dire che in una reazione alcune sostanze rompono i legami chimici tra i loro atomi e formano nuovi legami chimici, dando origine così a nuove molecole e quindi a nuove sostanze.

- Una **reazione chimica** è un processo chimico mediante il quale gli atomi delle sostanze che reagiscono rompono i legami che li uniscono per formare nuovi legami e quindi nuove sostanze.
- Le sostanze di partenza che reagiscono tra loro sono dette **reagenti**, le nuove sostanze che si formano sono dette **prodotti della reazione**.

Test rapido

- Che cos'è una reazione chimica?
- Che cosa sono i reagenti e i prodotti di una reazione chimica?

→ Reazioni e composti chimici

Equazioni e leggi chimiche

Per rappresentare una reazione chimica si scrive l'**equazione chimica** della reazione stessa. Essa consiste nell'indicare con le apposite formule le molecole dei reagenti e dei prodotti.

Osserviamo alcune reazioni rappresentate con la relativa equazione chimica.

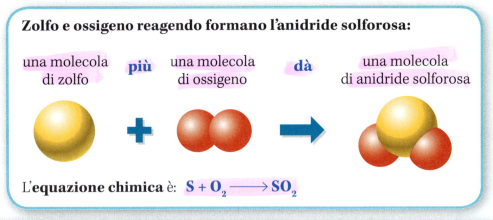

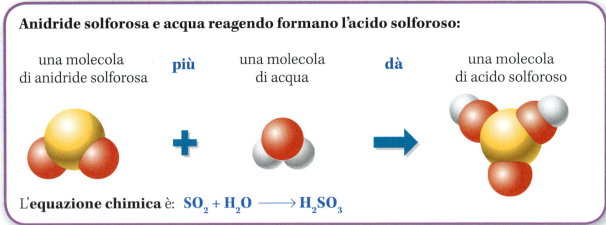

Se osserviamo bene le due equazioni che abbiamo scritto:

$$S + O_2 \longrightarrow SO_2$$
$$SO_2 + H_2O \longrightarrow H_2SO_3$$

notiamo che in esse il **numero di atomi che complessivamente costituisce le molecole dei reagenti è sempre uguale al numero di atomi che costituisce la molecola o le molecole dei prodotti**.

$S + O_2 \longrightarrow SO_2$
- 1 atomo di zolfo e 2 di ossigeno $\longrightarrow$ **3 atomi nei reagenti**
- 1 atomo di zolfo e 2 di ossigeno $\longrightarrow$ **3 atomi nel prodotto**

$SO_2 + H_2O \longrightarrow H_2SO_3$
- 1 atomo di zolfo, 2 di ossigeno, 2 di idrogeno e 1 di ossigeno $\longrightarrow$ **6 atomi nei reagenti**
- 2 atomi di idrogeno, 1 di zolfo e 3 di ossigeno $\longrightarrow$ **6 atomi nel prodotto**

Diciamo che le due equazioni sono **bilanciate** e ciò avviene quando sono rispettate le due importanti leggi della chimica: la **legge della conservazione della massa** e la **legge delle proporzioni definite**. Esaminiamole.

Fisica e Chimica

La legge della conservazione della massa

Attraverso numerosi esperimenti il chimico francese **Antoine Lavoisier** (1743-1794) constatò che ciò che abbiamo prima osservato, cioè che *il numero di atomi che complessivamente costituisce le molecole dei reagenti è uguale al numero di atomi che costituisce la molecola o le molecole dei prodotti*, vale per qualsiasi reazione chimica e rappresenta un'importante legge della chimica: la **legge della conservazione della massa** o **legge di Lavoisier**.

> In una reazione chimica la somma delle masse dei reagenti è uguale alla somma delle masse dei prodotti della reazione.

Durante una reazione chimica, quindi, gli atomi degli elementi **non vengono né distrutti né creati**, ma si trasferiscono da una sostanza all'altra, per cui **il numero degli atomi presenti nei reagenti è uguale al numero degli atomi presenti nei prodotti della reazione**.

Antoine Lavoisier con la moglie in un dipinto di Jacques-Louis David.

Proviamo a capire meglio questa legge considerando, ad esempio, la reazione che avviene tra una molecola di metano, CH_4, e una di ossigeno, O_2, per formare una molecola di anidride carbonica, CO_2, e una di vapore acqueo, H_2O:

$$CH_4 + O_2 \longrightarrow CO_2 + H_2O$$

Controlliamo la legge di Lavoisier:
- reagenti ⟶ 1 atomo di carbonio + 4 di idrogeno + 2 di ossigeno = **7 atomi**
- prodotti ⟶ 1 atomo di carbonio + 2 di idrogeno + 3 di ossigeno = **6 atomi**

Il controllo ci evidenzia che l'**equazione non è bilanciata** perché non rispetta la legge di Lavoisier: nei prodotti della reazione mancano due atomi d'idrogeno e c'è un atomo di ossigeno in più.
Per bilanciare l'equazione occorre far reagire una molecola di metano con due di ossigeno:

$$CH_4 + 2O_2 \longrightarrow CO_2 + 2H_2O$$

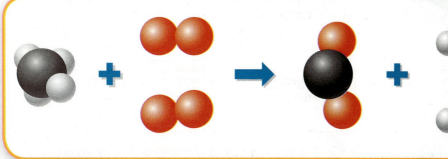

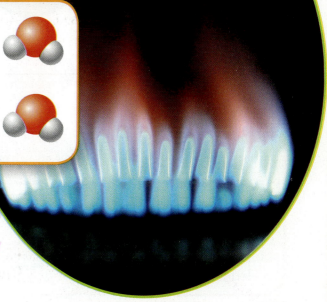

Ricontrolliamo adesso la legge di Lavoisier:
- reagenti ⟶ 1 atomo di carbonio + 4 di idrogeno + 4 di ossigeno = **9 atomi**
- prodotti ⟶ 1 atomo di carbonio + 4 di idrogeno + 4 di ossigeno = **9 atomi**

Il controllo, questa volta, ci evidenzia un'**equazione bilanciata**.

→ Reazioni e composti chimici

La legge delle proporzioni definite

Un'altra importante legge che regola le reazioni chimiche è la **legge delle proporzioni definite** o **legge di Proust**, dal nome del chimico francese Joseph-Louis Proust (1754-1826) che la scoprì.

Attraverso numerose prove, Proust scoprì che una sostanza reagisce completamente con un'altra soltanto se entrambe rispettano certe quantità.

> **Le quantità di elementi che si combinano per formare un dato composto** stanno fra loro sempre in una proporzione ben precisa e costante.

Per ottenere un composto quindi, secondo la legge di Proust, le quantità dei reagenti non possono essere arbitrarie, ma devono rispettare rapporti ben precisi.

Per capire bene questa legge consideriamo la reazione chimica fra rame e zolfo, che porta alla formazione del solfuro di rame:

$$Cu + S \longrightarrow CuS$$

In base alla legge di Proust, il rame e lo zolfo si combinano solo se le loro quantità sono nel rapporto costante di **2 : 1**.

La reazione può avvenire completamente quindi solo se la quantità di rame è il doppio di quella dello zolfo, quindi ad esempio fra:
- 10 g di rame e 5 g di zolfo: si otterranno (10 + 5) g = 15 g di solfuro di rame;
- 15 g di rame e 7,5 g di zolfo: si otterranno (15 + 7,5) g = 22,5 g di solfuro di rame.

Non rispettando la proporzione e facendo reagire, ad esempio:
- 15 g di rame e 5 g di zolfo, si otterranno 15 g di solfuro di rame, ma avanzeranno 5 g di rame che non reagiscono e che ritroveremo inalterati nel prodotto;
- 10 g di rame e 10 g di zolfo, si otterranno 15 g di solfuro di rame, ma avanzeranno 5 g di zolfo che non reagiscono e che ritroveremo inalterati nel prodotto.

> Una reazione chimica che libera calore si chiama **reazione esotermica**. Una reazione chimica che avviene con assorbimento di calore si chiama **reazione endotermica.**

Test rapido

- Quando un'equazione chimica è bilanciata?
- Che cosa dice la legge di Lavoisier?
- Che cosa dice la legge di Proust?

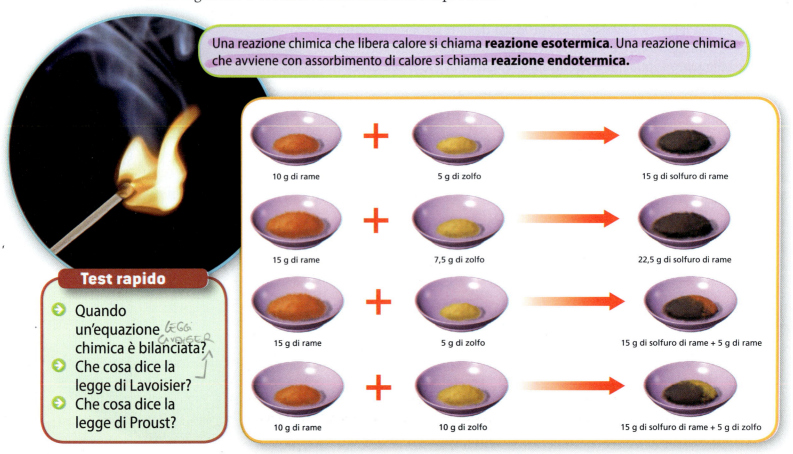

98 Fisica e Chimica

I principali composti chimici

I principali composti chimici sono gli **ossidi**, le **anidridi**, gli **idrossidi** o **basi**, gli **acidi** e i **sali**; essi si ottengono dalla combinazione di un "metallo" o di un "non metallo" con l'ossigeno o dalla combinazione dei loro prodotti con l'acqua.

Esaminiamo singolarmente questi grandi gruppi di composti chimici.

Gli ossidi

Gli **ossidi basici**, o semplicemente **ossidi**, sono composti che derivano dalla reazione di **un metallo con l'ossigeno** (reazione di **ossidazione**).

metallo + ossigeno = ossido basico

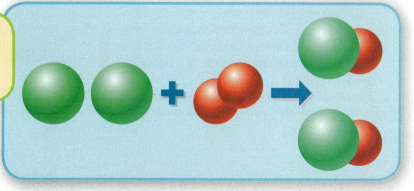

È una reazione di ossidazione, ad esempio:
$$2Cu + O_2 \longrightarrow 2CuO$$
rame + ossigeno = ossido di rame

Verifichiamo una reazione di ossidazione.

non solo TEORIA

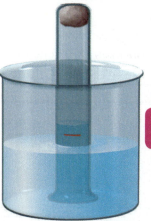

Nel fondo di una provetta inumidita metti un po' di lana di acciaio, poi capovolgi la provetta e immergila in una bacinella piena d'acqua. Una parte dell'acqua salirà nella provetta: segna il livello raggiunto e sistema il tutto in un luogo tranquillo.

Osserva la lana di acciaio dopo 1-2 giorni: noterai che ha assunto una colorazione diversa e il livello dell'acqua nella provetta si è innalzato.

L'acqua è salita nella provetta perché in essa una parte dell'aria, l'ossigeno, ha reagito con il ferro della lana di acciaio. Il prodotto della reazione si è depositato sulla lana di acciaio formando quella patina scura che hai osservato: è la ruggine, cioè ossido di ferro, **Fe_2O_3**.

→ Reazioni e composti chimici

Le anidridi

Le **anidridi**, o **ossidi acidi**, sono composti che derivano dalla reazione di un **non metallo con l'ossigeno**.

non metallo + ossigeno = anidride

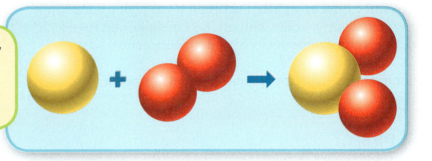

È una reazione che dà un'anidride, ad esempio:
$$S + O_2 \longrightarrow SO_2$$
zolfo + ossigeno = anidride solforosa

Verifichiamo questa reazione con un esperimento.

non solo TEORIA

Metti un po' di zolfo in una provetta e fallo scaldare alla fiamma del fornellino. Sentirai un odore pungente che irrita le mucose nasali (attento a non respirarlo!).

L'odore che avverti è dovuto a un gas incolore, l'anidride solforosa (SO_2), che si è formato per reazione dello zolfo con l'ossigeno dell'aria.

Gli idrossidi o basi

Gli **idrossidi** o **basi** sono composti che derivano dalla reazione di **un ossido basico con l'acqua**.

ossido basico + acqua = idrossido o base

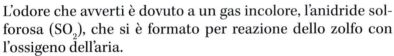

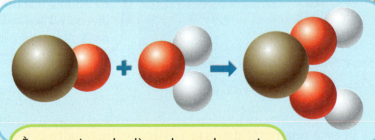

È una reazione che dà una base, ad esempio:
$$CaO + H_2O \longrightarrow Ca(OH)_2$$
ossido di calcio + acqua = idrossido di calce

L'idrossido di magnesio è utilizzato come principio attivo per combattere l'acidità di stomaco.

La caratteristica degli idrossidi è quella di possedere sempre il gruppo **OH–**, detto **radicale** o **ossidrile monovalente**.
Quindi un idrossido risulterà formato da un metallo e da uno o più di questi radicali (tanti quanti ne indica la valenza del metallo).

Verifichiamo con un esperimento la reazione che ci dà l'idrossido di calce.

non solo TEORIA

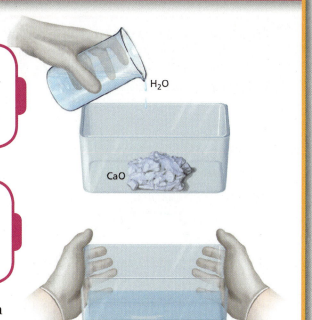

Metti alcuni pezzetti di ossido di calcio (una sostanza molto corrosiva detta anche "calce viva") in un recipiente e versa su di essi dell'acqua, goccia a goccia e con molta cautela, fino a quando la calce viva è in grado di assorbirla.

Noterai innanzi tutto che si sviluppa molto calore: è infatti una reazione esotermica.
Alla fine l'ossido di calcio si sarà completamente disciolto e nel recipiente potremo osservare che si è formato un liquido abbastanza limpido.

Dalla reazione dell'ossido di calcio, CaO, con l'acqua si è formata una nuova sostanza, l'idrato di calcio o idrossido di calcio, **Ca(OH)₂**.

Gli acidi

Gli **acidi** sono composti che derivano dalla reazione di **un'anidride con l'acqua**.

anidride + acqua = acido

La caratteristica degli acidi è quella di essere sempre formati da ioni idrogeno, H+, e da un gruppo che è detto **radicale dell'acido**.

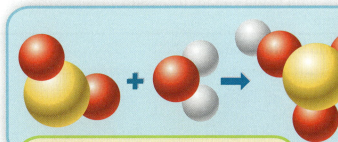

È una reazione che dà un acido, ad esempio:
$$SO_2 + H_2O \longrightarrow H_2SO_3$$
anidride solforosa + acqua = acido solforoso

L'acido solforico e l'acido nitrico sono le principali componenti delle piogge acide che corrodono i nostri monumenti.

101

unità 7 → Reazioni e composti chimici

Verifichiamo con un esperimento la reazione che ci dà l'acido solforoso.

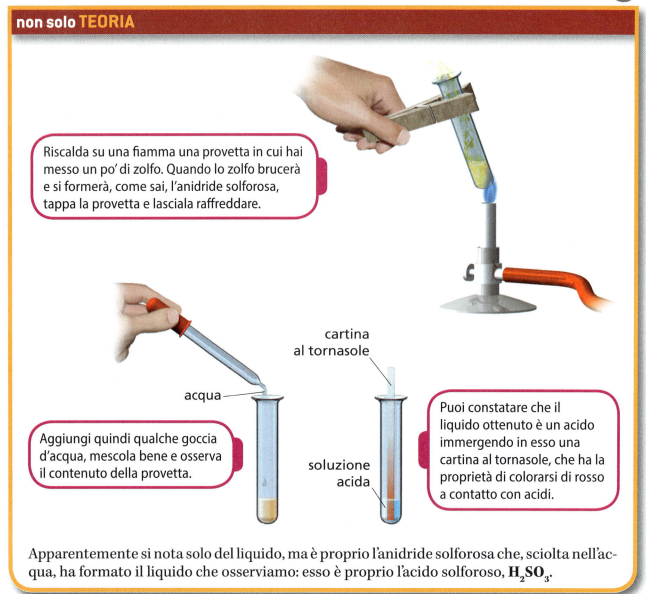

non solo TEORIA

Riscalda su una fiamma una provetta in cui hai messo un po' di zolfo. Quando lo zolfo brucerà e si formerà, come sai, l'anidride solforosa, tappa la provetta e lasciala raffreddare.

Aggiungi quindi qualche goccia d'acqua, mescola bene e osserva il contenuto della provetta.

cartina al tornasole
acqua
soluzione acida

Puoi constatare che il liquido ottenuto è un acido immergendo in esso una cartina al tornasole, che ha la proprietà di colorarsi di rosso a contatto con acidi.

Apparentemente si nota solo del liquido, ma è proprio l'anidride solforosa che, sciolta nell'acqua, ha formato il liquido che osserviamo: esso è proprio l'acido solforoso, **H_2SO_3**.

I sali

I **sali** sono composti che derivano dalla reazione di **un acido con un idrossido**. In questo caso, si ha una reazione con **formazione anche di acqua**.

acido + idrossido = sale + acqua

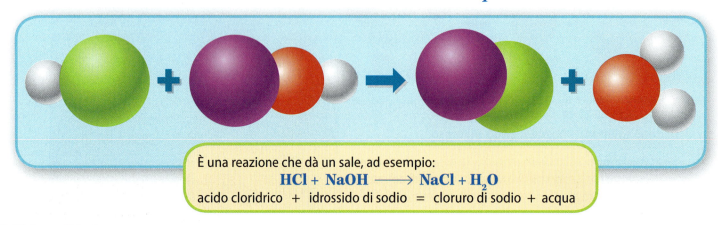

È una reazione che dà un sale, ad esempio:
$$HCl + NaOH \longrightarrow NaCl + H_2O$$
acido cloridrico + idrossido di sodio = cloruro di sodio + acqua

102 Fisica e Chimica

Verifichiamo con un esperimento la reazione che ci dà il cloruro di sodio.

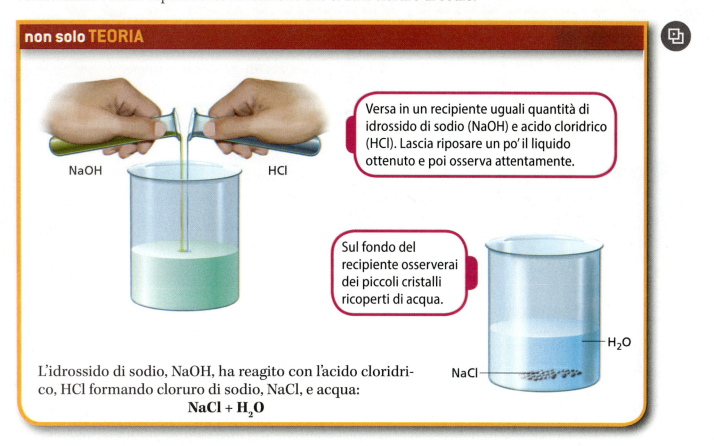

non solo TEORIA

Versa in un recipiente uguali quantità di idrossido di sodio (NaOH) e acido cloridrico (HCl). Lascia riposare un po' il liquido ottenuto e poi osserva attentamente.

Sul fondo del recipiente osserverai dei piccoli cristalli ricoperti di acqua.

L'idrossido di sodio, NaOH, ha reagito con l'acido cloridrico, HCl formando cloruro di sodio, NaCl, e acqua:
NaCl + H$_2$O

Possiamo riassumere la formazione dei principali composti chimici con il seguente schema:

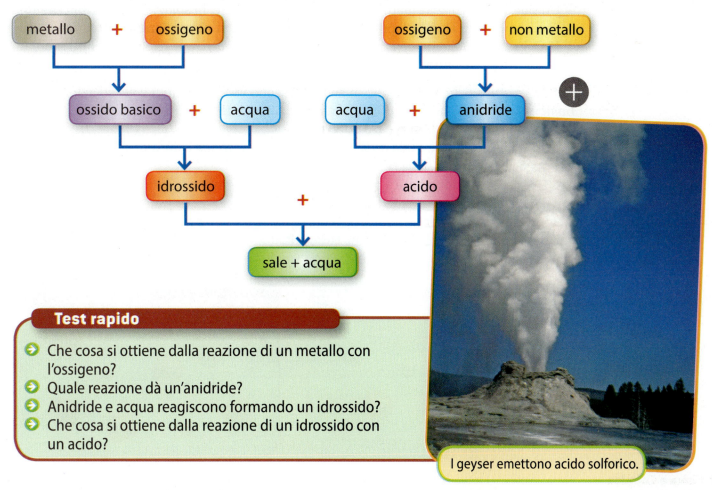

metallo + ossigeno → ossido basico + acqua → idrossido

ossigeno + non metallo → anidride + acqua → acido

idrossido + acido → sale + acqua

Test rapido
- Che cosa si ottiene dalla reazione di un metallo con l'ossigeno?
- Quale reazione dà un'anidride?
- Anidride e acqua reagiscono formando un idrossido?
- Che cosa si ottiene dalla reazione di un idrossido con un acido?

I geyser emettono acido solforico.

unità 7

→ Reazioni e composti chimici

Sostanze acide, basiche e neutre

Se assaggi infine un po' d'acqua **pura**, avverti un'assenza di sapore: l'acqua infatti non è né **un acido né una base**, ma è **neutra**.

Se assaggi una **base**, ad esempio del bicarbonato di sodio, senti invece un **sapore amarognolo e una sensazione di liscio** e **saponoso**, tipici delle basi.

Se assaggi un **acido**, ad esempio del limone o dell'aceto, senti chiaramente un **sapore acido**, tipico degli acidi.

Che cosa distingue, dal punto di vista chimico, il limone, il bicarbonato e l'acqua, cioè una sostanza acida, una basica e una neutra?

- Abbiamo visto che un acido è caratterizzato dalla presenza di atomi d'idrogeno nella sua molecola. Ciò fa sì che un qualsiasi acido disciolto in acqua sia in grado di liberare ioni H$^+$ (ione idrogeno) che gli conferiscono la caratteristica di acidità e lo rendono più o meno corrosivo.
- Una base è invece caratterizzata dalla presenza del gruppo ossidrilico OH$^-$. Ciò fa sì che una qualsiasi base disciolta in acqua sia in grado di liberare ioni OH$^-$ (ione ossidrile) che le conferiscono la caratteristica di basicità e la rendono più o meno caustica (provoca ustioni).
- Un sale, come sai, è formato da un acido e da una base; in soluzione acquosa i sali non liberano né ioni H$^+$ né gruppi OH$^-$, in quanto questi si neutralizzano formando acqua, H$_2$O. I sali, quindi, non sono né acidi né basici ma neutri, e la reazione per ottenere un sale è detta **reazione di neutralizzazione**.

Tutte le sostanze che si sciolgono in acqua possono formare quindi delle soluzioni **acide**, **basiche** o **neutre**, che dipendono dalla formazione di **H$^+$** o di **OH$^-$**.

- **Si ha una soluzione acida** quando la sostanza determina la formazione di H$^+$, per cui nella soluzione si ha H$^+$ > OH$^-$.
- **Si ha una soluzione basica** quando la sostanza determina la formazione di OH$^-$, per cui nella soluzione si ha OH$^-$ > H$^+$.
- **Si forma una soluzione neutra** quando la sostanza non modifica l'equilibrio fra OH$^-$ e H$^+$, per cui nella soluzione si ha OH$^-$ = H$^+$.

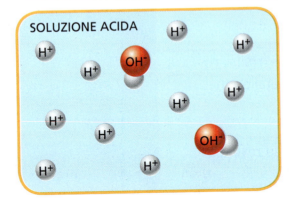

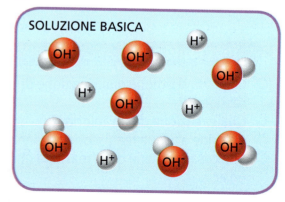

104 Fisica e Chimica

Come si riconosce se una sostanza è acida, basica o neutra e come si valuta quanto è più o meno acida o più o meno basica?
Per valutare se una sostanza è acida, basica o neutra ci si basa sul suo **grado di acidità**, o **pH** (potenziale idrogeno, leggi "piacca"), secondo una scala che va **da 0 a 14** e che classifica una sostanza o soluzione in:

- **neutra**, se **pH** = 7;
- **acida**, se **pH** < 7; l'acidità aumenta al diminuire del valore del pH ed è massima per pH = 0;
- **basica**, se **pH** > 7; la basicità aumenta all'aumentare del valore del pH ed è massima per pH = 14.

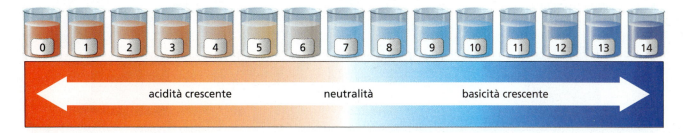

Nella seguente figura puoi leggere il pH di alcune sostanze.

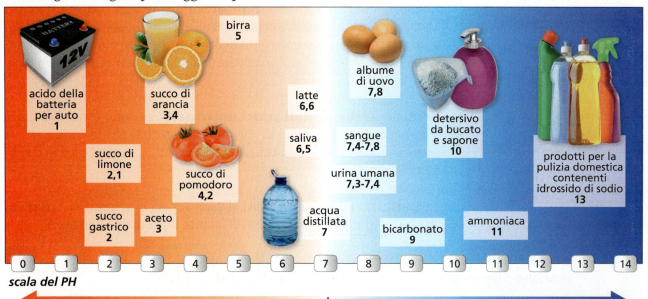

Per determinare il pH di una sostanza si usano gli **indicatori**, sostanze in grado di assumere colore diverso a seconda che vengano a contatto con sostanze o soluzioni acide, basiche o neutre.

Esistono varie sostanze che possono funzionare da **indicatori**, ad esempio:
- i petali di papavero, di geranio o di rosa in soluzione acida virano al rosso, in soluzione basica virano al blu;
- il tè diventa scuro in presenza di sostanze basiche, schiarisce in presenza di sostanze acide;
- l'estratto di radicchio rosso o quello di cavolo rosso in soluzione acida virano al rosso, in soluzione basica virano al verde.

unità 7 — Reazioni e composti chimici

OSSERVA

Nel tè è presente una sostanza che funziona da indicatore.

Il tè, appena pronto, è un infuso alquanto scuro.

Mettendo alcune gocce di limone l'infuso si schiarisce.

Se nel tè si mette un cucchiaino di bicarbonato di sodio, l'infuso si scurisce nuovamente.

L'indicatore più usato è il **tornasole**, una sostanza ricavata da un lichene, che ha la proprietà di rimanere incolore in soluzioni neutre, tendere al rosso in soluzioni acide e all'azzurro in soluzioni basiche. Con il tornasole sono imbevute delle cartine, dette **cartine al tornasole**, che virano al rosso in soluzioni acide e al blu in soluzioni basiche.

Esistono inoltre gli **indicatori universali** che sono strisce di carta imbevute di una miscela di diversi indicatori, scelti in modo che la striscia di carta possa assumere un colore diverso per ognuno dei 15 valori del pH.

Per misurazioni accurate di pH si usano speciali strumenti, i **piaccametri**, in grado di visualizzare all'istante il pH di una sostanza.

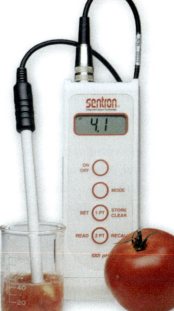

Indicatore universale.

Piaccametro digitale.

Test rapido

- Che cosa conferisce a una sostanza la caratteristica di acidità?
- Che cosa conferisce a una sostanza la caratteristica di basicità?
- Perché la reazione per ottenere un sale è detta reazione di neutralizzazione?
- Se in una soluzione si ha $H^+ > OH^-$, tale soluzione è acida o basica?
- In relazione al pH, quando una sostanza è acida, basica o neutra?
- Che cosa sono e a che cosa servono gli indicatori?

106 Fisica e Chimica

→ **Reazioni e composti chimici**

Che cos'è una reazione chimica?

- Una **reazione chimica** è un processo chimico mediante il quale gli atomi delle sostanze che reagiscono rompono i legami che li uniscono per formare nuovi legami e quindi nuove sostanze.
- Le sostanze di partenza che reagiscono tra loro sono dette **reagenti**, le nuove sostanze che si formano sono dette **prodotti della reazione**.

Quando l'equazione di una reazione chimica è bilanciata?

- Un'equazione è **bilanciata** quando sono rispettate la **legge della conservazione della massa** e la **legge delle proporzioni definite**.
  > Per la **legge della conservazione della massa**: in una **reazione chimica la somma delle masse dei reagenti è uguale alla somma delle masse dei prodotti della reazione**.
  > Per la **legge delle proporzioni definite**: le quantità di elementi che si combinano per formare un dato composto **stanno fra loro sempre in una proporzione ben precisa e costante**.

Quali sono i principali composti chimici?

- I principali composti chimici sono gli **ossidi**, le **anidridi**, gli **idrossidi** o **basi**, gli **acidi** e i **sali**:
  > gli **ossidi basici**, o **ossidi**, sono prodotti della reazione di **un metallo con l'ossigeno**;
  > le **anidridi**, o **ossidi acidi**, sono prodotti della reazione di **un non metallo con l'ossigeno**;
  > gli **idrossidi** o **basi** sono prodotti della reazione di **un ossido basico con l'acqua**;
  > gli **acidi** sono prodotti della reazione di **un'anidride con l'acqua**;
  > i **sali** sono prodotti della reazione di **un acido con un idrossido** e si ha **formazione di acqua**.

Quando una soluzione è acida, basica o neutra?

- Una **soluzione è acida** quando la sostanza determina la formazione di H^+, per cui nella soluzione si ha:
  $$H^+ > OH^-$$
- Una **soluzione è basica** quando la sostanza determina la formazione di OH^-, per cui nella soluzione si ha:
  $$OH^- > H^+$$
- Una **soluzione è neutra** quando la sostanza non modifica l'equilibrio fra OH^- e H^+, per cui nella soluzione si ha:
  $$OH^- = H^+$$

Come si valuta se una sostanza è acida, basica o neutra?

- Per valutare se una sostanza è acida, basica o neutra ci si basa sul suo **grado di acidità**, o **pH**, secondo una scala che va **da 0 a 14** e che classifica una sostanza o soluzione in:
  > **neutra**, se **pH = 7**;
  > **acida**, se **pH < 7**;
  > **basica**, se **pH > 7**.

i miei appunti

→ Reazioni e composti chimici

ragiona e applica

... le conoscenze

1. Che cos'è una reazione chimica? PROCESSO INDICATO CON LE EQUAZIONI CHIMICHE
2. In una reazione quali sostanze sono dette reagenti e quali prodotti?
3. Che cosa afferma la legge di Lavoisier? SOMME
4. Che cosa afferma la legge di Proust? PROPORZIONE
5. Che cosa s'intende per equazione chimica? E quando si dice bilanciata?
6. Quali sono i principali composti chimici?
7. Completa.

   a. Metallo + ossigeno ⟶ ....
   b. .... + ossigeno ⟶ anidride
   c. Ossido basico + ... ⟶ base
   d. .... + acqua ⟶ acido
   e. Acido + ... ⟶ .... + acqua

8. Completa.
   Una soluzione si dice:

   a. basica se H$^+$ .... OH$^-$.
   b. neutra se H$^+$ .... OH$^-$.
   c. acida se H$^+$ .... OH$^-$.

9. Che cosa si intende per pH di una sostanza?
10. Segna il completamento esatto. La scala del pH varia fra:

    a. 0 e 100.
    b. 0 e 14.
    c. 0 e 10.

11. Rispondi.

    a. Per quali valori del pH una sostanza è neutra? ....
    b. Per quali valori del pH una sostanza è acida? ....
    c. Per quali valori del pH una sostanza è basica? ....

12. Vero o falso? Scrivilo accanto a ciascuna affermazione.

    a. L'acidità aumenta all'aumentare del valore del pH. ....
    b. L'acidità è massima per pH = 0. ....
    c. L'acidità aumenta al diminuire del valore del pH. ....
    d. L'acidità è massima per pH = 14. ....

108 Fisica e Chimica

13. Che cosa sono gli indicatori?

14. Completa le seguenti affermazioni.

    a. Una cartina al tornasole immersa nell'ammoniaca si colorerà di ....

    b. Una cartina al tornasole immersa nel succo di pomodoro si colorerà di ....

... le abilità

15. Quali delle seguenti equazioni chimiche sono bilanciate? Segnale e indica il perché. Riscrivi correttamente quelle che ritieni non bilanciate.

    a. $H_2 + 2O_2 \longrightarrow 2H_2O$

    b. $4Na + O_2 \longrightarrow 2Na_2O$

    c. $CuSO + Fe \longrightarrow FeSO_4 + Cu$

    d. $Al + O_2 \longrightarrow Al_2O_3$

    e. $NaO_2 + H_2O \longrightarrow NaOH$

    f. $4Cl + 3O_2 \longrightarrow 2Cl_2O_3$

    g. $H_2SO_4 + Ca(OH) \longrightarrow CaSO_4 + H_2O$

    h. $FeS + {}_2HCl \longrightarrow FeCl_2 + H_2S$

16. La figura a fianco descrive la reazione che avviene fra la soda caustica e l'acido cloridrico.
Descrivila mettendo in evidenza i reagenti e i prodotti e giustificando, in base ai risultati, la seguente affermazione: "acidi e basi reagiscono neutralizzandosi a vicenda".

17. Riscrivi le seguenti sostanze ordinandole per valori crescenti del pH: *acqua distillata, succo di limone, detersivo, sangue, ammoniaca, succo d'arancia, albume d'uovo, succo gastrico*.

1. ....
2. ....
3. ....
4. ....
5. ....
6. ....
7. ....
8. ....
9. ....
10. ....

→ Reazioni e composti chimici

ragiona e applica

18. Completa.

  a. Fra una sostanza A con pH = 3 e una B con pH = 5 è più acida la sostanza ....

  b. Fra una sostanza C con pH = 6 e una D con pH = 4 è più acida la sostanza ....

19. Completa.

  a. Fra una sostanza A con pH = 8,5 e una B con pH = 12 è più basica la sostanza ....

  b. Fra una sostanza C con pH = 7,4 e una D con pH = 10 è più basica la sostanza ....

20. I seguenti becher contengono rispettivamente acqua pura, una soluzione di bicarbonato, succo di limone e una soluzione di acido solforico. In base alla colorazione della cartina al tornasole individua il contenuto di ogni becher.

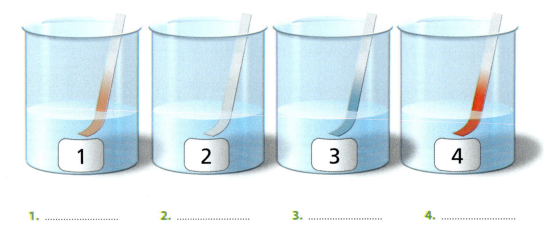

1. ....   2. ....   3. ....   4. ....

21. Le api, pungendoci, ci iniettano una sostanza chiamata acido formico. Per rendere sopportabile il prurito si bagna la zona della puntura con ammoniaca. Perché?

SCIENZE e Matematica

22. Se due sostanze, A e B, si combinano nel rapporto 3 : 2, quanti grammi di A e quanti di B occorrono perché possa avvenire una reazione completa? Segna la risposta esatta.

  a. 6 g di A e 12 g di B.

  b. 12 g di A e 8 g di B.

  c. 10 g di A e 6 g di B.

23. Secondo la legge di Proust, quanti grammi di carbonio e quanti di ossigeno devono combinarsi per ottenere 1320 g di anidride se il rapporto di combinazione è 12 : 32?

24. Nell'acido cloridrico, HCl, il rapporto dei pesi dell'idrogeno e del cloro è di 1 : 35. Combinando 7 g di idrogeno e 265 g di cloro, quale sarà il risultato della reazione?

25. Per ottenere del solfuro di ferro, FeS, ho a disposizione 70 g di ferro, Fe. Quanti grammi di zolfo, S, dovrò usare sapendo che il rapporto del ferro e dello zolfo nel composto FeS è 56 : 32?

26. Il rapporto con cui si combinano argento e cloro nel cloruro di argento, AgCl, è 108 : 35. Se sto usando 14 g di cloro, mi basteranno 38 di argento? Se no, quanti grammi di argento mancano?

110 Fisica e Chimica

Perché ne parliamo?

Fin dall'inizio dei nostri studi abbiamo parlato delle sostanze organiche come di quelle sostanze che provengono o formano la materia vivente, ovvero le piante, gli animali e noi stessi.

Non avrai difficoltà, quindi, a pensare che tutte le molecole delle sostanze che formano molti degli organismi che ti circondano **sono molecole organiche**.

Ma adesso, guardando un minerale quale l'ambra, alcune perle o degli oggetti di plastica, sei in grado e sicuro di saper dire se sono sostanze organiche o inorganiche?

Forse è arrivato il momento di sapere qualcosa in più sulle **sostanze organiche**: conoscerne le caratteristiche e le proprietà ci consentirà di distinguerle con sicurezza.

Unità 8
I COMPOSTI ORGANICI

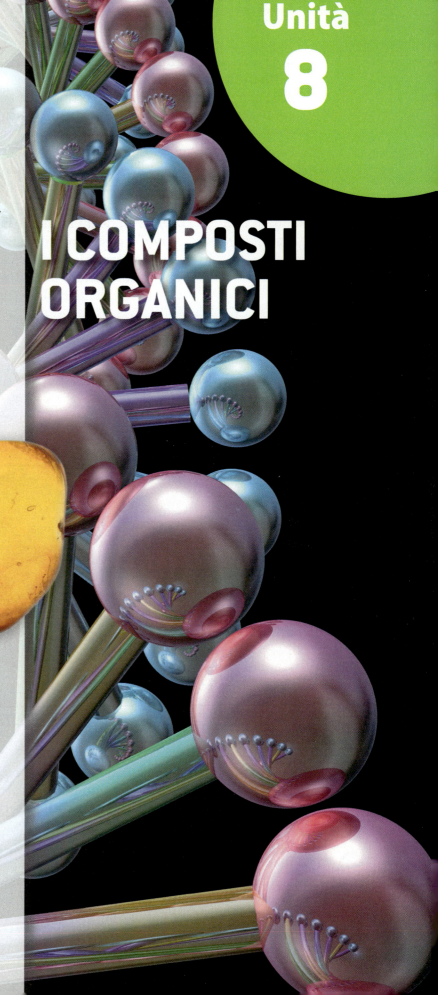

Contenuti
- La chimica organica
- Gli idrocarburi
- Carboidrati e lipidi
- Proteine e acidi nucleici

Prerequisiti
- Conoscere la struttura atomica della materia
- Conoscere la differenza fra elementi e composti

Obiettivi
- Riconoscere e distinguere le sostanze inorganiche e organiche
- Conoscere i principali composti organici
- Individuare caratteristiche e proprietà dei composti organici

→ I composti organici

La chimica organica

La parte di chimica che abbiamo studiato finora è detta esattamente **Chimica Inorganica** per distinguerla dalla **Chimica Organica**, la **scienza che studia le caratteristiche chimiche e fisiche delle molecole organiche**. L'aggettivo "organico" è legato al fatto che inizialmente questa branca della chimica studiava composti estratti da organismi viventi. Venne usato, infatti, per la prima volta nel 1807 dal chimico svedese **Jöns Jacob Berzelius** (1779-1848) che riteneva che i composti organici si potessero produrre solo da organismi viventi. Ciò fu ritenuto vero fino a quando il chimico tedesco **Friedrich Wohler** (1800-1882) riuscì a ottenere un composto organico, l'urea, partendo da sostanze inorganiche. S'iniziò allora un'analisi più accurata della materia vivente e si scoprì che essa è composta da sostanze che contengono sempre atomi di **carbonio** combinati con atomi di altri pochi elementi, soprattutto *idrogeno*, *ossigeno* e *azoto*. Nel 1861, il chimico tedesco **August Kekulé** (1829-1896) definì la chimica organica come lo "**studio dei composti del carbonio**" e pose le basi dell'attuale chimica organica. Oggetto di studio della **Chimica Organica**, detta anche "**Chimica del carbonio**", è proprio il carbonio, considerato il "protagonista" della materia. Che cosa rende il carbonio un elemento così speciale?

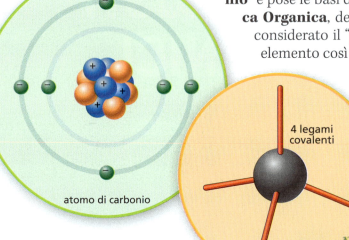

Il carbonio ha 6 protoni e 6 elettroni, esattamente 2 nel primo strato e 4 in quello esterno. Ha dunque valenza 4 e ciò gli permette di creare legami molto stabili sia con altri atomi di carbonio sia con altri elementi, quali l'idrogeno e l'ossigeno. Forma in tal modo un numero enorme di composti che, partecipando a numerosissime reazioni chimiche, sono in grado di formare un numero veramente elevato di sostanze.

Troviamo il carbonio, o i suoi composti, infatti:

negli alimenti;

in tutti gli organismi viventi, dai microrganismi alle piante, agli animali, all'uomo;

in tantissimi prodotti dell'industria: la carta, la gomma, i detersivi, le fibre, i farmaci, le materie plastiche, i cosmetici, i profumi, i fertilizzanti, le colle ecc.

I composti del carbonio o composti organici, come vedi, sono numerosissimi. Essi includono i numerosi **composti di origine naturale**, quelli, altrettanto numerosi, prodotti in laboratorio artificialmente, detti **composti sintetici**, e quelli che formano la struttura degli organismi viventi, detti **biomolecole**. La maggior parte dei composti naturali e sintetici proviene dagli **idrocarburi** estratti dal petrolio, una sostanza di origine organica.

Test rapido

- Che cosa studia la chimica organica?
- Perché è detta "chimica del carbonio"?
- Quali sono i principali composti del carbonio?

Gli idrocarburi

Gli **idrocarburi** sono i composti organici più semplici; essi contengono solo atomi di **carbonio** (**C**) e di **idrogeno** (**H**) e sono detti, per questo, *composti binari*.
Hanno una grande importanza economico-industriale perché sono usati dall'uomo come combustibili, carburanti per autotrazione e come materia prima per la preparazione di molte altre sostanze quali le materie plastiche.

Il più semplice idrocarburo è il **metano** (**CH$_4$**), un gas in cui il carbonio è legato con quattro atomi d'idrogeno mediante legami covalenti semplici.
È un buon combustibile e viene usato come gas da cucina.

Due atomi di carbonio possono però legarsi tra loro anche con un doppio legame covalente come negli alcheni, quale l'**etilene** (**C$_2$H$_4$**), o con un triplo legame come negli alchini, quale l'**acetilene** (**C$_2$H$_2$**).

La principale fonte di idrocarburi è il **petrolio**, una miscela di idrocarburi che vengono separati negli impianti di raffinazione e distillazione.

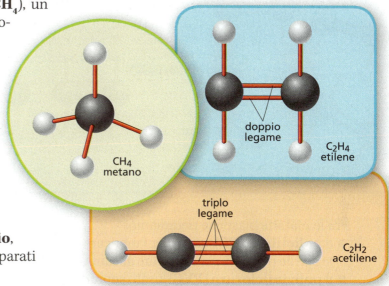

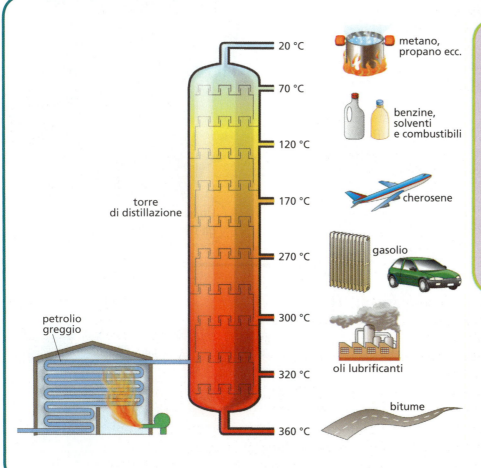

Il **petrolio greggio**, estratto dai giacimenti, viene inviato negli impianti di raffinazione.
Qui viene innanzi tutto riscaldato fino alla temperatura di ebollizione e inviato, sotto forma di gas, nelle torri di distillazione.
La distillazione del petrolio, che è una distillazione frazionata, avviene all'interno di queste torri, dove su diversi piatti andranno a condensarsi i vari idrocarburi che, secondo il rispettivo punto di ebollizione, si depositeranno dal più leggero al più pesante.

→ I composti organici

Le materie plastiche

Una parte del petrolio estratto serve come materia prima dalla quale ricavare i più diversi prodotti, fra cui le **materie plastiche**, dette anche **resine sintetiche**.

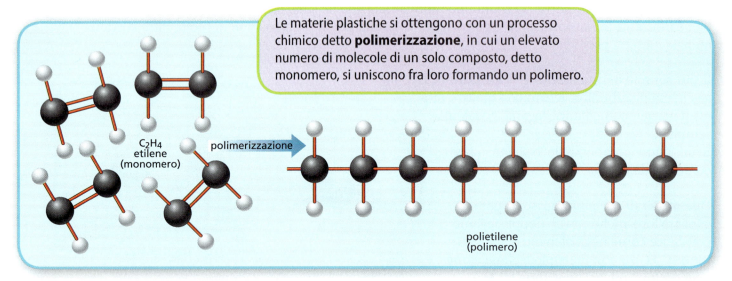

Le materie plastiche si ottengono con un processo chimico detto **polimerizzazione**, in cui un elevato numero di molecole di un solo composto, detto monomero, si uniscono fra loro formando un polimero.

C_2H_4 etilene (monomero)

polimerizzazione

polietilene (polimero)

Fra le materie plastiche ricordiamo:
- il **polietilene** (**PE**), usato per fabbricare contenitori e la sottile pellicola per avvolgere gli alimenti;
- il **polivinilcloruro** (**PVC**), usato soprattutto nelle tubazioni e negli infissi;
- il **polietilentereftalato** (**PET**), con cui si fabbricano in particolare le bottiglie di plastica;
- il **polipropilene** (**PP** o **moplen**), usato per produrre giocattoli, oggetti per la cucina ecc.;
- il **nylon** e il **poliestere**, usati soprattutto nell'industria tessile;
- il **teflon** usato, per la sua elevata resistenza alla corrosione e al calore ed essendo non infiammabile, per fabbricare contenitori, guarnizioni, isolanti e come rivestimento antiaderente nelle pentole;
- il **goretex**, con il quale si fabbricano indumenti e calzature impermeabili ma traspiranti;
- la vasta gamma di **gomme sintetiche**.

Un uso della gomma sintetica: gli stivali per la pioggia.

Un uso del polietilene: la pellicola per alimenti.

Un uso del polietilentereftalato: le bottiglie di plastica.

114 Fisica e Chimica

Alcoli e acidi carbossilici

Se in un idrocarburo un atomo d'idrogeno viene sostituito con particolari gruppi di atomi si ottengono differenti composti organici quali gli **alcoli** e gli **acidi carbossilici**.
Gli **alcoli** sono caratterizzati da molecole formate da **carbonio** (C), **idrogeno** (H) e **ossigeno** (O), nelle quali uno o più atomi d'idrogeno sono sostituiti dal gruppo **OH**, detto **ossidrile**, che rende gli alcoli generalmente solubili in acqua. Sono alcoli l'**etanolo**, il **metanolo** e il **glicerolo**.

L'**alcol etilico**, o **etanolo**, il più conosciuto, è l'alcol contenuto nel vino e in tutte le bevande alcoliche. L'etanolo presente nel vino si forma per azione di alcuni microrganismi, i **lieviti**, che trasformano il glucosio contenuto nell'uva in alcol etilico e anidride carbonica.

L'**alcol metilico**, o **metanolo**, è una sostanza molto tossica usata per produrre soluzioni disinfettanti a base di formaldeide (il comune lisoformio usato in casa per disinfettare) ed è presente in colle, vernici ed esplosivi.

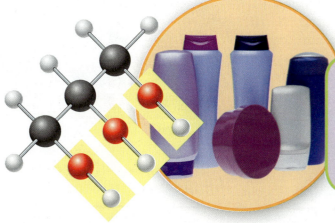

Il **glicerolo**, o **glicerina**, un alcol molto diffuso in natura, è un liquido viscoso, incolore, inodore e di sapore dolciastro. È usato principalmente per la preparazione di particolari resine, di miscele anticongelanti, nell'industria farmaceutica e in quella cosmetica, dove viene aggiunto come emolliente in alcuni saponi e nelle creme.

Se in un alcol dall'atomo di carbonio legato al gruppo ossidrile eliminiamo due atomi d'idrogeno, otteniamo un composto caratterizzato dalla presenza del gruppo **COOH**, detto **carbossile**.
Questi composti sono gli **acidi carbossilici**, quale l'acido acetico, componente dell'aceto, ottenuto dall'alcol etilico.

Test rapido

- Che cosa sono gli idrocarburi?
- Che cos'è la distillazione frazionata?
- Quali sono le principali materie plastiche?
- Che cosa s'intende per alcoli e acidi carbossilici?

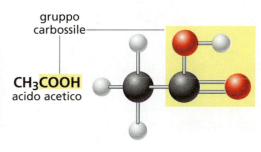

CH_3COOH acido acetico

unità 8 Carboidrati

Abbiamo detto che i composti organici che formano la struttura degli organismi viventi sono le **biomolecole**.

Le biomolecole sono suddivise in quattro classi: i **carboidrati**, i **lipidi**, le **proteine** e gli **acidi nucleici**.

I **carboidrati**, detti anche **zuccheri**, sono molecole composte da **carbonio** (**C**), **idrogeno** (**H**) e **ossigeno** (**O**) e sono detti, per questo, *composti ternari*.

Si suddividono in **monosaccaridi**, i più semplici, **disaccaridi**, formati da due monosaccaridi, e **polisaccaridi**, formati da un gran numero di monosaccaridi.

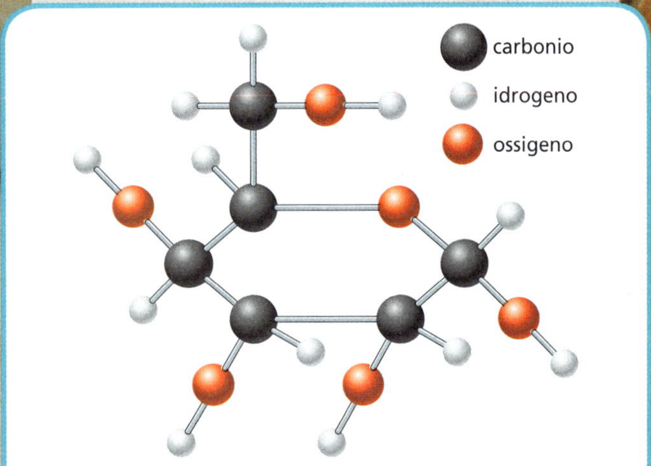

- carbonio
- idrogeno
- ossigeno

struttura del glucosio

Sono **monosaccaridi**:
- il **glucosio**, presente nella frutta, in alcuni vegetali, nel miele e nel sangue;
- il **fruttosio**, presente nella frutta;
- il **galattosio**, lo zucchero presente nel latte di tutti i mammiferi.

Sono **disaccaridi**:
- il **saccarosio**, il comune zucchero da tavola, formato da una molecola di glucosio e una di fruttosio; è presente nella canna da zucchero, nella barbabietola e in molti frutti;
- il **lattosio**, costituente del latte, formato da una molecola di glucosio e da una di galattosio;
- il **maltosio**, formato da due molecole di glucosio; è presente nei semi di orzo e nei semi germogliati.

Sono **polisaccaridi**:
- la **cellulosa**, il principale costituente delle pareti cellulari dei vegetali;
- l'**amido**, sostanza di riserva presente nei semi di cereali (grano, orzo, riso), nei legumi, nei tuberi e in alcuni frutti (frutta secca, castagne);
- il **glicogeno**, sostanza di riserva presente, sotto forma di deposito, nel fegato e nei muscoli dei mammiferi; viene liberato sotto forma di glucosio per soddisfare eventuali richieste energetiche;
- la **chitina**, il costituente principale dell'esoscheletro degli artropodi.

→ I composti organici

Lipidi

I **lipidi**, o **grassi**, sono composti ternari e comprendono i **trigliceridi** e i **fosfolipidi**, sostanze insolubili in acqua e solubili in solventi quali l'alcol, l'etere e l'acetone.

I **trigliceridi**, o **grassi propriamente detti**, sono i lipidi più abbondanti in natura; sono formati da una molecola di glicerolo e tre molecole di acidi grassi, costituite da lunghe catene di carbonio e idrogeno.

Possono presentarsi allo stato liquido, come i **grassi vegetali** o gli **oli**, oppure allo stato solido, come i **grassi animali** (burro, strutto, lardo).

Modello molecolare di trigliceride.

I **fosfolipidi** sono formati da una molecola di glicerolo, due sole molecole di acidi grassi e un gruppo fosforico o azotato.

FOCUS SU...

Sono importanti perché sono elementi essenziali della membrana delle cellule degli esseri viventi, dove interagiscono con l'acqua e con i grassi formando un doppio strato in grado di controllare il flusso delle sostanze in entrata e in uscita dalle cellule.

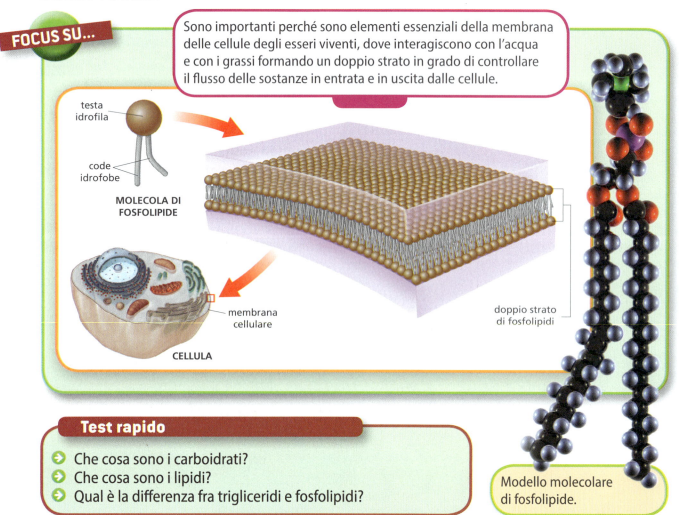

testa idrofila
code idrofobe
MOLECOLA DI FOSFOLIPIDE

membrana cellulare
CELLULA

doppio strato di fosfolipidi

Modello molecolare di fosfolipide.

Test rapido

- Che cosa sono i carboidrati?
- Che cosa sono i lipidi?
- Qual è la differenza fra trigliceridi e fosfolipidi?

Fisica e Chimica

Proteine e acidi nucleici

Le **proteine**, o **protidi**, sono molecole molto complesse formate da molecole più semplici, gli **amminoacidi**, composti costituiti da **carbonio**, **idrogeno**, **ossigeno**, **azoto** e, talvolta, anche **zolfo** e **fosforo**. Complessivamente gli amminoacidi presentano nella loro molecola un **gruppo amminico** (NH_2), un **gruppo carbossilico** (**COOH**) e un **gruppo laterale R**, formato da differenti raggruppamenti di atomi.

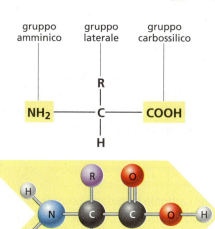

AMMINOACIDO

Come vedremo meglio studiando il corpo umano, le proteine sono i costituenti principali dei tessuti organici e sono formate dalla composizione (da alcune centinaia a diverse migliaia) dei 20 tipi di amminoacidi diversi che esistono.

Alimenti ricchi di proteine.

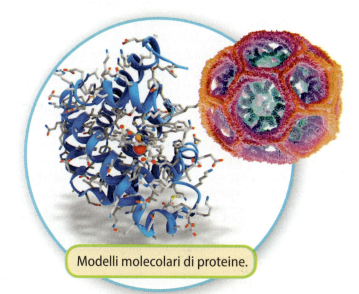

Modelli molecolari di proteine.

La varietà di composizioni diverse fa sì che esistano svariati tipi di proteine; nel nostro organismo, ad esempio, sono presenti circa 100 000 proteine diverse e ognuna svolge una specifica funzione.

Gli **acidi nucleici** sono composti presenti nel nucleo di tutte le cellule degli esseri viventi. Come approfondiremo in seguito, essi comprendono l'**acido desossiribonucleico** o **DNA** e l'**acido ribonucleico** o **RNA**, due composti particolarmente importanti perché rappresentano rispettivamente il materiale ereditario della cellula e il "meccanismo" per tradurre questo materiale ereditario in proteine.
Il DNA e l'RNA sono costituiti da unità più semplici, i **nucleotidi**, unite fra loro in lunghissime catene che nel DNA formano una particolare **struttura a doppia elica**.

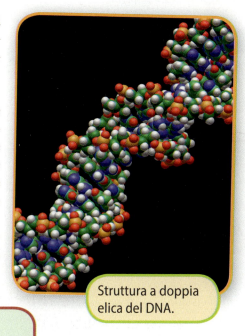

Struttura a doppia elica del DNA.

Test rapido

- Che cosa sono le proteine?
- Che cosa sono e cosa rappresentano gli acidi nucleici?

unità 8 → I composti organici

fissa i concetti chiave

Che cos'è la chimica organica?

- La **chimica organica** è la scienza che studia i composti del carbonio.

Quali sono i composti del carbonio?

- I composti del carbonio includono i composti di origine naturale, i composti sintetici, provenienti dagli **idrocarburi** estratti dal petrolio, e le **biomolecole**.

Che cosa sono gli idrocarburi?

- Gli **idrocarburi** sono i composti più semplici; essi contengono solo atomi di **carbonio** (**C**) e di **idrogeno** (**H**) e sono detti, per questo, *composti binari*. Sono usati dall'uomo come combustibili, carburanti per autotrazione e come materia prima per la preparazione di molte altre sostanze quali le materie plastiche.

Che cosa sono gli alcoli e gli acidi carbossilici?

- Gli **alcoli** sono caratterizzati da molecole formate da **carbonio** (**C**), **idrogeno** (**H**) e **ossigeno** (**O**), nelle quali uno o più atomi d'idrogeno sono sostituiti dal gruppo **OH**, detto **ossidrile**, che rende gli alcoli generalmente solubili in acqua.
- Gli **acidi carbossilici** si ottengono dagli alcoli eliminando dall'atomo di carbonio legato al gruppo ossidrile due atomi d'idrogeno e ottenendo così il gruppo **COOH**, detto **carbossile**.

Che cosa sono e quali sono le biomolecole?

- Le **biomolecole** sono i composti del carbonio che formano la struttura degli organismi viventi.
  Si suddividono in **carboidrati**, **lipidi**, **proteine** e **acidi nucleici**.
- I **carboidrati**, detti anche **zuccheri**, sono molecole composte da **carbonio** (**C**), **idrogeno** (**H**) e **ossigeno** (**O**) e sono detti, per questo, *composti ternari*.
  Si suddividono in:
  > **monosaccaridi**, il glucosio, il fruttosio e il galattosio;
  > **disaccaridi**, il saccarosio, il lattosio e il maltosio;
  > **polisaccaridi**, la cellulosa, l'amido, il glicogeno e la chitina.
- I **lipidi**, o **grassi**, sono composti ternari e comprendono i **trigliceridi** e i **fosfolipidi**, sostanze insolubili in acqua e solubili in solventi quali l'alcol, l'etere e l'acetone.
- Le **proteine**, o **protidi**, sono molecole molto complesse formate da molecole più semplici, gli amminoacidi, composti costituiti da carbonio, idrogeno, ossigeno, azoto e, talvolta, anche zolfo e fosforo.
- Gli acidi nucleici sono composti presenti nel nucleo di tutte le cellule degli esseri viventi.
  Essi comprendono l'**acido desossiribonucleico** o **DNA** e l'**acido ribonucleico** o **RNA**, che sono costituiti da unità più semplici, i **nucleotidi**.

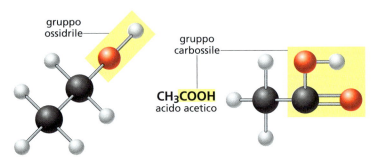

CH₃COOH
acido acetico

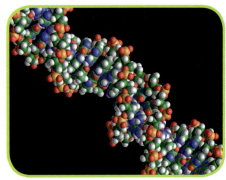

i miei appunti

unità 8 → I composti organici

ragiona e applica

... le conoscenze

1. Che cos'è la chimica organica?

2. Segna il completamento esatto. Gli idrocarburi contengono solo atomi di:
   a. carbonio e ossigeno.
   b. carbonio e idrogeno.
   c. carbonio, ossigeno e idrogeno.

3. Che cos'è la distillazione frazionata?

4. Che cosa sono gli alcoli?

5. Segna il completamento esatto. Gli acidi carbossilici sono caratterizzati dalla presenza:
   a. del gruppo ossidrile.
   b. del gruppo carbossile.
   c. del gruppo etilico.

6. In quanti e quali classi si suddividono le biomolecole?

7. Segna l'affermazione esatta.
   a. I carboidrati sono composti le cui molecole contengono carbonio e ossigeno.
   b. I carboidrati sono composti le cui molecole contengono carbonio, idrogeno e ossigeno.
   c. I carboidrati sono composti le cui molecole contengono carbonio, idrogeno, ossigeno e azoto.

8. In quanti e quali tipi si suddividono gli zuccheri?

9. Completa inserendo al posto dei puntini uno dei seguenti termini: monosaccaride, disaccaride, polisaccaride.
   a. Il fruttosio è un ....
   b. La chitina è un ....
   c. Il glicogeno è un ....
   d. Il lattosio è un ....
   e. L'amido è un ....
   f. Il glucosio è un ....
   g. Il saccarosio è un ....

10. Segna il completamento esatto. I trigliceridi sono:
    a. zuccheri.
    b. proteine.
    c. lipidi.
    d. amminoacidi.

121

→ I composti organici

▼ ragiona e applica

11. Segna il completamento esatto. La cellulosa è:
   a. un amido.
   b. un polisaccaride.
   c. un disaccaride.
   d. una proteina.

12. Completa.
   Le proteine sono molecole molto complesse formate da ....,
   composti formati da .... e, talvolta, anche
   da ....

13. Che cosa sono gli acidi nucleici?

... le abilità

14. Osservando una molecola al microscopio individui in essa atomi di carbonio, idrogeno e ossigeno. A quali di queste sostanze può appartenere? Segnale.
   a. Gasolio
   b. Glucosio
   c. Proteina
   d. Nicotina
   e. Margarina
   f. Paraffina
   g. Metano
   h. Lattosio

15. Osservando una molecola al microscopio individui in essa degli ossidrili. A quali di queste sostanze può appartenere? Segnale.
   a. Gasolio
   b. Etanolo
   c. Proteina
   d. Acido nucleico
   e. Metanolo
   f. Acido acetico
   g. Glicerolo
   h. Glucosio

16. A quale classe di composti del carbonio appartiene ciascuna sostanza rappresentata dalle seguenti formule?

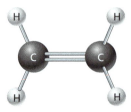

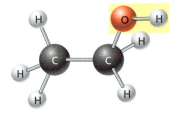

a. ....

b. ....

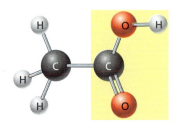

c. ....

122 Fisica e Chimica

Unità

9

DALLE STELLE ALL'UNIVERSO

Perché ne parliamo?

Quante volte di sera, magari in campagna o in riva al mare, hai guardato il cielo stellato?
Sarai rimasto incantato a osservare quegli infiniti puntini luminosi, le **stelle**.
Quanti ne vedi?
E perché alcuni di questi puntini sono più luminosi degli altri o sembrano più vicini degli altri?
E che cos'è una stella?
Forse qualcuno ti ha già detto che le stelle, la Terra e tanti altri corpi celesti formano l'**Universo**.
Ma che cos'è quest'Universo?
Quanto è grande?
Come si è formato?
Dicono che sia nato circa 17 miliardi di anni fa; ma se è nato, potrebbe anche morire? E noi, insieme alla Terra su cui viviamo, dove ci troviamo in questo immenso Universo?

È arrivato il momento di dare una risposta a tutte queste domande e quanto stai per leggere potrà esserti utile.
Andiamo allora alla scoperta dell'Universo.

Contenuti

- Stelle e galassie
- L'Universo: origine e futuro
- La Via Lattea

Prerequisiti

- Conoscere la struttura della materia
- Conoscere i concetti di massa e di energia

Obiettivi

- Conoscere e distinguere i vari tipi di galassie che formano l'Universo
- Comprendere che cos'è una stella, distinguerne i vari tipi e comprenderne l'origine e la fine
- Sapere che cos'è l'Universo, la sua origine e le ipotesi sul suo futuro
- Conoscere la nostra Galassia e le sue principali caratteristiche

unità 9 Stelle e galassie

Nello sconfinato spazio che si estende intorno a noi, dove è collocata la Terra? Il pianeta su cui viviamo, come sai, è immerso nell'**Universo**; ma che cos'è l'Universo? Per rispondere a questa domanda proviamo a "guardare" lo spazio che ci circonda.

In una limpida e buia notte, lontano dalle luci della città, guardiamo la volta celeste: un'infinità di **stelle** colpirà i nostri occhi. Quante? A occhio nudo ne vedremo circa 3000-4000, un numero assai piccolo rispetto alle centinaia di miliardi di stelle che costellano la volta celeste.

Tutte queste stelle non sono disposte a caso ma sono riunite in gruppi detti **galassie**.

> Le **galassie** sono giganteschi agglomerati di stelle che costituiscono un sistema a sé stante che viene detto anche universo-isola.

Le galassie presentano struttura e composizione molto diverse fra loro; in base alla forma, si dividono in quattro gruppi.

Galassia ellittica: di forma ovoidale più o meno appiattita.

Galassia a spirale: da un nucleo centrale si dipartono più bracci.

Galassia irregolare: senza alcuna forma ben definita.

Galassia a spirale barrata: il nucleo è tagliato diametralmente da una banda luminosa.

Il numero di galassie osservabili con i più potenti radiotelescopi è di alcuni miliardi; esse sono sparse entro un raggio di circa 9 miliardi di anni luce (un **anno luce** rappresenta la **distanza che la luce percorre in un anno**, uguale a circa 9460 miliardi di chilometri).

Le galassie più vicine a noi sono la **Grande** e la **Piccola Nube di Magellano**, distanti rispettivamente 60 000 e 150 000 anni luce; entrambe orbitano attorno alla nostra Galassia. Lontanissima, oltre 2 milioni di anni luce, ma visibile a occhio nudo è la **galassia di Andromeda** che contiene più di 300 miliardi di stelle.

Le stelle

Ma che cosa sono questi miliardi di stelle che formano una galassia?

Una stella è un corpo celeste che brilla di luce propria, formato da un agglomerato di materia allo stato gassoso (75% di idrogeno, 20% di elio e tracce di altri elementi quali l'ossigeno e il carbonio) in grado di produrre una grandissima quantità di energia.

L'energia prodotta da una stella è dovuta alle reazioni di fusione nucleare che avvengono al suo interno, dove la temperatura è elevatissima (miliardi di gradi). La luce che noi vediamo è solo una piccolissima parte di tutta l'energia di una stella. La **luminosità** di una stella è la **quantità di luce emessa nell'unità di tempo**. Quella che noi percepiamo è detta **luminosità apparente** o **relativa** e dipende dalle dimensioni, dalla temperatura e dalla distanza della stella. Per confrontare la luminosità delle stelle si fa riferimento alla **luminosità assoluta** che è la luminosità che si percepirebbe se le stelle fossero tutte a una stessa distanza che, per convenzione, è di 32,6 anni luce. In base alla **temperatura** e alle **dimensioni** abbiamo due classificazioni delle stelle.

La stella supergigante Antares.

Dimensioni	Grandezza rispetto al Sole	Esempio
Supergiganti	almeno 300 volte più grandi	Antares
Giganti	almeno 100 volte più grandi	Aldebaran
Medie	all'incirca come il Sole	Sole
Nane	almeno 100 volte più piccole	Sirio

Colore	Temperatura	Esempio
Rosse	da 3000 a 4000 °C	Antares
Arancioni	da 4000 a 5000 °C	Aldebaran
Gialle	da 5000 a 6000 °C	Sole
Bianche	da 6000 a 11 000 °C	Sirio
Azzurre	da 11 000 a 50 000 °C	Iota

unità 9 → Dalle stelle all'Universo

Una stella nasce e... muore

Nello spazio cosmico sono presenti vaste zone, dette **nubi interstellari** o **nebulose**, dove si ha una concentrazione elevata di polvere e atomi di gas (prevalentemente idrogeno). Si presentano come masse scure dalle forme curiose o coloratissime a causa della luce proveniente dalle stelle vicine. In queste nebulose, a un certo punto le varie particelle iniziano a "**collassare**", cioè ad addensarsi a causa della reciproca attrazione gravitazionale. Si concentrano così in una zona dove la forza di attrazione aumenta sempre più causando su di essa una continua "caduta" di particelle della nebulosa: si ha il cosiddetto **collasso gravitazionale**. Urti e forza gravitazionale generano sempre maggiori quantità di energia e calore dando origine così a un globo, detto **protostella**, in cui si raccoglie quasi tutta la massa della nebulosa. In questa protostella la massa si concentra sempre più e diventa sempre più calda finché l'interno, il nucleo della protostella, raggiunge temperature elevatissime (fino a 10 milioni di gradi), tali da innescare la reazione di **fusione nucleare**: i nuclei degli atomi di idrogeno si fondono fra loro, dando origine ad atomi di elio e a una enorme quantità di energia. È "nata" una **stella**. In un arco di tempo che può essere anche di milioni di anni, dalla nebulosa nasce così una stella le cui dimensioni e la cui stabilità sono il risultato dell'equilibrio tra la tendenza a contrarsi (per effetto dell'attrazione gravitazionale) e quella a espandersi (per effetto delle reazioni nucleari).

Una nebulosa farfalla.

Alimentata dalle reazioni nucleari che avvengono al suo interno, una stella passa circa il 90% della sua vita nelle condizioni che ha al momento della sua nascita. Quando tutto l'idrogeno del nucleo si è trasformato in elio, le reazioni nucleari però cessano e, a questo punto, la stella perde la sua stabilità, perché la forza gravitazionale prevale facendola contrarre. Il forte riscaldamento che ne deriva svilupperà temperature tali da innescare altre reazioni nucleari che provocheranno la dilatazione della stella e quindi la **morte** della stella stessa che avverrà con entità e fasi diverse secondo la sua massa iniziale.

Una protostella.

126 Astronomia e Scienze della Terra

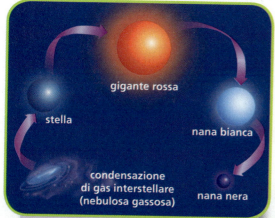

- Una stella con **massa superiore a quella del Sole** si espande, si raffredda e si trasforma in una **supergigante rossa** che muore in modo spettacolare. Essa si contrae e ciò causa un aumento di temperatura che innesca altre reazioni nucleari con formazione di atomi pesanti (sodio, magnesio, silicio, zolfo, ferro). La stella quindi esplode con violenza e si trasforma in una stella di forte luminosità, una **nova** o **supernova**. Nell'arco di qualche mese però l'esplosione si esaurisce e la parte più interna della stella inizia a contrarsi innescando nel nucleo altre reazioni nucleari. Alla fine restano solo dei neutroni che, opponendosi alla contrazione, danno alla stella una nuova stabilità sotto forma di **stella di neutroni**, piccola e densissima.

- Una stella con **massa simile o inferiore a quella del Sole** si espande, si raffredda e si trasforma in una **gigante rossa**. Durante l'espansione gli strati più esterni si disperdono nello spazio: alla fine rimane solo il nucleo e la stella si trasforma in una **nana bianca**. Lentamente essa consuma tutto il suo combustibile e, cessata ogni reazione, diventa un punto nero nello spazio: una **nana nera**.

Una supernova.

Una stella di neutroni non è mai stata osservata direttamente; ciò che si vede è una luce pulsante generata dai neutroni in rotazione; per questo motivo essa è detta anche "**pulsar**".

- Se la stella ha una **massa particolarmente grande**, la sua fine è ancora diversa. La contrazione che l'ha portata a diventare una stella di neutroni non si arresta e alla fine la stella si riduce a un corpo talmente piccolo... da non avere più volume, ma con una densità talmente alta da attirare qualsiasi corpo vicino, che rimane intrappolato e non può più sfuggire. Per questo motivo si parla di **buco nero**, destinato a inghiottire qualsiasi forma di materia in un "pozzo senza fondo"; la materia è talmente condensata e la forza di gravità è così forte che neanche la luce può sfuggire e ciò rende i buchi neri invisibili.

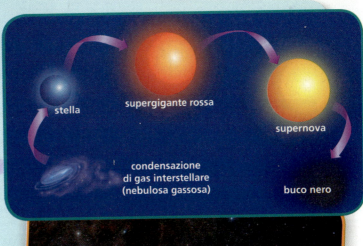

Test rapido

- Che cosa sono le galassie?
- Quanti tipi di galassie ci sono?
- Che cos'è una stella?
- Come nasce e come muore una stella?

Un buco nero.

unità 9 → Dalle stelle all'Universo

L'Universo: origine e futuro

Questi giganteschi agglomerati di stelle, le galassie, sono riuniti a formare degli **ammassi** di galassie. L'ammasso delle Vergini, che si trova a circa 65 milioni di anni luce da noi, comprende quasi 3000 galassie; l'ammasso del Gruppo Locale (gruppo di galassie di cui fa parte anche la nostra galassia) comprende più di 30 galassie.
L'insieme di tutti questi ammassi di galassie, separati da un immenso spazio cosmico, **forma l'Universo**.
Ma come si è formato questo immenso Universo?

Le conoscenze acquisite di quanto avviene nello spazio cosmico hanno permesso agli scienziati di ipotizzare qualche risposta sull'origine dell'Universo.
Tra le varie teorie avanzate, la più accreditata è quella del **Big Bang**, il grande scoppio da cui ha avuto origine l'Universo, che si basa su un presupposto fondamentale: l'**Universo è in continua espansione**.

Analizzando lo spettro della luce che proviene dalle varie galassie, si è scoperto che **tutte le galassie si allontanano l'una dall'altra** con una **velocità tanto maggiore quanto più sono lontane tra loro**. Si parla, infatti, di **teoria dell'Universo in espansione**.

L'ammasso delle galassie Abell, 1689.

OSSERVA

Su un palloncino ancora sgonfio, che rappresenta il nostro Universo, abbiamo disegnato dei puntini, cioè le varie galassie.

Gonfiando il palloncino tutti i puntini si allontanano l'uno dall'altro e tale allontanamento è maggiore per i puntini tra loro più distanti.

128 Astronomia e Scienze della Terra

Tutte le galassie si allontanano quindi tra loro e l'Universo si espande. Se immaginassimo allora di andare indietro nel tempo per miliardi di anni, troveremmo tutte queste galassie sempre più vicine e l'Universo sempre più concentrato in una sfera relativamente piccola e quindi di densità e calore enormi: un "**atomo primordiale**".

L'Universo era un "atomo primordiale".

Circa 17 miliardi di anni fa questo atomo primordiale subì una gigantesca esplosione, il cosiddetto **Big Bang**.
Questa esplosione scaraventò nello spazio materia ed energia sotto forma di particelle elementari, che dopo pochi secondi si erano già differenziate in protoni, neutroni ed elettroni, a una temperatura di almeno 100 miliardi di gradi (già molto più bassa di quella iniziale!).
E mentre l'espansione progrediva, sotto l'azione della gigantesca esplosione, il volume dell'Universo cresceva e la temperatura si abbassava.

  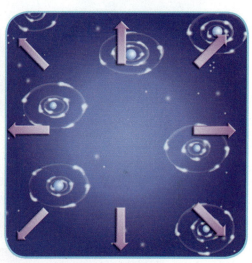

Quando la temperatura scese al di sotto di un certo valore, iniziarono a formarsi le **prime stelle**, fu poi la volta delle **prime galassie** e circa 17 miliardi di anni fa, con l'evoluzione delle galassie, **nasceva l'Universo**, che cominciò a prendere la configurazione che ha oggi, espandendosi sempre più e continuando a espandersi tutt'ora.

Scienziati si diventa

129

unità 9 → Dalle stelle all'Universo

E quale sarà il futuro dell'Universo?
Le teorie più attendibili che gli scienziati hanno formulato sul futuro dell'Universo sono tre: **la teoria dell'Universo aperto, la teoria dell'Universo stazionario** e **la teoria dell'Universo chiuso o oscillante**.

Teoria dell'Universo aperto
La materia presente nell'Universo non riuscirà a provocare una forza di attrazione tale da fermare l'espansione; l'Universo continuerà quindi a espandersi illimitatamente, "bruciando" tutto il suo combustibile nucleare. Alla fine sarà infinitamente grande, ma buio e freddo.

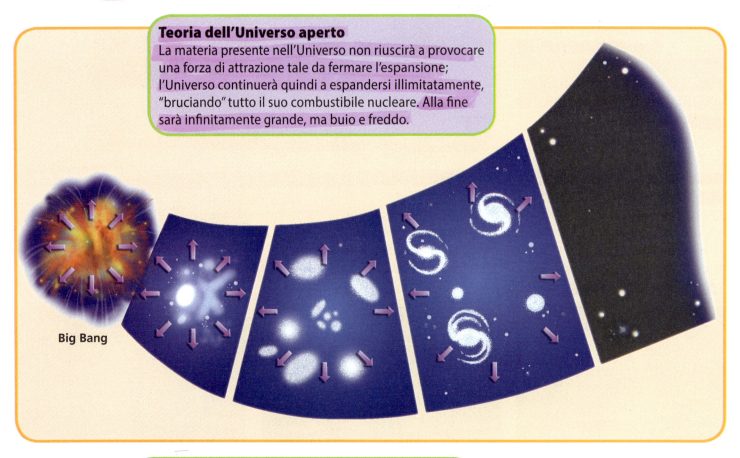

Big Bang

Teoria dell'Universo stazionario
L'Universo continuerà a espandersi illimitatamente rimanendo più o meno simile a ora.
La formazione di nuovo materiale cosmico rimpiazzerà quello che si va consumando, senza alterare l'equilibrio complessivo.

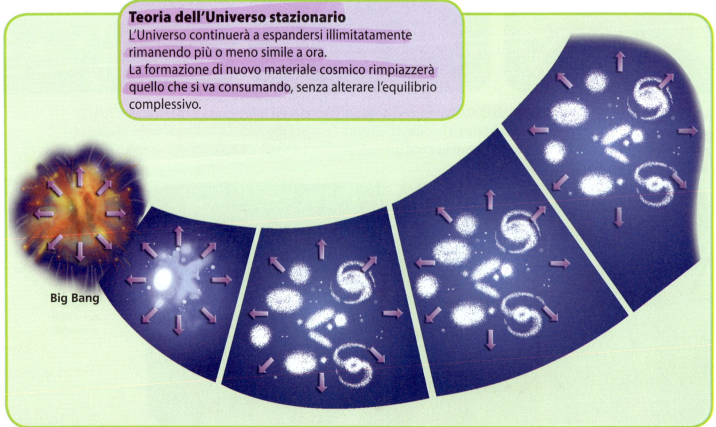

Big Bang

130 Astronomia e Scienze della Terra

Teoria dell'Universo chiuso o oscillante
Esauritasi l'energia del Big Bang, le galassie, attratte dalla loro forza di gravità, si riavvicineranno a velocità sempre maggiore fino a concentrare di nuovo l'Universo in quell'atomo primordiale da cui ha avuto inizio (**Big Crunch**). Da qui un successivo Big Bang potrebbe far ricominciare tutto... dando origine a un nuovo Universo che ciclicamente subirà le stesse fasi.

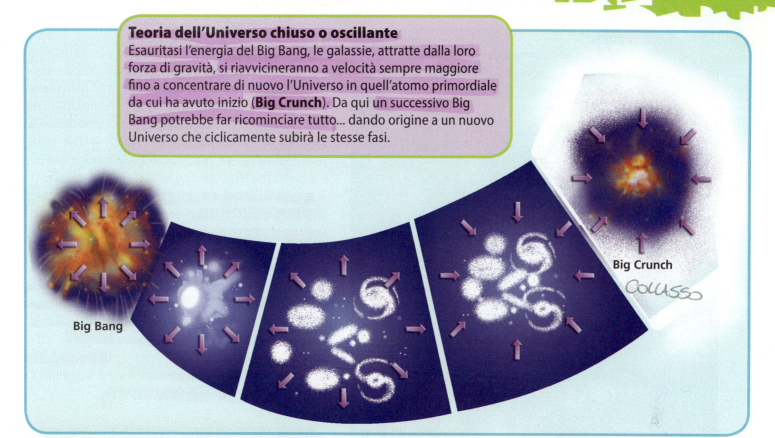

Big Bang

Big Crunch

Scienziati si diventa

Test rapido

- Che cos'è l'Universo?
- Che cosa afferma la teoria dell'Universo in espansione?
- Come si è formato l'Universo?
- Quale potrebbe essere la sua fine?

131

unità 9 — Dalle stelle all'Universo

La Via Lattea

In quest'Universo, precisamente nell'**ammasso del Gruppo Locale**, un gruppo con più di 30 galassie, ne troviamo una particolare, la **nostra Galassia**, o **Via Lattea**, una galassia a spirale costituita da un denso nucleo centrale a noi invisibile e da una parte periferica, i bracci della spirale. Tutta la Galassia ruota intorno al proprio centro con una velocità che cresce verso l'interno come un immenso vortice. In periferia, quasi all'estremità di uno dei suoi bracci, a una distanza di 27 000 anni luce dal centro, troviamo il **Sole** che, come tutte le altre stelle della Galassia, ruota intorno al centro alla velocità di 250 km/s e compie un giro completo in circa 220 milioni di anni. Il Sole nasceva circa 5 miliardi di anni fa all'estrema periferia della Via Lattea, dando origine al **Sistema Solare** con i suoi vari componenti, fra i quali il nostro pianeta, la **Terra**.

La Via Lattea.

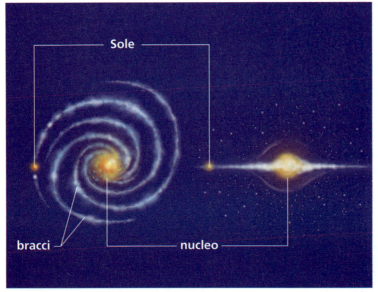

Il diametro della nostra Galassia è di circa 100 000 anni luce e il suo spessore, misurato a livello del nucleo, è di circa 20 000 anni luce.
La sua massa, circa 200 miliardi di volte quella del Sole, è concentrata quasi tutta nel nucleo e addensata a formare i 100 miliardi circa di stelle da cui è composta.
Vista di profilo è simile a un disco appiattito con un rigonfiamento in corrispondenza del nucleo.

132 Astronomia e Scienze della Terra

Osservando il cielo in una notte serena ne possiamo vedere il piano centrale: quella sottile striscia di luce diffusa che solca il cielo da un lato all'altro è proprio la parte a noi visibile della Via Lattea. Le numerosissime stelle che la formano (un centinaio di miliardi) sono così addensate che i nostri occhi non sono capaci di distinguerle l'una dall'altra.

La Via Lattea visibile al crepuscolo in Texas.

Oltre alla via lattea nel cielo possiamo vedere le costellazioni

FOCUS SU...

Le osservazioni condotte dal telescopio spaziale Spitzer nel 2005 ci dicono che la Via Lattea è, in effetti, una **galassia a spirale barrata**. Quest'ipotesi ha interessato gli astronomi fin dagli anni Ottanta, ma solo nel 2005 è stata confermata e approfondita. Si è scoperto, infatti, che la barra centrale della nostra Galassia è più larga di quanto si sospettasse ed è costituita da stelle rosse circondate da gas e polveri che formano una struttura ad anello. Si è anche scoperto che il centro galattico nasconde al suo interno un oggetto di massa molto elevata che si ritiene possa essere la causa della forte emissione radio di una sorgente, nota come **Sagittarius A**, che molti indizi inducono a pensare si tratti di un buco nero.

La Via Lattea vista dall'Osservatorio Astronomico Paranal in Cile.

Test rapido

- Che cos'è la Galassia?
- Quali sono le sue principali caratteristiche?

133

Dalle stelle all'Universo

Che cosa sono le galassie?

- Le **galassie** sono giganteschi agglomerati di stelle che costituiscono un sistema a sé stante che viene detto anche universo-isola.

Come possono essere le galassie?

- Le galassie possono essere:
  > **ellittiche**, di forma ovoidale più o meno appiattita;
  > **a spirale**, da un nucleo centrale si dipartono più bracci;
  > **a spirale barrata**, il nucleo è tagliato diametralmente da una banda luminosa;
  > **irregolari**, senza alcuna forma ben definita.

Che cos'è una stella?

- Una **stella** è un corpo celeste che brilla di luce propria formato da un agglomerato di materia allo stato gassoso (75% di idrogeno, 20% di elio e tracce di altri elementi quali l'ossigeno e il carbonio) in grado di produrre una grandissima quantità di energia.

Che cos'è la luminosità di una stella?

- La **luminosità** di una stella è la **quantità di luce emessa nell'unità di tempo**. Quella che noi percepiamo è detta **luminosità apparente** o **relativa** e dipende dalle dimensioni, dalla temperatura e dalla distanza della stella. Per confrontare la luminosità delle stelle si fa riferimento alla **luminosità assoluta**, che è la luminosità che si percepirebbe se le stelle fossero tutte a una stessa distanza che, per convenzione, è di 32,6 anni luce.

Come nasce una stella?

- Nello spazio cosmico sono presenti vaste zone, dette **nebulose**, dove si ha una concentrazione elevata di polvere e atomi di gas (prevalentemente idrogeno). In queste nebulose le varie particelle iniziano a "collassare", concentrandosi in una zona dove la forza di attrazione aumenta sempre più causando su di essa un **collasso gravitazionale** che dà origine a un globo, detto **protostella**, in cui si raccoglie quasi tutta la massa della nebulosa. In questa protostella la massa si concentra sempre più, diventando sempre più calda, finché il nucleo raggiunge una temperatura elevatissima, tale da innescare la reazione di **fusione nucleare** che determina la **nascita della stella**.

Come muore una stella?

- Una stella con **massa simile o inferiore a quella del Sole** si espande, si raffredda e si trasforma prima in una **gigante rossa**, poi in una **nana bianca**, che lentamente consuma tutto il suo combustibile e, cessata ogni reazione, diventa un punto nero nello spazio: una **nana nera**.

- Una stella con **massa superiore a quella del Sole** si espande, si raffredda e si trasforma in una **supergigante rossa** che muore in modo spettacolare: esplode con violenza e si trasforma in una stella di forte luminosità, una **nova** o **supernova**. Nell'arco di qualche mese però l'esplosione si esaurisce e nel nucleo s'innescano altre reazioni nucleari che trasformano la stella in una **stella di neutroni**, piccola e densissima.

- Se la stella ha una **massa particolarmente grande**, la contrazione che la porta a diventare una stella di neutroni non si arresta e alla fine la stella si riduce a un corpo talmente piccolo... da non avere più volume, ma con una densità talmente forte da attirare qualsiasi corpo vicino, che rimane intrappolato e non può più sfuggire: diventa un **buco nero**.

Che cos'è l'Universo?

- L'**Universo** è l'insieme di tutti gli ammassi di galassie, separati da un immenso spazio cosmico.

Che cosa afferma la teoria dell'Universo in espansione?

- La **teoria dell'Universo in espansione** afferma che tutte le galassie si allontanano l'una dall'altra con una velocità tanto maggiore quanto più sono lontane tra loro.

Come si è formato l'Universo?

- La teoria più accreditata è quella del **Big Bang**. Circa 17 miliardi di anni fa l'Universo era un atomo primordiale che subì una gigantesca esplosione, il cosiddetto **Big Bang**. Questa esplosione scaraventò nello spazio materia ed energia sotto forma di particelle elementari, che dopo pochi secondi si erano già differenziate in protoni, neutroni ed elettroni, a una temperatura di almeno 100 miliardi di gradi. Quando la temperatura scese al di sotto di un certo valore, iniziarono a formarsi le **prime stelle**, fu poi la volta delle **prime galassie** e circa 17 miliardi di anni fa con l'evoluzione delle galassie... nasceva l'Universo, che cominciò a prendere la configurazione che ha oggi, espandendosi sempre più e continuando a espandersi tutt'ora.

Qual è il futuro dell'Universo?

- Le teorie più attendibili che gli scienziati hanno formulato sul futuro dell'Universo sono tre: **la teoria dell'Universo aperto, la teoria dell'Universo stazionario** e **la teoria dell'Universo chiuso o oscillante**.

Che cos'è la Via Lattea?

- Nell'Universo, precisamente nell'**ammasso del Gruppo Locale**, un gruppo con più di 30 galassie, ne troviamo una particolare, la nostra **Galassia**, o **Via Lattea**, una galassia a spirale costituita da un denso nucleo centrale a noi invisibile e da una parte periferica, i bracci della spirale.

unità 9 → Dalle stelle all'Universo
ragiona e applica

... le conoscenze

1. Che cos'è una galassia?
2. Quanti e quali tipi di galassie ci sono?
3. Che cos'è una stella?
4. Che cosa si intende per luminosità apparente e luminosità assoluta di una stella?
5. Completa. Secondo la temperatura, una stella può essere:
   a. .... se la sua temperatura è ....
   b. .... se la sua temperatura è ....
   c. .... se la sua temperatura è ....
   d. .... se la sua temperatura è ....
   e. .... se la sua temperatura è ....
6. Completa. Secondo la grandezza, una stella può essere:
   a. .... se è ....
   b. .... se è ....
   c. .... se è ....
   d. .... se è ....
7. Descrivi il processo di formazione di una stella.
8. In che modo una stella va verso la sua morte?
9. Esponi la teoria dell'Universo in espansione.
10. Che cos'è il Big Bang?
11. Descrivi le tre ipotesi più attendibili circa il futuro dell'Universo.
12. Quali sono le principali caratteristiche della nostra Galassia?

... le abilità

13. Riconosci i tipi di galassia raffigurati nelle seguenti immagini.

a. .... b. .... c. ....

14. Segna il completamento esatto. La grande quantità di energia prodotta da una stella è dovuta:
    a. alle reazioni di fissione nucleare che avvengono al suo interno.
    b. alle reazioni di natura elettrica che avvengono al suo interno.
    c. alle reazioni di fusione nucleare che avvengono al suo interno.

→ Dalle stelle all'Universo

ragiona e applica

15. Indica che tipo di stella (rossa, arancione, gialla, bianca o azzurra) è una stella avente una temperatura di:

a. 5750 °C ....
c. 10500 °C ....

b. 3000 °C ....
d. 42000 °C ....

16. La stella Aldebaran è una gigante arancione. Ipotizza le sue caratteristiche per quanto riguarda la sua grandezza rispetto al Sole e la sua temperatura.

17. La stella Betelgeuse è circa 1000 volte più grande del Sole e ha una temperatura di 3226,85 °C. Che tipo di stella è?

18. Che cosa rappresenta la figura a fianco? Completala inserendo i termini richiesti.

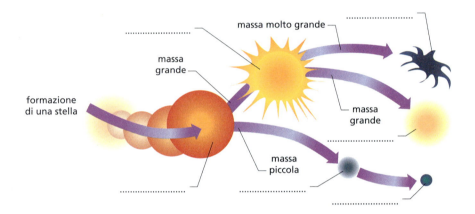

19. Segna il completamento esatto. Le galassie si allontanano tra loro:

a. tanto meno velocemente quanto più sono vicine;
b. tanto più velocemente quanto più sono vicine;
c. alla stessa velocità.

20. Per quale motivo è ipotizzabile che migliaia di milioni di anni fa l'Universo fosse concentrato in una sfera relativamente piccola e quindi di densità e calore enormi?

21. Quali teorie sulla fine dell'Universo rappresentano le seguenti figure? Individuale e descrivile nell'apposito spazio.

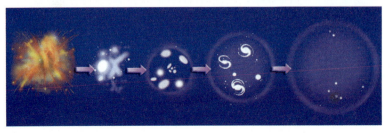

a. ....
....
....
....

b. ....
....
....
....

136 Astronomia e Scienze della Terra

Perché ne parliamo?

Abbiamo "scoperto" l'Universo e stiamo per approdare nel **Sistema Solare**, il sistema planetario che ci ospita. Sai come si è formato?

Tutto merito di una stella gialla di media grandezza, il nostro **Sole**, che circa 5 miliardi di anni fa si è accesa nella nostra Galassia.

Sarà interessante scoprire come tutto ciò è avvenuto!

E sarà interessante anche scoprire i corpi celesti che costituiscono, assieme alla Terra, il Sistema Solare: tutti gli altri pianeti, gli asteroidi, le comete, i meteoriti e le meteore. Sai che cosa sono?

Hai mai visto una cometa? Uno spettacolo affascinante di cui sicuramente ti sarai chiesto la provenienza.
E le meteore? Le avrai sicuramente osservate: sono le stelle cadenti, e adesso potrai capire che cosa sono esattamente.

Unità 10

IL SISTEMA SOLARE

Contenuti
- Il Sole e l'origine del Sistema Solare
- Il Sistema Solare: i pianeti
- Gli altri corpi del Sistema Solare

Prerequisiti
- Conoscere le caratteristiche di una stella
- Conoscere il moto e le sue leggi

Obiettivi
- Conoscere le caratteristiche del Sole
- Conoscere il Sistema Solare e capire l'ipotesi della sua formazione
- Conoscere le caratteristiche dei componenti del Sistema Solare
- Conoscere le leggi di Keplero e capirne le implicazioni

unità 10
Il Sole e l'origine del Sistema Solare

Distante dalla Terra appena 150 milioni di chilometri, il Sole ci appare come un'enorme palla di "fuoco" proprio per questa sua vicinanza; in effetti, è solo una **stella gialla di media grandezza**.
Come ogni stella, il Sole è composto per circa il 75% di idrogeno e per il 20% di elio; contiene inoltre tracce di altri elementi quali l'ossigeno, il carbonio e l'azoto.
La massa del Sole è quasi 323 000 volte più grande di quella della Terra e la forza di gravità che agisce sulla sua superficie è 28 volte quella terrestre.
Il Sole ruota su se stesso attorno al proprio asse, **rotazione siderale**, in un periodo medio di 25 giorni; tale rotazione avviene infatti in tempi diversi a seconda della latitudine: in circa 25 giorni all'equatore e in circa 35 giorni ai poli.

Procedendo dall'interno verso l'esterno, il Sole è formato dal **nucleo**, dalla **zona radiattiva** e dalla **zona convettiva**. Nella parte più esterna troviamo l'**atmosfera solare** che comprende la **fotosfera**, la **cromosfera** e la **corona solare**.

La superficie visibile a occhio nudo è la **fotosfera**, uno strato di circa 500 km di spessore con una temperatura di circa 6000 °C. Essa presenta un aspetto granulare a causa delle colonne di gas incandescente che fuoriescono dall'interno del Sole.
Sempre nella fotosfera sono visibili le **macchie solari**, immensi vortici di gas a una temperatura più bassa (circa 4000 °C) rispetto a quella delle zone circostanti.

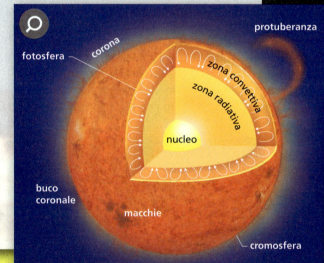

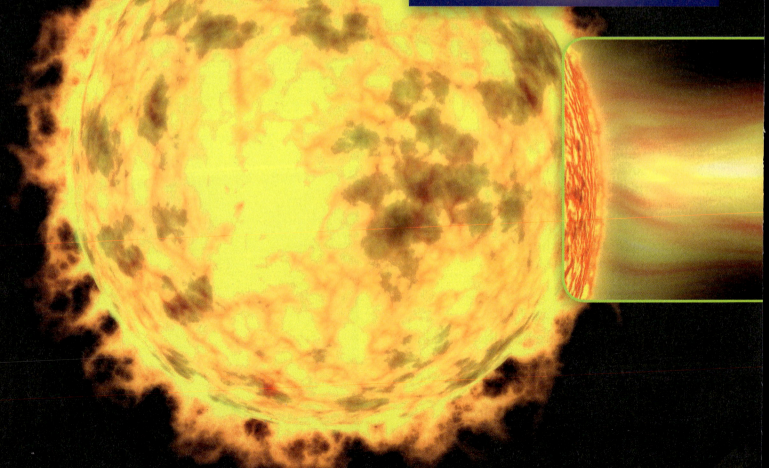

Il primo a osservare le macchie solari fu Galileo nel 1611. Più recentemente lo studio della posizione di queste macchie solari con i moderni telescopi ha permesso di calcolare il periodo di rotazione del Sole attorno al proprio asse. Quando le macchie solari sono molto attive, nello spazio si liberano grandi quantità di particelle e di radiazioni che causano tempeste magnetiche, creando disturbi alle telecomunicazioni. Queste particelle possono inoltre essere attirate dal campo magnetico terrestre e dare origine al fenomeno delle aurore polari.

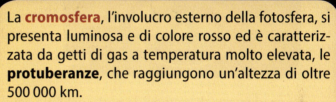

La **cromosfera**, l'involucro esterno della fotosfera, si presenta luminosa e di colore rosso ed è caratterizzata da getti di gas a temperatura molto elevata, le **protuberanze**, che raggiungono un'altezza di oltre 500 000 km.
La parte più esterna dell'atmosfera solare è la **corona solare**, costituita da gas ionizzati e molto rarefatti; essa non è uniforme ma risulta formata da lunghissimi pennacchi variamente distribuiti. Tale distribuzione dipende dall'attività solare che, in un periodo di 11 anni, raggiunge il suo massimo e il suo minimo.

Dalla **corona solare** si espande in tutto lo spazio il cosiddetto **vento solare**, costituito da un flusso di particelle (in prevalenza protoni ed elettroni) che, sfuggite alla gravitazione del Sole, si irradiano dalla fotosfera arrivando al limite dell'atmosfera terrestre.
Quando il vento solare raggiunge la Terra ha una velocità che varia dai 200 km/s ai 900 km/s e causa interazioni con il campo magnetico terrestre nel quale provoca forti perturbazioni.

La parte più interna del Sole è il **nucleo**.
Qui la temperatura è altissima, circa 20 milioni di gradi; il nucleo è infatti la sede in cui avvengono le reazioni nucleari di fusione, dalle quali si libera un'enorme quantità di energia.
Quest'energia attraversa per irraggiamento la **zona radiattiva**, si propaga per convezione nella **zona convettiva** e si irradia infine nello spazio sotto forma di luce e calore.

unità 10

→ Il Sistema Solare

L'origine del Sistema Solare

Siamo nell'estrema periferia di uno dei bracci della Via Lattea dove, circa 5 miliardi di anni fa, nasceva il **Sole**, una stella come tante, che darà però vita a un sistema planetario, il **Sistema Solare**.
In che modo? Che cosa è successo nella nostra Galassia?

Un'enorme nube di gas e polvere cosmica generata dal Big Bang, detta **nebulosa planetaria** o **primordiale**, comincia a "collassare", cioè si addensa sempre più al centro e, iniziando a ruotare velocemente, assume la forma di un disco.

Contraendosi verso il centro, per effetto delle enormi pressioni, si scalda sempre più e raggiunge una temperatura elevatissima che innesca le reazioni nucleari di fusione e così, esattamente 4,7 miliardi di anni fa, nella sua parte centrale... si accende una particolare stella, il **Sole**.

La produzione di energia da parte del Sole equilibra il collasso e quindi una parte del materiale della nebulosa primordiale costituita da particelle solide e gas (idrogeno ed elio) non cade sul Sole ma ruota attorno a esso.
La parte gassosa si allontana, spazzata dal vento solare, ma assieme alle particelle solide resta intrappolata dalla forza gravitazionale del Sole attorno al quale continua a ruotare.

Nel loro movimento le particelle solide si scontrano, si aggregano e diventano sempre più grandi.
Incominciano così a esercitare la propria forza di gravità, attirando tutti i corpi più piccoli che si trovano nei loro dintorni.
Si formano così i **planetesimi**.

Da questi planetesimi, nell'arco di decine di milioni di anni, prendono forma i **pianeti**, gli **asteroidi** e le **comete**.

Nasceva così il Sistema Solare con i suoi vari componenti.

Test rapido

- Che cos'è il Sole e da quali parti è formato?
- Dove si trovano le macchie solari?
- Che cosa succede nella zona radiattiva e in quella convettiva del Sole?
- Come si è formato il Sistema Solare?

140 Astronomia e Scienze della Terra

Il Sistema Solare: i pianeti

La massa del Sistema Solare è quasi tutta concentrata nel Sole; solo lo 0,1% è la massa di tutti gli altri corpi che compongono il Sistema Solare: i **pianeti** con i loro **satelliti**, gli **asteroidi**, le **comete** e i **meteoriti**.
I **pianeti** che formano il Sistema Solare sono corpi celesti che non emettono luce propria ma risplendono della luce solare riflessa; essi, in ordine di distanza dal Sole, sono **Mercurio**, **Venere**, **Terra**, **Marte**, **Giove**, **Saturno**, **Urano** e **Nettuno**.
Tutti, a eccezione di Mercurio e Venere, possiedono dei **satelliti**, corpi più piccoli che ruotano attorno a essi, accompagnandoli anche nel loro moto di rivoluzione intorno al Sole. Tra essi c'è la **Luna**, il satellite della Terra.

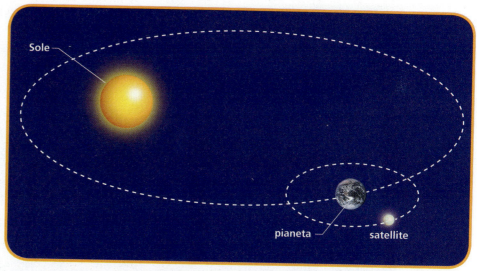

Per le diverse caratteristiche fisiche, i pianeti sono distinti in due gruppi: **pianeti terrestri** e **pianeti gioviani**.

I **pianeti terrestri** sono quelli più vicini al Sole (Mercurio, Venere, Terra e Marte) con caratteristiche simili alla Terra: superficie di natura rocciosa, densità media elevata, piccole dimensioni, pochi o nessun satellite.	I **pianeti gioviani** sono quelli più lontani (Giove, Saturno, Urano e Nettuno) con caratteristiche simili a Giove: superficie di natura gassosa, densità media molto bassa, grandi dimensioni, molti satelliti.

Fino a poco tempo fa era riconosciuto come pianeta anche **Plutone**, il più piccolo (è più piccolo della Luna) e il più lontano dal Sole.
Nel 2006 l'Unione Astronomica Internazionale lo ha declassato a pianeta nano e pertanto non viene più considerato un pianeta.
In base alla loro distanza dal Sole e in riferimento alla Terra, i pianeti vengono anche distinti in:
- pianeti **interni** (Mercurio, Venere, Terra e Marte);
- pianeti **esterni** (Giove, Saturno, Urano e Nettuno).

141

unità 10

→ Il Sistema Solare

Osserva nella tabella le principali caratteristiche dei pianeti.

Tutti i pianeti ruotano intorno al Sole, **moto di rivoluzione**, muovendosi lungo un percorso detto **orbita**. Queste orbite sono delle ellissi, per cui ogni pianeta non ha sempre la stessa distanza dal Sole: il punto in cui il pianeta è più vicino al Sole si chiama **perielio**, il punto in cui è più distante si chiama **afelio**. Il tempo impiegato da ciascun pianeta per compiere una rivoluzione completa è detto **periodo di rivoluzione**.

Pianeta	Diametro in migliaia di km	Massa rispetto alla Terra	Periodo di rivoluzione	Satelliti
MERCURIO	5	0,056	88 giorni	/
VENERE	13	0,817	225 giorni	/
TERRA	12	1	365 giorni	1
MARTE	7	0,108	687 giorni	2
GIOVE	143	318	12 anni	63
SATURNO	121	95	29 anni 167 giorni	31
URANO	53	14,6	84 anni 7 giorni	15
NETTUNO	50	17,26	164 anni 284 giorni	8

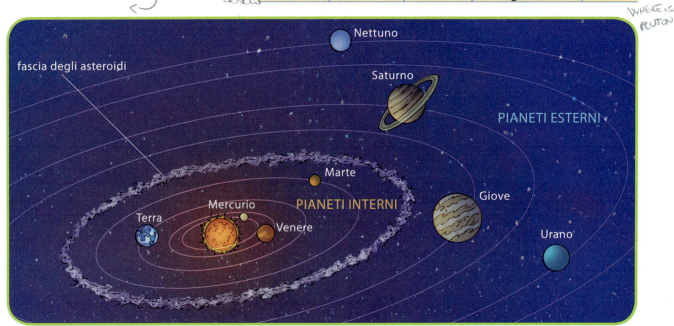

 I pianeti ruotano inoltre attorno al proprio asse, **moto di rotazione**, in senso antiorario (da ovest verso est), a eccezione di Venere e Urano che ruotano in senso orario (**rotazione retrograda**).

Le leggi di Keplero

I pianeti, nel loro moto di rivoluzione, descrivono delle **orbite** che obbediscono a precise leggi. Sono le **leggi di Keplero**, dal nome dell'astronomo tedesco **Giovanni Keplero** (1571-1630) che per primo le formulò.

1ª legge di Keplero

> L'orbita descritta da ogni pianeta nel suo moto di rivoluzione è un'ellisse di cui il Sole occupa uno dei fuochi.

La distanza del pianeta dal Sole non è quindi sempre la stessa; come abbiamo già detto il punto in cui il pianeta è più vicino al Sole si chiama **perielio**, il punto in cui è più distante **afelio**.

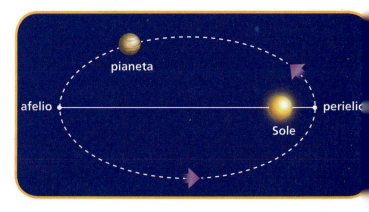

142 Astronomia e Scienze della Terra

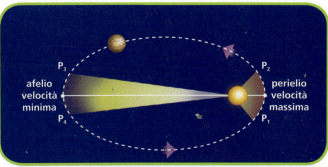

2ª legge di Keplero

> Durante il moto di rivoluzione del pianeta, il raggio che unisce il centro del Sole al centro del pianeta stesso, cioè il **raggio vettore**, descrive aree uguali in tempi uguali.

Il pianeta quindi non avrà sempre la stessa velocità; essa è massima al perielio e minima all'afelio.

3ª legge di Keplero

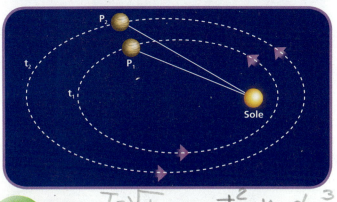

> Il quadrato del tempo necessario a un pianeta per percorrere l'intera orbita attorno al Sole (**periodo di rivoluzione**) è proporzionale al cubo della sua distanza media dal Sole.

Pertanto, quanto più un pianeta è lontano dal Sole, tanto più tempo impiega a percorrere la sua orbita.

FOCUS SU...

La conferma delle leggi enunciate da Keplero si deve a **Isaac Newton** (1642-1727) che, cinquant'anni dopo, le dimostra enunciando la **legge della gravitazione universale**. Newton inizia i suoi studi partendo da una conoscenza scientifica di quei tempi: "una qualsiasi massa, e quindi un qualsiasi corpo, esercita una forza di attrazione" e, intorno al 1670, annuncia: "la gravità è presente in tutti i corpi dell'Universo ed è proporzionale alla quantità di materia dei singoli corpi".
Studi successivi portano infine Newton ad affermare che **tutti i corpi**, in quanto costituiti da una massa, **hanno la proprietà di esercitare una forza di attrazione**, detta **forza gravitazionale**, che è regolata dalla **legge di gravitazione universale**, secondo la quale:
tutti i corpi dell'Universo si attraggono reciprocamente con una forza che è direttamente proporzionale al prodotto delle loro masse e inversamente proporzionale al quadrato della loro distanza:

$$F = G \cdot \frac{m \cdot M}{d^2}$$ (dove G è la costante di gravitazione universale)

La **legge della gravitazione universale** spiega la forza di attrazione di tutti i corpi che abbiamo incontrato nel nostro viaggio nell'Universo:
- quanto più il pianeta è vicino al Sole tanto più risente della sua forza gravitazionale e quindi la sua velocità aumenta;
- quanto più il pianeta è lontano dal Sole tanto meno risente della sua forza gravitazionale e quindi la sua velocità diminuisce;
- i pianeti più lontani risentono meno della forza gravitazionale del Sole e perciò percorrono la loro orbita più lentamente dei pianeti più vicini.

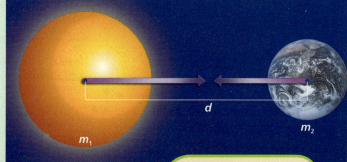

La legge di gravitazione universale nel sistema Terra-Sole.

Test rapido

- Quali corpi compongono il Sistema Solare?
- Quali sono i due gruppi nei quali sono distinti i pianeti? Descrivili.
- Quali sono i movimenti dei pianeti?
- Quali sono le leggi di Keplero? Descrivile.

→ Il Sistema Solare

unità 10
Gli altri corpi del Sistema Solare

Intorno al Sole, tra l'orbita di Marte e quella di Giove, ruota una fascia, la **fascia degli asteroidi**, in cui sono addensati moltissimi corpi celesti dalle dimensioni molto varie e il cui diametro non supera le centinaia di chilometri. Sono gli **asteroidi** o **pianetini**, il cui numero è veramente incredibile: milioni e forse miliardi. Il più grande asteroide è **Cerere** con un diametro di circa 960 km, scoperto nel 1801 dall'astronomo italiano Giuseppe Piazzi (1746-1826).

Sull'origine degli asteroidi, non ancora chiara, si sono fatte diverse ipotesi fra le quali quella che li fa risalire a del materiale cosmico che, al momento della formazione del Sistema Solare, non sarebbe riuscito ad aggregarsi fino a formare un pianeta.

Asteroidi e comete

Fascia di asteroidi.

FOCUS SU...

Oltre agli asteroidi della fascia, ve ne sono numerosi altri che si muovono nello spazio con orbite tanto ellittiche da intersecare quelle di Venere, Mercurio, Marte e a volte anche quella della Terra. Il rischio di una possibile collisione di un asteroide con il nostro pianeta, come quasi certamente è avvenuto in passato, è abbastanza raro, anche se non impossibile. Sono stati avvistati circa 600 asteroidi, chiamati **Neo** (**N**ear **E**arth **O**bjects, "oggetti vicini alla Terra"), che incrociano l'orbita della Terra a distanza ravvicinata e quindi tali da creare preoccupazione. Sono, infatti, già allo studio strategie per deviare la traiettoria di questi pericolosi "bolidi". Gli effetti di una collisione sarebbero proprio catastrofici; osserva che cosa potrebbe succedere.

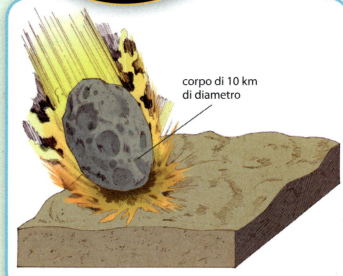

corpo di 10 km di diametro

1. L'IMPATTO

cratere largo 100 km e profondo 12 km

le rocce sono proiettate nell'atmosfera

2. LA FORMAZIONE DEL CRATERE

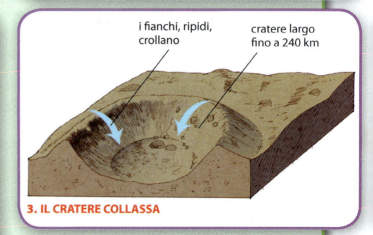

i fianchi, ripidi, crollano

cratere largo fino a 240 km

3. IL CRATERE COLLASSA

144 Astronomia e Scienze della Terra

I più singolari corpi celesti che fanno parte del Sistema Solare sono le **comete**, conosciute fin dall'antichità e la cui comparsa nel cielo rappresenta sempre un meraviglioso evento.

L'analisi della luce emanata dalle comete ci dice che sono corpi celesti composti prevalentemente da ammoniaca, ossido di carbonio e anidride carbonica allo stato solido (neve carbonica), agglomerati con polveri ed elementi chimici (sodio, magnesio, ferro ecc.).

Sin dalla loro "nascita" questi corpi celesti "navigano" in zone remote dell'Universo in una nube, chiamata **nube di Oort** o **banda di Kuiper**, costituita dai residui della nube primordiale dalla quale si è originato il Sistema Solare e popolata, appunto, da miliardi di comete.

Periodicamente qualcosa modifica la loro orbita sospingendole verso il Sole e solo quando si trovano vicine al Sole risultano a noi visibili.

La cometa di Halley al suo passaggio nel 1986.

Nelle comete si distinguono tre parti:
- il **nucleo**, che contiene la maggior parte della materia, è composto per lo più di ghiaccio e gas e si presenta relativamente solido e stabile;
- la **chioma**, che comincia a formarsi per evaporazione e sublimazione delle sostanze del nucleo al calore del Sole;
- la **coda**, che è presente solo in prossimità del Sole, è formata da polvere e gas ionizzati e si allunga per milioni di chilometri sempre in direzione opposta al Sole, perché è spinta dalle correnti provocate dal vento solare.

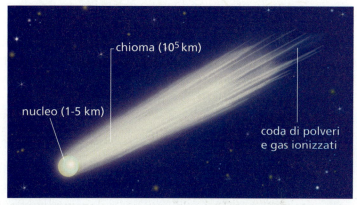

Di comete entrate nel Sistema Solare se ne conoscono una cinquantina; esse hanno un ritorno periodico e possono essere osservate anche a distanza di anni.

La cometa più nota è la **cometa di Halley**, dal nome dell'astronomo inglese **Edmund Halley** (1656-1742) che per primo, nel 1705, studiando il moto delle comete arrivò alla conclusione che esse si muovono lungo orbite ellittiche molto allungate e che, periodicamente, arrivano nei dintorni del Sole.
Egli ipotizzò che la cometa di **Halley** ripercorresse ogni 77 anni la sua orbita intorno al Sole.
La sua ultima comparsa è avvenuta nel 1986; se sarà puntuale, la rivedremo quindi nel... 2063!

Il 5 aprile 1997 è tornata un'antica "visitatrice", la **cometa di Hale Bopp**, scoperta nel 1995.
La sua ultima apparizione risale al 2200 a.C., quando gli Egizi stavano completando la piramide di Kefren.
La Hale Bopp tornerà da noi fra 2400 anni.

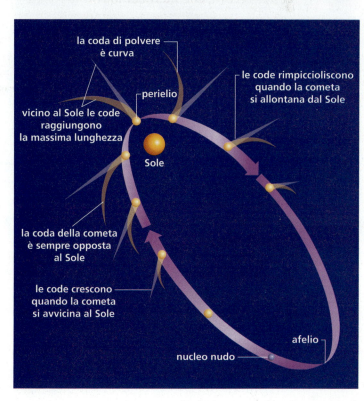

unità 10 → Il Sistema Solare

Molti frammenti di materia cosmica, frammenti di asteroidi o frammenti provenienti dalla coda di una cometa si muovono liberamente nello spazio e, transitando particolarmente vicino alla Terra, possono essere attratti dalla gravità terrestre e precipitare sulla sua superficie.
La caduta di questi frammenti sulla Terra è poco probabile; quando però ciò accade si parla di **meteoriti**.
Se il meteorite è di notevoli dimensioni, urtando contro il suolo produce dei crateri simili a quelli osservati sulla Luna e può provocare distruzioni come quella verificatasi nel secolo scorso in Siberia, nella regione della Tunguska.

Il più grande cratere conosciuto è il Meteor Crater, che si trova vicino a Winslow, in Arizona. Si è formato per la caduta di un meteorite circa 50 000 anni fa. Il cratere, visibile ancora oggi, è largo circa 1500 m e profondo 200 m.
Quando il meteorite che entra negli strati dell'atmosfera terrestre a una velocità di decine di chilometri al secondo è invece di piccole dimensioni, viene disintegrato dal forte calore che si sprigiona con l'attrito e le sue particelle, evaporando, si consumano prima di arrivare al suolo producendo una scia visibile nel cielo. Si parla allora di **meteore** (comunemente dette **stelle cadenti**).
Periodicamente, in date fisse dell'anno, si verificano piogge di stelle cadenti, come le famose "lacrime di San Lorenzo" il 10 agosto; esse sono chiamate sciami meteorici periodici.

Un meteorite.

Il Crater Manicouagan in Canada.

Le stelle cadenti.

Test rapido

- Che cosa sono gli asteroidi?
- Che cosa sono le comete?
- Che cos'è la banda di Kuiper?
- In quali parti è distinta una cometa?
- Che cosa sono meteoriti e meteore?

146 Astronomia e Scienze della Terra

→ Il Sistema Solare

Che cos'è il Sole?

- Il Sole è una **stella gialla di media grandezza** distante dalla Terra appena 150 milioni di chilometri.
  È composto per circa il 75% da idrogeno, per il 20% da elio e contiene inoltre tracce di altri elementi quali l'ossigeno, il carbonio e l'azoto. Procedendo dall'interno verso l'esterno, è formato dal **nucleo**, dalla **zona radiativa** e dalla **zona convettiva**; nella parte più esterna troviamo l'**atmosfera solare**, che comprende la **fotosfera**, la **cromosfera** e la **corona solare**.

Come è nato il Sistema Solare?

- Un'enorme nube di gas e polvere cosmica generata dal Big Bang, detta **nebulosa planetaria** o **primordiale**, comincia a "collassare", cioè si addensa sempre più al centro e, iniziando a ruotare velocemente, assume la forma di un disco. Contraendosi verso il centro, si scalda sempre più e raggiunge una temperatura elevatissima che innesca le reazioni nucleari di fusione e così, esattamente 4,7 miliardi di anni fa, nella sua parte centrale... si accende il **Sole**.
  La produzione di energia da parte del Sole equilibra il collasso e quindi una parte di materiale costituita da particelle solide e gas (idrogeno ed elio) non cade sul Sole ma ruota attorno a esso.
  La parte gassosa si allontana, ma assieme alle particelle solide resta intrappolata dalla forza gravitazionale del Sole, attorno al quale continua a ruotare. Nel loro movimento le particelle solide si scontrano, si aggregano e, diventando sempre più grandi, esercitano la propria forza di gravità, attirando tutti i corpi più piccoli che si trovano nei loro dintorni.
  Si formano così i **planetesimi** e da questi planetesimi, nell'arco di decine di milioni di anni, prendono forma i **pianeti**, gli **asteroidi** e le **comete**. Nasce così il **Sistema Solare** con i suoi vari componenti.

Che cosa sono e quali sono i pianeti del Sistema Solare?

- I **pianeti** che formano il Sistema Solare sono corpi celesti che non emettono luce propria ma risplendono della luce solare riflessa; essi, in ordine di distanza dal Sole, sono: **Mercurio, Venere, Terra, Marte, Giove, Saturno, Urano** e **Nettuno**.
- Tutti i pianeti ruotano intorno al Sole, **moto di rivoluzione**, muovendosi lungo **orbite ellittiche**. Il punto in cui il pianeta è più vicino al Sole si chiama **perielio**, il punto in cui è più distante si chiama **afelio**. Il tempo impiegato a compiere una rivoluzione completa è detto **periodo di rivoluzione**.
- I pianeti ruotano inoltre attorno al proprio asse, **moto di rotazione**, in senso antiorario (da ovest verso est), a eccezione di Venere e Urano che ruotano in senso orario (**rotazione retrograda**).

Che cosa affermano le leggi di Keplero?

- **Prima legge di Keplero**: l'orbita descritta da ogni pianeta nel suo moto di rivoluzione è un'ellisse di cui il Sole occupa uno dei fuochi.
- **Seconda legge di Keplero**: durante il moto di rivoluzione del pianeta, il raggio che unisce il centro del Sole al centro del pianeta stesso, cioè il raggio vettore, descrive aree uguali in tempi uguali.
- **Terza legge di Keplero**: il quadrato del tempo necessario a un pianeta per percorrere l'intera orbita attorno al Sole (periodo di rivoluzione) è proporzionale al cubo della sua distanza media dal Sole.

Quali sono gli altri corpi del Sistema Solare?

- Intorno al Sole, tra l'orbita di Marte e quella di Giove, ruota una fascia, la **fascia degli asteroidi**, in cui sono addensati gli **asteroidi**.

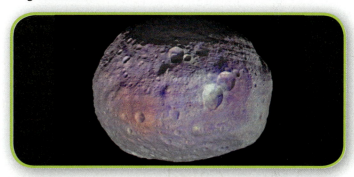

- Fanno parte del Sistema Solare le **comete**, corpi celesti composti prevalentemente da ammoniaca, ossido di carbonio e anidride carbonica allo stato solido (neve carbonica), agglomerati con polveri ed elementi chimici (sodio, magnesio, ferro ecc.). In esse si distinguono tre parti:
  > il **nucleo**, che contiene la maggior parte della materia, è composto per lo più di ghiaccio e gas e si presenta relativamente solido e stabile;
  > la **chioma**, che comincia a formarsi per evaporazione e sublimazione delle sostanze del nucleo al calore del Sole;
  > la **coda**, che è presente solo in prossimità del Sole, è formata da polvere e gas ionizzati e si allunga per milioni di chilometri sempre in direzione opposta al Sole, spinta dalle correnti provocate dal vento solare.
- I **meteoriti** sono frammenti di materia cosmica, di asteroidi o frammenti provenienti dalla coda di una cometa, che si muovono liberamente nello spazio e, transitando particolarmente vicino alla Terra, possono essere attratti dalla gravità terrestre e precipitare sulla sua superficie. Quando il meteorite è di piccole dimensioni, viene disintegrato dal forte calore che si sprigiona con l'attrito e le sue particelle, evaporando, si consumano prima di arrivare al suolo producendo una scia visibile nel cielo: si parla allora di **meteore** o **stelle cadenti**.

147

ragiona e applica

→ Il Sistema Solare

unità 10

× 18/10/2022

... le conoscenze

1. Che cos'è il Sole? Da che cosa è formato?
2. Che cosa si intende per rotazione siderale del Sole?
3. Descrivi la struttura del Sole procedendo dall'interno verso l'esterno.
4. Che cosa sono le macchie solari e le protuberanze?
5. Che cos'è il vento solare?
6. Quali sono le funzioni della zona radiativa e della zona convettiva del Sole?
7. Come si è formato il Sistema Solare?
8. Quanti e quali sono i pianeti del Sistema Solare?
9. Completa. Per le diverse caratteristiche fisiche, i pianeti vengono distinti in due gruppi:
   a. i pianeti .... sono quelli ....,
      con le seguenti caratteristiche: ....
   b. i pianeti .... sono quelli ....,
      con le seguenti caratteristiche: ....
10. Completa. In base alla distanza dal Sole e in riferimento alla Terra, i pianeti vengono distinti in:
    a. pianeti TERRESTRI, che sono ....
    b. pianeti GIOVIANI, che sono ....
11. Scrivi, nella seguente figura, i nomi dei vari pianeti del Sistema Solare distinguendo quelli terrestri da quelli gioviani e quelli interni da quelli esterni.

NETTUNO · URANO · SATURNO · GIOVE · MARTE · TERRA · VENERE · MERCURIO

12. Che cos'è il moto di rivoluzione di un pianeta?
13. Che cos'è il moto di rotazione di un pianeta?

148 Astronomia e Scienze della Terra

14. Che cosa sono l'afelio e il perielio?

15. Che cosa s'intende per periodo di rivoluzione?

16. Enuncia la prima legge di Keplero e deducine la conseguenza.

17. Enuncia la seconda legge di Keplero e deducine la conseguenza.

18. Enuncia la terza legge di Keplero e deducine la conseguenza.

19. Che cosa sono gli asteroidi?

20. Che cos'è una cometa? Descrivine la struttura.

21. Che cos'è la nube di Oort o banda di Kuiper?

... le abilità

22. Osserva la figura che schematizza il Sole e riconoscine le parti richieste.

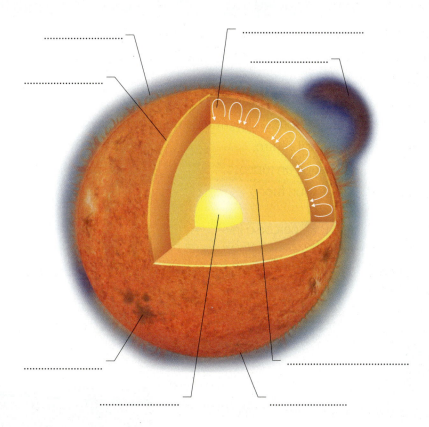

23. Cancella i termini sbagliati.
   a. La luce e il calore che ci arrivano dal Sole sono dovuti all'energia liberata dal *nucleo/dalla cromosfera*.
   b. Questa energia attraversa per *convezione/irraggiamento* la zona radiattiva.
   c. Successivamente si propaga per *convezione/irraggiamento* nella zona *convettiva/cromosfera*.
   d. Si irradia infine *nello spazio/nel nucleo*.

24. Segna la risposta esatta. Perché il moto di rotazione di Venere e Urano è detto moto retrogrado?
   a. Perché è ritardato rispetto a quello della Terra.
   b. Perché i due pianeti si muovono in verso antiorario.
   c. Perché i due pianeti si muovono in verso orario.

149

unità 10 → Il Sistema Solare   ▼ ragiona e applica

X 18/10/2022

25. Segna l'ipotesi esatta. Da che cosa deriva la formazione della chioma di una cometa?
  a. Dalle sostanze del nucleo che evaporano e sublimano in vicinanza del Sole.
  b. Dai gas del nucleo sospinti dal vento solare.
  c. Da un fenomeno di riflessione della luce emessa dalla cometa.

26. Osserva le figure; che cosa rappresentano?

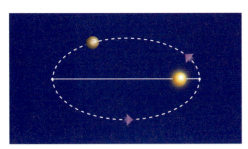 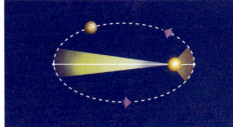 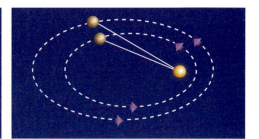

a. .... b. .... c. ....

27. Segna il completamento esatto. L'orbita descritta da un pianeta nel suo moto di rivoluzione è:
  a. un'ellisse e il Sole ne occupa il centro.
  b. un cerchio e il Sole ne occupa un fuoco.
  c. un'ellisse e il Sole ne occupa un fuoco.

28. Osserva il disegno. Se l'arco $\widehat{P_1P_2}$, percorso in un tempo t_1, ha la stessa lunghezza dell'arco $\widehat{P_3P_4}$, percorso in un tempo t_2, quale delle tre relazioni è quella esatta? Segnala e spiegane il motivo.
  a. $t_1 < t_2$
  b. $t_1 = t_2$
  c. $t_1 > t_2$

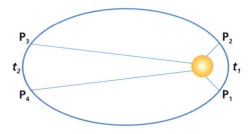

29. Se indichiamo con t il tempo di rivoluzione in anni di un pianeta, con d la sua distanza media dal Sole e con k la costante di proporzionalità, la terza legge di Keplero con quale formula può essere espressa? Segna la risposta esatta.
  a. $t = k^2 \cdot d^3$
  b. $t^2 = k \cdot d^3$
  c. $t^3 = k \cdot d^2$

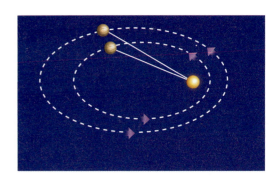

30. Perché le code delle comete sono sempre rivolte in direzione opposta al Sole?

31. Qual è la differenza fra meteorite e meteora?

150 Astronomia e Scienze della Terra

Unità 11

LA TERRA: IL NOSTRO PIANETA

Perché ne parliamo?

Se consultando una carta geografica trovi scritto che Napoli è a 40°37' di latitudine nord e a 14°12' di longitudine est o che Parigi è a 48°52' di latitudine nord e a 2°20' di longitudine est, sai individuare effettivamente la loro posizione sulla carta geografica? Dove si trovano cioè esattamente?

E ti sei mai chiesto il perché dell'alternarsi del giorno e della notte? O il perché, durante l'anno, il giorno e la notte non hanno la stessa durata?

Tantissime saranno le domande che sicuramente ti sarai posto e alle quali forse non sei riuscito e dare delle risposte.
- Come mai si alternano le quattro stagioni con caratteristiche così diverse?
- Come si è formata la Luna?
- Perché non la vediamo sempre uguale nel cielo?
- Che cosa causa l'innalzamento e l'abbassamento delle acque del mare?
- Che cosa avviene esattamente durante un'eclissi?

Vogliamo dare una risposta a tutte queste domande? Continuiamo allora il nostro studio.

Contenuti
- **Sulla Terra: paralleli e meridiani**
- **Il moto di rotazione della Terra**
- **Il moto di rivoluzione della Terra**
- **Il nostro satellite: la Luna**
- **I movimenti, le fasi lunari e le maree**
- **Eclissi di Sole e di Luna**

Prerequisiti
- **Conoscere gli elementi relativi alla sfera**
- **Conoscere le leggi di Keplero**
- **Conoscere i fenomeni luminosi**

Obiettivi
- **Orientarsi sulla superficie terrestre mediante le coordinate geografiche**
- **Conoscere e descrivere i moti della Terra e individuarne le conseguenze**
- **Conoscere le caratteristiche della Luna, comprendere le sue probabili origini e individuarne i movimenti**
- **Riconoscere le fasi lunari, i fenomeni delle maree e delle eclissi e individuarne le caratteristiche**

unità 11 Sulla Terra: paralleli e meridiani

Siamo proprio arrivati al nostro pianeta, la **Terra**, uno degli otto pianeti che costituiscono il Sistema Solare. L'abbiamo già definito speciale perché accoglie il meraviglioso fenomeno della vita. Prima di continuare a scoprire questo nostro pianeta, osserviamo come orientarci su di esso, come stabilire cioè la nostra posizione, o come localizzare un punto sulla sua superficie. Per potersi orientare sulla superficie terrestre, i geografi hanno disegnato sulla Terra un immaginario reticolato che prende il nome di **reticolato geografico**. Esso è costituito da 180 circoli orizzontali, detti **paralleli**, e 360 circoli verticali, detti **meridiani**.

- I **paralleli** sono delle circonferenze immaginarie tutte perpendicolari all'asse terrestre e via via più piccole a mano a mano che si avvicinano ai poli. Il parallelo più lungo, equidistante dai due poli, è l'**equatore**, a nord del quale c'è l'**emisfero boreale** e a sud l'**emisfero australe**. Esistono infiniti paralleli ma, per convenzione, se ne considerano 180 (90 dall'equatore al polo Nord nell'emisfero boreale e 90 dall'equatore al polo Sud nell'emisfero australe). Paralleli di particolare importanza sono il **Circolo polare artico**, il **Tropico del Cancro**, il **Tropico del Capricorno** e il **Circolo polare antartico**.

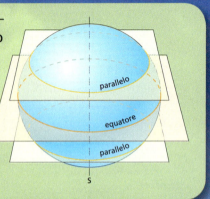

- I **meridiani** sono delle circonferenze immaginarie tutte uguali passanti per i poli, che dividono la Terra in zone simili agli spicchi di un'arancia, perpendicolari ai paralleli. Ogni meridiano è diviso dai poli in due semicirconferenze: il **meridiano** e l'**antimeridiano**. Esistono infiniti meridiani, ma per convenzione se ne considerano 360, tanti quanti sono i gradi che formano un angolo giro; ogni meridiano quindi dista dall'altro un grado. Il **meridiano di Greenwich**, quello che passa per l'osservatorio astronomico di Greenwich, in Inghilterra, è stato scelto come **meridiano fondamentale** o **meridiano 0**; i meridiani risultano quindi così ripartiti: 180 a est e 180 a ovest del meridiano di Greenwich (disegno a sinistra).

L'antimeridiano corrispondente al meridiano di Greenwich è detto **antimeridiano di Greenwich** e rappresenta, come vedremo, la **linea del cambiamento di data**.
Il reticolato geografico costituito dai paralleli e dai meridiani permette di individuare l'esatta posizione di un punto sulla superficie terrestre per mezzo delle sue **coordinate geografiche** che rappresentano la distanza angolare che il punto ha dal parallelo e dal meridiano fondamentale, rispettivamente l'equatore e il meridiano di Greenwich.

Le coordinate geografiche

Le coordinate geografiche di un punto sono esattamente la **latitudine** e la **longitudine**.

- La **latitudine** di una località P è la distanza β di P dall'equatore, misurata sull'arco di meridiano compreso fra P e l'equatore.
- La **longitudine** di una località P è la distanza α di P dal meridiano di Greenwich, misurata sull'arco di parallelo compreso fra P e il meridiano fondamentale.

Latitudine e longitudine si esprimono in gradi, primi e secondi: la latitudine può essere nord o sud a seconda che la località P si trovi a nord o a sud dell'equatore; la longitudine può essere est o ovest a seconda che la località P si trovi a est o a ovest del meridiano di Greenwich.

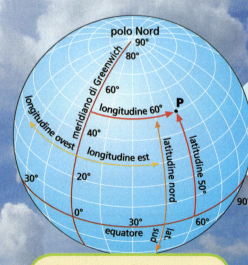

Nel mappamondo leggiamo, ad esempio, che P si trova a 50° di latitudine nord e a 60° di longitudine est.

Test rapido

- Che cos'è il reticolato geografico?
- Che cosa sono i paralleli?
- Che cosa sono i meridiani?
- Quali sono e che cosa sono le coordinate geografiche?

unità 11

→ La Terra: il nostro pianeta

Il moto di rotazione della Terra

La Terra, come tutti gli altri pianeti del Sistema Solare, ruota su se stessa, **moto di rotazione**, e contemporaneamente ruota attorno al Sole, **moto di rivoluzione**.

> Il **moto di rotazione** è quello che la Terra compie ruotando su se stessa in senso antiorario (da ovest verso est) intorno all'asse terrestre, l'asse immaginario che incontra la superficie terrestre in due punti: il **polo Nord** o **polo artico** e il **polo Sud** o **polo antartico**.

La Terra compie una rotazione completa in tempi diversi secondo il punto di riferimento considerato: rispetto a una stella impiega **23 ore**, **56 minuti e 4 secondi** e questo tempo è chiamato **giorno sidereo**; rispetto al Sole impiega **24 ore** e questo periodo di tempo viene chiamato **giorno solare**.

Quali sono le conseguenze di questo moto di rotazione?

- **Il movimento apparente in senso orario della volta celeste**, e quindi delle stelle, della Luna e del Sole: è lo stesso fenomeno che si osserva da un'auto in corsa, quando sembra che sia il paesaggio a scorrere via e non l'auto ad avanzare. Per lo stesso motivo convenzionalmente diciamo che il **Sole sorge a est e tramonta a ovest**.

È proprio per effetto del moto apparente del Sole che l'ombra che proietta un albero, osservata dallo stesso punto nelle diverse ore di una giornata, cambia posizione e lunghezza.

È sempre per effetto del moto apparente delle stelle che, osservando per un intero giorno da un osservatorio astronomico le stelle, si notano delle traiettorie circolari.

154 Astronomia e Scienze della Terra

- **L'alternarsi del giorno e della notte**: i raggi del Sole, che provengono da una distanza enorme, arrivano tutti paralleli sulla Terra e quindi, essendo questa pressoché sferica, la illuminano solo per una metà. La linea immaginaria che separa la zona illuminata (il **dì** o **giorno**) dalla zona oscura (la **notte**) si chiama **circolo d'illuminazione**.

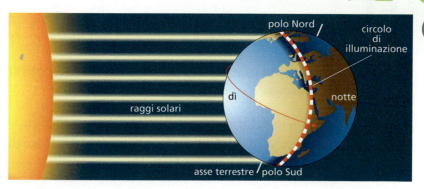

OSSERVA

Se illuminiamo con una lampada un mappamondo, possiamo osservare la zona illuminata, cioè il giorno (punto A), e, dalla parte opposta, la zona in ombra, cioè la notte (punto B). Facendo ruotare lentamente il mappamondo, simuliamo il moto di rotazione e dopo mezzo giro, cioè 12 ore, troveremo al buio la zona dove prima era giorno (punto A) e illuminata la zona dove prima era notte (punto B).

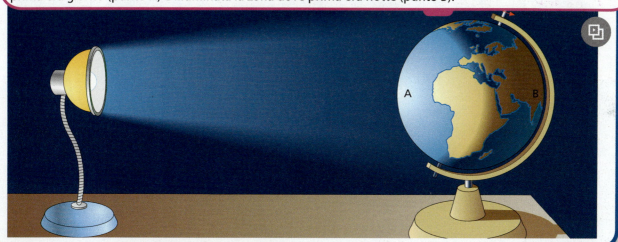

Il passaggio dal giorno alla notte, per la presenza dell'atmosfera, non è brusco ma graduale e avviene attraverso due fasi di luce diffusa: l'**alba** al sorgere del Sole e il **crepuscolo** al tramontare del Sole.

Test rapido

- Che cos'è il moto di rotazione della Terra?
- Quali sono le conseguenze del moto di rotazione?

unità 11

→ La Terra: il nostro pianeta

Il moto di rivoluzione della Terra

Mentre ruota intorno al proprio asse, la Terra ruota anche intorno al Sole compiendo il suo **moto di rivoluzione**.

> Il **moto di rivoluzione** è quello che la Terra compie, da ovest verso est, attorno al Sole, descrivendo un'orbita ellittica di circa 940 milioni di chilometri, detta **eclittica**, di cui il Sole occupa uno dei due fuochi.

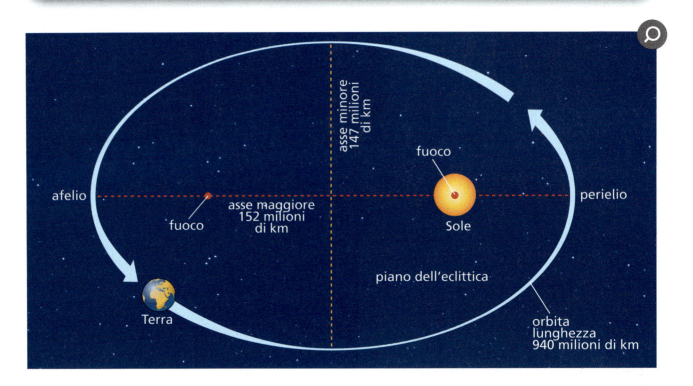

Durante tale moto l'asse terrestre, che è **inclinato di 66°33' rispetto al piano dell'orbita**, resta costantemente parallelo a se stesso, senza quindi cambiare mai la propria inclinazione.

Le conseguenze del moto di rivoluzione e dell'inclinazione dell'asse terrestre sono la **diversa durata del giorno** e **della notte** e l'**alternarsi delle stagioni**.

Se l'asse terrestre fosse perpendicolare al piano dell'eclittica, il circolo d'illuminazione passerebbe sempre per i poli terrestri e in un qualunque punto della superficie terrestre si alternerebbero costantemente 12 ore di luce e 12 ore di buio.
Poiché invece l'asse terrestre è inclinato rispetto al piano dell'orbita, il circolo d'illuminazione non passa sempre per i poli terrestri e quindi la **durata del dì e della notte non è sempre uguale**.

Durante il moto di rivoluzione, la Terra viene a trovarsi in quattro posizioni fondamentali che segnano l'inizio delle **stagioni astronomiche: 21 marzo, 21 giugno, 23 settembre** e **22 dicembre**. Nell'emisfero boreale, questi giorni segnano rispettivamente l'inizio della primavera, dell'estate, dell'autunno e dell'inverno.

156 Astronomia e Scienze della Terra

Nell'arco di un **anno**, precisamente di **365 giorni, 5 ore, 48 minuti** e **46 secondi**, il moto di rivoluzione causa quindi l'**alternarsi delle stagioni**.

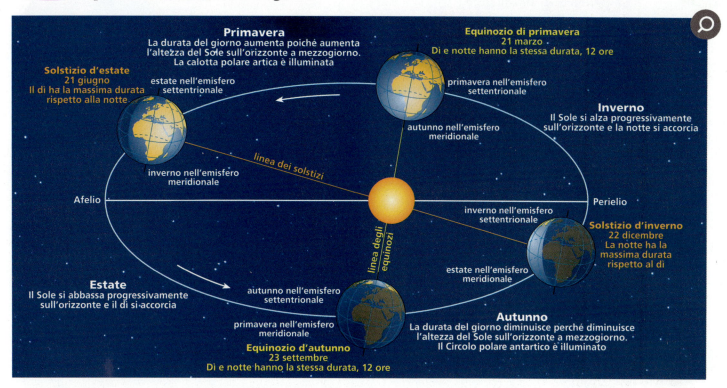

Vediamo in che modo ciò avviene seguendo il giro del Sole a partire dal 21 marzo.

Il **21 marzo** i raggi solari giungono **perpendicolari all'equatore** e il giorno e la notte hanno la stessa durata: 12 ore di luce e 12 ore di buio. Siamo all'**equinozio di primavera** (dal latino *aequus*, "uguale", e *nox*, "notte"): nell'emisfero boreale inizia la primavera e in quello australe l'autunno.
Quando la Terra nel suo moto di rivoluzione si sposta verso l'**afelio**, le ore di luce aumentano nell'emisfero settentrionale e diminuiscono in quello meridionale.

Il **21 giugno** i raggi solari giungono **perpendicolari al Tropico del Cancro**; la calotta polare artica resta illuminata per 24 ore ed è quindi sempre giorno. Siamo al **solstizio d'estate**: nell'emisfero settentrionale inizia l'estate e il dì raggiunge la sua massima durata (16 ore); nell'altro emisfero invece inizia l'inverno. Proseguendo nel suo moto di rivoluzione, la Terra si allontana dall'afelio; nell'emisfero settentrionale incomincia a diminuire la parte illuminata e di conseguenza anche il numero delle ore di luce.

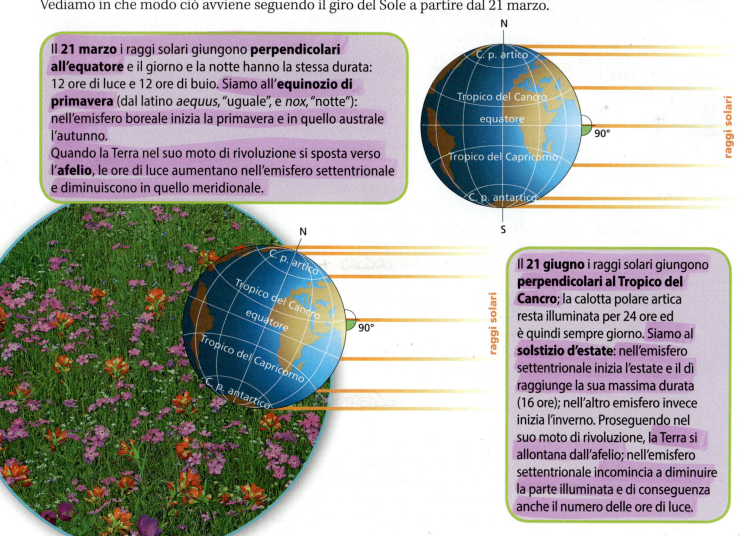

157

unità 11
La Terra: il nostro pianeta

Il **23 settembre** i raggi del Sole sono di nuovo **perpendicolari all'equatore** e si ha la stessa durata del dì e della notte. Siamo all'**equinozio d'autunno**: nell'emisfero settentrionale inizia l'autunno e nell'altro emisfero la primavera. Proseguendo nel suo moto la Terra si avvicina al **perielio** e nell'emisfero settentrionale la parte illuminata diminuisce sempre più e il giorno diventa più corto della notte.

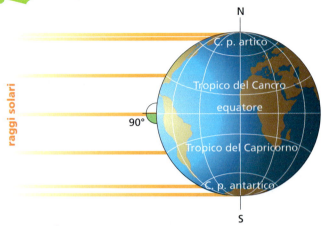

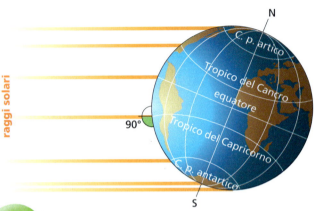

Il **22 dicembre** i raggi solari sono **perpendicolari al Tropico del Capricorno** e nell'emisfero boreale si ha la durata minima del giorno rispetto alla notte. Siamo al **solstizio d'inverno**: nell'emisfero settentrionale inizia l'inverno e in quello meridionale l'estate. Continuando il suo movimento, la Terra si riporta all'equinozio di primavera e… il ciclo si ripete.

FOCUS SU…

Oltre ai moti di rotazione e rivoluzione, la Terra compie altri moti, i cosiddetti **moti millenari**, fra cui il **moto di precessione degli equinozi**.
Per effetto dell'attrazione del Sole e della Luna, l'asse di rotazione terrestre ruota in senso orario intorno al centro della Terra, descrivendo un doppio cono in un periodo di circa 26 000 anni.
Una conseguenza di questo moto è che l'asse di rotazione terrestre, che adesso punta al nord sulla Stella Polare, fra 13 000 anni punterà in direzione opposta sulla stella Vega.
Il moto di precessione è inoltre soggetto a piccole oscillazioni, dette **nutazioni**, dovute alla presenza della Luna; la loro durata è di circa 18 anni.

Test rapido

- Che cos'è il moto di rivoluzione della Terra?
- Che cos'è l'eclittica?
- Quali sono le conseguenze del moto di rivoluzione?
- Quali sono i giorni che segnano l'inizio delle stagioni astronomiche?

Il nostro satellite: la Luna

La Terra ha un **unico satellite naturale**, la **Luna**, un corpo celeste che non brilla di luce propria ma della luce riflessa del Sole.

La Luna che ci appare grande nella volta celeste perché è molto vicina alla Terra ha, in realtà, dimensioni ridotte. Di forma quasi sferica, ha un diametro di 3476 km, un quarto circa di quello della Terra, e una distanza media dal nostro pianeta di 384 000 km.

Se osserviamo la Luna in una notte in cui ci appare completa, possiamo notare anche a occhio nudo che il suo suolo desertico è formato da vaste pianure, alcune più scure, chiamate **mari**, altre più chiare, chiamate **terre**.

Le terre sono costituite da enormi **crateri** e da altissime **montagne**. I mari sono zone formate da una roccia scura di origine vulcanica, il basalto, che avrebbe riempito gli enormi crateri scavati da corpi celesti precipitati sulla superficie della Luna.

Complessivamente il suolo lunare ha uno spessore la cui profondità varia da 1 a 20 m.
Le rocce che lo costituiscono, simili alle rocce vulcaniche terrestri in quanto formate dagli stessi minerali, risalgono a 4,3 miliardi di anni fa quando la Luna era, molto probabilmente, un immenso campo di vulcani continuamente bombardato da frammenti cosmici.

L'analisi delle rocce lunari raccolte durante i vari sbarchi dell'uomo sulla Luna ha permesso di scoprire che, presumibilmente 3 miliardi di anni fa, le attività vulcaniche cessarono e da allora soltanto gli agenti esterni hanno modificato l'aspetto del suolo lunare che adesso la Luna ci mostra.

La faccia della Luna rivolta verso la Terra.

I crateri presenti sulla superficie lunare sono dovuti probabilmente all'impatto con meteoriti.

Sulla Luna **non c'è atmosfera** e questo dà alla superficie lunare il suo aspetto caratteristico. I meteoriti che vi cadono, infatti, giungono quasi interi, in grado di rompere le rocce e addirittura di fonderle.
La superficie lunare è, inoltre, caratterizzata da enormi sbalzi di temperatura: si passa da -150 °C della parte non illuminata dal Sole a 130 °C di quella illuminata.

La roccia lunare.

unità 11 — La Terra: il nostro pianeta

L'origine della Luna

Come si è formata la Luna? Quattro sono le ipotesi sulla sua origine.

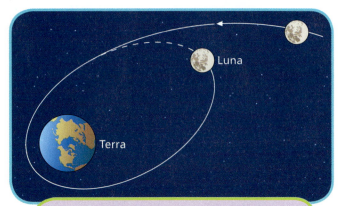

Ipotesi della cattura
La Luna, formatasi lontano dalla Terra per aggregazione di particelle di materiale cosmico, vagava nello spazio ed è stata catturata dal campo gravitazionale della Terra.

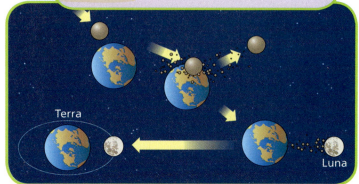

Ipotesi della collisione
La Luna si è formata per aggregazione di materiale staccatosi dalla Terra a causa dell'urto con un corpo celeste. Questa ipotesi, detta **Big Splash**, è attualmente la più accreditata.

Ipotesi dell'aggregazione
La Luna si è formata per aggregazione di frammenti di materiale cosmico che circondavano la Terra durante le prime fasi di formazione del Sistema Solare.

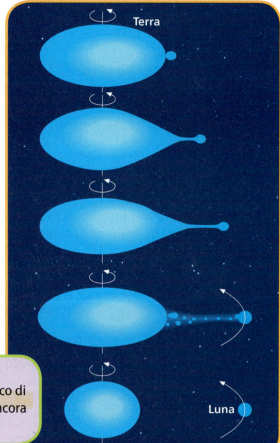

Ipotesi del distacco
La Luna si è formata in seguito al distacco di una parte della Terra quando questa, ancora allo stato liquido, era in formazione.

Test rapido

- Che cos'è la Luna?
- Da che cosa è formato il suolo lunare?
- Quali sono le ipotesi sull'origine della Luna?

I movimenti, le fasi lunari e le maree

La Luna compie complessivamente tre movimenti: di **rotazione**, di **rivoluzione** e di **traslazione**.

- Il **moto di rotazione** è quello che compie ruotando su se stessa intorno al proprio asse da ovest verso est in un periodo di **27 giorni, 7 ore e 43 minuti**.
- Il **moto di rivoluzione** è quello che compie ruotando intorno alla Terra in senso antiorario secondo un'orbita ellittica di cui la Terra occupa uno dei fuochi. Il punto di minima distanza dalla Terra è il **perigeo**, quello di massima distanza è l'**apogeo**.

Foto della faccia della Luna a noi visibile.

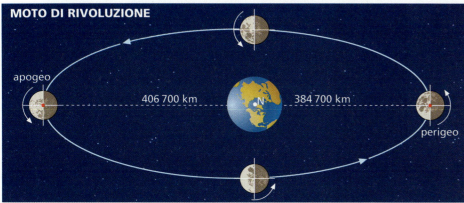

Il periodo di rivoluzione, uguale a quello di rotazione (27 giorni, 7 ore e 43 minuti), è detto **mese sidereo** ed è il tempo necessario perché la Luna ritorni nella stessa posizione rispetto alle stelle.
Esiste anche il **mese lunare** o **sinodico** della durata di **29 giorni, 12 ore e 44 minuti**; esso è un po' più lungo del mese sidereo perché è il tempo necessario perché la Luna ritorni nella stessa posizione rispetto al Sole e contemporaneamente alla Terra che nel frattempo si sposta sulla sua orbita intorno al Sole.

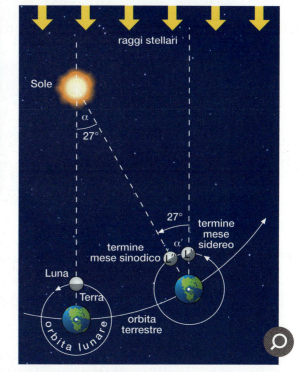

- Il **moto di traslazione** è quello che la Luna compie ruotando intorno al Sole assieme alla Terra lungo l'eclittica. Tale moto, la cui traiettoria è una complessa curva detta **epicicloide**, avviene con la stessa velocità e nello stesso tempo di quello di rivoluzione della Terra.

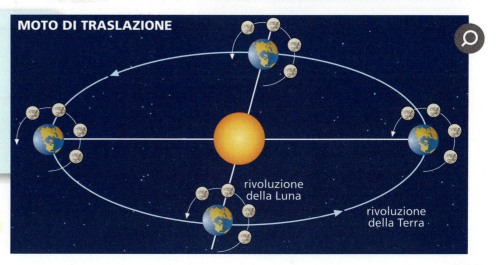

Poiché il periodo di rotazione e quello di rivoluzione sono uguali, la Luna mostra alla Terra sempre la stessa faccia, l'unica che possiamo vedere.

161

→ La Terra: il nostro pianeta

unità 11

Le fasi lunari

Durante il mese lunare la faccia della Luna a noi visibile non è sempre uguale in quanto cambiano le dimensioni della parte illuminata dal Sole.
I diversi aspetti che vediamo sono le **fasi lunari** che durano circa una settimana ciascuna.

1ª fase: novilunio o Luna nuova
La Luna si trova tra la Terra e il Sole (si dice in **congiunzione**) ed è a noi invisibile perché ci mostra la faccia non illuminata.

4ª fase: ultimo quarto
Sole e Luna si trovano ancora a 90° rispetto alla Terra (cioè in **quadratura**), quindi vedremo ancora solo un quarto di Luna.

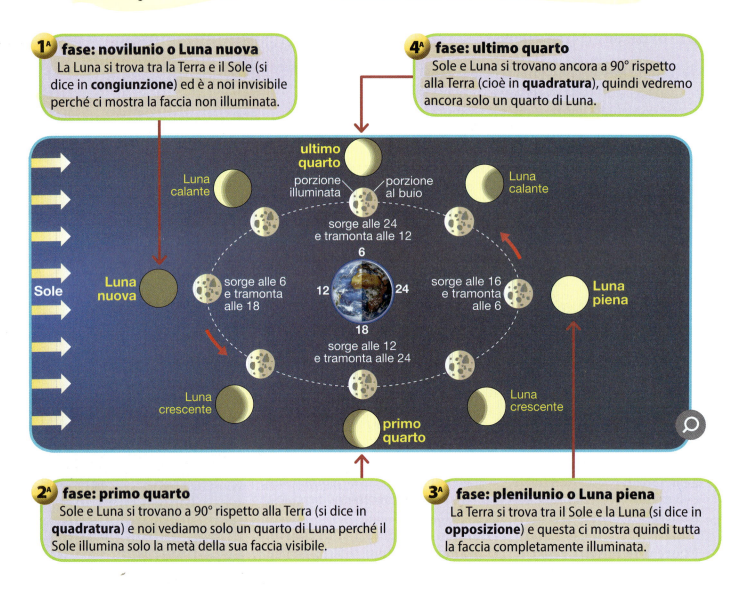

2ª fase: primo quarto
Sole e Luna si trovano a 90° rispetto alla Terra (si dice in **quadratura**) e noi vediamo solo un quarto di Luna perché il Sole illumina solo la metà della sua faccia visibile.

3ª fase: plenilunio o Luna piena
La Terra si trova tra il Sole e la Luna (si dice in **opposizione**) e questa ci mostra quindi tutta la faccia completamente illuminata.

Come avrai notato anche tu, osservando la Luna per tutto un mese lunare, in effetti, non vediamo solo le quattro fasi appena descritte, ma vediamo una sottile falce di Luna che via via aumenta, **Luna crescente**, fino a portarsi dal novilunio al plenilunio e in seguito una Luna piena che progressivamente diminuisce, **Luna calante**, fino a portarsi alla sottile falce dell'ultimo quarto che, diminuendo ancora... sparirà nella Luna nuova.

Primo quarto — Luna crescente — Luna piena — Luna calante — Ultimo quarto

162 Astronomia e Scienze della Terra

Le maree

La forza di attrazione che la Luna e il Sole esercitano sulle masse d'acqua presenti sulla Terra causa un fenomeno particolare, le **maree**, periodici cambiamenti del livello del mare che si ripetono due volte al giorno ogni sei ore circa.

Quando si verifica un innalzamento del livello del mare si parla di **alta marea**.

Quando si verifica un abbassamento del livello del mare si parla di **bassa marea**.

In che modo Luna e Sole causano questo fenomeno?

Nel suo moto di rotazione la Terra, nell'arco delle 24 ore, presenta una parte rivolta verso la Luna e ne subisce l'attrazione: in quella parte e nella parte opposta della Terra l'acqua dei mari si solleva e si ha un'alta marea, che nella parte rivolta verso la Luna è detta **alta marea diretta**, nella parte opposta **alta marea indiretta**. Nello stesso momento nelle località situate lungo lo stesso meridiano posto a 90° a ovest e a est, il livello del mare si abbassa e si ha una **bassa marea**.

Questo fenomeno è intensificato o attenuato secondo la presenza o meno dell'azione del Sole. Se la Luna e il Sole si trovano allineati, all'attrazione lunare si somma l'attrazione solare e si hanno alte maree di massima ampiezza, dette **maree vive**. Se il Sole e la Luna si trovano in quadratura (a 90°), le loro attrazioni si contrastano e si hanno alte maree di ampiezza minima, dette **maree morte**.

marea viva

marea morta

Test rapido

- In che cosa consistono i moti di rotazione, rivoluzione e traslazione della Luna?
- Che cosa s'intende per mese lunare?
- Che cosa sono e quali sono le fasi lunari?
- Che cosa sono l'alta marea e la bassa marea?

→ La Terra: il nostro pianeta

unità 11
Eclissi di Sole e di Luna

La parola "**eclissi**" significa oscuramento di un corpo celeste a opera di un altro corpo celeste. Ciò avviene per il fenomeno della luce, dovuto alla sua propagazione rettilinea, che abbiamo chiamato "ombra" e che si verifica solo se un corpo viene a trovarsi fra la sorgente luminosa e l'altro corpo.
La Terra e la Luna, come tutti i corpi opachi illuminati, proiettano la loro ombra dalla parte opposta a quella illuminata; ciò fa sì che tutte le volte che Terra, Luna e Sole sono perfettamente allineati, l'ombra della Terra copre parzialmente o completamente la Luna o l'ombra della Luna copre parzialmente o completamente il Sole.
In questo caso, tutti i punti della Terra che si trovano nel cono d'ombra assisteranno all'oscuramento parziale o totale della Luna, **eclissi di Luna**, o del Sole, **eclissi di Sole**.

Composizione di numerose riprese dell'eclissi di Luna del 19 giugno 2004.

Quando può accadere tutto ciò?
Ovviamente quando questi tre corpi celesti sono allineati e ciò avviene solo quando la **Luna è in fase di novilunio o plenilunio** e **tutti e tre i corpi si trovano sulla linea dei nodi**, una retta immaginaria in cui si intersecano il piano dell'orbita lunare e il piano dell'orbita terrestre. Vediamo quando accade esattamente.

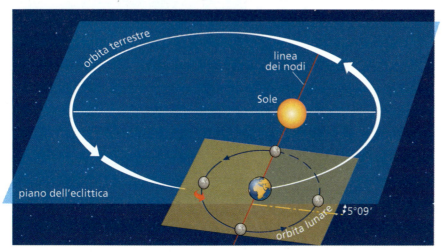

164 Astronomia e Scienze della Terra

ECLISSI DI LUNA

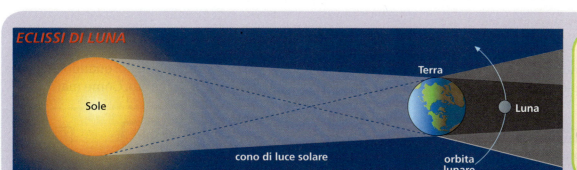

Si ha l'**eclissi di Luna** quando la Terra viene a trovarsi allineata tra il Sole e la Luna in fase di plenilunio e, in questo caso, oscura la Luna con la sua ombra.

Eclissi totale.

Eclissi parziale.

Poiché, in base alla distanza Terra-Luna, la Luna può trovarsi completamente o parzialmente dentro il cono d'ombra, l'oscuramento può essere totale, **eclissi totale di Luna**, o parziale, **eclissi parziale di Luna**.

ECLISSI DI SOLE

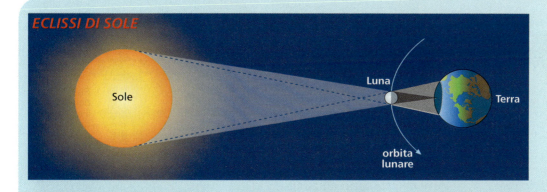

Si ha l'**eclissi di Sole** quando la Luna in fase di novilunio viene a trovarsi allineata tra il Sole e la Terra e, in questo caso, oscura il Sole con la sua ombra.

Eclissi totale.

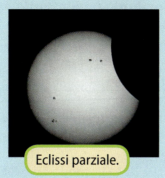
Eclissi parziale.

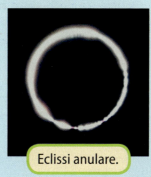
Eclissi anulare.

In base alla distanza Terra-Luna e alla lunghezza del cono d'ombra, l'eclissi di Sole può essere **totale** o **parziale**. Quando la Luna è alla massima distanza dalla Terra si può avere l'**eclissi anulare**: la Luna non copre completamente il Sole del quale rimane visibile solo un anello.

Test rapido

- Che cos'è la Luna?
- Da che cosa è formato il suolo lunare?
- Quali sono le ipotesi sull'origine della Luna?

→ La Terra: il nostro pianeta

unità 11
I fusi orari

Sai sicuramente che, in uno stesso momento, l'ora non è uguale in tutto il mondo: quando a Londra, ad esempio, è mezzogiorno, a Mosca è già dopopranzo e a Pechino è il tramonto. Come mai?

A causa del moto di rotazione della Terra, il Sole "viaggia da est a ovest" passando sopra i vari meridiani. Le località che sono situate sullo stesso meridiano vedono il Sole nella stessa posizione e nello stesso momento, ad esempio a mezzogiorno.
In quello stesso momento, però, in una località situata su un meridiano più a est il Sole è "già passato" e sarà più tardi di mezzogiorno.
Allo stesso modo, in una località situata su un meridiano più a ovest, il Sole "non è ancora passato" e sarà un po' prima di mezzogiorno.
Solo le località situate sullo stesso meridiano hanno lo stesso orario.

In teoria, quindi, ogni volta che andiamo verso est o verso ovest, anche in luoghi abbastanza vicini tra loro, dovremmo spostare avanti o indietro le lancette del nostro orologio. Per evitare questo problema, la superficie terrestre è stata divisa, convenzionalmente, in 24 spicchi, detti **fusi orari**, comprendenti ciascuno 15 meridiani, e si è convenuto che le località comprese nello stesso fuso abbiano la stessa ora, uguale a quella che c'è in corrispondenza del meridiano centrale del fuso.

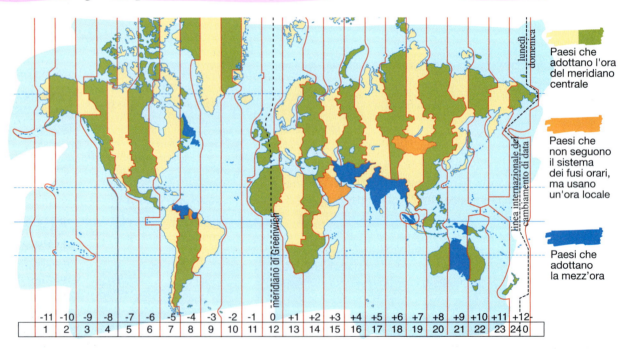

Come puoi vedere nella cartina, passando da un fuso all'altro si aggiunge un'ora se si va verso est, si toglie invece un'ora se si va verso ovest.
Nel suddividere la Terra nei 24 fusi orari, si è fatto in modo che il primo fuso considerato fosse quello avente come meridiano centrale il **meridiano di Greenwich** e quindi il suo antimeridiano, situato dalla parte opposta della Terra, rappresenta la **linea internazionale del cambiamento di data**: attraversando questa linea si torna indietro di un giorno se si procede verso est, si va avanti di un giorno se si procede verso ovest.

Osservatorio di Greenwich.

166 Astronomia e Scienze della Terra

unità 11 — La Terra: il nostro pianeta

fissa i concetti chiave

Che cosa sono reticolato geografico, paralleli e meridiani?

- Il **reticolato geografico** è un immaginario reticolato che i geografi hanno disegnato sulla Terra per potersi orientare sulla sua superficie.
Esso è costituito da 180 circoli orizzontali, detti **paralleli**, e 360 circoli verticali, detti **meridiani**.

- I **paralleli** sono delle circonferenze immaginarie tutte perpendicolari all'asse terrestre e via via più piccole a mano a mano che si avvicinano ai poli.
Il parallelo più lungo, equidistante dai due poli, è l'**equatore**, a nord del quale c'è l'emisfero boreale e a sud l'emisfero australe.
Per convenzione, si considerano 180 paralleli: 90 dall'equatore al polo Nord nell'emisfero boreale e 90 dall'equatore al polo Sud nell'emisfero australe.

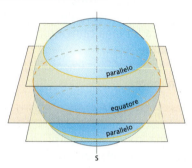

- I **meridiani** sono delle circonferenze immaginarie tutte uguali passanti per i poli, che dividono la Terra in zone simili agli spicchi di un'arancia, perpendicolari ai paralleli. Ogni meridiano è diviso dai poli in due semicirconferenze, il **meridiano** e l'**antimeridiano**.
Il **meridiano di Greenwich**, quello che passa per l'osservatorio astronomico di Greenwich, in Inghilterra, è stato scelto come **meridiano fondamentale** e i meridiani risultano quindi ripartiti 180 a est e 180 a ovest del meridiano di Greenwich.

Che cosa sono latitudine e longitudine?

- La **latitudine** di una località P è la distanza β di P dall'equatore, misurata sull'arco di meridiano compreso fra P e l'equatore.
- La **longitudine** di una località P è la distanza α di P dal meridiano di Greenwich, misurata sull'arco di parallelo compreso fra P e il meridiano fondamentale.

Che cos'è il moto di rotazione della Terra? E quali sono le sue conseguenze?

- Il **moto di rotazione** è quello che la Terra compie ruotando su se stessa in senso antiorario (da ovest verso est) intorno all'**asse terrestre**, l'asse immaginario che incontra la superficie terrestre in due punti: il **polo Nord** o **polo artico** e il **polo Sud** o **polo antartico**.

- Le conseguenze del moto di rotazione sono:
  > **il movimento apparente in senso orario della volta celeste**, e quindi delle stelle, della Luna e del Sole; convenzionalmente diciamo quindi che il **Sole sorge a est e tramonta a ovest**;
  > **l'alternarsi del giorno e della notte**: i raggi del Sole arrivano tutti paralleli sulla Terra e quindi, essendo questa pressoché sferica, la illuminano solo per una metà; la linea immaginaria che separa la zona illuminata (il **dì** o **giorno**) dalla zona oscura (la **notte**) si chiama **circolo d'illuminazione**.

Che cos'è il moto di rivoluzione della Terra? E quali sono le sue conseguenze?

- Il **moto di rivoluzione** è quello che la Terra compie, da ovest verso est, attorno al Sole, descrivendo un'orbita ellittica di circa 940 milioni di chilometri, detta **eclittica**, di cui il Sole occupa uno dei due fuochi.
Durante tale moto l'asse terrestre, che è **inclinato di 66°33' rispetto al piano dell'orbita**, resta costantemente parallelo a se stesso, senza cambiare mai la propria inclinazione.

- Le conseguenze del moto di rivoluzione e dell'inclinazione dell'asse terrestre sono:
  > la **diversa durata del giorno e della notte**: poiché l'asse terrestre è inclinato rispetto al piano dell'orbita, il circolo d'illuminazione non passa sempre per i poli terrestri e quindi la **durata del dì e della notte non è sempre uguale**;
  > l'**alternarsi delle stagioni**; durante il moto di rivoluzione, la Terra viene a trovarsi in quattro posizioni fondamentali che segnano l'inizio delle **stagioni astronomiche: 21 marzo, 21 giugno, 23 settembre e 22 dicembre**.
Nell'emisfero boreale, questi giorni segnano rispettivamente l'inizio della primavera, dell'estate, dell'autunno e dell'inverno.

unità 11 — La Terra: il nostro pianeta

fissa i concetti chiave

Che cos'è la Luna?

- La **Luna**, un corpo celeste che non brilla di luce propria ma della luce riflessa del Sole, è l'**unico satellite naturale** della Terra. Il suo suolo desertico è formato da vaste pianure, alcune più scure che vengono chiamate **mari** e altre più chiare che vengono chiamate **terre**.
Sulla Luna **non c'è atmosfera**; la sua superficie è caratterizzata da **enormi sbalzi di temperatura** ed è priva di acqua.

Come si è formata la Luna?

- Secondo l'**ipotesi della cattura**, la Luna, formatasi lontano dalla Terra per aggregazione di particelle di materiale cosmico, vagava nello spazio ed è stata catturata dal campo gravitazionale della Terra.
- Secondo l'**ipotesi della collisione**, la Luna si è formata per aggregazione di materiale terrestre staccatosi dalla Terra a causa dell'urto con un corpo celeste. Questa ipotesi, detta **Big Splash**, è attualmente la più sostenuta dagli studiosi.
- Secondo l'**ipotesi del distacco**, la Luna si è formata in seguito al distacco di una parte della Terra quando questa, ancora allo stato liquido, era in formazione.
- Secondo l'**ipotesi dell'aggregazione**, la Luna si è formata per aggregazione di frammenti di materiale cosmico che circondavano la Terra durante le prime fasi di formazione del Sistema Solare.

Quali sono i movimenti della Luna?

- Il **moto di rotazione** è quello che la Luna compie ruotando su se stessa, intorno al proprio asse da ovest verso est in un periodo di **27 giorni, 7 ore e 43 minuti**.
- Il **moto di rivoluzione** è quello che la Luna compie ruotando intorno alla Terra in senso antiorario secondo un'orbita ellittica di cui la Terra occupa uno dei fuochi. Il punto di minima distanza dalla Terra è il **perigeo**, quello di massima distanza è l'**apogeo**.
- Il **moto di traslazione** è quello che la Luna compie ruotando intorno al Sole assieme alla Terra lungo l'eclittica.
Tale moto, la cui traiettoria è una complessa curva detta **epicicloide**, avviene con la stessa velocità e nello stesso tempo di quello di rivoluzione della Terra.

Che cosa sono le fasi lunari?

- Durante il **mese lunare**, il tempo necessario perché la Luna ritorni nella stessa posizione rispetto al Sole e alla Terra, la faccia della Luna a noi visibile assume diversi aspetti, le **fasi lunari**, che durano circa una settimana ciascuna. Queste fasi sono:
1ª fase: novilunio o Luna nuova
La Luna si trova tra la Terra e il Sole (si dice in **congiunzione**) ed è a noi invisibile perché ci mostra la faccia non illuminata.

2ª fase: primo quarto
Sole e Luna si trovano a 90° rispetto alla Terra (si dice in **quadratura**); noi vediamo solo un quarto di Luna perché il Sole illumina solo la metà della sua faccia visibile.
3ª fase: plenilunio o Luna piena
La Terra si trova tra il Sole e la Luna (si dice in **opposizione**) e questa ci mostra quindi tutta la faccia completamente illuminata.
4ª fase: ultimo quarto
Sole e Luna si trovano ancora a 90° rispetto alla Terra (cioè in **quadratura**), quindi vedremo ancora solo un quarto di Luna.

Che cosa sono le maree?

- Le **maree** sono periodici cambiamenti del livello del mare che si ripetono due volte al giorno ogni sei ore circa. Esse sono dovute alla forza di attrazione che la Luna e il Sole esercitano sulle masse d'acqua presenti sulla Terra.
Quando si verifica un innalzamento del livello del mare si parla di **alta marea**.
Quando si verifica un abbassamento del livello del mare si parla di **bassa marea**.

Che cosa sono le eclissi?

- La Terra e la Luna, come tutti i corpi opachi illuminati, proiettano la loro ombra dalla parte opposta a quella illuminata; ciò fa sì che tutte le volte che Terra, Luna e Sole sono perfettamente allineati, si determina l'oscuramento parziale o totale della Luna, **eclissi di Luna**, o del Sole, **eclissi di Sole**. Si ha l'**eclissi di Luna** quando la Terra viene a trovarsi allineata tra il Sole e la Luna in fase di plenilunio e, in questo caso, oscura la Luna con la sua ombra. Si ha l'**eclissi di Sole** quando la Luna in fase di novilunio viene a trovarsi allineata tra il Sole e la Terra e, in questo caso, oscura il Sole con la sua ombra.

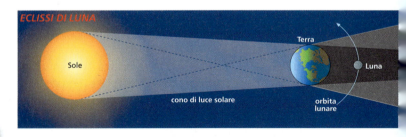

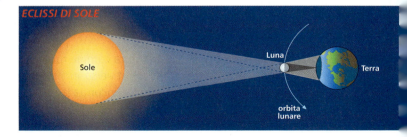

168 Astronomia e Scienze della Terra

unità 11 → La Terra: il nostro pianeta

ragiona e applica

... le conoscenze

1. Che cos'è il reticolato geografico? ....
   Da che cosa è costituito? ....

2. Che cosa sono i paralleli e i meridiani?

3. Che cosa rappresentano l'equatore e il meridiano di Greenwich?

4. Quali sono le coordinate di una località?

5. Completa le seguenti affermazioni.
   a. La latitudine di una località P è la distanza di P ....,
      misurata sull'arco di .... compreso fra P e ....
   b. La longitudine di una località P è la distanza di P ....,
      misurata sull'arco di .... compreso fra P e ....

6. Completa le seguenti affermazioni.
   a. Il moto di rotazione della Terra è quello ....
      ....
   b. Le sue conseguenze sono ....
      ....

7. Che cos'è il circolo di illuminazione?

8. Che cosa si intende per giorno sidereo? Quanto dura?

9. Che cosa si intende per giorno solare? Quanto dura?

10. Completa le seguenti affermazioni.
    a. Il moto di rivoluzione della Terra è quello ....
       descrivendo un'orbita .... detta ....
    b. Durante il moto di rivoluzione l'asse terrestre, che è ....
       rispetto al piano dell'orbita, resta costantemente ....
    c. Le conseguenze ....
       ....
       ....

Il pendolo di Foucault.

→ La Terra: il nostro pianeta   ▼ ragiona e applica

11. Completa. Nell'emisfero settentrionale:
   a. il 21 marzo inizia ....
   b. il 23 settembre inizia ....
   c. il 21 giugno inizia ....
   d. il 22 dicembre inizia ....

12. Rispondi alle seguenti domande.
   a. Quale giorno è chiamato equinozio di primavera? ....
   b. Che cosa segna nell'emisfero settentrionale? ....
   c. E nell'emisfero meridionale? ....
   d. Quali sono le sue caratteristiche in riferimento alla durata del giorno e della notte? ....
   ....

13. Rispondi alle seguenti domande.
   a. Quale giorno è chiamato solstizio d'inverno? ....
   b. Che cosa segna nell'emisfero settentrionale? ....
   c. E nell'emisfero meridionale? ....
   d. Quali sono le sue caratteristiche in riferimento alla durata del giorno e della notte? ....
   ....

14. Che cos'è la Luna?

15. Descrivi le principali caratteristiche della Luna.

16. Segna il completamento esatto. Sulla Luna:
   a. non c'è atmosfera.
   b. c'è un'atmosfera molto rarefatta.
   c. c'è un'atmosfera ricca di anidride carbonica.

17. Completa.
   La Luna compie il moto di rotazione ruotando ....
   intorno al proprio .... da .... in un
   periodo di ....

18. Completa.
   La Luna compie il moto di rivoluzione ruotando intorno .... in senso
   .... secondo un'orbita .... di cui la Terra
   occupa .... in un periodo di ....

19. Che cosa sono il mese sidereo e il mese lunare?

20. Completa.
   La Luna compie il moto di traslazione ruotando intorno .... seguendo
   .... lungo ....

21. Che cosa sono le fasi lunari? Descrivile.

170 Astronomia e Scienze della Terra

22. Che cosa si intende per alta marea e bassa marea?

23. Qual è la differenza fra maree vive e maree morte?

24. Quando può accadere un'eclissi? Perché?

25. Che cosa si intende per eclissi di Luna? Quando si dice parziale e quando totale?

26. Che cosa si intende per eclissi di Sole? Quando si dice parziale e quando totale?

... le abilità

27. Che cosa rappresentano le seguenti figure?

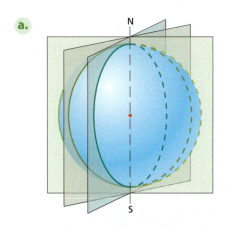
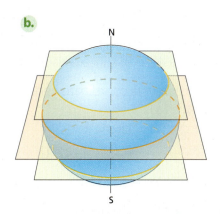

a. ....
....
....

b. ....
....
....

28. Osserva le figure e completa quanto richiesto.

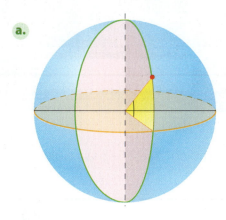
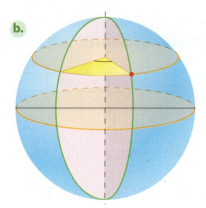

a. La parte colorata in giallo rappresenta la
....

b. La parte colorata in giallo rappresenta la
....

La Terra: il nostro pianeta — ragiona e applica

29. Nel reticolato a fianco disegna la latitudine e la longitudine dei punti A e B.

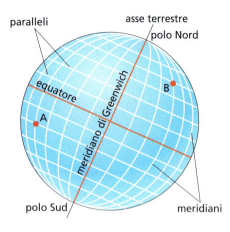

30. Per individuare un punto sulla superficie terrestre è sufficiente dire che, ad esempio, si trova a latitudine 38° e longitudine 40°? Giustifica la risposta.

31. Quali possono essere le coordinate geografiche di un punto P nell'emisfero settentrionale? Segna la risposta esatta.
- a. 22° S - 31° O
- b. 35° S - 23° E
- c. 0° - 35° E
- d. 24° N - 49° O

32. Completa la figura inserendo i termini e/o le date dove richiesto.

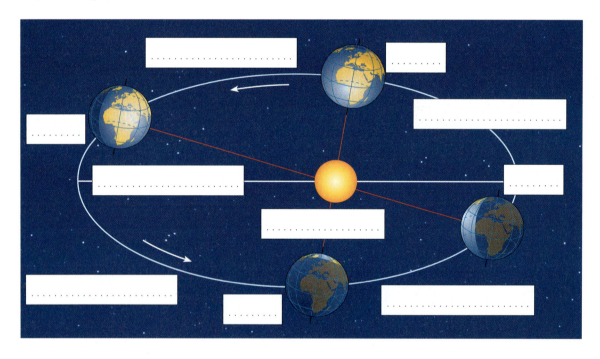

33. Quale delle tre figure rappresenta il solstizio d'estate nel nostro emisfero? Segnala e giustifica la risposta.

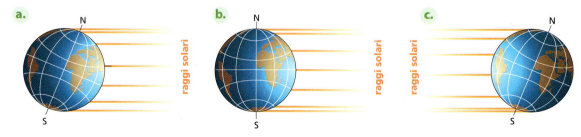

34. Quale delle due figure a fianco rappresenta un solstizio e quale un equinozio? Perché?

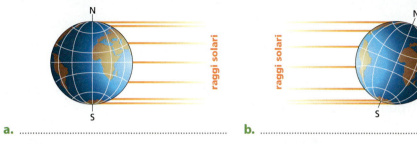

a. .... b. ....
....

35. Per quale motivo la durata del dì non è mai uguale alla durata della notte, tranne il 21 marzo e il 23 settembre?

36. Se l'asse di rotazione della Terra fosse perpendicolare al piano dell'orbita terrestre, che cosa accadrebbe? Segna l'ipotesi esatta e giustificala.
   a. Non ci sarebbero le stagioni.
   b. Il Sole all'equatore non tramonterebbe mai.
   c. La durata del giorno sarebbe uguale alla durata della notte.

37. Segna il completamento esatto. Nel solstizio d'inverno i raggi del Sole arrivano:
   a. perpendicolari all'equatore.
   b. perpendicolari al Tropico del Cancro.
   c. perpendicolari al Tropico del Capricorno.
   d. perpendicolari al polo Sud.

38. Perché la Luna rivolge alla Terra sempre la stessa faccia?

39. Segna i completamenti esatti. Il moto di rotazione della Luna:
   a. si compie intorno al proprio asse.
   b. si completa in circa 28 giorni.
   c. si compie sullo stesso piano dell'eclittica.
   d. determina il giorno lunare.

40. Che cosa rappresentano le seguenti figure? Scrivilo al posto dei puntini.

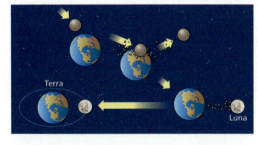

a. ....

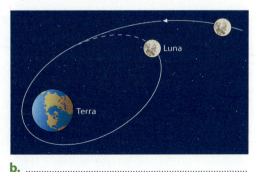

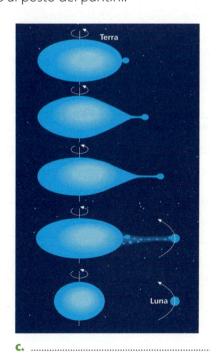

b. .... c. ....

173

→ La Terra: il nostro pianeta   ▼ ragiona e applica

41. Osserva le due figure e indica che tipo di marea (alta o bassa) si sta verificando in ciascuna di esse nel punto A. Giustifica la risposta.

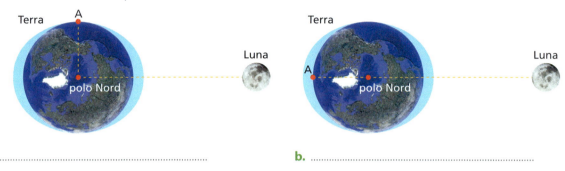

a. ....   b. ....

42. Vero o falso? Scrivilo accanto a ciascuna affermazione.
    a. Le fasi lunari sono quattro. ....
    b. Nella fase di Luna nuova il nostro satellite è interamente visibile. ....
    c. I quarti di Luna sono quattro. ....
    d. Durante la fase di Luna piena la Luna è parzialmente visibile. ....

43. Spiega che cosa rappresentano le seguenti figure dopo aver inserito i termini richiesti.

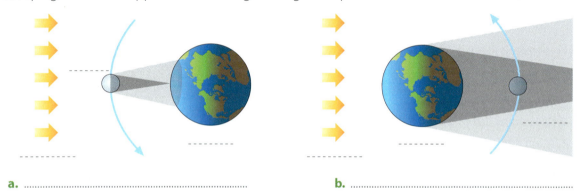

a. ....   b. ....

44. Riguardo alle eclissi, se supponessimo che l'orbita lunare e quella terrestre giacessero sullo stesso piano, quale o quali di queste condizioni si potrebbero verificare? Segnale.
    a. Non ci sarebbero mai eclissi di Sole.
    b. A ogni novilunio ci sarebbe un'eclissi di Sole.
    c. Non ci sarebbero mai eclissi di Luna.
    d. A ogni plenilunio ci sarebbe un'eclissi di Luna.
    e. Ci sarebbero un'eclissi di Sole e una di Luna ogni settimana.

45. Quale delle tre figure rappresenta un'eclissi totale di Luna? E quale un'eclissi totale di Sole? ....

Perché? ....
....
....
....

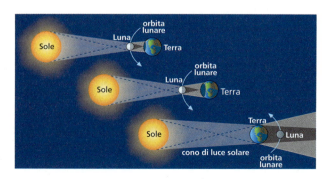

Unità 12

I VIVENTI NELLA BIOSFERA

Perché ne parliamo?

Ti sei mai chiesto perché non troverai mai leoni, cammelli o degli orsi polari nel nostro ambiente? Lo sai che animali della stessa specie spesso vivono in società ben organizzate? Se lasciate indisturbate nel proprio ambiente le diverse specie si autoregolano instaurando forme di convivenza predazione parassitismo o simbiosi. La scienza che studia come gli animali interagiscono con l'ambiente in cui vivono si chiama **ecologia**. Le specie animali e vegetali si organizzano in ecosistemi, piccole porzioni della biosfera che comunicano tra di loro formando i **biomi**. Ogni bioma è influenzato da tutta una serie di fattori come temperatura luce acqua e che a loro volta determinano la presenza di specie vegetali e animali.
Esiste un linguaggio degli animali? Gli animali possono imparare? A queste domande risponde l'**etologia**, la scienza che studia il comportamento degli animali, il modo in cui comunicano le proprie esigenze, come svolgono la loro vita sociale instaurando rapporti di coppia, di famiglia, di gruppo, di società vere e proprie con rigide regole di convivenza.

Contenuti
- Dall'habitat all'ecosistema
- I componenti abiotici e biotici di un ecosistema
- Catene alimentari
- La piramide ecologica, l'equilibrio e la dinamica degli ecosistemi
- Le zone climatiche della Terra
- I grandi ambienti: i biomi terrestri
- Lo studio del comportamento animale, comportamenti innati e appresi

Prerequisiti
- Conoscere i concetti di atmosfera, idrosfera e litosfera
- Conoscere il concetto di biosfera

Obiettivi
- Conoscere il significato di habitat, popolazione, comunità biologica e biotipo
- Conoscere il significato di ecosistema
- Conoscere il significato di catena alimentare e piramide ecologica
- Conoscere il significato di equilibrio biologico, sapere individuare e successioni ecologiche
- Conoscere le zone climatiche della Terra e le loro caratteristiche
- Conoscere il significato di bioma e saper distinguere i biomi terrestri e acquatici
- Saper individuare i comportamenti e le modalità di apprendimento negli animali

unità 12

→ I viventi nella biosfera

Ecologia: dall'habitat all'ecosistema

Abbiamo esaminato le diverse forme di esseri viventi che popolano il nostro pianeta e che, come sai, assieme all'idrosfera, all'atmosfera e alla litosfera, formano lo speciale ambiente che è la **biosfera**.
Ma come sono organizzati gli esseri viventi all'interno della biosfera?

Ogni individuo, animale o pianta, vive in un ambiente ben preciso in cui trova le condizioni adatte alla sua esistenza.
Chiamiamo questo ambiente **habitat** di quell'individuo: la città è l'habitat dell'uomo, l'orto della chiocciola, il sottosuolo del lombrico, il bosco della felce e delle vipere, il lago dell'anatra, i ghiacciai polari dell'orso bianco, l'oceano di uno squalo ecc.

> L'**habitat** è l'ambiente in cui ogni essere vivente vive avendo trovato in esso le condizioni più adatte alle sue esigenze vitali.

Ma nel proprio habitat un organismo non vive mai da solo, in un habitat troveremo sempre un insieme di individui della stessa specie che formano una **popolazione**.

> Individui di una stessa specie che vivono in uno stesso habitat formano una **popolazione**.

Sono popolazioni l'insieme delle formiche di un formicaio, dei cigni di un lago, dei papaveri di un campo, dei pini di una pineta ecc.

Scienziati si diventa

Le varie popolazioni di animali e piante che vivono in uno stesso ambiente formano una **comunità biologica** e l'ambiente stesso (atmosfera, idrosfera, suolo) in cui vive una comunità si chiama **biotopo**.
In un prato, ad esempio, formano la **comunità biologica** le popolazioni di cavallette, conigli, erba e papaveri che vi vivono, formano il **biotopo** il terreno, l'acqua e l'atmosfera che lo caratterizzano con le loro proprietà fisiche e chimiche. L'insieme della comunità biologica e del biotopo forma l'**ecosistema**, che è quindi costituito da due componenti fondamentali: una vivente composta da tutte le varie popolazioni che formano la comunità biologica, detta **componente biotica**, e una non vivente formata dalle parti di idrosfera, atmosfera e litosfera che formano il biotopo, detta **componente abiotica**.

unità 12

→ **I viventi nella biosfera**

> Un **ecosistema** è un'unità funzionale costituita dalla **componente abiotica**, l'ambiente con le sue proprietà fisiche e chimiche, e dalla **componente biotica**, la comunità biologica che in esso vive, caratterizzato quindi dalle interazioni che legano queste due componenti.

I vari ecosistemi della Terra si influenzano reciprocamente e tutti insieme formano un unico grande ecosistema, la **biosfera**, che comprende tutte quelle parti di idrosfera, atmosfera e litosfera nelle quali è presente la vita.

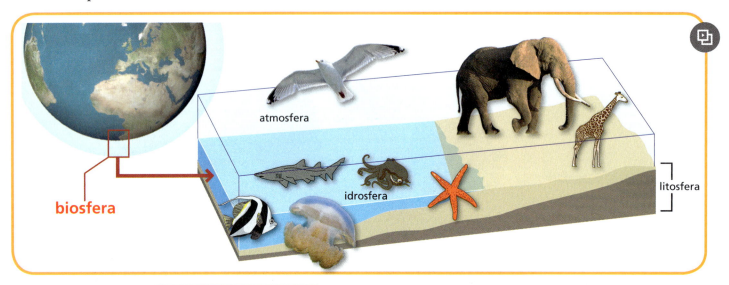

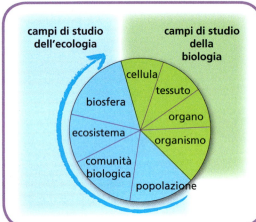

Popolazione, comunità biologica, ecosistema e **biosfera** sono i **livelli** più complessi **di organizzazione della vita**, del cui studio si occupa una scienza specifica: l'**ecologia**.

L'ecologia, il termine è stato introdotto dal biologo Ernest Haeckel nel 1869, si è sviluppata nel corso degli anni ed è ormai diventata essenziale per analizzare il rapporto fra i vari individui di una popolazione, fra le varie popolazioni di un ecosistema, fra le popolazioni di un ecosistema e il biotopo in cui vivono e fra l'uomo e la natura.

> L'**ecologia** è la scienza che studia le relazioni tra gli esseri viventi di un ecosistema e fra gli esseri viventi e l'ambiente, cioè fra i componenti abiotici e i componenti biotici di ogni ecosistema.

Test rapido

- Che cosa s'intende per habitat di un essere vivente?
- Che cosa sono la popolazione e la comunità biologica?
- Che cos'è un ecosistema?
- Che cos'è l'ecologia?

I componenti abiotici di un ecosistema

I **componenti abiotici** sono i fattori che determinano le condizioni di vita di un ecosistema influenzando la varietà e le caratteristiche degli esseri viventi presenti in quell'ecosistema.
I principali fattori abiotici sono: l'**acqua**, la **temperatura**, la **luce**, la **pressione atmosferica** e il **suolo**.

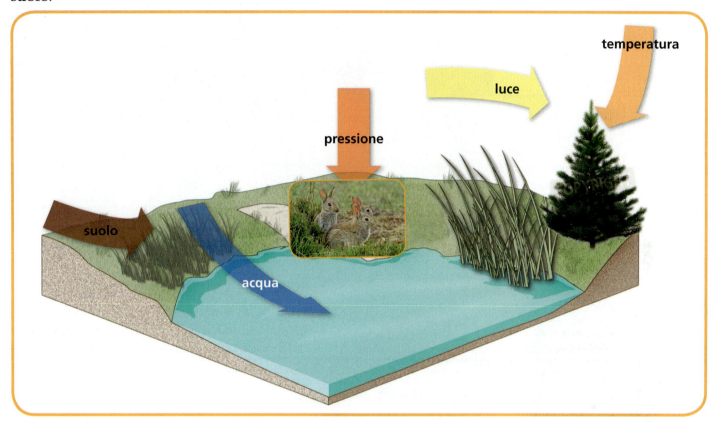

L'acqua

L'acqua è essenziale per tutti gli esseri viventi, in quanto la materia vivente è formata in massima parte di acqua. In base al bisogno di acqua, che varia da specie a specie, gli organismi si distinguono in *idrofili*, *igrofili* e *xerofili*.

- Sono **idrofili** quelli che vivono nell'acqua, come i pesci, i molluschi, i crostacei, le alghe e le piante acquatiche.
- Sono **igrofili** quelli che vivono in ambienti molto umidi, come gli anfibi, i lombrichi, le chiocciole, i salici, i pioppi.
- Sono **xerofili** quelli che vivono in ambienti aridi, come il dromedario, alcuni rettili, le piante del deserto.

179

unità 12 — I viventi nella biosfera

Animali e vegetali hanno sviluppato particolari accorgimenti per adattarsi alla disponibilità di acqua dell'ambiente in cui vivono.

Le piante grasse riescono ad accumulare grandi quantità di acqua nel loro fusto potendo così sopravvivere a periodi di siccità.

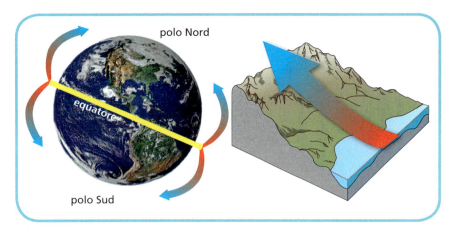

La temperatura

La temperatura è molto importante perché influisce su buona parte delle funzioni degli organismi viventi. Essa dipende dalla quantità e dall'inclinazione con cui le radiazioni solari arrivano sulla Terra, diminuisce quindi se ci si allontana dall'equatore e se ci si innalza sopra il livello del mare.

Animali e piante, per sopportare gli sbalzi di temperatura dovuti al variare delle stagioni e all'alternarsi del giorno e della notte, mettono in atto vari sistemi di adattamento.

La volpe polare (qui a lato) ha una pelliccia folta per difendersi dal freddo e orecchie piccole e tozze per disperdere meno calore. La volpe del deserto (a destra) ha una pelliccia meno folta e orecchie lunghe e larghe per disperdere il calore corporeo.

180 Biologia

La luce

La luce solare è la principale fonte di energia per i viventi. Indispensabile alle piante perché consente la fotosintesi clorofilliana, essa influenza anche altri importanti eventi fisiologici degli esseri viventi, come la fioritura delle piante e la riproduzione degli animali.

Molte specie di uccelli si riproducono in primavera all'aumentare delle ore di luce.

Per sfruttare la luce i fiori del sottobosco fioriscono a inizio primavera prima che gli alberi si ricoprano di foglie togliendo loro luce.

La pressione

Anche la pressione atmosferica è un fattore importante per gli esseri viventi. Alcuni mammiferi che vivono ad alte quote, quali il lama, lo stambecco e lo yak, si sono adattati alla minore pressione e quindi alla rarefazione dell'aria e alla ridotta disponibilità di ossigeno. Essi possiedono globuli rossi più attivi e con una vita più lunga, capaci di legare più facilmente l'ossigeno.

Lama.

Il suolo

Il suolo, diverso nei diversi ambienti, influenza flora e fauna. Molte piante vivono su qualsiasi tipo di terreno, altre invece richiedono caratteristiche ben precise.

Le piante alofile crescono in suoli ricchi di sale, spiagge o dune sabbiose, le piante acidofile cercano suoli acidi, le piante basofile suoli basici.

Pianta alofila.

Test rapido

- Quali sono i componenti abiotici di un ecosistema?
- In che modo i fattori abiotici influenzano le popolazioni di un ecosistema?

unità 12 — I viventi nella biosfera

I componenti biotici di un ecosistema

La comunità biologica che vive in un ecosistema è caratterizzata dalle interazioni che legano le varie popolazioni fra loro e la comunità con l'ambiente. Queste interazioni costituiscono i **fattori biotici** dell'ecosistema.

Gli individui si uniscono in popolazioni per vari scopi: difesa del territorio, aiuto reciproco, ricerca del cibo, sopravvivenza della specie ecc.
Tutto il mondo vivente si associa in forme più o meno progredite e più o meno vantaggiose formando le **società**. Se lo scopo della società è l'utilità del gruppo, si parla di **società collettivistica** e **permanente**; se lo scopo è il bisogno di ogni singolo individuo di essere difeso o aiutato nella ricerca del cibo e nell'allevamento dei piccoli, si parla di **società individualistica** e **temporanea**.

Formicaio.

Api, vespe e formiche formano società permanenti per garantire la sopravvivenza dell'intera comunità.

All'interno di una società, popolazioni e individui instaurano diversi tipi di rapporto, fra i quali la *competizione*, la *predazione*, il *mimetismo*, la *simbiosi* e il *parassitismo*.

- La **competizione** si instaura quando l'ambiente non offre risorse sufficienti a tutti gli individui che, per sopravvivere, devono competere tra loro per contendersi e assicurarsi le risorse necessarie e per difendere il proprio ambiente da intrusi. Può instaurarsi anche all'interno di una specie per stabilire supremazie gerarchiche quali il comando del gruppo o il diritto di accoppiarsi.

Due gnu in competizione per la difesa del territorio.

- La **predazione** è una forma di rivalità fra animali che porta un essere vivente, il **predatore**, a uccidere un altro essere vivente, la **preda**, per soddisfare la fondamentale esigenza di nutrirsi.
Essa influisce sul numero di individui di una popolazione e sulle diversità delle specie che formano la comunità biologica dell'ecosistema.

182 Biologia

- Il **mimetismo** è la capacità che hanno alcuni animali di confondersi con l'ambiente o di assumere forme e colori simili a quelli di altri animali per sfuggire agli aggressori o cogliere di sorpresa le prede.

La mantide orchidea assume l'aspetto di un fiore per mimetizzarsi.

Il camaleonte assume il colore dell'ambiente in cui si trova.

- La **simbiosi** è un rapporto basato sull'utilità del rapporto stesso e può assumere varie forme: inquilinismo, commensalismo, mutualismo.
  - L'**inquilinismo** è un rapporto limitato all'occupazione dello stesso spazio vitale; solo un individuo trae vantaggio da questo rapporto, senza però arrecare danno all'altro.

Il pesce pagliaccio vive fra i tentacoli dell'attinia dalla quale riceve cibo e protezione.

Un mollusco cirripede cresce sul dorso di un granchio Eremita.

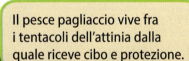

  - Il **commensalismo** è un rapporto in cui un individuo trae più vantaggio dell'altro, generalmente comporta l'utilizzazione da parte di un individuo del cibo che l'altro lascia.

unità 12 — I viventi nella biosfera

- Il **mutualismo** è un rapporto simbiotico dove sussiste vantaggio per entrambi gli individui.

Paguro e attinia convivono: il paguro, nella foto in primo piano, permette all'attinia di muoversi facilitandole la ricerca del cibo e questa difende il paguro con i suoi tentacoli.

- Il **parassitismo** è un rapporto in cui uno dei due individui vive a spese dell'altro che viene danneggiato.
Numerosi sono gli esempi di parassiti: il plasmodio della malaria, la tenia, i pidocchi, le pulci, le zecche, i funghi (ruggine, carbone e peronospora), gli afidi, la cuscuta e il vischio che si nutrono della linfa delle piante.

Una cuscuta, pianta parassita, cresce su una pianta ospite.

Pidocchio tra le barbule di una piuma d'uccello.

Test rapido

- Che cosa si intende per fattori biotici di un ecosistema?
- Quando una società si dice permanente e quando temporanea?
- Quando si parla di competizione e di predazione?
- In che cosa consiste il mimetismo?
- Che cos'è la simbiosi e quali forme può assumere?
- Che cos'è il parassitismo?

Catene alimentari

In ogni ecosistema, come abbiamo visto, i vari individui sono legati da profonde relazioni. Una di queste è molto importante e determina quasi sempre il comportamento delle popolazioni, stiamo parlando della relazione che si instaura per il **bisogno primario di nutrirsi**. Soltanto le piante, ovviamente, non hanno bisogno di altri esseri viventi, ma gli animali, per questa esigenza, dipendono o dalle piante (erbivori) o da altri animali (carnivori e onnivori).

All'interno di un ecosistema, quindi, troveremo gli animali carnivori predatori che mangiano le loro prede, i carnivori necrofagi (iene, avvoltoi e sciacalli) che si cibano dei resti organici dei viventi e gli erbivori che si cibano di vegetali.

Ma le carcasse dei vari animali, predatori e prede, abbandonate sul terreno e le foglie e i rami secchi caduti sul terreno, che fine fanno? Particolari esseri viventi (batteri, funghi, protozoi e lombrichi), detti **saprofagi**, si nutrono proprio di questi residui e li trasformano in sostanze inorganiche semplici che vengono così restituite all'ambiente.

Airone cenerino inghiotte un pesce.

La **catena alimentare** è la successione degli esseri viventi di un ecosistema stabilita secondo i rapporti alimentari che si instaurano fra essi.
- Il **primo livello trofico** è costituito dai **vegetali** (autotrofi), che non hanno bisogno di altri esseri viventi per nutrirsi ma che, anzi, costituiscono il nutrimento base di vari esseri viventi, essi sono detti **produttori**.
- Dal **secondo livello** in poi troviamo esseri viventi la cui vita dipende dai produttori e che vengono perciò detti **consumatori**.
- In essi distinguiamo: gli erbivori, che formano il **secondo livello** e sono detti **consumatori di 1° ordine**; i carnivori, che occupano i successivi livelli, e sono detti rispettivamente **consumatori di 2°, 3°, 4°... ordine**.
- La catena viene chiusa dagli organismi che decompongono i vari detriti e resti, essi sono chiamati **bioriduttori** o **decompositori**.

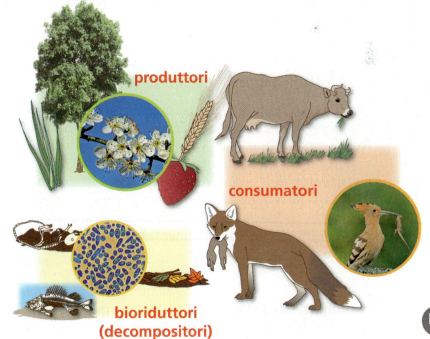

Test rapido

- Che cosa si intende per catena alimentare?
- Quali sono i livelli trofici di una catena alimentare?

unità 12 — I viventi nella biosfera

La piramide ecologica

Osserviamo la catena alimentare di un prato, fra i suoi anelli sta avvenendo un **passaggio di materia** e un **flusso di energia**, quella solare immagazzinata come energia chimica dai vegetali.

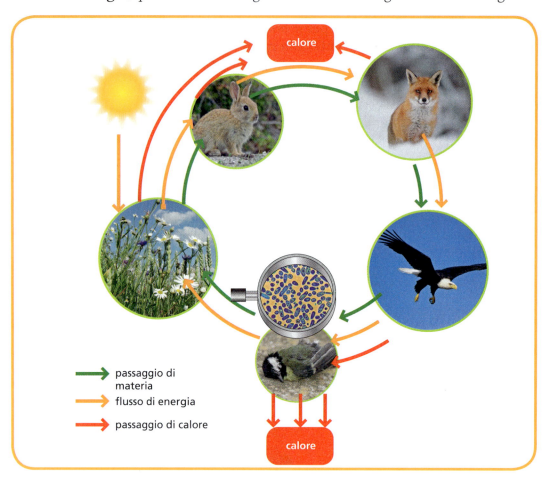

- passaggio di materia
- flusso di energia
- passaggio di calore

Consideriamo il primo anello, il coniglio sta mangiando dell'erba.

L'erba, una volta assimilata dall'organismo, diventerà carne, ossa, pelo ecc. di questo coniglio.
Ma proprio tutta la materia e l'energia presente nell'erba si trasformeranno in carne, ossa, pelo ecc.? **No**. Una parte di energia viene trasformata in calore che si disperde nell'ambiente e una parte di materia viene eliminata come scarto e rifiuti. Questo significa che nel passaggio dai produttori ai consumatori di 1° ordine, ma anche nel passaggio dai consumatori di 1° ordine a quelli di 2° ordine e così via, si ha una graduale riduzione di energia e di materia.

> All'interno di una catena alimentare, la materia circola e l'energia fluisce perdendosi a mano a mano da un livello all'altro.

È accertato che, in una catena alimentare, il **tetto massimo di utilizzo di materia** e **di energia disponibile a ogni passaggio** rispetto a quelle del livello trofico precedente **è del 10%**, solo 1/10 di materia e 1/10 di energia forniti da un anello sono utilizzabili quindi dall'anello successivo.

Se consideriamo gli organismi della nostra catena alimentare:

$$\text{erba} \rightarrow \text{conigli} \rightarrow \text{volpi} \rightarrow \text{falco}$$

avremo quindi una costante diminuzione di materia e di energia, con una conseguente diminuzione sia del **numero di individui**, dai produttori ai vari consumatori, sia della **quantità totale di sostanza vivente** presente in ciascun livello trofico, cioè di tutta la massa degli individui della catena alimentare, esattamente della loro **biomassa**.

186 Biologia

Nel nostro caso possiamo quindi dire che:
- **1000 kg** di erba nutrono **100 kg** di conigli;
- **100 kg** di conigli nutrono **10 kg** di volpi;
- **10 kg** di volpi nutrono **1 kg** di falco;

e anche che:
- su **1000 kcal** di energia dell'erba **100 kcal** sono per i conigli;
- su **100 kcal** di energia dei conigli **10 kcal** sono per le volpi;
- su **10 kcal** di energia delle volpi **1 kcal** è per il falco.

In una catena alimentare si hanno quindi, per il numero di individui, per la biomassa e per l'energia, distribuzioni a piramide, dette **piramidi ecologiche** o **alimentari**:
- in relazione al numero di individui si ha la **piramide dei numeri**;
- in relazione alla biomassa, si ha la **piramide della biomassa**;
- in relazione all'energia, si ha la **piramide dell'energia**.

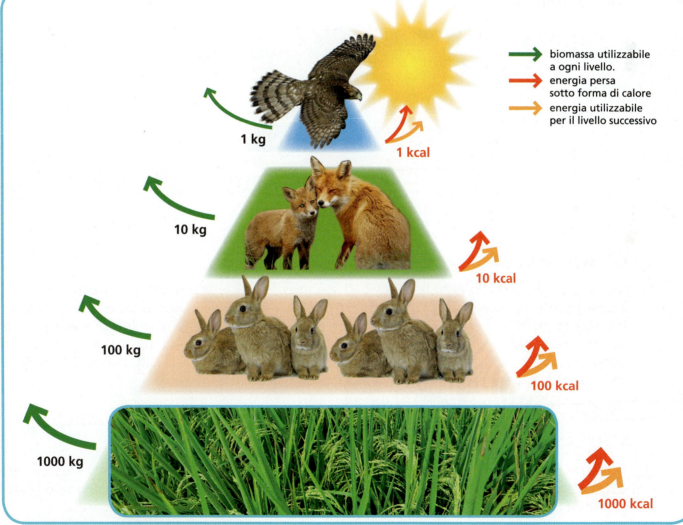

Test rapido

- Perché si dice che la materia circola e l'energia fluisce perdendosi a mano a mano da un livello all'altro?
- Che cosa sono le piramidi ecologiche?

→ I viventi nella biosfera

unità 12
Le zone climatiche della Terra

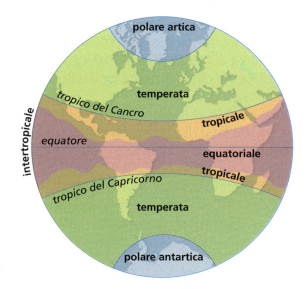

Come abbiamo visto gli esseri viventi intrecciano costantemente relazioni di natura diversa dando origine a catene e reti alimentari che caratterizzano le varie comunità biologiche. Assieme al proprio biotopo, queste comunità biologiche caratterizzano a loro volta i vari **ecosistemi** influenzando e influenzati dai singoli fattori, biotici o abiotici.

Fra i fattori abiotici che determinano la varietà degli ecosistemi alcuni, quali l'**altitudine**, la **vicinanza del mare o delle montagne**, la **circolazione di masse di aria** e le **correnti oceaniche**, stabiliscono le **condizioni meteorologiche** e quindi il **clima** che, come ricorderai, è la media delle condizioni meteorologiche (temperatura, precipitazioni, umidità, venti ecc.) che si sono verificate in un certo luogo e per un periodo abbastanza prolungato.

Le zone della Terra che hanno un clima con caratteristiche abbastanza simili formano le **zone climatiche**: la **zona polare** (quella artica a nord, quella antartica a sud), la **zona temperata** (una nell'emisfero boreale e una nell'emisfero australe), la **zona intertropicale**, suddivisa in **tropicale** ed **equatoriale**.

188 Biologia

Osserviamone le più importanti caratteristiche.

Le due **zone polari** comprendono i poli e le aree circostanti. Sono caratterizzate da una temperatura al di sotto di 0 °C e da precipitazioni solo a carattere nevoso.

Le **zone temperate** (l'Italia si trova in quella boreale) sono caratterizzate dall'alternarsi delle stagioni con periodi caldi e periodi freddi.

Le due fasce di **zona tropicale** sono caratterizzate da un'elevata umidità e temperature mai al di sotto dei 15 °C. Non è mai inverno e si parla solo di stagione arida e stagione piovosa.

La **zona equatoriale** è caratterizzata da un'estrema umidità (piove quasi tutti i giorni) e da temperature mai inferiori ai 20-22 °C.

Test rapido

- Quali fattori stabiliscono il clima di un ecosistema?
- Che cosa sono e quali sono le zone climatiche?

189

unità 12 I grandi ambienti: i biomi terrestri

La **foresta decidua** si estende in Europa centrale, nell'Asia orientale e in America settentrionale.
È caratterizzata dall'alternarsi delle stagioni: inverni freddi e umidi ed estati moderatamente calde.

La **taiga**, o **foresta di conifere**, si estende in vaste zone dell'**America settentrionale**, in Scandinavia e nella Russia siberiana.
È caratterizzata da un clima freddo con piogge scarse e abbondanti nevicate e inverni lunghi e rigidi.

Il **deserto**, tipico delle zone dove le piogge sono rare o molto scarse, si estende a nord e a sud dell'equatore, in Africa, in Asia, in America e in Australia. Può essere **caldo**, come il Sahara (in Africa) o il Colorado (in America settentrionale), o **freddo**, come il deserto del Gobi e del Turkestan (in Asia) e il Kalahari (in Africa).

In relazione ai vari aspetti climatici che caratterizzano le diverse aree geografiche della Terra, gli ecosistemi interagiscono tra di loro dando origine ai **biomi**, i grandi ambienti del nostro pianeta.

Il **bioma** è l'insieme delle comunità vegetali e animali che, in una determinata zona climatica, hanno raggiunto una relativa stabilità, mantenuta dall'equilibrio delle condizioni ambientali.

All'interno di ogni bioma spesso sono presenti vari ecosistemi con caratteristiche simili ma condizioni fisiche diverse che determinano una flora e una fauna più specifiche.
Questi grandi ambienti ecologici vengono distinti in **biomi terrestri** e **biomi acquatici**.

La **prateria** è caratteristica delle zone temperate in prossimità dei deserti; la troviamo in America settentrionale, in Europa, in Russia, in Cina, dove prende il nome di **steppa**, e in Argentina, dove prende il nome di **pampas**.

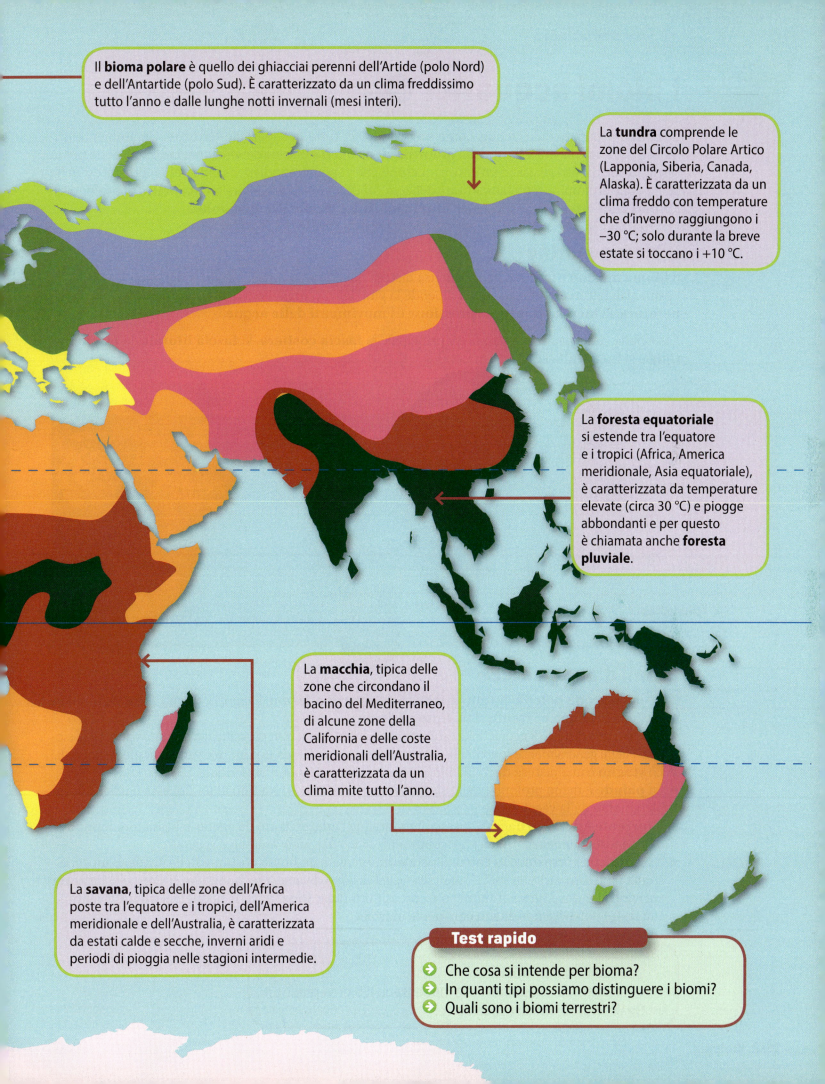

unità 12 — I viventi nella biosfera

I biomi acquatici

Lo spazio occupato dalle acque, come sai, è il 71% di tutta la superficie terrestre. Un ambiente immenso nel quale la vita è legata alla **quantità di ossigeno** disciolto nell'acqua, indispensabile per la respirazione di tutti gli esseri viventi, e alla **luce** che vi penetra indispensabile per la fotosintesi delle alghe e che diminuisce con l'aumentare della profondità fino ad annullarsi a circa 200 m di profondità. I **biomi acquatici** si suddividono in **bioma marino** e **bioma d'acqua dolce**.

Il bioma marino

Il **bioma marino** è formato dall'immensa distesa d'acqua salata degli oceani e dei mari.
I principali fattori abiotici, dai quali dipende la vita dei vari organismi di questo bioma, sono la **temperatura**, la **luce**, la **salinità**, la **pressione** e i **movimenti delle acque**.

Esso viene suddiviso in quattro fasce principali: la **fascia costiera**, la **fascia litorale**, la **fascia batiale** e la **fascia abissale**.

Biomi d'acqua dolce

Il **bioma d'acqua dolce** è distinto in ecosistemi di **acqua ferma**, il lago, lo stagno e la palude, ed in ecosistemi di **acqua corrente**, il torrente e il fiume.
- Il **lago** è una distesa di acqua dolce abbastanza profonda da non prosciugarsi durante i periodi di siccità. I laghi generalmente sono ricchi di vegetazione e popolati da una grande varietà di specie animali.
- Lo **stagno** è una distesa d'acqua di modeste dimensioni e poco profonda.
- La **palude** è meno profonda dello stagno e poiché la luce arriva fino al fondo, essa è invasa completamente dalla vegetazione.
- Il **torrente** è un corso d'acqua spesso di montagna caratterizzato da acque a bassa temperatura e da una forte pendenza. Non è particolarmente ricco di specie animali e vegetali
- Il **fiume** è un corso d'acqua con una pendenza media e un flusso costante delle acque. È un ecosistema piuttosto vario: le specie animali e vegetali sono diverse a seconda che ci si trovi nella **zona torrentizia**, dove nasce il fiume, o in prossimità della **foce**, dove le acque del fiume diventano salmastre poiché si mischiano con quelle marine.

Test rapido
- Quali sono i biomi acquatici?
- Quali sono i fattori abiotici che influenzano il bioma marino?
- Quali sono i biomi di acqua dolce?

Etologia: lo studio del comportamento animale

Scienziati si diventa

Abbiamo visto che tutti gli esseri viventi vivono nel proprio **habitat**, l'ambiente alle cui condizioni ambientali si sono perfettamente adattati. Ogni essere vivente si è infatti adattato ai diversi ambienti sviluppando organi e funzioni ben precisi che ne assicurano la sopravvivenza, ma questa sopravvivenza dipende anche dalla capacità di stabilire rapporti di convivenza con tutti gli altri esseri viventi, della stessa specie o di specie diverse, che vivono nello stesso ambiente. Complessivamente possiamo dire che la sopravvivenza di un essere vivente è determinata anche dalla capacità che ha di rispondere ai vari stimoli interni ed esterni che riceve.

Sono **stimoli interni** quelli che un animale riceve dal proprio corpo per soddisfare l'esigenza primaria di sopravvivere: la fame, la sete e il bisogno di riprodursi.
Sono **stimoli esterni** quelli che un animale riceve dall'ambiente: la sensazione di un pericolo, la percezione di un cambiamento climatico, la mancanza di cibo o di acqua, la vista dei propri piccoli affamati ecc.

Il modo con cui un animale agisce per rispondere a questi vari stimoli interni ed esterni è il suo **comportamento**.

> Il **comportamento** è l'insieme di tutte le azioni che un animale compie in risposta agli stimoli interni ed esterni che riceve.

OSSERVA

Allo **stimolo interno** di riprodursi, il pavone risponde con un preciso **comportamento**, mostra la sua bella coda per richiamare una femmina.

Allo **stimolo esterno** dell'arrivo della stagione fredda, l'oca delle nevi, *Chen caerulescens*, risponde con un preciso **comportamento**, si unisce al gruppo e migra verso paesi caldi.

193

unità 12 — I viventi nella biosfera

Per studiare il comportamento degli animali è nata una scienza ben precisa, l'**etologia**, basata sull'osservazione degli animali in libertà nel loro ambiente naturale.

> **L'etologia** è la scienza che studia il comportamento animale dal punto di vista delle funzioni, delle cause, del valore adattativo e dell'evoluzione.

Comportamenti innati e appresi

Osserviamo alcuni animali.

I cuccioli del ghepardo appena nati sanno come succhiare il latte della madre e ne cercano istintivamente le mammelle.

I cuccioli dell'orso Grizzly osservano i maschi più grandi mentre cacciano i salmoni alle Brooks Falls, Alaska.

Possiamo dire che esistono due tipi di comportamento, **innato** e **appreso**.

- **I comportamenti innati**, o **istinti**, sono i comportamenti compiuti istintivamente, fin dalla nascita, dagli animali di ogni determinata specie in quanto fanno parte del proprio bagaglio ereditario.
- **I comportamenti appresi**, o **apprendimenti**, sono i comportamenti che ogni animale acquisisce nel corso della sua vita attraverso l'esperienza e che derivano quindi dalla sua capacità di apprendere.

Sono **comportamenti innati**, ad esempio, quello del piccolo di qualsiasi mammifero che appena nato sa come succhiare il latte dalla mamma, quello del pulcino che appena nato inizia a beccare, quello di ogni uccello che fabbrica il nido tipico della sua specie o quello del ragno che tesse la sua ragnatela. Sono **comportamenti appresi**, ad esempio, quello dei cuccioli che, attraverso il gioco e l'esempio dei genitori, imparano a cacciare o a procurarsi il cibo, quello di una giovane scimmia che, imitando gli adulti, lava la patata prima di mangiarla o quello di uno scoiattolo che impara con l'esperienza come rompere la dura nocciola cercando i punti in cui il guscio è più sottile.

Test rapido

- Che cosa si intende per comportamento di un animale?
- Quando si parla di stimoli interni e quando di stimoli esterni?
- Che cos'è l'etologia?
- Che cosa si intende per comportamento di un animale?
- Quanti e quali sono i tipi di comportamento?

L'apprendimento

Gli animali quindi "**apprendono**", imparano cioè ad assumere certi comportamenti o a modificarli per renderli più adatti alla loro sopravvivenza.
Ciò può avvenire in vari modi; particolari tipi di apprendimento sono l'apprendimento per **assuefazione**, per **imitazione**, per **tentativi**, per **condizionamento** e per **intuizione**.

- **L'apprendimento per assuefazione** è la forma più semplice e consiste nel cambiare un comportamento quando lo stimolo che lo ha scatenato si rivela "privo di interesse", ovvero né utile né pericoloso.

Gli uccelli che prima scappavano alla vista di uno spaventapasseri, avendo imparato per **assuefazione** che è inoffensivo, non hanno più paura e vi si appoggiano sopra o beccano i semi vicino allo spaventapasseri.

- **L'apprendimento per imitazione** è quello che deriva dall'osservazione di un comportamento (spesso dei genitori, ma anche di altri individui del gruppo) che, risultando vantaggioso, viene imitato e trasmesso alle nuove generazioni.

Una cinciallegra buca il coperchio della bottiglia di latte e ne beve la gustosa panna. Un comportamento vantaggioso che per **imitazione** fu subito appreso dalle altre cinciallegre ed è diventato un comportamento tipico di questa specie.

- **L'apprendimento per tentativi** (o **per prove ed errori**) è quello che porta l'animale ad associare ogni azione al suo esito positivo o negativo e quindi a imparare solo le azioni che hanno dato esito positivo.

Le pecore, come qualsiasi mammifero, sanno come succhiare il latte, ma non sanno dove. Spostano il muso sul ventre della mamma finché non trovano le mammelle: per **prove ed errori** imparano dove succhiare.

Il cane, alla vista del guinzaglio, si agita contento perché per **associazione** ha imparato che è il momento di uscire.

- **L'apprendimento per condizionamento**, detto anche **per associazione**, è quello che porta a uno stesso comportamento, detto **riflesso condizionato**, per due stimoli diversi associati per un certo numero di volte. I due stimoli infatti condizionano l'animale a un certo comportamento che poi ripeterà anche in presenza di uno soltanto dei due stimoli, che da solo non determinerebbe quel comportamento.

I viventi nella biosfera

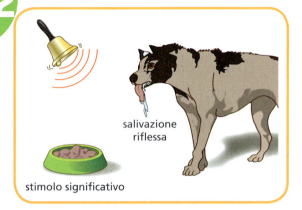

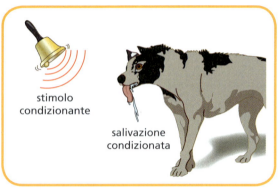

L'apprendimento per condizionamento fu studiato per la prima volta sui cani dal fisiologo russo **Ivan Pavlov** (1849-1936).

Pavlov, sapendo che nei cani l'odore del cibo aumenta la produzione di saliva, provò a offrire del cibo a un cane (stimolo significativo) facendo squillare allo stesso tempo un campanello. Dopo un certo numero di prove la salivazione del cane, che ormai associava l'arrivo del cibo al suono del campanello, aumentava anche solo al suono del campanello (stimolo condizionante) senza che arrivasse cibo.

Sono questi riflessi condizionati che permettono di addomesticare gli animali; basta premiare o punire l'animale ogni volta che si comporta in un determinato modo, quando esso avrà associato a certe azioni il premio o il castigo, le ripeterà o le eviterà automaticamente.

- **L'apprendimento per intuizione**, tipico degli animali più evoluti come le scimmie, è quello che porta l'animale a risolvere un problema utilizzando con l'intuito le risorse dell'ambiente.

La scimmia, non potendo raggiungere le banane perché troppo alte, se ha a disposizione delle casse, per intuizione le accatasterà e vi salirà sopra per prendere le banane.

Un particolare apprendimento, l'imprinting

Un particolare tipo di apprendimento è l'**imprinting** (dall'inglese *imprint*, "stampo", "impronta"), un apprendimento precoce che ogni individuo riceve dall'ambiente esterno al momento della nascita o nelle prime ore di vita, è indelebile e permane per tutta la vita.

Caratteristico è l'imprinting che induce, ad esempio, i neonati di alcuni uccelli, come il cigno, il pollo e l'anatra, a identificare come mamma il primo essere che appena usciti dall'uovo o nelle prime ore di vita si trova davanti ai loro occhi.

Generalmente questo primo essere è la madre, il piccolo la vede al momento della nascita, ne riceve "l'impronta" e, per **imprinting**, la segue e impara a riconoscerla per sempre come mamma.

Ma se questo primo essere è un individuo di un'altra specie, un uomo o una qualsiasi altra "cosa" in movimento, il piccolo riconoscerà tale "cosa" come "madre" e, per imprinting, la seguirà, ignorando i suoi simili.

Il fenomeno dell'imprinting è stato studiato da **Konrad Lorenz**, il padre dell'etologia, che divenne proprio la "mamma" di un'ochetta.

Lorenz fece nascere dei piccoli di oca selvatica da uova poste in incubatrice e quando un'ochetta uscì dall'uovo, avendo visto per primo il volto dello scienziato, lo considerò la sua mamma seguendolo costantemente e pigolando disperatamente in sua assenza. Fu così che Lorenz "adottò" la piccola oca che chiamò Martina.

L'imprinting, che si riscontra anche fra i mammiferi, è molto importante per la sopravvivenza dell'individuo e della specie.

Infatti il primo essere con cui un cucciolo viene a contatto, normalmente uno dei genitori, garantisce da piccoli le maggiori possibilità di difesa e nutrimento, da adulti il riconoscimento dei propri simili e quindi la possibilità di restare nel proprio gruppo e di riconoscere il partner giusto al momento della riproduzione.

Test rapido

- Quali tipi di apprendimento si riscontrano fra gli animali?
- Che cos'è il riflesso condizionato?
- Che cos'è l'imprinting?
- Perché è importante l'imprinting?

Konrad Lorenz e le sue oche.

197

unità 12 — I viventi nella biosfera

fissa i concetti chiave

Che cosa sono habitat, popolazione, comunità biologica e biotopo?

- L'**habitat** è l'ambiente in cui ogni essere vivente vive avendo trovato in esso le condizioni più adatte alle sue esigenze vitali.
- Individui di una stessa specie che vivono in uno stesso habitat formano una **popolazione**.
- Le varie popolazioni di animali e piante che vivono in uno stesso ambiente formano una **comunità biologica**.
- L'ambiente (atmosfera, idrosfera, suolo) in cui vive una comunità si chiama **biotopo**.

Che cosa si intende per ecosistema?

- Un **ecosistema** è un'unità funzionale costituita dalla **componente abiotica**, l'ambiente con le sue proprietà fisiche e chimiche, e dalla **componente biotica**, la comunità biologica che in esso vive; è caratterizzato quindi dalle interazioni che legano queste due componenti.

Che cos'è l'ecologia?

- L'**ecologia** è la scienza che studia le relazioni tra gli esseri viventi di un ecosistema e fra gli esseri viventi e l'ambiente, cioè fra i componenti abiotici e i componenti biotici di ogni ecosistema.

Quali sono i principali fattori abiotici di un ecosistema?

- I principali fattori abiotici sono: l'**acqua**, la **temperatura**, la **luce**, la **pressione atmosferica** e il **suolo**.

Che cosa si intende per fattori biotici?

- I **fattori biotici** di un ecosistema sono le interazioni che legano le varie popolazioni fra loro e la comunità con l'ambiente.

Quali tipi di rapporto instaurano le popolazioni?

- All'interno di una società, popolazioni e individui instaurano diversi tipi di rapporto, fra i quali la **competizione**, la **predazione**, il **mimetismo**, la **simbiosi** e il **parassitismo**.
  - La **competizione** si instaura quando l'ambiente non offre risorse sufficienti a tutti gli individui che, per sopravvivere, devono competere tra loro per contendersi e assicurarsi le risorse necessarie.
  - La **predazione** è una forma di rivalità fra animali che porta un essere vivente, il **predatore**, a uccidere un altro essere vivente, la **preda**, per soddisfare la fondamentale esigenza di nutrirsi.
  - Il **mimetismo** è la capacità che hanno alcuni animali di confondersi con l'ambiente o di assumere forme e colori simili a quelli di altri animali per sfuggire agli aggressori o cogliere di sorpresa le prede.
  - La **simbiosi** è un rapporto basato sull'utilità del rapporto stesso e può assumere varie forme: **inquilinismo**, un rapporto nel quale solo un individuo trae vantaggio, **commensalismo**, un rapporto in cui un individuo trae più vantaggio dell'altro, **mutualismo**, un rapporto simbiotico dove sussiste vantaggio per entrambi gli individui.
  - Il **parassitismo** è un rapporto in cui uno dei due individui vive a spese dell'altro che viene danneggiato.

Che cos'è la catena alimentare?

- La **catena alimentare** è la successione degli esseri viventi di un ecosistema stabilita secondo i rapporti alimentari che si instaurano fra essi.

Che cosa si intende per piramide ecologica?

- All'interno di una catena alimentare, la materia circola e l'energia fluisce perdendosi a mano a mano da un livello all'altro. Il tetto massimo di utilizzo di materia e di energia disponibile a ogni passaggio rispetto a quelle del livello trofico precedente **è del 10%**; in una catena alimentare si hanno quindi, per il numero di individui, per la biomassa e per l'energia, distribuzioni a piramide, dette **piramidi ecologiche** o **alimentari**.

Quali sono le zone climatiche della Terra?

- Le zone della Terra il cui clima ha caratteristiche abbastanza simili formano le **zone climatiche**: la **zona polare** (artica a nord, antartica a sud), la **zona temperata** (una nell'emisfero boreale e una nell'emisfero australe), la **zona intertropicale**, suddivisa in **tropicale** ed **equatoriale**.
  - Le due **zone polari** comprendono i poli e le aree circostanti. Sono caratterizzate da una temperatura al di sotto di 0 °C e da precipitazioni solo a carattere nevoso.
  - Le **zone temperate** sono caratterizzate dall'alternarsi delle stagioni con periodi caldi e periodi freddi.
  - Le due fasce di **zona tropicale** sono caratterizzate da elevata umidità e temperature mai al di sotto dei 15 °C. Non è mai inverno e si parla solo di stagione arida e stagione piovosa.
  - La **zona equatoriale** è caratterizzata da un'estrema umidità (piove quasi tutti i giorni) e da temperature mai inferiori ai 20-22 °C.

Che cos'è un bioma?

- Il **bioma** è l'insieme delle comunità vegetali e animali che, in una determinata zona climatica, hanno raggiunto una relativa stabilità, mantenuta dall'equilibrio delle condizioni ambientali.

198 Biologia

Quali sono i biomi?

- I biomi si distinguono in **biomi terrestri** e **biomi acquatici**.
  - > I principali biomi terrestri sono: il **bioma polare**, la **tundra**, la **foresta di conifere** o **taiga**, la **foresta decidua**, la **foresta equatoriale**, la **savana**, la **prateria**, la **macchia** e il **deserto**.
  - > I biomi acquatici si suddividono in **bioma marino** e **bioma d'acqua dolce**.

Quali sono le caratteristiche dei biomi acquatici?

- Il **bioma marino** è formato dall'immensa distesa d'acqua salata degli oceani e dei mari. I principali fattori abiotici, dai quali dipende la vita dei vari organismi di questo bioma, sono la **temperatura**, la **luce**, la **salinità**, la **pressione** e i **movimenti delle acque**. Esso viene suddiviso in quattro fasce principali: la **fascia costiera**, la **fascia litorale**, la **fascia batiale** e la **fascia abissale**.
- Il **bioma d'acqua dolce** è distinto in **ecosistemi di acqua ferma**, il lago, lo stagno e la palude, ed **ecosistemi di acqua corrente**, il torrente e il fiume.

Che cosa si intende per comportamento?

- Il **comportamento** è l'insieme di tutte le azioni che un animale compie in risposta agli stimoli interni ed esterni che riceve.
  - > Sono **stimoli interni** quelli che un animale riceve dal proprio corpo per soddisfare l'esigenza primaria di sopravvivere: la fame, la sete e il bisogno di riprodursi.
  - > Sono **stimoli esterni** quelli che un animale riceve dall'ambiente: la sensazione di un pericolo, la percezione di un cambiamento climatico, la mancanza di cibo o di acqua, la vista dei propri piccoli affamati ecc.

Che cos'è l'etologia?

- L'**etologia** è la scienza che studia il comportamento animale dal punto di vista delle funzioni, delle cause, del valore adattativo e dell'evoluzione.

Quando si parla di comportamenti innati e appresi?

- I **comportamenti innati**, o **istinti**, sono i comportamenti compiuti istintivamente, fin dalla nascita, dagli animali di ogni specie in quanto fanno parte del proprio bagaglio ereditario.
- I **comportamenti appresi**, o **apprendimenti**, sono i comportamenti che ogni animale acquisisce nel corso della sua vita attraverso l'esperienza e che derivano quindi dalla sua **capacità di apprendere**.

In quanti modi può apprendere un animale?

- I vari tipi di apprendimento sono l'apprendimento per **assuefazione**, per **imitazione**, per **tentativi**, per **condizionamento** e per **intuizione**.
  - > L'**apprendimento per assuefazione** è la forma più semplice e consiste nel cambiare un comportamento quando lo stimolo che lo ha scatenato si rivela "privo di interesse".
  - > L'**apprendimento per imitazione** è quello che deriva dall'osservazione di un comportamento che, risultando vantaggioso, viene imitato e trasmesso alle nuove generazioni.
  - > L'**apprendimento per tentativi** (o **per prove ed errori**) è quello che porta l'animale ad associare ogni azione al suo esito positivo o negativo e quindi a imparare solo le azioni che hanno dato esito positivo.
  - > L'**apprendimento per condizionamento**, detto anche **per associazione**, è quello che porta a uno stesso comportamento, detto **riflesso condizionato**, per due stimoli diversi associati per un certo numero di volte. I due stimoli infatti condizionano l'animale a un certo comportamento che poi ripeterà anche in presenza di uno soltanto dei due stimoli, che da solo non determinerebbe quel comportamento.
  - > L'**apprendimento per intuizione**, tipico degli animali più evoluti come le scimmie, è quello che porta l'animale a risolvere un problema utilizzando con l'intuito le risorse dell'ambiente.

Che cos'è l'imprinting?

- L'**imprinting** è un apprendimento precoce che ogni individuo riceve dall'ambiente esterno al momento della nascita o nelle prime ore di vita; è indelebile e permane per tutta la vita.

unità 12 — I viventi nella biosfera

ragiona e applica

... le conoscenze

1. Completa le seguenti affermazioni.
   a. L'habitat di un essere vivente è ....
   b. Si chiama popolazione ....
   c. Si chiama comunità biologica ....
   d. Si chiama biotopo ....

2. Che cos'è un ecosistema?

3. Che cosa si intende per componenti biotici e abiotici di un ecosistema? Quali sono? Descrivili.

4. In che modo i viventi interagiscono con l'ambiente in cui vivono? Fai alcuni esempi.

5. Quando un organismo si dice idrofilo, igrofilo e xerofilo?

6. Quando una società si dice collettivistica o individualistica?

7. Che tipi di rapporto sono competizione, predazione e mimetismo?

8. Completa le seguenti affermazioni.
   a. La simbiosi è un rapporto basato ....
   ....
   b. Il parassitismo è un rapporto in cui ....
   ....

9. Completa le seguenti affermazioni.
   a. Si parla di inquilinismo se ....
   ....
   b. Si parla di commensalismo se ....
   ....
   c. Si parla di mutualismo se ....
   ....

200 Biologia

10. Che cosa si intende per catena alimentare?

11. Che cosa sono i livelli trofici di una catena alimentare?

12. All'interno di una catena alimentare chi sono:

    a. i produttori? ....

    b. i consumatori di 1° ordine? ....

    c. i consumatori di 2° ordine? ....

    d. i decompositori? ....

13. Che cosa si intende per piramide ecologica?

14. Quali sono i principali fattori che determinano la varietà degli ecosistemi?

15. Che cosa sono e quali sono le zone climatiche?

16. Descrivi brevemente le caratteristiche delle quattro zone climatiche.

17. Che cosa si intende per bioma?

18. Quali sono i biomi terrestri?

19. Descrivi le principali caratteristiche fisiche e biologiche dei biomi terrestri.

20. Quali sono i biomi acquatici?

21. Quali sono gli ecosistemi che costituiscono il bioma d'acqua dolce?

    ....

22. Che cosa si intende per comportamento? ....

    ....

23. Quando uno stimolo si dice interno e quando esterno? ....

    ....

    Fai alcuni esempi. ....

    ....

unità 12 → I viventi nella biosfera — ragiona e applica

24. Che cos'è l'etologia? ....

....

25. Quando un comportamento si dice innato? ....

....

....

Fai alcuni esempi. ....

....

26. Quando un comportamento si dice appreso? ....

....

....

Fai alcuni esempi. ....

....

27. Quali sono i principali tipi di apprendimento? Descrivili.

28. Che cos'è l'imprinting?

29. Descrivi brevemente le osservazioni condotte da Konrad Lorenz sull'imprinting.

••••▶ ... le abilità

30. Nell'ecosistema qui sotto individua il biotopo e la comunità biologica.

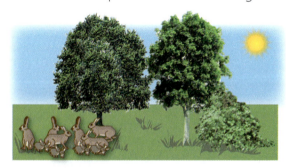

31. Le seguenti figure rappresentano i componenti di una catena alimentare. Indica i livelli a cui appartengono gli animali rappresentati nelle immagini.

  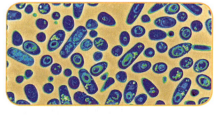

a. .... b. .... c. ....

202 Biologia

32. Quante piramidi ecologiche esistono? Come variano massa ed energia? Completa la figura.

33. Segna il completamento esatto. In una regione appartenente alla zona polare:
- a. la temperatura è al di sotto di 0 °C.
- b. vi sono precipitazioni a carattere nevoso.
- c. piove ininterrottamente.

34. Siamo nella zona tropicale. Quali delle seguenti affermazioni sono vere e quali false?
- a. La temperatura non supera i 10 °C.
- b. Piove ininterrottamente.
- c. Si alternano stagioni aride e stagioni piovose.

unità 12 → I viventi nella biosfera

ragiona e applica

35. Fra i tanti stimoli che un animale può ricevere, alcuni influiscono particolarmente sul suo comportamento. Quali? E perché?

36. Perché è importante il fenomeno dell'imprinting?

37. Quali tipi di apprendimento sono rappresentati nelle seguenti figure?

a. .... a. ....

c. .... d. .... e. ....

Unità 13

IL SISTEMA UOMO

Perché ne parliamo?

Siamo alla scoperta di ciò che più ci riguarda da vicino, il **corpo umano**. In altre parole come siamo fatti, in che modo funzionano tutti i nostri organi e che cosa possiamo fare per mantenerli efficienti.

Scoprirai la struttura e l'organizzazione dell'organismo più perfetto che esiste e che, con il nome scientifico di *Homo Sapiens*, rappresenta il gradino più evoluto dei primati.

- Quali sono le parti che compongono il nostro corpo?
- Come si chiamano tutti gli organi e gli apparati che formano l'organismo "uomo"?
- Come funzionano?

A queste domande, e alle tantissime altre che sicuramente ti stai ponendo, troverai le risposte proprio affrontando lo studio del "sistema uomo" che adesso incomincerai osservandone la struttura generale e iniziando dallo straordinario rivestimento che lo protegge e ne permette gli scambi con l'ambiente esterno, l'**apparato tegumentario**, cioè la pelle.

Contenuti
- Il ciclo vitale dell'uomo
- Struttura generale del corpo umano
- L'apparato tegumentario
- Le funzioni della pelle
- Per la salute dell'apparato tegumentario

Prerequisiti
- Conoscere l'organizzazione cellulare dei viventi

Obiettivi
- Conoscere e comprendere il ciclo vitale dell'uomo
- Conoscere la struttura generale del corpo umano e individuarne le varie parti
- Individuare i tessuti che costituiscono il corpo umano
- Conoscere e comprendere la struttura e le funzioni dell'apparato tegumentario
- Capire l'importanza di assumere comportamenti adeguati a tutela dell'apparato tegumentario

unità 13 Il ciclo vitale dell'uomo

Frutto di una lunga e straordinaria evoluzione, come vedremo più avanti, l'uomo appartiene al regno Animali esattamente all'ordine dei primati con il nome scientifico di **Homo Sapiens**.

Per conoscerlo e conoscerci meglio, esamineremo la struttura generale del corpo umano e ne analizzeremo successivamente le sue varie parti, ma prima di intraprendere questo percorso osserviamo una delle caratteristiche fondamentali di ogni essere vivente, il **ciclo vitale**.

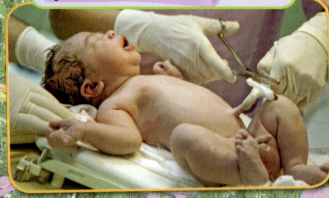

Anche l'uomo, ovviamente, è caratterizzato dal suo ciclo vitale che inizia con il primo vagito al momento della nascita.

Nel corso degli anni, il bimbo o la bimba crescono e si sviluppano fino a diventare ragazzi prima e adolescenti dopo.

L'adolescente prosegue la sua crescita e verso i 20 anni entra nel mondo degli adulti, diventa un giovane uomo o una giovane donna.

L'ultima fase del ciclo vitale è caratterizzata da un processo di deterioramento dell'organismo che porta a una graduale riduzione delle principali funzioni vitali. Osserva il valore delle funzioni vitali di un anziano di 80 anni paragonato, in percentuale, a quello di un giovane adulto di 20-25 anni, valutato 100.

E solo quando le funzioni vitali scenderanno al di sotto di un certo livello minimo andranno incontro alla morte.

La giovane coppia continua il suo ciclo, raggiunge l'età di mezzo e gradualmente si avvia verso la terza età, la vecchiaia.

Giovani adulti che mettono su famiglia possono diventare genitori e mettere al mondo dei figli che daranno inizio, con la nascita, al loro ciclo vitale.

→ Il sistema uomo

unità 13
Struttura generale del corpo umano

Il corpo dell'uomo, strutturato in maniera simile a quello degli altri primati, è costituito da tre parti: **capo**, **tronco** e **arti**.

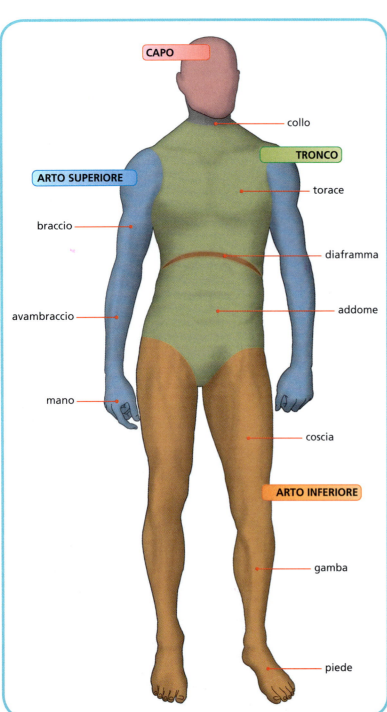

- Il **capo**, suddiviso in **cranio** e **faccia**, rappresenta la parte più importante del corpo in quanto racchiude e protegge il cervello ed è la sede di alcuni essenziali organi di senso: la vista, l'udito, l'olfatto e il gusto.

- Il **tronco**, attaccato alla testa per mezzo del **collo**, si allarga a formare le spalle e mantiene più o meno la stessa ampiezza fino al bacino.
Internamente si divide in due cavità separate da un muscolo, il **diaframma**: il **torace** è al di sopra di questo muscolo e l'**addome** ne è al di sotto.

- Gli **arti**, simmetrici rispetto al tronco, si distinguono in **superiori** e **inferiori**.
Gli arti superiori sono attaccati al tronco a livello delle spalle e sono formati da **braccio**, **avambraccio** e **mano**.
Gli arti inferiori sono attaccati al tronco a livello del bacino e sono formati da **coscia**, **gamba** e **piede**.

208 Biologia

Dalla cellula all'organismo

Il corpo umano, come tutti i viventi pluricellulari, si presenta strutturato in **cellule**, **tessuti**, **organi**, **apparati** e **sistemi**, **organismo**.

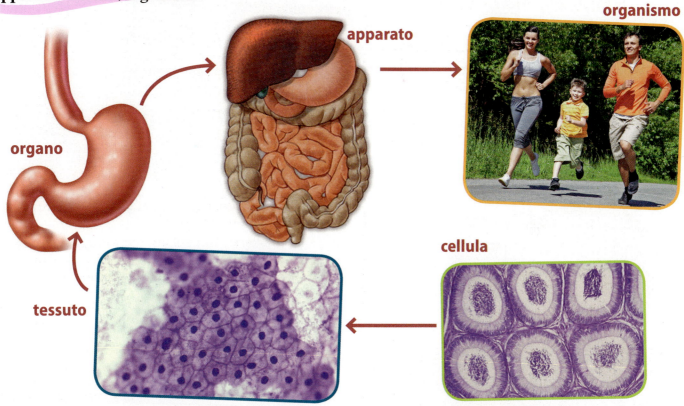

Le **cellule**, il primo livello di organizzazione, presentano un alto grado di specializzazione e, a seconda della loro funzione, assumono forma e dimensioni diverse. Osserviamone alcune.

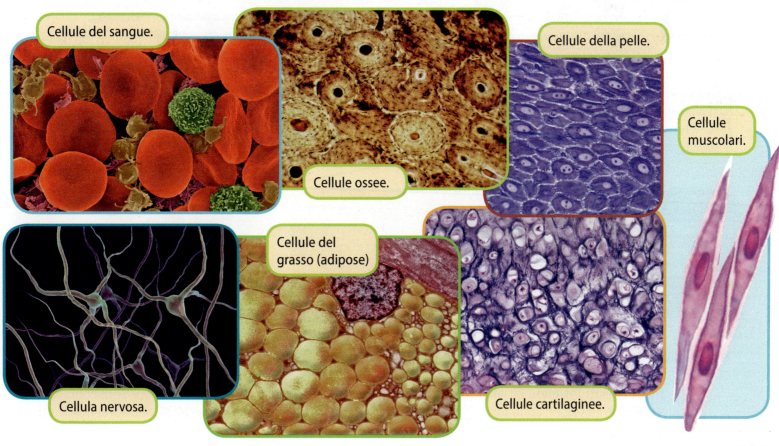

unità 13 → Il sistema uomo

Le cellule sono riunite in **tessuti** che si distinguono in **epiteliale**, **muscolare**, **nervoso** e **connettivo** che, a sua volta, può essere **cartilagineo**, **osseo** e **adiposo**.

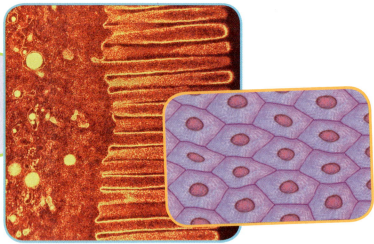

Il **tessuto epiteliale** è formato da cellule appiattite strettamente accostate le une alle altre; ha diverse funzioni: di rivestimento (pelle e mucosa), di secrezione (ghiandole) e sensoriale (recepisce e trasmette stimoli).

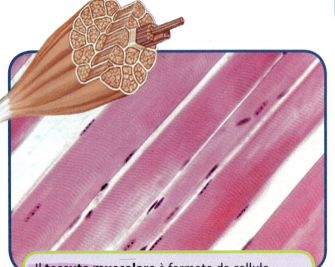

Il **tessuto nervoso** è formato da cellule allungate e ramificate specializzate nel ricevere e trasmettere gli stimoli; è adibito alle funzioni di relazione con il mondo esterno e coordina le diverse attività fisiologiche dell'organismo.

Il **tessuto muscolare** è formato da cellule allungate ed elastiche, le fibre muscolari, capaci di contrarsi e quindi di consentire il movimento.

Il **tessuto connettivo** è formato da cellule con forme diverse separate da spazi contenenti sostanza intercellulare; ha la funzione di collegare e sostenere i vari organi. Sono tessuti connettivi il tessuto **osseo**, **cartilagineo** e **adiposo**.

Tessuto osseo.

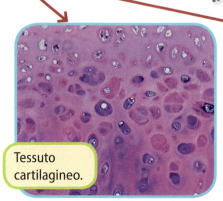

Tessuto cartilagineo.

Tessuto adiposo.

I vari tessuti formano gli **organi**, più organi che collaborano alla stessa funzione costituiscono i **sistemi**, se gli organi sono formati tutti dallo stesso tessuto, e gli **apparati**, se gli organi sono costituiti da tessuti diversi.

210 Biologia

Nel corpo umano troviamo:

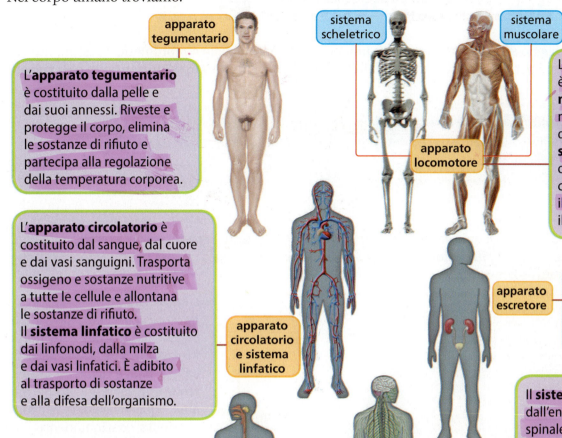

L'apparato tegumentario è costituito dalla pelle e dai suoi annessi. Riveste e protegge il corpo, elimina le sostanze di rifiuto e partecipa alla regolazione della temperatura corporea.

L'apparato locomotore è formato dal **sistema muscolare** costituito dai muscoli e adibito al movimento del corpo, e dal **sistema scheletrico** costituito dalle ossa e dalle articolazioni che complessivamente proteggono il corpo e permettono il movimento.

L'apparato circolatorio è costituito dal sangue, dal cuore e dai vasi sanguigni. Trasporta ossigeno e sostanze nutritive a tutte le cellule e allontana le sostanze di rifiuto.
Il **sistema linfatico** è costituito dai linfonodi, dalla milza e dai vasi linfatici. È adibito al trasporto di sostanze e alla difesa dell'organismo.

L'apparato escretore è costituito dai reni, dalla vescica e annessi. Provvede a eliminare le sostanze di rifiuto.

L'apparato digerente è costituito dal tubo digerente e dalle ghiandole annesse. È il responsabile della digestione degli alimenti e dell'assorbimento delle sostanze nutritive.

Il **sistema nervoso** è costituito dall'encefalo, dal midollo spinale, dai nervi e dagli organi di senso. Coordina tutte le funzioni del corpo e ne regola i rapporti con il mondo esterno.

Il **sistema endocrino** è costituito dalle ghiandole endocrine. Regola le funzioni del corpo attraverso la produzione di sostanze chimiche, gli ormoni.

L'apparato respiratorio è costituito dalle vie aeree e dai polmoni. Ci permette la respirazione attraverso la quale prendiamo l'ossigeno ed eliminiamo l'anidride carbonica.

L'apparato riproduttore è costituito dagli organi genitali maschili nei maschi e femminili nelle femmine. È il responsabile della riproduzione.

Test rapido

- Quali parti costituiscono il corpo umano?
- Quanti e quali tipi di tessuto formano gli organi del corpo umano?
- Quali sono i sistemi e gli apparati del corpo umano?

unità 13

→ Il sistema uomo

L'apparato tegumentario

Iniziamo il viaggio alla scoperta del corpo umano cominciando dallo straordinario rivestimento che lo protegge e ne permette gli scambi con l'ambiente esterno, l'**apparato tegumentario** o **di rivestimento**.

> L'apparato tegumentario è formato dalla **pelle** o **cute**, la parte che riveste senza alcuna interruzione tutta la parte esterna del corpo, e dagli **annessi cutanei**, cioè i peli, le unghie e le ghiandole cutanee.

La pelle

Osservandola al microscopio, la pelle appare formata da tre strati: l'**epidermide**, lo strato più esterno, il **derma**, lo strato più profondo e spesso, e l'**ipoderma**, lo strato ancora più interno su cui poggiano i due strati sovrastanti.

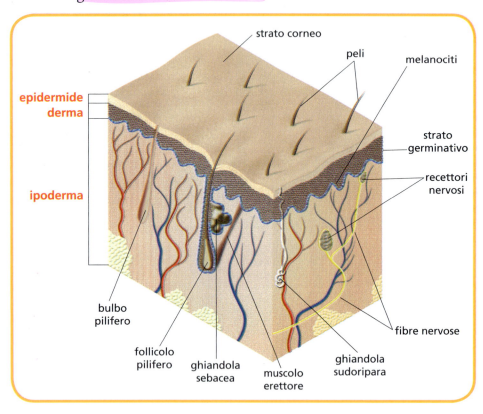

- L'**epidermide** è costituita da strati di cellule sovrapposte. Lo strato più esterno, lo **strato corneo**, è formato da cellule morte ricche di **cheratina**, che le rende impermeabili. Queste cellule vengono eliminate continuamente sotto forma di piccole squame e sostituite da altre nuove che si formano nello strato più profondo, lo **strato germinativo**, così detto perché formato da cellule vive che si riproducono in continuazione. Nello strato ancora più profondo, a contatto con il derma, sono presenti delle cellule, i **melanociti**, che contengono la **melanina**, una proteina di colore scuro responsabile dell'abbronzatura e del colore della pelle.

- Il **derma**, subito sotto l'epidermide, è uno strato formato da tessuto connettivo, resistente ed elastico, ricco di vasi sanguigni e di terminazioni nervose che, come vedremo, terminano con i **recettori sensoriali**, responsabili delle sensazioni tattili, termiche e dolorifiche. La sua superficie non è liscia, ma presenta una serie di solchi e rilievi, le **papille dermiche**, che danno alla pelle un aspetto corrugato e formano, sui polpastrelli delle dita, le **impronte digitali** diverse e caratteristiche per ogni singola persona.

- Sotto il derma si trova l'**ipoderma**, un particolare tessuto connettivo che sostiene i due strati sovrastanti e, connettendoli ai muscoli, permette alla pelle una certa mobilità rispetto ai muscoli e alle ossa. L'ipoderma è formato da **cellule adipose** che costituiscono il **pannicolo adiposo** che funge da isolante termico e da riserva di grasso.

> Le impronte digitali, diverse da persona a persona, permettono l'identificaione di ogni individuo.

212 Biologia

Gli annessi cutanei

Derivati dalla trasformazione dell'epidermide e del derma sono gli **annessi cutanei**: **peli**, **unghie** e **ghiandole cutanee**.

I **peli** sono strutture filiformi ricche di cheratina sparse su quasi tutto il corpo, sul capo formano i capelli.
La radice del pelo è impiantata in una cavità, il **follicolo pilifero**, che termina con il **bulbo**, la parte viva del pelo responsabile della sua crescita.
Al follicolo è collegato un muscolo, il **muscolo erettore**, che contraendosi determina il drizzarsi del pelo, ad esempio quando senti freddo, provoca il fenomeno della "pelle d'oca".

Neri, rossi, biondi…, anche il colore dei capelli è dovuto alla melanina.

Il fenomeno della pelle d'oca

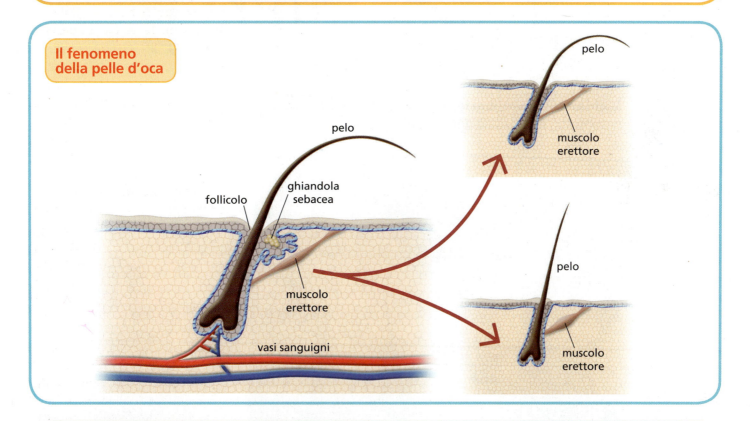

Le **unghie** sono formazioni laminari cornee che si originano dall'epidermide. Ogni unghia è formata da una parte esterna e sensibile, la **lamina**, e da una interna, la **radice**, ricoperta da una piega della pelle, la **cuticola**. L'unghia poggia su uno strato di derma, il **letto ungueale**, fra il letto e l'unghia si trova la **matrice**, responsabile della crescita dell'unghia; la parte visibile forma un arco biancastro, detto **lunula**.

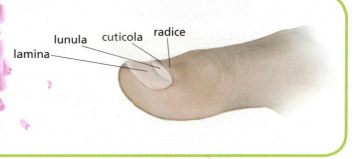

213

unità 13 → Il sistema uomo

Le ghiandole cutanee

Le **ghiandole cutanee** sono ghiandole dette **esocrine** perché riversano le sostanze prodotte non nel sangue ma all'esterno del corpo o in cavità comunicanti con l'esterno; si trovano tutte nel derma e sono:

- le **ghiandole sebacee** che secernono il **sebo**, una sostanza grassa che protegge e mantiene morbidi capelli, peli e pelle;
- le **ghiandole sudoripare** che secernono il **sudore**, un liquido costituito da acqua, sali minerali e sostanze di rifiuto, che contribuisce a regolare la temperatura corporea; sudando, infatti, per evaporazione si raffredda la cute;

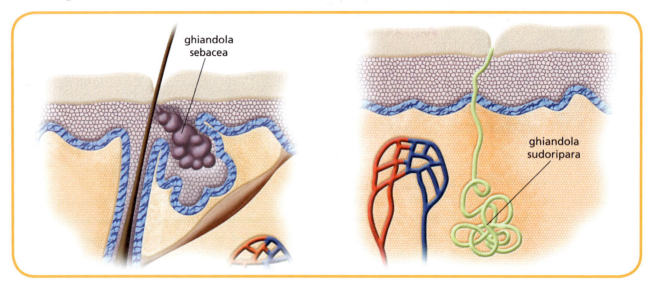

- le **ghiandole mammarie** che formano le **mammelle**, sviluppate e funzionanti solo nella donna, entrano in funzione dopo il parto per produrre il latte.

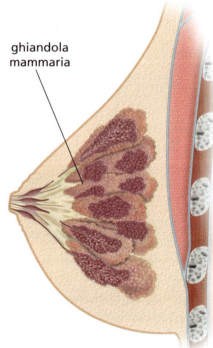

Test rapido

- Da che cosa è formato l'apparato tegumentario?
- Quali sono i tre strati che formano la pelle?
- Dove si trovano e a che cosa servono i melanociti?
- Quali sono gli annessi cutanei?

Le funzioni della pelle

Esaminiamo le importanti funzioni svolte dalla pelle.

- **Funzione protettiva**: la pelle rappresenta un'importante barriera tra il corpo e l'ambiente esterno. Essa con il sebo protegge il corpo dall'umidità, con la melanina lo difende dai raggi ultravioletti del Sole, con il pannicolo adiposo lo protegge dagli abbassamenti di temperatura e con la cheratina lo protegge dall'azione degli agenti chimici pericolosi. Inoltre, se non presenta lesioni, la pelle costituisce un'importante barriera all'ingresso di batteri e funghi che non riescono a penetrare all'interno dell'organismo.

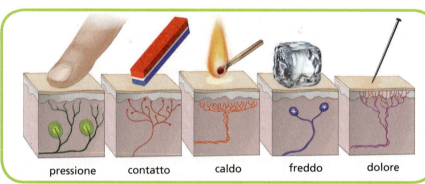

pressione — contatto — caldo — freddo — dolore

- **Funzione sensoriale**: attraverso i recettori sensoriali la pelle (lo vedremo parlando degli organi di senso) riceve e trasmette al cervello stimoli di varia natura, come quelli di pressione, tattili (di contatto), termici (caldo e freddo), di dolore ecc., importanti per la vita di relazione.

- **Funzione termoregolatrice**: attraverso le ghiandole cutanee e la presenza dei vasi sanguigni regola la temperatura corporea. Se l'organismo ha bisogno di calore i vasi sanguigni si contraggono, **vasocostrizione**, in modo da ridurre l'afflusso sanguigno e, di conseguenza, limitare la dispersione di calore verso l'esterno.
Se invece è necessario abbassare la temperatura, i vasi sanguigni si dilatano, **vasodilatazione**, e il flusso sanguigno, aumentando, permette una maggior dispersione di calore; nello stesso tempo le ghiandole sudoripare producono il sudore che, evaporando, sottrae calore al corpo.

Il sudore evaporando raffredda la superficie corporea; quando si suda è bene bere per reintegrare i liquidi persi.

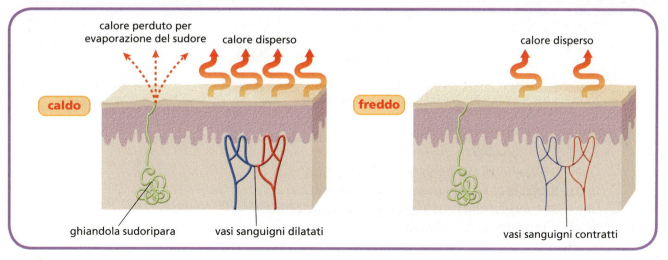

calore perduto per evaporazione del sudore — calore disperso — calore disperso

caldo — freddo

ghiandola sudoripara — vasi sanguigni dilatati — vasi sanguigni contratti

unità 13 — Il sistema uomo

- **Funzione di assorbimento**: attraverso la pelle possono penetrare diverse sostanze. In medicina, ad esempio, questa proprietà è sfruttata per somministrare farmaci per via transdermica, cioè attraverso la pelle, mediante l'uso di cerotti applicati sulla pelle che assorbe le sostanze medicamentose da essi rilasciate. Anche la cosmetologia si avvale di questa funzione per introdurre nell'organismo i principi attivi di creme e pomate.

- **Funzione escretrice**: attraverso il sudore elimina una certa quantità di rifiuti organici e inorganici, come sali, urea e acido lattico, inutili o dannosi per l'organismo.

- **Funzione di scambio**: collabora alla respirazione, in quanto è in grado di assorbire piccole quantità di ossigeno ed eliminare anidride carbonica e acqua sotto forma di vapore.

FOCUS SU...

Hai presente quei solchi, più o meno profondi, che generalmente vedi nella pelle del volto di un anziano? Che cosa sono?
Sono le **rughe**, veri e propri solchi che si formano soprattutto nel viso e nelle mani in quanto, andando avanti negli anni, nella pelle si ha la diminuzione di certe sostanze, quale il collagene.

Rughe di espressione.

Rughe di senescenza.

Essa perde così elasticità e compattezza, si rilassa e si formano delle pieghe ai lati della bocca, sotto le palpebre e sulla fronte, le rughe appunto.
La rughe dovute al naturale invecchiamento della pelle sono dette **rughe di senescenza**, esse iniziano a formarsi verso i 30-35 anni ma possono comparire anche prima per un'eccessiva esposizione al sole, scarsa cura della pelle e inquinamento.
Certe rughe, presenti anche in volti giovani, sono dovute all'azione continua e prolungata di alcuni muscoli (quelli, ad esempio, che usiamo per strizzare gli occhi o corrugare la fronte) e sono dette **rughe di espressione**.

Test rapido

- Quali sono le funzioni che svolge la pelle?
- In che modo la pelle svolge la funzione protettiva?
- Che cosa sono e a che cosa servono vasocostrizione e vasodilatazione?
- Qual è l'importanza della funzione di assorbimento?

Per la salute dell'apparato tegumentario

La pelle, proprio in quanto involucro esterno, è la parte più esposta alle sollecitazioni ambientali e la più minacciata da agenti che possono provocare svariate malattie o da aggressioni che possono danneggiarla. Esaminiamo alcune malattie della pelle.

- L'**acne** è un disturbo tipico dell'età giovanile; essa colpisce infatti ragazzi e ragazze tra i 13 e i 18 anni. Caratterizzata da un processo infiammatorio del follicolo pilifero e della ghiandola sebacea annessa, causa la diffusione di brufoli sul viso, sul torace e sulla schiena, spesso dovuta agli ormoni sessuali che l'organismo inizia a produrre proprio in questa fascia di età. Questi ormoni vanno a stimolare le ghiandole sebacee che iniziano a produrre una maggiore quantità di sebo che ostruisce gli sbocchi ghiandolari formando i "**punti neri**" e, se al loro interno si sviluppano dei batteri, si formano i **brufoli**.

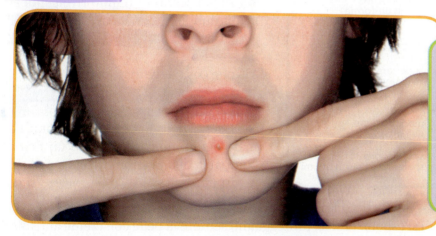

L'acne passa con l'età e può essere controllata con una corretta e accurata igiene, con l'uso di prodotti specifici e soprattutto evitando di schiacciare punti neri e brufoli perché ciò determina solo il propagarsi dell'infiammazione.

- L'**herpes simplex** è un'infezione causata da un virus, l'*Herpes simplex*, ed è caratterizzata dalla comparsa di vescicole soprattutto sulle labbra (la cosiddetta "febbre") o nella regione genitale e, a volte, sulle mucose. Si manifesta con senso di prurito o bruciore e con la comparsa di chiazze arrossate su cui si sviluppano poi le vescicole. Quando queste si rompono esce un liquido che, essiccandosi, forma delle crosticine che poi si staccano senza lasciare cicatrici. Il virus si può trasmettere attraverso il liquido delle vescicole, ma anche attraverso la saliva e il sangue.

- La **pediculosi** è una dermatosi causata dai pidocchi; tra questi, il più diffuso è il **pidocchio del capo**, che attacca il cuoio capelluto provocando un intenso prurito e, a volte, infezioni a causa delle escoriazioni provocate dal grattamento. La pediculosi può colpire qualsiasi persona, non è indice di cattiva pulizia e va combattuta al suo primo manifestarsi per evitarne la diffusione. Per eliminare i pidocchi bisogna distruggere tutte le loro uova con preparati specifici.

- Le **dermatomicosi**, le infezioni comunemente note come *funghi della pelle*, sono infezioni contagiose provocate da funghi microscopici che colpiscono la pelle e i suoi annessi: capelli, peli e unghie. Secondo la localizzazione si distinguono in dermatomicosi del cuoio capelluto (*tigna*), interdigitali (*piede d'atleta*) e delle unghie (*onicomicosi*).

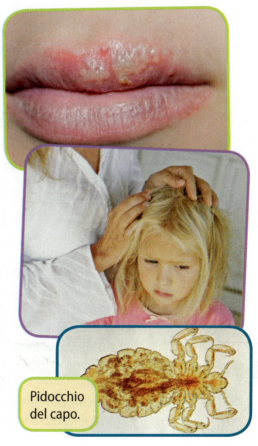

Pidocchio del capo.

unità 13 — Il sistema uomo

- Un serio pericolo è il **melanoma**, un tumore maligno che colpisce soprattutto la pelle ma anche le mucose. È una degenerazione dei melanociti che si presenta come un grosso neo di colore brunastro circondato da una zona eritematosa.

Le regole dell'A, B, C, D, E che permettono di individuare tempestivamente il melanoma

A come **ASIMMETRIA** irregolare nella forma

B come **BORDI** bordi frastagliati

C come **COLORE** troppo scuro o non uniforme

D come **DIMENSIONE** superiore ai 6 mm di diametro

E come **EVOLUZIONE** modificazione dell'aspetto iniziale
come **EMORRAGIA** sanguinamento spontaneo e senza traumi

Può accadere infatti che si formi un accumulo di melanociti che crea un ispessimento scuro chiamato **neo**. I nei, che in genere si formano nei primi anni di vita e raggiunta una certa dimensione non crescono più, non sono pericolosi. Alcuni però possono assumere contorni irregolari e colorazioni scure non omogenee e, tra questi, alcuni possono crescere in maniera incontrollata dando origine al melanoma, un tumore cutaneo a elevata mortalità.
Il melanoma si può comunque curare, basta riconoscerlo in tempo rivolgendosi, ai primi dubbi, a uno specialista in grado di accertare lo stato di qualunque alterazione della pelle.
Ma che cosa deve insospettirci?
Uno sguardo accurato alla nostra pelle può farci capire la necessità di un serio controllo. Osserva nella figura a fianco come i dermatologi ci indicano quando un neo o la comparsa di una anomalia sulla pelle deve insospettirci.

Una delle cause principali di questa degenerazione è l'esposizione alle radiazioni solari, massima attenzione dunque quando ci si espone al sole, proteggiamo sempre la pelle con creme antisolari e facciamo periodicamente controllare i nei da un dermatologo.

Anche se non tutte le malattie che colpiscono la nostra pelle sono causate da scarsa igiene, è importante, per la salute della pelle, la sua costante e accurata pulizia.

Ecco alcune regole fondamentali per una corretta igiene della pelle.

- Detergerla spesso con prodotti non irritanti.
- Evitare l'uso di spazzole o spugne troppo dure che potrebbero provocare microlesioni, potenziali vie d'ingresso per i germi patogeni.
- Lavarsi spesso le mani, e soprattutto le unghie, perché rappresentano un pericoloso veicolo di germi.
- Lavarsi spesso i capelli con lo shampoo e spazzolarli tutti i giorni per evitare l'annidamento di parassiti.
- Se si usano cosmetici, sceglierli con cura, dando la preferenza ai prodotti già testati per evitare irritazioni o fenomeni allergici della pelle.
- Evitare contatti con sostanze nocive e agenti potenzialmente dannosi (calore, raggi UV).

218 Biologia

Possono danneggiare la pelle anche le aggressioni meccaniche e termiche.

- Le **aggressioni meccaniche** sono dovute a urti, sfregamenti o contatti violenti con oggetti che possono provocare lacerazioni di vario tipo (ferite, graffi, abrasioni, tagli). Queste lacerazioni sono pericolose porte di ingresso per i microrganismi.
In caso di lacerazione, è opportuno quindi pulire bene la pelle, disinfettarla e coprire infine la lesione con una garza sterile.

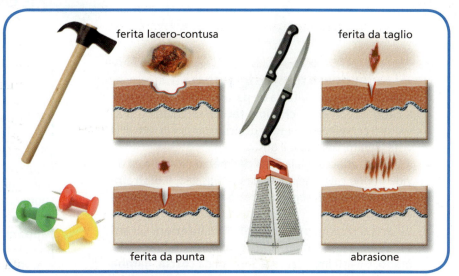

- Sono **aggressioni termiche** quelle dovute al freddo o al caldo che provocano rispettivamente congelamenti e ustioni. Le **ustioni** si distinguono in: **ustioni di 1° grado**, quelle superficiali che distruggono solo le cellule dell'epidermide e guariscono senza problemi; **ustioni di 2° grado**, quelle che danneggiano il derma formando delle vesciche che, rompendosi, possono dare origine a piaghe; **ustioni di 3° grado**, quelle che distruggono anche i tessuti sottostanti (grasso, muscoli e ossa), carbonizzando la pelle.
La massima gravità si ha con le ustioni di 3° grado, ma la gravità delle ustioni è determinata anche dall'estensione della parte ustionata. Sono considerate gravi le ustioni che interessano più del 15% della superficie totale del corpo, gravissime quelle che colpiscono oltre il 40% della pelle. Queste ultime mettono in serio pericolo la vita dell'individuo, perché compromettono la funzione escretrice della pelle con un sovraccarico di lavoro per i reni che può portare al blocco dei reni stessi e quindi alla morte per avvelenamento del sangue.

> Ricorda che in caso di ustioni:
> - **non si devono** usare cerotti;
> - **non si devono** applicare pomate, oli, grassi e alcol;
> - **non si devono** forare le vesciche;
> - **se è possibile si devono** togliere delicatamente anelli, braccialetti, orologi, cinture, scarpe e abiti intorno alla pelle ustionata prima che incominci a gonfiarsi;
> - **non si devono** togliere i vestiti che si sono attaccati alla pelle ustionata.

Per calcolare la gravità di un'ustione si utilizza la cosiddetta "**regola del nove**", la superficie corporea è stata suddivisa in zone ognuna equivalente al 9% o multipli del totale, la somma di tali parti fornisce una valutazione immediata della serietà dell'ustione.

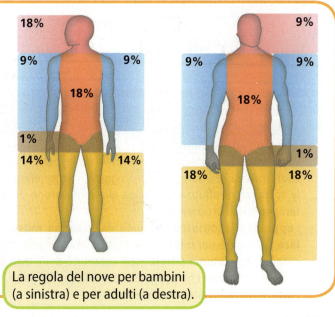

La regola del nove per bambini (a sinistra) e per adulti (a destra).

unità 13 → Il sistema uomo

fissa i concetti chiave

Quali parti costituiscono il corpo umano?

- Il corpo umano è costituito da tre parti: **capo**, **tronco** e **arti**.
  - Il **capo**, suddiviso in **cranio** e **faccia**, racchiude e protegge il cervello ed è la sede di alcuni organi di senso: la vista, l'udito, l'olfatto e il gusto.
  - Il **tronco**, attaccato alla testa per mezzo del **collo**, si divide in due cavità separate da un muscolo, il **diaframma**: il **torace** al di sopra di questo muscolo e l'**addome** al di sotto.
  - Gli **arti** si distinguono in **superiori** e **inferiori**. Gli arti superiori sono formati da **braccio**, **avambraccio** e **mano**. Gli arti inferiori sono formati da **coscia**, **gamba** e **piede**.

Quali sono i tessuti che costituiscono il corpo umano?

- Le cellule sono riunite in **tessuti** che si distinguono in **epiteliale**, **muscolare**, **nervoso** e **connettivo** che, a sua volta, può essere **cartilagineo**, **osseo** o **adiposo**.

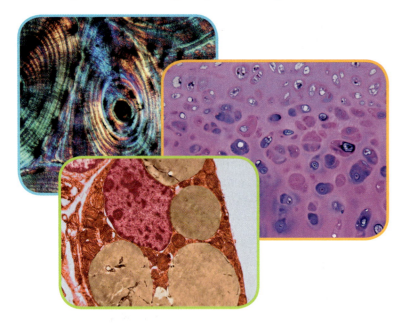

Quali apparati e sistemi costituiscono l'organismo uomo?

- Nel corpo umano troviamo:
  - l'**apparato tegumentario** costituito dalla pelle e dai suoi annessi che riveste e protegge il corpo, elimina le sostanze di rifiuto e partecipa alla regolazione della temperatura corporea;
  - l'**apparato locomotore** formato dal **sistema muscolare**, costituito dai muscoli e adibito al movimento del corpo, e dal **sistema scheletrico**, costituito dalle ossa e dalle articolazioni che complessivamente proteggono il corpo e permettono il movimento;
  - l'**apparato circolatorio** costituito dal sangue, dal cuore e dai vasi sanguigni; trasporta ossigeno e sostanze nutritive a tutte le cellule e allontana le sostanze di rifiuto;
  - il **sistema linfatico** costituito dai linfonodi, dalla milza e dai vasi linfatici; è adibito al trasporto di sostanze e alla difesa dell'organismo;
  - l'**apparato digerente** costituito dal tubo digerente e dalle ghiandole annesse; è il responsabile della digestione degli alimenti e dell'assorbimento delle sostanze nutritive;
  - l'**apparato respiratorio** costituito dalle vie aeree e dai polmoni; permette la respirazione attraverso la quale prendiamo l'ossigeno ed eliminiamo l'anidride carbonica;
  - l'**apparato escretore** costituito dai reni, dalla vescica e annessi; provvede a eliminare le sostanze di rifiuto;
  - il **sistema nervoso** costituito dall'encefalo, dal midollo spinale, dai nervi e dagli organi di senso; coordina tutte le funzioni del corpo e ne regola i rapporti con il mondo esterno;
  - il **sistema endocrino** costituito dalle ghiandole endocrine; regola le funzioni del corpo attraverso la produzione di sostanze chimiche, gli ormoni;
  - l'**apparato riproduttore** costituito dagli organi genitali maschili nei maschi e femminili nelle femmine; è il responsabile della riproduzione.

Da che cosa è formato l'apparato tegumentario?

- L'**apparato tegumentario** è formato dalla **pelle**, la parte che riveste tutta la parte esterna del corpo, e dagli **annessi cutanei**, cioè i peli, le unghie e le ghiandole cutanee.

Com'è fatta la pelle?

- La pelle è formata da tre strati: l'**epidermide**, lo strato più esterno, il **derma**, lo strato più profondo e spesso, e l'**ipoderma**, lo strato ancora più interno.
  - L'**epidermide** è costituita da strati di cellule sovrapposte. Lo strato più esterno, lo **strato corneo**, è formato da cellule morte ricche di **cheratina**, che le rende impermeabili. Queste cellule vengono eliminate e sostituite da altre nuove che si formano nello strato più profondo, lo **strato germinativo**. Nello strato ancora più profondo sono presenti i **melanociti** che contengono la **melanina**, una proteina di colore scuro responsabile dell'abbronzatura e del colore della pelle.
  - Il **derma**, sotto l'epidermide, è uno strato di tessuto connettivo ricco di vasi sanguigni e di terminazioni nervose che terminano con i **recettori sensoriali**, responsabili delle sensazioni tattili, termiche e dolorifiche. La sua superficie presenta le **papille dermiche**, che danno alla pelle un aspetto corrugato e formano, sui polpastrelli delle dita, le **impronte digitali**.

220 Biologia

> L'**ipoderma**, sotto il derma, è un tessuto connettivo che sostiene i due strati sovrastanti e, connettendoli ai muscoli, permette alla pelle una certa mobilità. È formato da **cellule adipose** che costituiscono il **pannicolo adiposo** che funge da isolante termico e da riserva di grasso.

L'unghia poggia su uno strato di derma, il **letto ungueale**, fra il letto e l'unghia si trova la **matrice**, responsabile della crescita dell'unghia; la parte visibile forma un arco biancastro, detto **lunula**.

> Le **ghiandole cutanee** sono ghiandole **esocrine** perché riversano le sostanze prodotte all'esterno del corpo o in cavità comunicanti con l'esterno, si trovano tutte nel derma e sono distinte in ghiandole **sebacee**, ghiandole **sudoripare** e ghiandole **mammarie**.

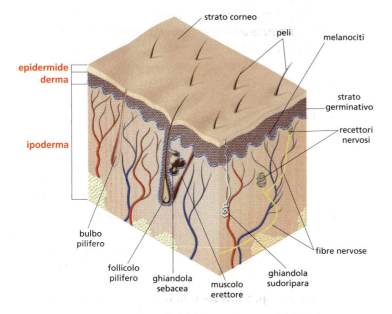

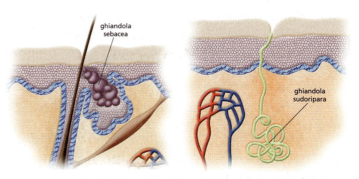

Che cosa sono gli annessi cutanei?

- Gli **annessi cutanei**, **peli**, **unghie** e **ghiandole cutanee**, sono derivati dalla trasformazione dell'epidermide e del derma.
  > I **peli** sono strutture filiformi ricche di cheratina sparse su quasi tutto il corpo, sul capo formano i capelli. La radice del pelo è impiantata nel **follicolo pilifero**, che termina con il **bulbo**, la parte viva del pelo responsabile della sua crescita. Al follicolo è collegato un muscolo, il **muscolo erettore**, che contraendosi determina il drizzarsi del pelo.
  > Le **unghie** sono formazioni laminari cornee che si originano dall'epidermide. Ogni unghia è formata da una parte esterna e sensibile, la **lamina**, e da una interna, la **radice**, ricoperta da una piega della pelle, la **cuticola**.

Quali sono le funzioni della pelle?

- La pelle svolge le seguenti funzioni:
  > **funzione protettiva**: la pelle rappresenta un'importante barriera tra il corpo e l'ambiente esterno;
  > **funzione sensoriale**: attraverso i recettori sensoriali la pelle riceve e trasmette al cervello stimoli di varia natura importanti per la vita di relazione;
  > **funzione termoregolatrice**: attraverso le ghiandole cutanee e la presenza dei vasi sanguigni la pelle regola la temperatura corporea;
  > **funzione di assorbimento**: attraverso la pelle possono penetrare diverse sostanze medicamentose e/o cosmetologiche;
  > **funzione escretrice**: attraverso il sudore la pelle elimina una certa quantità di rifiuti organici e inorganici inutili o dannosi per l'organismo;
  > **funzione di scambio**: la pelle collabora alla respirazione, in quanto è in grado di assorbire piccole quantità di ossigeno ed eliminare anidride carbonica e acqua sotto forma di vapore.

unità 13 → Il sistema uomo

ragiona e applica

... le conoscenze

1. Descrivi con parole tue il ciclo vitale dell'uomo. *NASCE, CRESCE, SI RIPRODUCE E MUORE*

2. Quali parti formano il corpo umano? *CAPO, TRONCO, ARTI*

3. Completa

   a. Il capo è suddiviso in *CRANIO* e *FACCIA*, racchiude e protegge il *CERVELLO* ed è la sede *DI VISTA, OLFATTO, UDITO, ODORE*

   b. Il tronco è attaccato alla testa per mezzo del *COLLO* e si divide in due cavità, *TORACE* e *L'ADDOME* che sono separate dal *DIAFRAMMA*

   c. Gli arti si distinguono in *SUPERIORI* e *ANTERIORI*, rispettivamente formati da *BRACCIO*, *AVAMBRACCIO*, *MANO* e da *COSCIA*, *GAMBA*, *PIEDE*

4. Quali tipi di tessuto possiamo distinguere nel corpo umano? *EPITELIALE, MUSCOLARE, NERVOSO E CONNETTIVO*

5. Completa scrivendo il nome dell'apparato o del sistema che ha la funzione di:

   a. regolare le funzioni dell'organismo con la produzione di ormoni: *RIPRODUTTORE*

   b. proteggere il corpo e permetterne il movimento: *LOCOMOTORE*

   c. eliminare le sostanze di rifiuto: *TEGUMENTARIO*

   d. trasportare ossigeno e sostanze nutritive: *CIRCOLATORIO*

   e. regolare i rapporti con il mondo esterno: *NERVOSO*

   f. eliminare l'anidride carbonica: *RESPIRATORIO*

6. Che cos'è l'apparato tegumentario? *È L'APPARATO CHE ELIMINA LE SOSTANZE DI RIFIUTO E REGOLA LA TEMPERATURA CORPOREA*

7. Quali organi formano l'apparato tegumentario? *I RENI*

8. Descrivi la pelle. *È FORMATA DA 3 STRATI EPIDERMIDE, DERMA E IPODERMA*

9. Che cos'è e a che cosa serve la cheratina? *A FAR RICRESCERE L'UNGHIA CELLULE NELLO STRATO PIÙ PROFONDO DELL'EPIDERMIDE*

10. Che cosa sono i melanociti? E a che cosa servono? *ABBRONZATURA DELLA PELLE*

11. Che cosa determina sui polpastrelli delle dita le impronte digitali? *LA NOSTRA IDENTITÀ*

12. Che cos'è il pannicolo adiposo? *UN INSIEME DI CELLULE ADIPOSE CHE SONO ISOLANTI TERMICI E RISERVA DI GRASSO E SI TROVA NELL'IPODERMA*

13. Che cosa sono e quali sono gli annessi cutanei? Descrivili. *SONO I PELI, LE UNGHIE*

14. Perché le ghiandole cutanee sono dette esocrine? *PERCHÉ FANNO USCIRE FUORI IL CORPO LE SOSTANZE DI RIFIUTO*

15. Che cos'è, da che cosa è formato e a che cosa serve il sudore?

16. Quali sono le funzioni della pelle? Descrivile.

17. Che cosa sono i fenomeni di vasocostrizione e vasodilatazione?

222 Biologia

18. Descrivi alcune malattie o aggressioni a cui è esposta la pelle. USTIONI, MELANOMA, MICCANGIE, ACNE, HERPES SIMPLEX, DERMACOMICOS

19. Quali sono le principali norme igieniche a tutela dell'apparato tegumentario? PRODOTTI NON IRRITANTI SPUGNE NON TROPPO DURE, LAVARE MANI, CAPELLI, CALORE, RAGGI UV

... le abilità

20. Completa la figura inserendo i nomi delle varie parti del corpo umano.

21. Riconosci i seguenti tipi di tessuto.

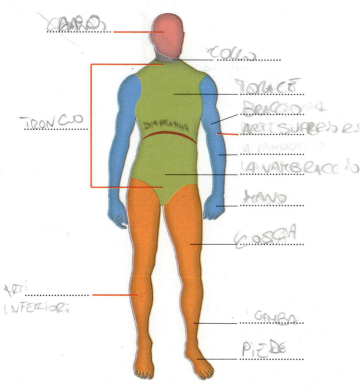
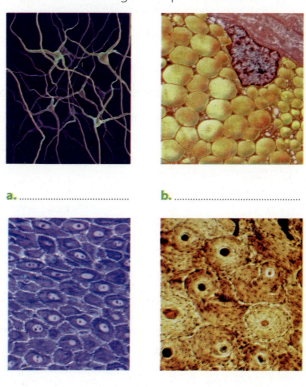

a. .... b. ....

c. .... d. ....

22. Riconosci nelle figure i sistemi e gli apparati rappresentati.

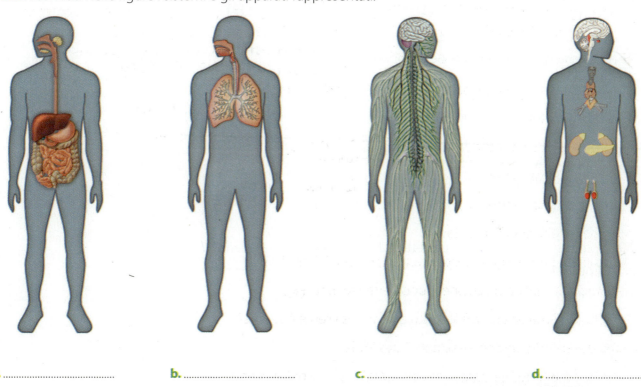

a. .... b. .... c. .... d. ....

223

unità 13 — Il sistema uomo — ragiona e applica

23. Vero o falso? Scrivilo accanto a ciascuna affermazione.
- a. Le cellule, in base alla loro funzione, assumono forma e dimensioni diverse. ...VERO
- b. Il tessuto connettivo può essere epiteliale, muscolare o nervoso. ...FALSO
- c. Il sistema scheletrico è formato dall'apparato locomotore e dal sistema muscolare. ...FALSO
- d. Il sistema linfatico è costituito dai linfonodi, dalla milza e dai vasi linfatici. ...VERO
- e. L'apparato escretore è costituito dalle ghiandole endocrine. ...FALSO
- f. L'apparato respiratorio è costituito dalle vie aeree e dai polmoni. ...VERO

24. Riconosci nella figura a fianco quanto richiesto.

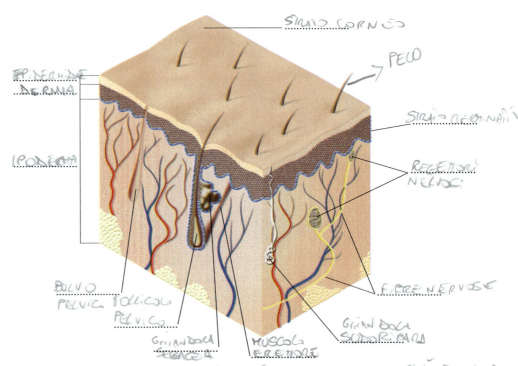

Etichette: STRATO CORNEO, PELO, EPIDERMIDE, DERMA, STRATO GERMINATIVO, IPODERMA, RECETTORI NERVOSI, BULBO PELIFERO, FOLLICOLO PELIFERO, GHIANDOLA SEBACEA, MUSCOLO ERETTORE, FIBRE NERVOSE, GHIANDOLA SUDORIPARA

25. Che cosa e perché rende la pelle impermeabile? CHERATINA PERCHÉ POI LO STRATO PIÙ PROFONDO EMERGE PERCHÉ SONO CELLULE CHE MUOIONO

26. Perché esponendo la pelle al Sole ci si abbronza? PERCHÉ LA MELANINA È UNA CELLULA DEI MELANOCITI

27. Che cosa provoca il fenomeno della "pelle d'oca"? QUANDO PROVI UNA SENSAZIONE DI FREDDO I VASI SI RESTRINGONO

28. Riconosci le parti che formano l'unghia scrivendo il loro nome al posto dei puntini.

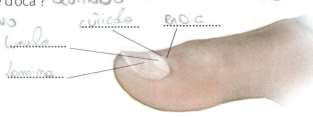

Etichette: CUTICOLA, RADICE, LUNULA, LAMINA

29. A proposito della funzione protettiva della pelle, completa quanto richiesto.
La pelle protegge il corpo:
- a. dall'umidità con ...LA CHERATINA EPIDERMIDE
- b. dai raggi ultravioletti del Sole con ...LA MELANINA
- c. dagli abbassamenti di temperatura con ...IL PANNICOLO ADIPOSO
- d. dall'azione degli agenti chimici pericolosi con ...CHERATINA

224 Biologia

Unità 14
L'APPARATO LOCOMOTORE

Perché ne parliamo?

La capacità di muoverci, di compiere i movimenti che quotidianamente facciamo o anche di stare fermi in posizione eretta, come sai, è affidata alle nostre ossa e ai nostri muscoli.
Ma sai come sono fatte le ossa? Ti sei mai chiesto come hanno fatto a crescere rispetto a quando sei nato e come faranno fino a quando diventerai "grande"?

E i muscoli come fanno a farci muovere? Qual è questo impareggiabile lavoro dei muscoli che ti permette di tirare un calcio a un pallone, di correre in riva al mare, ma anche di sorridere, di mostrare con l'espressione del viso la tua gioia, la tua noia o il tuo stupore?

Andiamo alla scoperta dell'**apparato locomotore**, un vero e proprio motore, e sarai in grado di rispondere a queste domande e di capire l'importanza di assumere comportamenti adeguati a tutela di questo apparato così spesso sottoposto ad attività e sforzi intensi che possono comprometterlo seriamente.

Contenuti
- Il sistema scheletrico: le ossa
- Le articolazioni
- Lo scheletro
- Le funzioni del sistema scheletrico
- Per la salute del sistema scheletrico
- Il sistema muscolare
- Il lavoro dei muscoli
- Le funzioni del sistema muscolare
- Per la salute del sistema muscolare

Prerequisiti
- **Conoscere la struttura e le funzioni della cellula**
- **Conoscere l'organizzazione cellulare dei viventi**

Obiettivi
- **Conoscere la struttura e le funzioni del sistema scheletrico e muscolare**
- **Individuare i tipi di ossa, di articolazioni e di muscoli**
- **Essere consapevoli dell'importanza di mantenere sano ed efficiente l'apparato locomotore**

unità 14 Il sistema scheletrico: le ossa

La capacità di compiere movimenti, nell'uomo come in tutti i vertebrati, è affidata a due complessi sistemi, il **sistema scheletrico** e il **sistema muscolare**, che nel loro insieme formano l'**apparato locomotore**.

Camminare, correre, saltare, ma anche mantenere la posizione eretta sono movimenti che facciamo proprio grazie al **sistema scheletrico**, una formidabile impalcatura che sorregge il nostro corpo.

> Il **sistema scheletrico** è l'impalcatura interna che sostiene il corpo umano ed è formata dalle **ossa** unite fra loro dalle **articolazioni** che conferiscono al corpo la struttura e ne permettono il movimento.

Le ossa sono formate da due particolari tessuti connettivi: il **tessuto osseo** e il **tessuto cartilagineo**.

Il tessuto osseo

Il **tessuto osseo** è formato da una massa di sostanza intercellulare organizzata in **lamelle** nella quale sono contenute particolari cellule, gli **osteociti**. Queste cellule sono distribuite in modo concentrico attorno a sottili canali, i **canali di Havers**, nei quali passano i vasi sanguigni.

La sostanza intercellulare è costituita da acqua e da una sostanza organica, l'**osseina**, che nel corso dello sviluppo dell'individuo si impregna progressivamente di **sali minerali**.

L'osseina conferisce all'osso consistenza ed elasticità, mentre i sali minerali lo rendono rigido e duro.

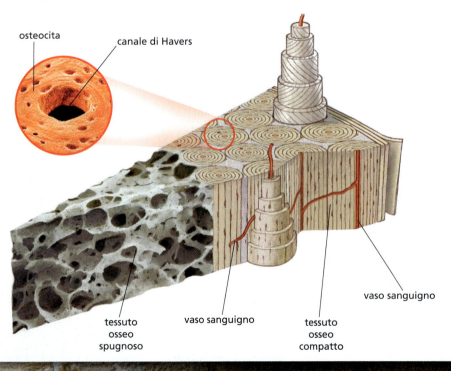

Il tessuto osseo si suddivide in *tessuto osseo compatto* e *tessuto osseo spugnoso*.

Il **tessuto osseo spugnoso** presenta lamelle che si intersecano tra di loro delimitando piccole cavità nelle quali è presente il **midollo rosso**.

Il **tessuto osseo compatto** presenta le lamelle addossate le une alle altre.

Il tessuto cartilagineo

Il **tessuto cartilagineo**, o **cartilagine**, è costituito da cellule particolari, i **condrociti**, immersi in una sostanza intercellulare molto densa e ricca di **collagene**. È un tessuto privo di vasi sanguigni e di nervi, costituito per il 60% da acqua; ha una struttura consistente, ma elastica e flessibile.

unità 14 — L'apparato locomotore

Verifichiamo la presenza di osseina e sali minerali nel tessuto osseo.

non solo TEORIA

Procurati un recipiente pieno di aceto e due ossa (di pollo o di coniglio) ben pulite. Immergi nel recipiente pieno di aceto un osso e lascialo a riposo. Estrai l'osso dopo 3-4 giorni e prova a piegarlo con le dita. Che cosa osservi?

> L'osso si piega facilmente, è diventato molle e flessibile. L'aceto ha infatti disciolto i sali minerali lasciando solo l'osseina, che rende l'osso consistente ed elastico, ma non rigido.

Prendi adesso l'altro osso e ponilo, tenendolo con una pinzetta, su una fiamma in modo da farlo bruciare completamente. Mettilo quindi su un piatto, lascialo raffreddare e poi schiaccialo leggermente. Che cosa osservi?

> L'osso si sbriciola. La fiamma ha bruciato l'osseina e ha lasciato solo i sali minerali, l'osso risulta quindi fragile e friabile.

Abbiamo constatato che le ossa contengono osseina e sali minerali.

Le ossa

Lo scheletro umano è formato da tre tipi fondamentali di ossa: **ossa lunghe**, **ossa corte** e **ossa piatte**.

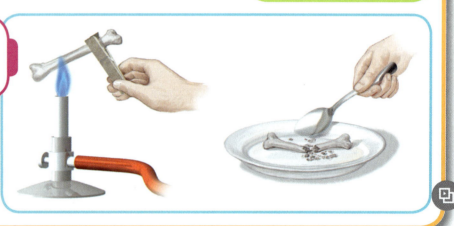

Le **ossa lunghe** sono quelle nelle quali la lunghezza prevale su larghezza e spessore come, ad esempio, l'omero, l'osso del braccio, il femore, l'osso della coscia, la tibia, l'osso della gamba ecc. Sono formate da una parte centrale di forma cilindrica, detta **diafisi**, e da due ingrossamenti alle estremità, detti **epifisi**.

Le **ossa piatte** sono quelle sviluppate soprattutto in superficie, con uno spessore piuttosto ridotto. Sono costituite da due strati di tessuto osseo compatto tra cui è interposto uno strato di tessuto osseo spugnoso. Sono ossa piatte quelle del cranio, del bacino, le scapole ecc.

Le **ossa corte** sono quelle sviluppate in modo pressoché uguale in lunghezza, larghezza e spessore. Sono costituite anch'esse da tessuto osseo spugnoso rivestito da uno strato di tessuto osseo compatto. Sono ossa corte le vertebre, il calcagno, le ossa del polso ecc.

Tutte le ossa, lunghe, corte e piatte, sono rivestite esternamente da una robusta membrana, detta **periostio**, che contiene speciali cellule, gli **osteoblasti**, che servono a far crescere l'osso in spessore e a ripararlo in caso di frattura o lesione.

Osserviamo meglio un osso lungo immaginando di sezionare, ad esempio, il femore.

OSSERVA

La **diafisi** è formata da una lamina di tessuto osseo compatto che delimita una cavità dove si trova una sostanza detta **midollo osseo giallo**.
Le **epifisi** sono formate da tessuto osseo spugnoso, all'interno del quale si trova il **midollo osseo rosso**, rivestito da uno strato di tessuto osseo compatto.

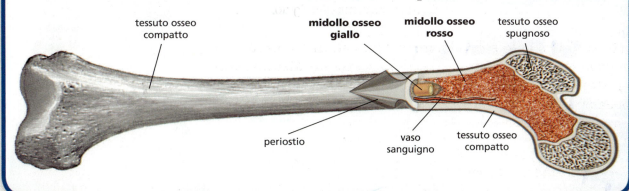

FOCUS SU...

Il **midollo giallo** si trova nella diafisi delle ossa lunghe, è ricco di grassi e costituisce una riserva di energia per l'organismo.

Il **midollo rosso** si trova nel tessuto spugnoso delle ossa lunghe ma soprattutto nelle ossa piatte. Contiene particolari cellule, le **cellule ematopoietiche**, che durante la crescita sono in grado di specializzarsi trasformandosi nei diversi componenti del sangue, i globuli rossi, i globuli bianchi e le piastrine.

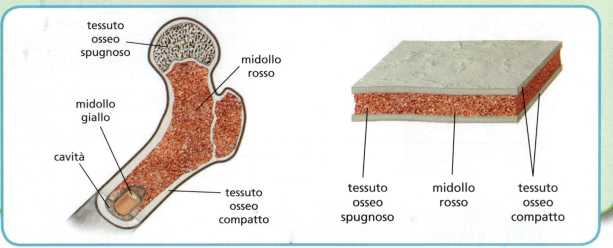

Test rapido

- Che cos'è il sistema scheletrico?
- Da quali tessuti sono formate le ossa?
- Quali sono i tre tipi fondamentali di ossa?
- Come è formato un osso lungo?

unità 14 → L'apparato locomotore

Le articolazioni

Le ossa dello scheletro, pur avendo una certa elasticità, non possono flettersi o piegarsi. Per il movimento del corpo è quindi necessario che le ossa siano collegate tra di loro per mezzo di **articolazioni** o **giunture** adatte a permettere loro di muoversi.

> Si chiama **articolazione** il punto in cui due ossa si incontrano; essa risulta formata dalle superfici di contatto fra le due ossa e dai legamenti che le trattengono.

In base al movimento che consentono, le articolazioni sono di tre tipi: **fisse**, **semimobili** e **mobili**.

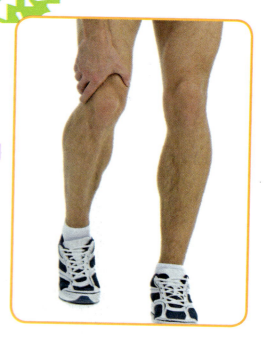

Le **articolazioni fisse** sono quelle che non permettono alcun movimento, le ossa mancano di cavità articolari e sono incastrate tra loro. Sono articolazioni fisse quelle del cranio, che prendono il nome di **suture**.

sutura

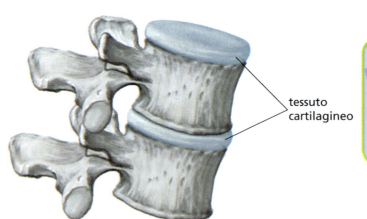

tessuto cartilagineo

Le **articolazioni semimobili** sono quelle che permettono movimenti parziali, in quanto le ossa sono unite mediante una cartilagine elastica, la **giuntura cartilaginea**. Sono articolazioni semimobili quelle tra le varie vertebre.

Le articolazioni

Le **articolazioni mobili** sono quelle che permettono ampi movimenti. Le superfici di contatto delle ossa sono rivestite da cartilagine e non sono unite, ma accostate e trattenute da **legamenti fibrosi** e da un manicotto, la **capsula articolare**; questa capsula è rivestita internamente da una membrana, la **membrana sinoviale**, che secerne un liquido, la **sinovia**, che lubrifica l'articolazione. Sono articolazioni mobili quelle degli arti superiori e inferiori.

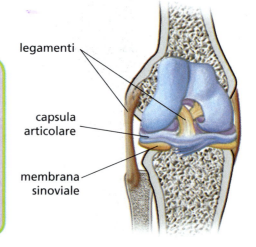

legamenti

capsula articolare

membrana sinoviale

230 Biologia

Le articolazioni mobili, dette anche **sinoviali**, possono essere di vario tipo.

OSSERVA

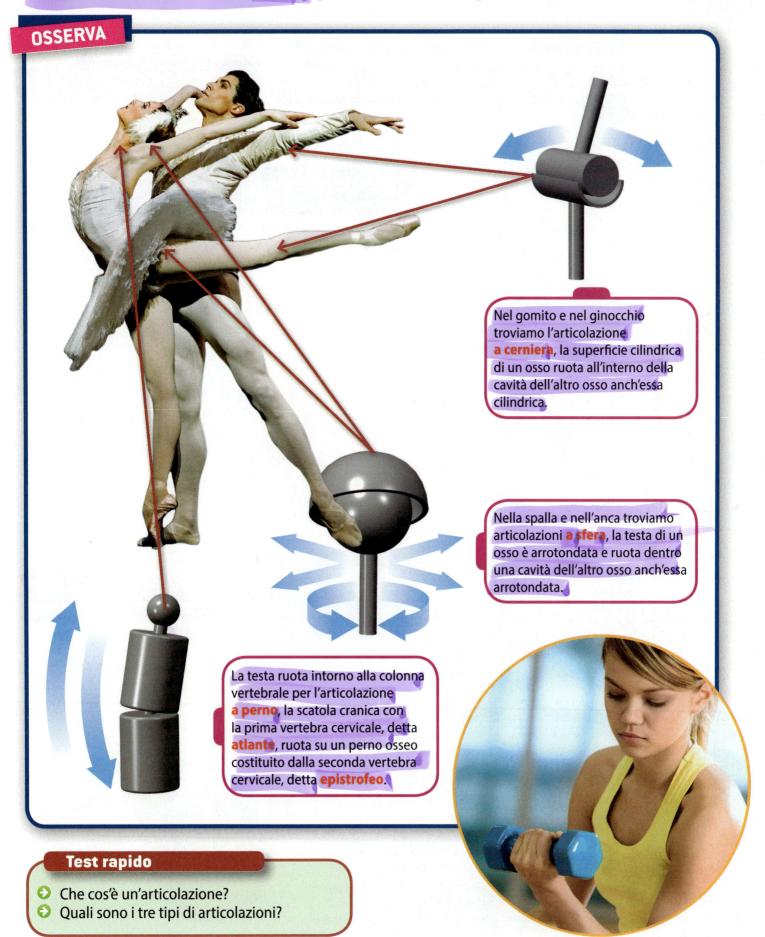

Nel gomito e nel ginocchio troviamo l'articolazione **a cerniera**, la superficie cilindrica di un osso ruota all'interno della cavità dell'altro osso anch'essa cilindrica.

Nella spalla e nell'anca troviamo articolazioni **a sfera**, la testa di un osso è arrotondata e ruota dentro una cavità dell'altro osso anch'essa arrotondata.

La testa ruota intorno alla colonna vertebrale per l'articolazione **a perno**, la scatola cranica con la prima vertebra cervicale, detta **atlante**, ruota su un perno osseo costituito dalla seconda vertebra cervicale, detta **epistrofeo**.

Test rapido

- Che cos'è un'articolazione?
- Quali sono i tre tipi di articolazioni?

231

unità 14 → L'apparato locomotore

Lo scheletro

Lo scheletro umano, alla nascita, presenta circa 270 ossa, da adulti alcune ossa si uniscono tra loro formando un unico osso e quindi si riducono a 206 legate tra loro da circa 68 articolazioni.
Lo scheletro viene distinto in **scheletro assile**, che comprende lo **scheletro del capo** e lo **scheletro del tronco**, e in **scheletro appendicolare** formato dallo **scheletro degli arti superiori e inferiori**.

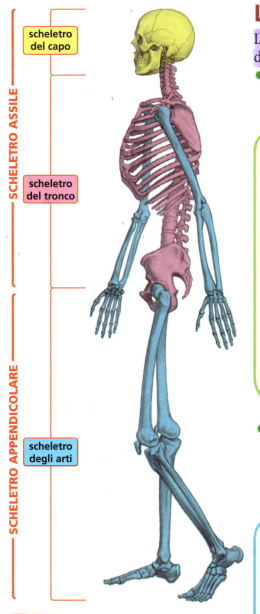

SCHELETRO ASSILE
- scheletro del capo
- scheletro del tronco

SCHELETRO APPENDICOLARE
- scheletro degli arti

Lo scheletro del capo

Lo **scheletro del capo** è costituito da 34 ossa ed è formato dalla **scatola cranica** e dallo **scheletro facciale**.
- La **scatola cranica** è formata da 8 ossa piatte saldamente unite fra di loro da suture e ha il compito di proteggere l'encefalo (cervello).

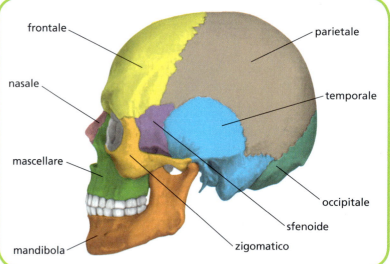

- Lo **scheletro facciale**, che ha il compito di proteggere organi delicati quali il naso, gli occhi e la bocca, è formato da 14 ossa di forme diverse e di piccole dimensioni. Anche queste ossa sono saldamente unite tra loro, tranne la **mandibola**, che è l'unico osso mobile del capo.

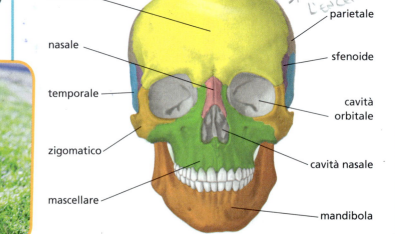

232 Biologia

Lo scheletro del tronco

Lo **scheletro del tronco** è formato dalla **colonna vertebrale** e dalla **gabbia toracica**.

- La **colonna vertebrale** è costituita da 33-34 ossa sovrapposte, le **vertebre**, unite tra loro da articolazioni semimobili; tra una vertebra e l'altra è presente un **disco intervertebrale**, che serve ad attutire gli urti e conferisce elasticità alla colonna nel suo insieme. Ogni vertebra è formata dal **corpo vertebrale**, un osso corto e massiccio, e da un arco osseo posteriore, l'**arco vertebrale**; da quest'arco partono delle sporgenze, le **apofisi** (spinale e trasverse). L'arco e il corpo vertebrale delimitano il **foro vertebrale**; dalla sovrapposizione dei diversi fori si forma il **canale vertebrale** che contiene e protegge il **midollo spinale**.

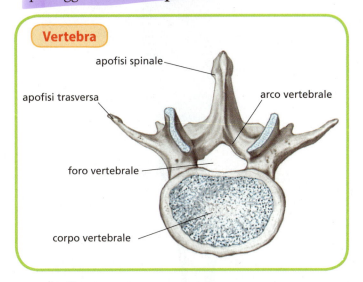
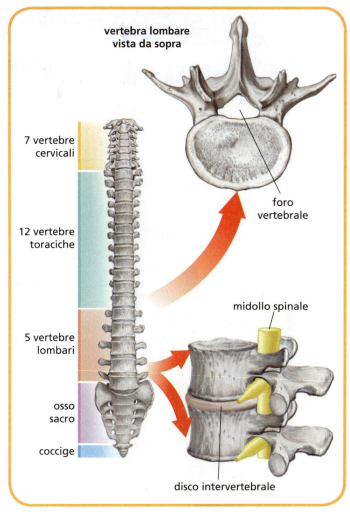

La colonna vertebrale, lunga in media 70-75 cm, viene suddivisa in cinque regioni: **cervicale**, **dorsale** o **toracica**, **lombare**, **sacrale** (formata da 5 vertebre saldate in un unico osso detto **osso sacro**) e **coccigea** (formata da 4-5 vertebre anch'esse saldate fra loro in un unico osso detto **coccige**).

- La **gabbia toracica** protegge il cuore e i polmoni ed è formata da ossa piatte nastriformi, le **costole**, incurvate ad arco e articolate mediante giunture mobili con le vertebre.
  Le costole sono dodici per lato, suddivise in: **costole vere**, le prime sette, che si saldano a un osso piatto, lo **sterno**; **costole false**, le tre successive, che si uniscono allo sterno mediante prolungamenti cartilaginei; **costole fluttuanti**, le ultime due, che non raggiungono lo sterno e sono quindi libere.

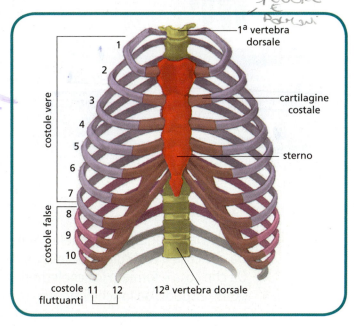

233

unità 14 → L'apparato locomotore

Lo scheletro degli arti

Lo **scheletro degli arti** si divide in **scheletro degli arti superiori** e **scheletro degli arti inferiori**.

- Lo **scheletro degli arti superiori** si collega e si articola allo scheletro del tronco mediante le **scapole** e le **clavicole**, che nel loro insieme formano il **cinto scapolare**.

- Lo **scheletro degli arti inferiori** si attacca e si articola allo scheletro del tronco mediante tre ossa: l'**ileo**, l'**ischio** e il **pube**, che nel loro insieme formano il **cinto pelvico** o **bacino** che nell'età adulta si salda in un unico osso.

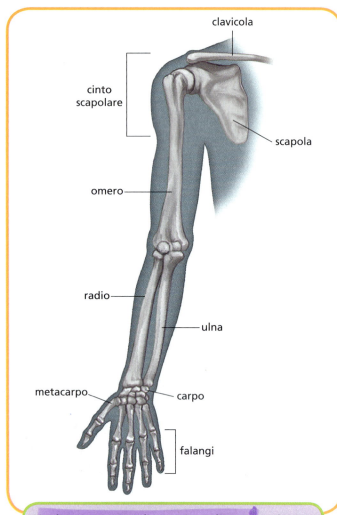

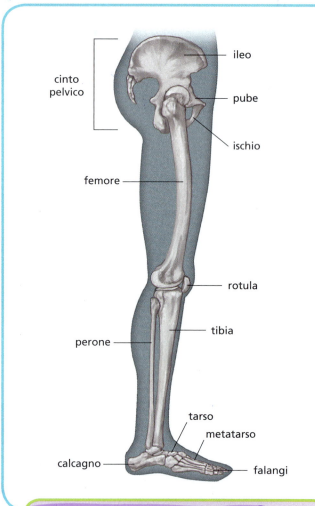

Negli arti superiori distinguiamo l'**omero** nel braccio, il **radio** e l'**ulna** nell'avambraccio. Le ossa della mano sono collegate all'avambraccio tramite un gruppo di ossa corte che costituiscono il **carpo**, seguono altre ossa corte che formano il **metacarpo** e nelle dita troviamo le **falangi**.

Negli arti inferiori distinguiamo il **femore** nella coscia, la **tibia** e il **perone** nella gamba; tibia e perone sono uniti al femore tramite l'articolazione del ginocchio nella quale troviamo la **rotula**. Le ossa del piede sono collegate alla gamba tramite delle ossa corte che costituiscono il **tarso**, seguono il **metatarso** e le **falangi**.

Test rapido

- Come viene suddiviso lo scheletro?
- Da che cosa è costituito lo scheletro del capo?
- Da che cosa è formato lo scheletro del tronco?
- Come è suddiviso lo scheletro degli arti?

Le funzioni del sistema scheletrico

Il nostro scheletro svolge diverse funzioni molto importanti.

- **Sostiene il corpo**. Esso costituisce l'impalcatura che sorregge il nostro corpo e ne assicura il mantenimento della posizione eretta.
- **Permette**, assieme ai muscoli, **il movimento** del corpo. Camminare, correre, saltare ecc. sono attività che possiamo svolgere grazie alle ossa.
- **Protegge organi importanti**. Esso racchiude e protegge gli organi interni quali il cervello, i polmoni, il cuore e gli organi intestinali.
- **Produce le cellule del sangue**. Attraverso il midollo rosso delle ossa corte quali le vertebre, delle ossa piatte quali sterno, bacino ecc. e delle epifisi delle ossa lunghe, svolge la funzione di fabbricare i globuli rossi, detta **emopoiesi**.
- **Costituisce una riserva di sali minerali**, soprattutto di calcio, uno degli elementi indispensabili al nostro organismo. La quantità di calcio presente nel sangue è regolata da un ormone, la **calcitonina**, e dal lavoro di alcune cellule del tessuto osseo, gli **osteoblasti** e gli **osteoclasti**. Queste cellule, quando il calcio nel sangue è in eccesso lo depositano nel tessuto osseo, quando è in difetto scompongono il tessuto osseo e liberano i sali di calcio.

Test rapido

- Quali sono le importanti funzioni che svolge il sistema scheletrico?

unità 14 — L'apparato locomotore

Per la salute del sistema scheletrico

Il nostro sistema scheletrico è esposto a una serie di danni e malattie, che ne possono compromettere la funzionalità spesso in modo permanente.
I danni possono riguardare il tessuto osseo, le ossa e le articolazioni e le cause sono molteplici: traumi fisici, infezioni da microrganismi, malformazioni funzionali, degenerazione dei tessuti ecc.

- A causa di urti, cadute, incidenti, movimenti incontrollati possono verificarsi diversi tipi di **traumi fisici** quali fratture, distorsioni e lussazioni.

  – La **frattura** è la rottura parziale (*frattura incompleta*) o totale di un osso (*frattura completa*). Le fratture complete possono essere **chiuse** se non vi sono lesioni a carico dei tessuti circostanti (muscoli e pelle) o **esposte** se l'osso lacera i tessuti e affiora all'esterno. Queste ultime sono pericolose perché possono provocare emorragie e infezioni. Qualunque sia il tipo di frattura, è indispensabile l'intervento del medico specialista, l'**ortopedico**, che deve rimettere a posto l'osso fratturato e ingessare la parte interessata per evitare ulteriori spostamenti dell'osso. Nel caso di fratture della colonna vertebrale è importante tenere il paziente immobile perché movimenti errati potrebbero provocare paralisi.

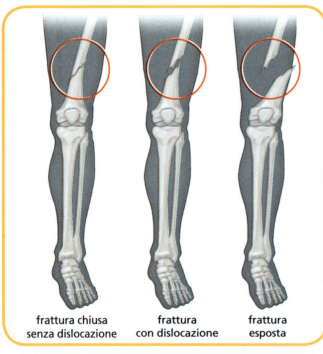

frattura chiusa senza dislocazione — frattura con dislocazione — frattura esposta

  – La **distorsione** è una lesione traumatica dei tessuti che formano i legamenti di un'articolazione (legamenti fibrosi, capsula articolare e membrana sinoviale). Può verificarsi un semplice stiramento dei legamenti, la loro rottura o il loro distacco dal punto osseo di attacco. Di qualsiasi natura siano, le distorsioni sono sempre pericolose perché possono causare blocchi permanenti alle articolazioni.
  Le parti del corpo più colpite sono la caviglia, il polso, il ginocchio, le dita della mano e la spalla. Bisogna intervenire subito immobilizzando la parte interessata con una fasciatura più o meno rigida, secondo la gravità del caso.

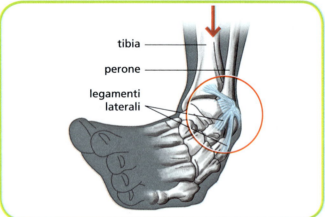

tibia — perone — legamenti laterali

  – La **lussazione** consiste nello spostamento permanente delle ossa di un'articolazione. Può essere *traumatica*, se è determinata da una causa esterna, *patologica*, se deriva da precedenti lesioni dei legamenti, o *congenita*, se è presente fin dalla nascita. Come per la frattura, anche in caso di lussazione bisogna intervenire per riportare l'osso lussato nella sua posizione; successivamente, dopo la guarigione, si deve procedere alla rieducazione dell'arto.

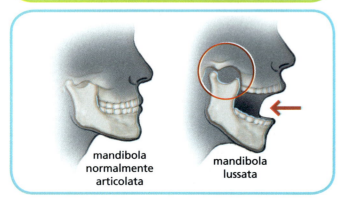

mandibola normalmente articolata — mandibola lussata

Un pericolosissimo trauma è il **trauma cranico** conseguente alla frattura delle ossa del cranio. Può essere anche mortale a causa della presenza nella scatola cranica dell'encefalo, le cui lesioni sono sempre gravi.
La forma più tipica di trauma cranico è la **commozione cerebrale**, che provoca la perdita immediata di conoscenza ma non comporta, in genere, esiti mortali. Lesioni più serie possono portare a vari stadi di **coma**, il più grave dei quali, quello irreversibile, è mortale. In presenza di un trauma cranico di qualsiasi natura è necessario il ricovero in ospedale.

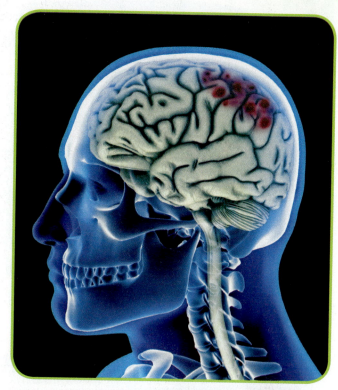

- In seguito a **posizioni scorrette** assunte nel camminare, nello stare seduti, nel modo di portare o sollevare pesi ecc., si possono manifestare deformazioni della colonna vertebrale, quali la **scoliosi**, la **lordosi** e la **cifosi**, dette **paramorfismi**, il **piede piatto**, determinato da un appiattimento della pianta del piede, e le **ginocchia valghe** o **vare** causate da una deformazione della tibia e del femore per cui le gambe assumono la forma di una X o di una O.

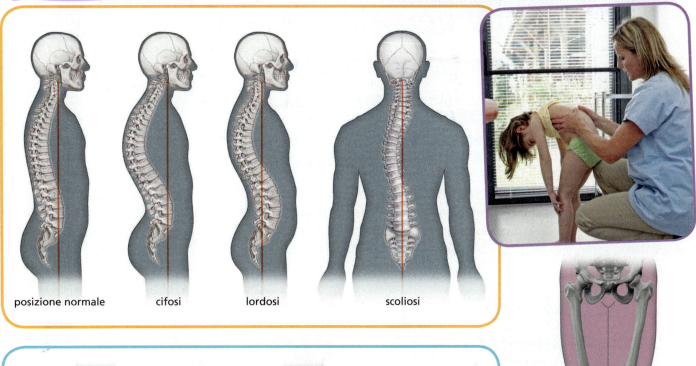

posizione normale — cifosi — lordosi — scoliosi

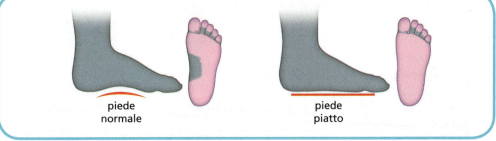

piede normale — piede piatto

ginocchia valghe

- Alcune alterazioni funzionali sono causate da un'altra malattia del sistema scheletrico: il **rachitismo**. Si tratta di un'alterazione delle ossa che compare durante lo sviluppo ed è dovuta a un'insufficiente quantità di calcio nel tessuto osseo che rende le ossa fragili e facilmente deformabili.

unità 14 → L'apparato locomotore

- Un'alterazione degenerativa delle articolazioni è l'**artrosi**, una malattia per cui si ha il lento consumo delle cartilagini che rende sempre più difficoltosi i movimenti.

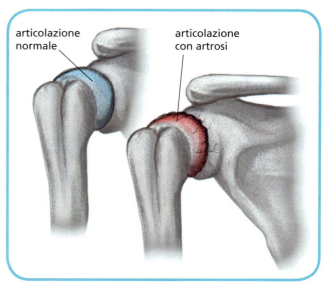

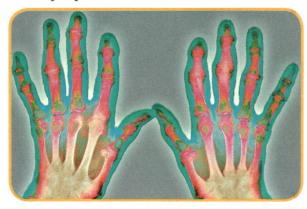

In che modo possiamo mantenere efficiente il nostro sistema scheletrico, evitando che subisca danni e prevenendone le malattie? Ecco alcune regole fondamentali.

- Il maggior numero di fratture e traumi cranici si verifica negli incidenti stradali, negli infortuni sul lavoro e in casa, per l'inosservanza delle più comuni regole di prevenzione. Nel lavoro e nel gioco, in casa e fuori casa, quindi massima prudenza per non rischiare traumi.
- Teniamo sotto controllo lo sviluppo scheletrico durante il periodo della crescita, esami e visite ortopediche permettono di riconoscere i disturbi scheletrici al loro primo manifestarsi, quando è ancora facile intervenire e curarli.
- Seguiamo un'alimentazione ricca di calcio (latte e derivati) e di vitamine A, C e D (frutta, uova, pesce ecc.), specialmente nell'età dello sviluppo.
- Restiamo il più possibile all'aria aperta, in ambienti salubri al riparo dal freddo umido, e dedichiamoci ad attività fisico-sportive secondo le nostre capacità e la nostra età.
- Evitiamo sempre di assumere posizioni scorrette in tutte le attività quotidiane.

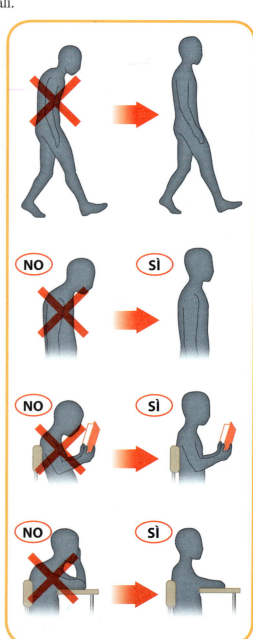

Vitamina A

Vitamina C

Vitamina D

238 Biologia

Il sistema muscolare

Adibito a rendere possibili tutti i nostri movimenti e a dare forma e consistenza al nostro corpo è il **sistema muscolare** formato dai **muscoli**.

I muscoli sono costituiti dal **tessuto muscolare** che è formato da particolari cellule allungate, dette **fibrocellule** o **fibre muscolari**, costituite a loro volta da filamenti, le **miofibrille**, striate trasversalmente.
Questa striatura è determinata dalla sovrapposizione di filamenti sottilissimi, detti **miofilamenti**, disposti parallelamente in modo da formare delle bande chiare e delle bande scure. Le bande chiare sono costituite da filamenti di **actina**, quelle scure da filamenti di **miosina**, due proteine che, come vedremo, determinano il movimento dei muscoli.

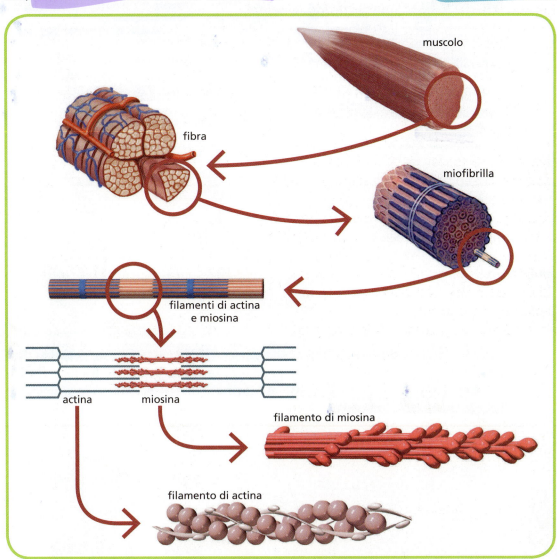

Tipi di tessuto muscolare e muscoli

A seconda della disposizione di queste proteine, il tessuto muscolare può essere di due tipi, il **tessuto muscolare liscio** e il **tessuto muscolare striato**; questi due tipi di tessuto formano rispettivamente i **muscoli lisci** e i **muscoli striati**.

239

unità 14 — L'apparato locomotore

Il **tessuto muscolare liscio** presenta fibre muscolari di dimensioni ridotte, con un solo nucleo; in esso l'actina e la miosina non sono disposte in modo regolare. Il tessuto muscolare liscio forma i **muscoli lisci**, detti **involontari** perché lavorano indipendentemente dalla nostra volontà; essi determinano il movimento degli organi interni, stomaco, intestino, polmoni ecc.

Tessuto muscolare liscio.

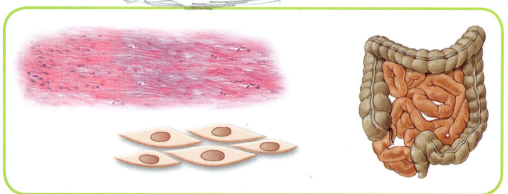

Il **tessuto muscolare striato** presenta fibre muscolari cilindriche allungate con più nuclei, l'actina e la miosina sono disposte in modo regolare così da formare strisce alternativamente chiare e scure. Il tessuto muscolare striato forma i **muscoli striati**, detti **volontari** perché lavorano controllati dalla nostra volontà; essi determinano il movimento delle ossa o della pelle. Si dividono in **muscoli cutanei**, o **pellicciai**, che sono inseriti direttamente sulla pelle, e **muscoli scheletrici** che sono collegati alle ossa attraverso cordoni fibrosi detti **tendini**.

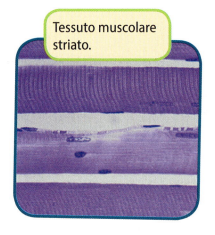

Tessuto muscolare striato.

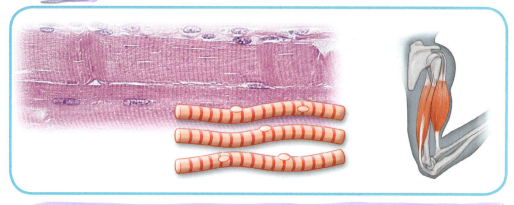

Un particolare tessuto striato è quello che costituisce il cuore, **tessuto cardiaco**, dove le particolari fibre striate sono strettamente attaccate fra loro. Il **muscolo cardiaco** (il cuore), pur essendo formato da tessuto muscolare striato, è un **muscolo involontario**.

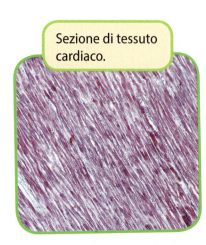

Sezione di tessuto cardiaco.

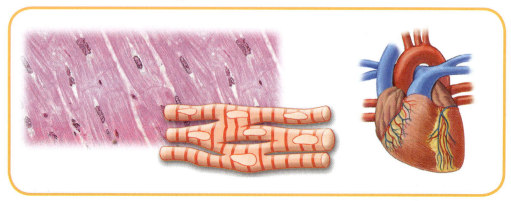

Osserva nella pagina a lato i principali muscoli del corpo umano, visti di fronte e di schiena.

240 Biologia

I principali muscoli del corpo umano

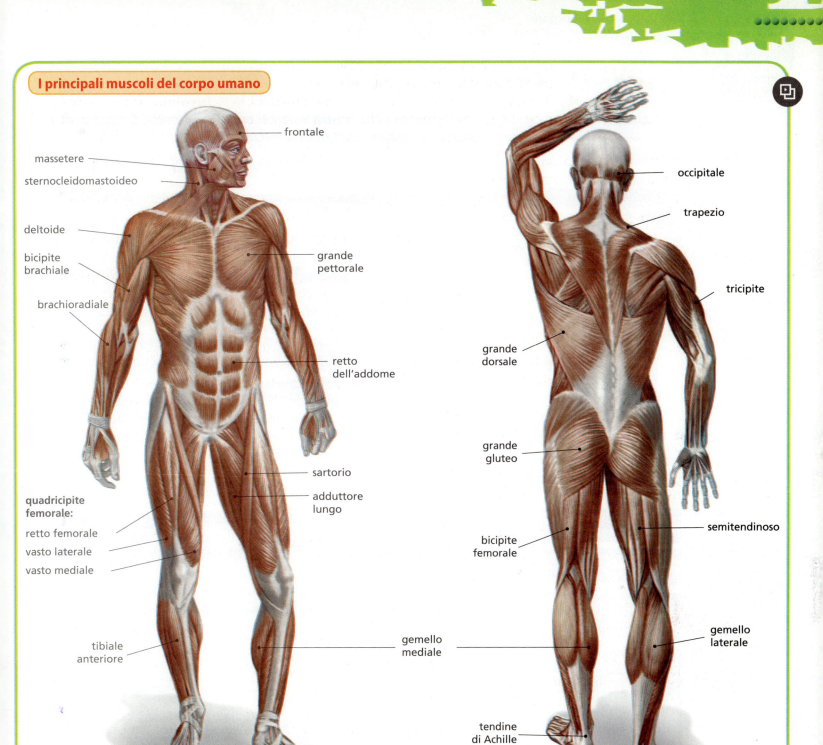

- frontale
- massetere
- sternocleidomastoideo
- deltoide
- bicipite brachiale
- brachioradiale
- grande pettorale
- retto dell'addome
- sartorio
- adduttore lungo
- **quadricipite femorale:**
  - retto femorale
  - vasto laterale
  - vasto mediale
- tibiale anteriore
- occipitale
- trapezio
- tricipite
- grande dorsale
- grande gluteo
- bicipite femorale
- semitendinoso
- gemello mediale
- gemello laterale
- tendine di Achille

Test rapido

- Com'è formato il tessuto muscolare?
- Quali sono le caratteristiche del tessuto muscolare liscio?
- Quali sono le caratteristiche del tessuto muscolare striato?
- Quando un muscolo si dice volontario e quando involontario?

241

→ L'apparato locomotore

Il lavoro dei muscoli

In che modo i muscoli ci permettono il movimento? I movimenti del corpo sono possibili per il lavoro dei muscoli permesso da due caratteristiche fondamentali delle cellule del tessuto muscolare:

- l'**eccitabilità**, la caratteristica delle cellule muscolari di rispondere a stimoli di varia natura (chimica, fisica, termica, elettrica ecc.);
- la **contrattilità**, la caratteristica delle cellule muscolari di contrarsi, cioè accorciarsi, e poi di rilassarsi, cioè ritornare alla posizione iniziale.

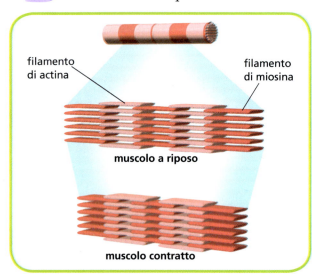

filamento di actina — filamento di miosina
muscolo a riposo
muscolo contratto

Grazie a queste caratteristiche, il tessuto muscolare permette il "movimento" dei muscoli.
Tale movimento consiste nel potersi **contrarre**, cioè accorciare, per poi **rilassarsi** e tornare allo stato iniziale consentendo di conseguenza il movimento delle ossa.
Questo meccanismo di contrazione e rilassamento è basato sullo scivolamento dei miofilamenti di actina sui miofilamenti di miosina; grazie a questo scivolamento le miofibrille si accorciano e il muscolo si contrae, quando le miofibrille ritornano allo stato iniziale il muscolo si rilassa o è a riposo.

In realtà tutti i movimenti dello scheletro sono prodotti dall'azione contemporanea di due muscoli, detti **muscoli antagonisti**, in quanto compiono azioni opposte e contemporanee: uno di contrazione e l'altro di rilassamento come, ad esempio, il bicipite e il tricipite del braccio nel far piegare l'avambraccio sul braccio.

OSSERVA

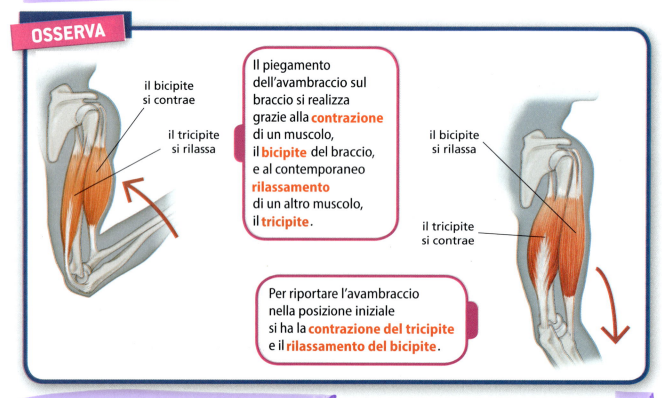

il bicipite si contrae
il tricipite si rilassa

Il piegamento dell'avambraccio sul braccio si realizza grazie alla **contrazione** di un muscolo, il **bicipite** del braccio, e al contemporaneo **rilassamento** di un altro muscolo, il **tricipite**.

il bicipite si rilassa
il tricipite si contrae

Per riportare l'avambraccio nella posizione iniziale si ha la **contrazione del tricipite** e il **rilassamento del bicipite**.

I muscoli sono quindi il motore del corpo umano; essi per lavorare, come un qualsiasi motore, hanno bisogno di energia e quindi serve loro del carburante.

Tutte le cellule, per gli scambi di energia, utilizzano un composto chimico, l'**adenosintrifosfato** o **ATP**, che viene prodotto all'interno dei mitocondri dove il glucosio, ottenuto per trasformazione dei grassi e degli zuccheri contenuti negli alimenti, viene bruciato in presenza di ossigeno e trasformato in anidride carbonica, acqua e ATP. Questo processo, detto **respirazione cellulare**, è particolarmente importante nelle fibre muscolari ricche di mitocondri.

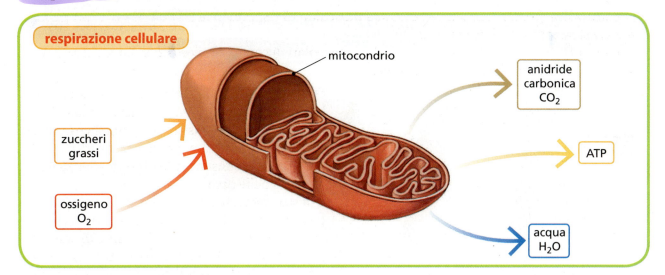

respirazione cellulare

Le fonti di energia dei muscoli sono quindi zuccheri, grassi e ossigeno. Se l'ossigeno non è sufficiente perché il lavoro muscolare è troppo intenso o si prolunga nel tempo, la trasformazione del glucosio avviene per **fermentazione**.

Nel corso di tale processo si forma l'**acido lattico** che è il responsabile del senso di fatica e dolore muscolare.
L'acido lattico di solito viene trasformato dall'ossigeno in anidride carbonica che viene allontanata dalle cellule tramite il sangue e poi dal corpo con la respirazione.

Se il lavoro muscolare è così intenso da non permettere questo normale allontanamento, l'acido lattico si accumula nei muscoli provocando dolori e crampi.

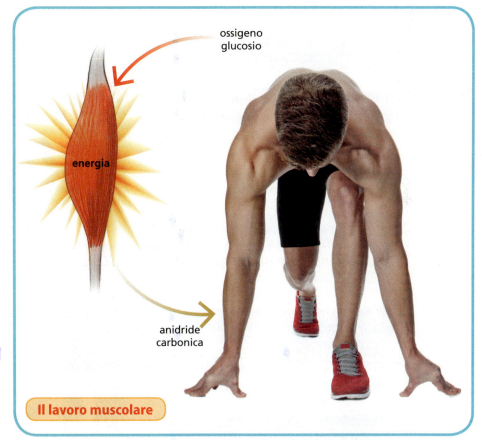

Il lavoro muscolare

Test rapido

- Quali sono le due caratteristiche fondamentali delle cellule del tessuto muscolare?
- In che cosa consiste il lavoro dei muscoli?
- Che cosa significa "muscoli antagonisti"?
- Qual è la fonte di energia dei muscoli?

→ L'apparato locomotore

Le funzioni del sistema muscolare

Il nostro sistema muscolare è formato da circa 600 muscoli che rappresentano il 40% del peso corporeo nei maschi e il 30% nelle femmine.

Quelli che ci permettono il movimento, ovvero i muscoli scheletrici, hanno forme diverse, possono essere **fusiforme** (la maggior parte), **nastriformi**, **larghi** e **piatti**, **orbicolari** ecc.

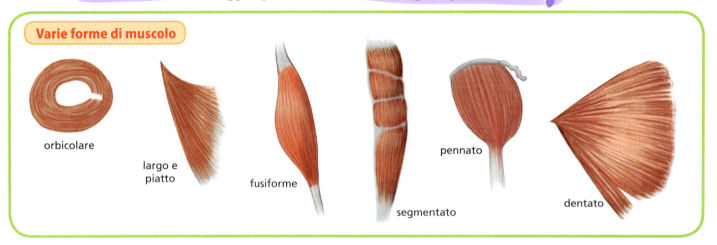

Varie forme di muscolo

orbicolare — largo e piatto — fusiforme — segmentato — pennato — dentato

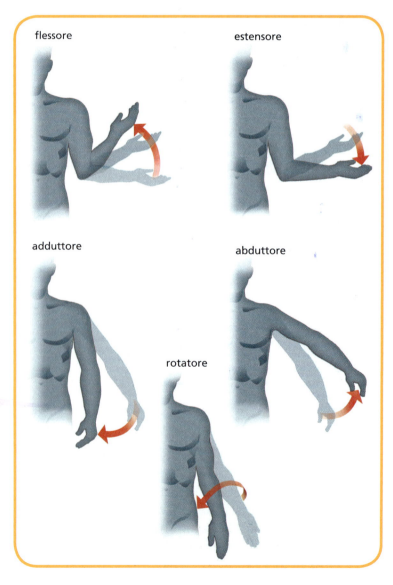

In base al tipo di movimento che consentono, i muscoli si distinguono in:

- **flessori**, se determinano il piegamento di un osso rispetto a un altro (flessione), come ad esempio il bicipite, che fa flettere l'avambraccio sul braccio, e il sartorio, che fa flettere la gamba sulla coscia;

- **estensori**, se determinano l'estensione di un osso rispetto a un altro (estensione), come ad esempio il tricipite e il quadricipite;

- **adduttori**, se permettono l'avvicinamento delle ossa alla linea mediana del corpo (adduzione), come ad esempio il trapezio e i pettorali che avvicinano il braccio al corpo;

- **abduttori**, se al contrario permettono l'allontanamento delle ossa dal corpo (abduzione), come ad esempio il deltoide che fa sollevare il braccio;

- **rotatori**, se determinano la rotazione di un osso lungo il suo asse (rotazione), come ad esempio il deltoide e i dorsali.

244 Biologia

Fra i muscoli pellicciai quelli **facciali** o **mimici** sono i responsabili della straordinaria varietà di espressioni del nostro viso, gioia, paura, tristezza ecc.

Il sistema muscolare svolge importanti funzioni:
- assieme al sistema scheletrico, **dà forma al nostro corpo** e ne permette il mantenimento della stazione eretta;
- determina il **movimento del corpo** trasmettendo le contrazioni dei muscoli alle ossa alle quali sono attaccati attraverso i **tendini**;
- permette il **funzionamento degli organi interni** consentendo a questi di effettuare i movimenti necessari per esplicare le proprie funzioni;
- **sostiene e protegge lo scheletro** mantenendo le ossa nella loro giusta posizione;
- **contribuisce alla termoregolazione**, cioè al mantenimento costante della temperatura corporea attorno ai 37 °C; quando questa si abbassa oltre un certo limite, sono proprio i muscoli che intervengono per innalzarla. I brividi che spesso accompagnano la sensazione di freddo non sono altro che contrazioni muscolari mediante le quali viene liberata energia sotto forma di calore.

Test rapido

- Come si distinguono i muscoli in base al movimento?
- Quali sono le funzioni del sistema muscolare?

unità 14 → L'apparato locomotore

Per la salute del sistema muscolare

Anche il sistema muscolare è soggetto a danni e malattie.

- Sono dovuti a traumi fisici **contratture**, **strappi** e **crampi**.
  - La **contrattura** è la contrazione involontaria e persistente di uno o più muscoli che colpisce frequentemente chi svolge attività sportive e sottopone i muscoli a sforzi intensi senza un'adeguata preparazione (riscaldamento dei muscoli). È sufficiente qualche giorno di riposo perché la contrattura cessi.
  - Lo **strappo** è la lacerazione delle fibre di un muscolo dovuta a sforzi eccessivi o a movimenti bruschi; è frequente in chi pratica attività sportive anche se ben allenato. È un incidente molto doloroso che, nei casi lievi, richiede solo un lungo riposo, ma nei casi gravi può essere necessario l'intervento chirurgico.
  - Il **crampo** è una contrazione muscolare involontaria, improvvisa e dolorosa determinata in genere da affaticamento fisico, fenomeni tossici o infiammazione dei vasi periferici.

- Un grave problema per i muscoli è la **paralisi muscolare** che può insorgere per varie cause. Una delle malattie più conosciute che causa paralisi muscolare è la **poliomielite**. In effetti la poliomielite, causata da un virus, attacca il sistema nervoso ma determina l'incapacità del sistema nervoso di controllare il lavoro dei muscoli e quindi la loro progressiva atrofizzazione. Grazie alla ricerca scientifica, la poliomielite è stata praticamente sconfitta dal **vaccino antipolio** scoperto nel 1956 dal medico americano **Albert Sabin**.

- Una grave malattia che colpisce i muscoli scheletrici è la **distrofia muscolare**. Essa provoca la degenerazione e la distruzione dei muscoli portando quindi alla paralisi quasi completa. Colpisce a tutte le età, soprattutto i bambini, fin dai primi anni di vita, e i giovani fino ai 30 anni. Non è contagiosa ma ereditaria, si trasmette cioè dai genitori ai figli, e purtroppo è ancora incurabile. Per assistere i distrofici e le loro famiglie, è sorta dal 1961 l'**Unione Italiana per la Lotta alla Distrofia Muscolare** (**UILDM**), un'associazione che si prefigge di promuovere con tutti i mezzi la ricerca scientifica e l'integrazione sociale degli ammalati.

Come possiamo mantenere sano il nostro sistema muscolare?

> Per uno sviluppo corretto della muscolatura del corpo è importante una costante attività fisica che, svolta in modo corretto, sviluppa il sistema muscolare con indubbi benefici per il benessere fisico e psichico della persona. Muscoli sani e ben sviluppati contribuiscono infatti a mantenere il giusto assetto dello scheletro evitando l'insorgere di paramorfismi, a favorire la mobilità e la scioltezza delle articolazioni, a migliorare la funzionalità dell'apparato circolatorio e respiratorio e a facilitare quindi una regolare ossigenazione delle cellule.

Biologia

unità 14 — L'apparato locomotore

fissa i concetti chiave

Che cos'è l'apparato locomotore?

- L'**apparato locomotore**, formato da due complessi sistemi, il **sistema scheletrico** e il **sistema muscolare**, è l'apparato che ci dà la capacità di compiere tutti i nostri movimenti.

Che cos'è il sistema scheletrico?

- Il **sistema scheletrico** è l'impalcatura interna che sostiene il corpo umano ed è formata dalle **ossa** unite fra loro dalle **articolazioni** che conferiscono al corpo la struttura e ne permettono il movimento.

Da quali tessuti sono formate le ossa?

- Le ossa sono formate da due tessuti connettivi: il **tessuto osseo** e il **tessuto cartilagineo**.
  > Il **tessuto osseo** è formato da una massa di sostanza intercellulare organizzata in **lamelle**, nella quale sono contenute particolari cellule, gli **osteociti**. Queste cellule sono distribuite in modo concentrico attorno a sottili canali, i **canali di Havers**, nei quali passano i vasi sanguigni. La sostanza intercellulare è costituita da acqua e da una sostanza organica, l'**osseina**, che nel corso dello sviluppo dell'individuo si impregna progressivamente di **sali minerali**. Il tessuto osseo si suddivide in **tessuto osseo compatto** e **tessuto osseo spugnoso**.
  > Il **tessuto cartilagineo**, o **cartilagine**, è costituito da cellule particolari, i **condrociti**, immersi in una sostanza intercellulare molto densa e ricca di **collagene**. È un tessuto privo di vasi sanguigni e di nervi, costituito per il 60% da acqua; ha una struttura consistente, ma elastica e flessibile.

Quali sono i tre tipi fondamentali di ossa?

- Lo scheletro umano è formato da tre tipi fondamentali di ossa: **ossa lunghe**, **ossa corte** e **ossa piatte**.
  > Le **ossa lunghe** sono quelle nelle quali la lunghezza prevale su larghezza e spessore. Sono formate da una parte centrale di forma cilindrica, detta **diafisi**, e da due ingrossamenti alle estremità, detti **epifisi**.
  > Le **ossa corte** sono quelle sviluppate in modo pressoché uguale in lunghezza, larghezza e spessore. Sono costituite anch'esse da tessuto osseo spugnoso rivestito da uno strato di tessuto osseo compatto.
  > Le **ossa piatte** sono quelle sviluppate soprattutto in superficie, con uno spessore piuttosto ridotto. Sono costituite da due strati di tessuto osseo compatto tra cui è interposto uno strato di tessuto osseo spugnoso.

Che cos'è un'articolazione?

- Si chiama **articolazione** il punto in cui due ossa si incontrano; essa risulta formata dalle superfici di contatto fra le due ossa e dai legamenti che le trattengono.

Quanti tipi di articolazioni abbiamo?

- Le articolazioni sono di tre tipi:
  > le **articolazioni fisse** sono quelle che non permettono alcun movimento, le ossa mancano di cavità articolari e sono incastrate tra loro;
  > le **articolazioni semimobili** sono quelle che permettono movimenti parziali, in quanto le ossa sono unite mediante una cartilagine elastica, la **giuntura cartilaginea**;
  > le **articolazioni mobili** sono quelle che permettono ampi movimenti. Le superfici di contatto delle ossa sono rivestite da cartilagine e non sono unite, ma accostate e trattenute da **legamenti fibrosi** e da un manicotto, la **capsula articolare**; questa capsula è rivestita internamente da una membrana, la **membrana sinoviale**, che secerne un liquido, la **sinovia**, che lubrifica l'articolazione.

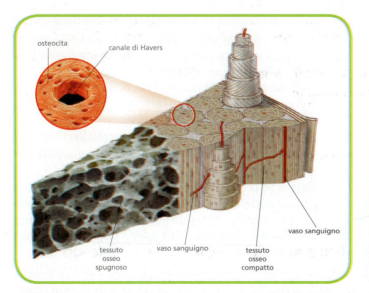
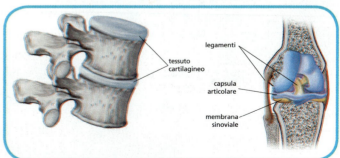

unità 14 — L'apparato locomotore

fissa i concetti chiave

In quali parti si suddivide lo scheletro?

- Lo scheletro viene distinto in **scheletro assile**, che comprende lo **scheletro del capo** e lo **scheletro del tronco**, e in **scheletro appendicolare** formato dallo **scheletro degli arti superiori e inferiori**.
  > Lo **scheletro del capo** è costituito da 34 ossa ed è formato dalla **scatola cranica** e dallo **scheletro facciale**.
  > Lo **scheletro del tronco** è formato dalla **colonna vertebrale** e dalla **gabbia toracica**.
  > Lo **scheletro degli arti** si divide in **scheletro degli arti superiori** e **scheletro degli arti inferiori**.

Quali sono le funzioni del sistema scheletrico?

- **Sostiene il corpo**, esso costituisce l'impalcatura che sorregge il nostro corpo e ne assicura il mantenimento della posizione eretta.
- **Permette**, assieme ai muscoli, **il movimento** del corpo.
- **Protegge organi importanti**, esso racchiude e protegge gli organi interni quali il cervello, i polmoni, il cuore e gli organi intestinali.
- **Produce le cellule del sangue**, attraverso il midollo rosso delle ossa svolge la funzione di fabbricare i globuli rossi, detta **emopoiesi**.
- **Costituisce una riserva di sali minerali**, soprattutto di calcio, uno degli elementi indispensabili al nostro organismo. La quantità di calcio è regolata da un ormone, la **calcitonina**, e dal lavoro di alcune cellule del tessuto osseo, gli **osteoblasti** e gli **osteoclasti**. Queste cellule, quando il calcio nel sangue è in eccesso lo depositano nel tessuto osseo, quando è in difetto scompongono il tessuto osseo e liberano i sali di calcio.

Da che cosa è formato il sistema muscolare?

- Il **sistema muscolare** è formato dai **muscoli**.
  I muscoli sono costituiti dal **tessuto muscolare** che è formato da particolari cellule allungate, dette **fibrocellule** o **fibre muscolari**, costituite a loro volta da filamenti, le **miofibrille**, striate trasversalmente.
  Questa striatura è dovuta ai **miofilamenti**, disposti parallelamente in modo da formare delle bande chiare, filamenti di **actina**, e delle bande scure, filamenti di **miosina**.

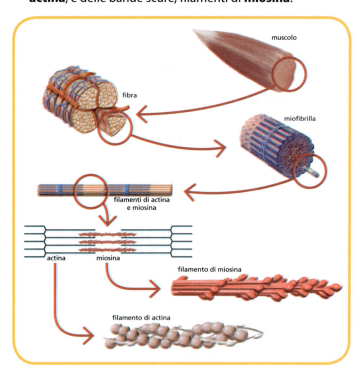

Quanti tipi di tessuto muscolare e di muscoli formano il sistema muscolare?

- Il tessuto muscolare può essere:
  > **liscio** se presenta fibre muscolari di dimensioni ridotte, con un solo nucleo e in esso l'actina e la miosina non sono disposte in modo regolare.
  Il tessuto muscolare liscio forma i **muscoli lisci**, detti **involontari** perché lavorano indipendentemente dalla nostra volontà.
  > **striato** se presenta fibre muscolari cilindriche allungate con più nuclei e in esso l'actina e la miosina sono disposte in modo regolare. Il tessuto muscolare striato forma i **muscoli striati**, detti **volontari** perché lavorano controllati della nostra volontà.
- Un particolare tessuto striato è quello che costituisce il cuore, **tessuto cardiaco**, dove le particolari fibre striate sono strettamente attaccate fra loro. Il **muscolo cardiaco**, pur essendo formato da tessuto muscolare striato, è un **muscolo involontario**.

248 Biologia

In che modo lavorano i muscoli?

- Il lavoro dei muscoli è permesso da due caratteristiche fondamentali del tessuto muscolare:
  > l'**eccitabilità**, la caratteristica delle cellule muscolari di rispondere a stimoli di varia natura (chimica, fisica, termica, elettrica ecc.);
  > la **contrattilità**, la caratteristica delle cellule muscolari di contrarsi, cioè accorciarsi, e poi di rilassarsi, cioè ritornare alla posizione iniziale.
- Il movimento dei muscoli consiste nel potersi **contrarre**, cioè accorciare, per poi **rilassarsi** e tornare allo stato iniziale consentendo di conseguenza il movimento delle ossa.
  Quasi tutti i movimenti dello scheletro sono prodotti dall'azione contemporanea di due muscoli, detti **muscoli antagonisti**, in quanto compiono azioni opposte e contemporanee uno di contrazione e l'altro di rilassamento.

Come possono essere i muscoli in base al movimento?

- In base al tipo di movimento che consentono, i muscoli si distinguono in:
  > **flessori**, se determinano il piegamento di un osso rispetto a un altro;
  > **estensori**, se determinano l'estensione di un osso rispetto a un altro;
  > **adduttori**, se permettono l'avvicinamento delle ossa alla linea mediana del corpo;
  > **abduttori**, se permettono l'allontanamento delle ossa dal corpo;
  > **rotatori**, se determinano la rotazione di un osso lungo il suo asse.

Quali sono le funzioni del sistema muscolare?

- Il sistema muscolare svolge importanti funzioni:
  > assieme al sistema scheletrico, **dà forma al nostro corpo** e ne permette la stazione eretta;
  > determina il **movimento del corpo** trasmettendo le contrazioni dei muscoli alle ossa alle quali sono attaccati attraverso i tendini;
  > permette il **funzionamento degli organi interni** consentendo a questi di effettuare i movimenti necessari per esplicare le proprie funzioni;
  > **sostiene e protegge lo scheletro** mantenendo le ossa nella loro giusta posizione;
  > **contribuisce alla termoregolazione**, cioè al mantenimento costante della temperatura corporea attorno ai 37 °C.

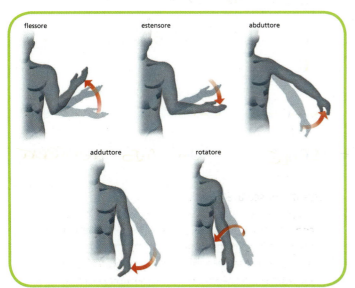

i miei appunti

unità 14 → L'apparato locomotore **ragiona e applica**

... le conoscenze

1. Quali sistemi formano l'apparato locomotore? _SCHELETRICO E MUSCOLARE_

2. Da che cosa è costituito il sistema scheletrico?

3. Completa.
Le ossa sono formate da due particolari tessuti ...... _TESSUTO OSSEO_ ...... esattamente
TESSUTO OSSEO SPUGNOSI e _TESSUTO OSSEO COMPATTO_

4. Vero o falso? Scrivilo accanto a ciascuna affermazione.
   a. Il tessuto osseo è formato da sostanza intercellulare contenente i condrociti. _FALSO_
   b. La sostanza intercellulare è costituita da acqua, osseina e sali minerali. _VERO_
   c. Il tessuto osseo si suddivide in compatto e cartilagineo. _FALSO_

5. Da che cosa è costituito il tessuto cartilagineo?

6. Quali tipi di ossa formano il sistema scheletrico? Descrivili.

7. Che cosa sono le articolazioni?

8. Da quali tipi di articolazioni è formato il sistema scheletrico? Descrivili. _FISSE, MOBILI, SEM.MOB._
NON SI / MOVIMENTI / MOVIMENTI
MUOVONO / RIDOTTI / FACILI
INTEC

9. In quali parti si divide lo scheletro?

10. Descrivi la scatola cranica e lo scheletro facciale specificandone i compiti.

11. Completa le seguenti affermazioni.
   a. La colonna vertebrale è costituita dalle _VERTEBRE_ unite tra loro da _ARTICOLAZION SEMMOBILI_
   b. Tra una vertebra e l'altra è presente un _DISCO INVERTEBRALE_ che serve _AD ATTUTIRE GLI URTI ..._
   c. Ogni vertebra è formata dal _CORPO VERTEBRALE_ e da _UN ARCO VERTEBRA_ da cui partono le _APOFES_
   d. L'arco e il corpo vertebrale delimitano il _FOR... VERTEBRALE_ dalla sovrapposizione dei quali si forma il _CANALE VERTEBRALE_ che contiene e protegge il _MIDOLLO SPINALE_

12. Completa. La gabbia toracica è formata dalle _COSTOLE_ suddivise in:
   a. _COSTOLE VERE_ che si saldano a un osso piatto, lo _STERNO_
   b. _COSTOLE FALSE_ che si uniscono allo sterno mediante _UN CONTINUO CARTILAGINEO_
   c. _VOLANTI_ che sono _LIBERE E NON S COLLEGANO_

13. Come si attacca lo scheletro degli arti superiori allo scheletro del tronco?

14. Quali ossa si trovano nel braccio e nell'avambraccio?

15. Come si collegano le ossa della mano all'avambraccio?

250 Biologia

16. Segna il completamento esatto. Lo scheletro degli arti inferiori si attacca al tronco mediante:

   a. il cinto scapolare.   **b.** il cinto pelvico.   **c.** lo sterno.

17. Quali ossa si trovano nella coscia e nella gamba?

18. Segna il completamento esatto. Le ossa del piede si collegano alla gamba mediante:

   a. le falangi.   **b.** il carpo.   **c.** il tarso.

19. Quali sono le funzioni del sistema scheletrico?

20. Descrivi il tessuto muscolare. *LISCIO = INVOLONTARI, STRIATO = VOLONTARI, CARDIACO = INVOLONTARIO*

21. Quando il tessuto muscolare si dice liscio? E quando striato? *L CON CELLULE DI PICCOLE DIMENSIONI — S ALLUNGATE E CILINDRICHE*

22. Completa le seguenti affermazioni.

   a. I muscoli lisci sono formati da tessuto muscolare ....*LISCIO*.... e sono detti ....*INVOLONTARI*.... perché *NON DECIDI TU QUANDO MUOVERLI*

   b. I muscoli striati sono formati da tessuto muscolare ....*STRIATO*.... e sono detti ....*VOLONTARI*.... perché *DECIDI TU QUANDO MUOVERLI*

23. Quale delle seguenti affermazioni è quella vera? Segnala.

   a. Il muscolo cardiaco è formato dal tessuto muscolare striato ed è involontario.

   b. Il muscolo cardiaco è formato dal tessuto muscolare liscio ed è involontario.

   c. Il muscolo cardiaco è formato dal tessuto muscolare striato ed è volontario.

24. Quali sono le caratteristiche fondamentali del tessuto muscolare? *G' PER MEDIC (transens)*

25. Qual è e in che cosa consiste il movimento dei muscoli?

26. Da che cosa e in che modo i muscoli si procurano l'energia necessaria al loro lavoro? *ZUCCHERI, GRASSI E OSSIGENO, RESPIRAZIONE CELLULARE*

27. Qual è il significato di "muscoli antagonisti"? *MUSCOLI CHE FANNO MOVIMENTI CONTEMPORANEI E OPPOSTI*

28. Quali muscoli abbiamo in base al movimento che consentono? Descrivili.

29. Quali sono le funzioni del sistema muscolare?

... le abilità

30. Nelle seguenti figure riconosci i due tipi di tessuto osseo e il tessuto cartilagineo.

   a. *OSSEO COMPATTO*   b. *CARTILAGINEO*   c. *OSSEO SPUGNOSO*

31. Stai osservando un osso che per parecchi giorni è stato immerso in aceto. Come lo trovi? Segna la o le ipotesi esatte.

   a. Molle.   **a.** Rigido.   **a.** Flessibile.   **a.** Friabile.

L'apparato locomotore — ragiona e applica

32. Riconosci nella figura a fianco la diafisi e le epifisi.

33. Nelle seguenti figure individua, in quelle indicate, le ossa corte, lunghe e piatte.

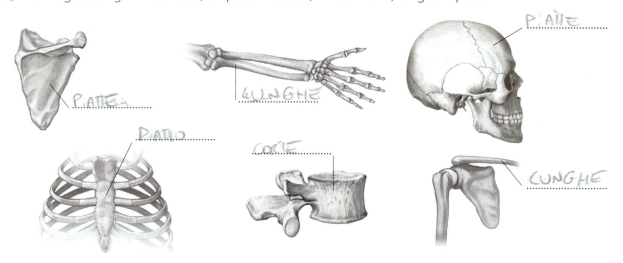

34. Fai un esempio di articolazione mobile e spiega la necessità dei legamenti fibrosi e della membrana sinoviale.

35. Individua nella figura qui a lato le articolazioni fisse, quelle mobili e quelle semimobili.

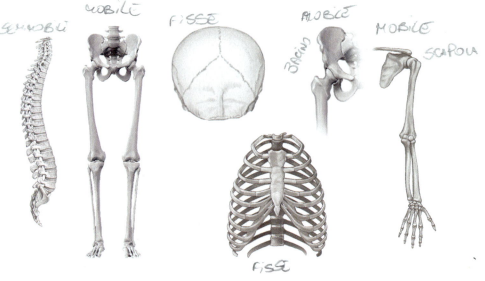

36. Individua nelle seguenti figure le ossa indicate.

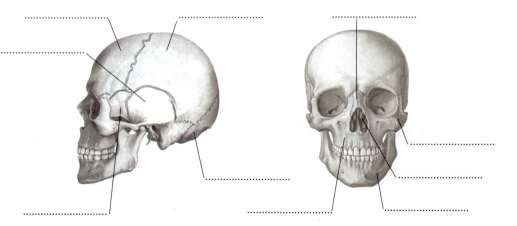

37. Individua nella figura a fianco le varie parti che formano una vertebra.

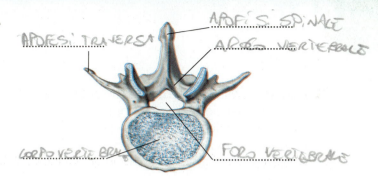

APOFISI TRAVERSA — APOFISI SPINALE — ARCO VERTEBRALE — CORPO VERTEBRALE — FORO VERTEBRALE

38. Individua nella figura le regioni della colonna vertebrale.

39. Individua nella figura le ossa indicate.

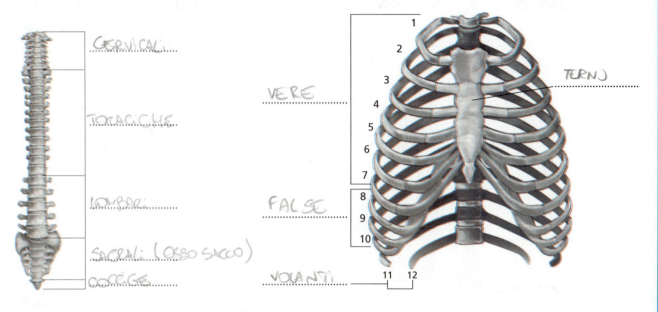

CERVICALI — TORACICHE — LOMBARI — SACRALI (OSSO SACRO) — COCCIGE

VERE — FALSE — VOLANTI — STERNO

40. Nell'arto superiore sotto rappresentato individua le ossa indicate.

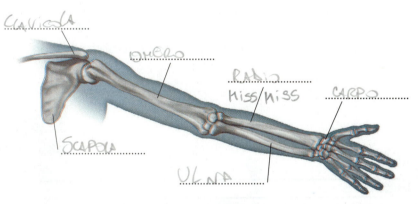

CLAVICOLA — OMERO — RADIO — miss/miss — CARPO — SCAPOLA — ULNA

41. Individua quale tipo di tessuto muscolare è rappresentato nelle seguenti figure.

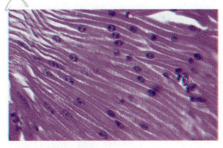  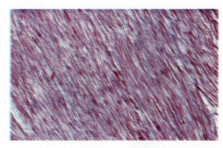

a. MUSCOLARE LISCIO   b. MUSCOLARE STRIATO   c. CARDIACO

→ L'apparato locomotore

ragiona e applica

42. Le due figure rappresentano la flessione dell'avambraccio sul braccio. Individua in esse le ossa e i muscoli interessati, spiega il movimento che compiono e indica come vengono chiamati questi tipi di muscoli.

BICIPITE E TRICIPITE

OMERO, RADIO E ULNA

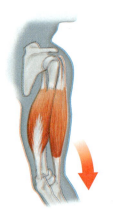
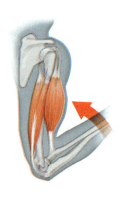

43. Nelle seguenti figure riconosci i muscoli richiesti.

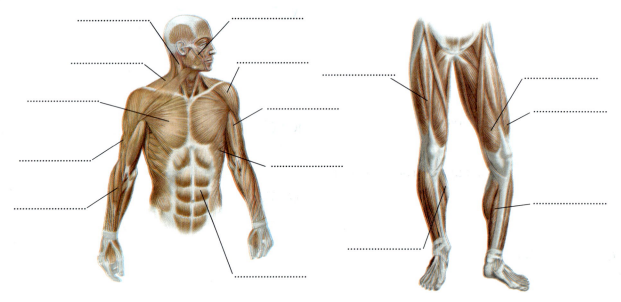

44. Riconosci nelle seguenti figure i vari tipi di muscoli (*flessori, estensori, adduttori, abduttori e rotatori*).

a. ....
b. ....
c. ....
d. ....
e. ....

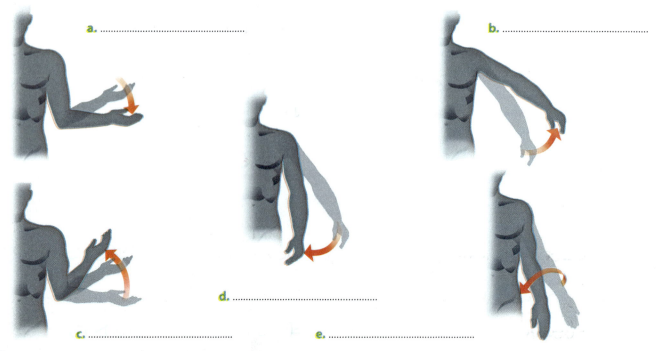

Unità 15

LA NUTRIZIONE E L'APPARATO DIGERENTE

Perché ne parliamo?

Lo studio dell'apparato locomotore ci ha fatto scoprire che il nostro corpo è come un motore, una vera e propria macchina che, oltre al movimento, svolge tantissimi altri lavori.

Da dove e in che modo ricava tutta l'energia di cui ha bisogno? Sicuramente stai rispondendo che è attraverso l'alimentazione che il nostro corpo ricava l'energia necessaria.
Ma come fanno la frutta che abbiamo mangiato a colazione, la fettina di carne consumata a pranzo o il buon gelato che abbiamo gustato a fine cena a diventare "energia" per questo motore?

Il nostro organismo, lo avrai sentito dire, ha bisogno di proteine, vitamine, sali minerali e altre sostanze che si trovano nel cibo di cui ci nutriamo ma che non sono già pronti e immediatamente utilizzabili nel panino, nella fettina di carne o nel gelato che abbiamo mangiato.
L'organismo deve ricavare dal cibo le sostanze di cui ha bisogno, ma in che modo?

Scopriamolo analizzando come il nostro corpo **digerisce** il cibo che noi mangiamo, cioè lo tritura, lo sminuzza e lo demolisce per ricavarne proteine, vitamine, sali minerali e altro, poi **assimila** queste sostanze che arriveranno alle cellule di tutto l'organismo per permetterci la crescita e il rinnovamento dei tessuti danneggiati e fornirci l'energia per compiere tutte le nostre azioni quotidiane.

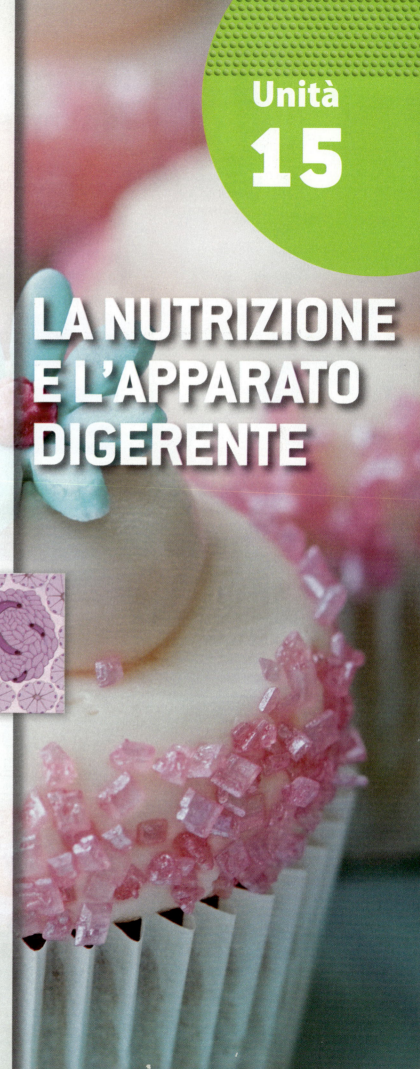

Contenuti
- Nutrirsi, un'esigenza fondamentale
- Alimenti e fabbisogni
- L'apparato digerente
- Il processo digestivo
- Assorbimento e assimilazione
- Per la salute dell'apparato digerente

Prerequisiti
- Conoscere la struttura e le funzioni della cellula
- Conoscere l'organizzazione cellulare dei viventi

Obiettivi
- Conoscere e distinguere i principi nutritivi
- Distinguere i vari alimenti in base ai principi nutritivi in essi contenuti
- Conoscere le effettive esigenze dell'organismo
- Capire la necessità di una corretta alimentazione
- Essere consapevoli dell'importanza di mantenere sano ed efficiente l'apparato digerente

unità 15 — La nutrizione e l'apparato digerente

Nutrirsi, un'esigenza fondamentale

Il nostro corpo è una "macchina" in continuo movimento. Non solo quando svolgiamo una qualsiasi attività, ma anche quando riposiamo o dormiamo è al lavoro: il cuore batte, il sangue circola, i polmoni ci assicurano l'ossigeno ecc.

Per compiere questo incessante lavoro il nostro corpo ha un continuo bisogno di energia che, come vedremo, ricava dall'**ossigeno** con la respirazione e dagli **alimenti** con la digestione e l'assorbimento del cibo di cui ci nutriamo.

Nutrirsi o alimentarsi è proprio soddisfare l'esigenza fondamentale di fornire al nostro organismo energia attraverso il cibo, o meglio attraverso i **principi nutritivi** in esso contenuti che sono i **carboidrati**, i **lipidi**, le **proteine**, i **sali minerali**, le **vitamine** e l'**acqua**.

> I **principi nutritivi** sono le sostanze che il nostro organismo utilizza come fonte di energia, materiale di accrescimento e riparazione dei tessuti e come elementi di regolazione e controllo di alcune importanti funzioni biologiche.

In base alla loro funzione i principi nutritivi vengono suddivisi in tre categorie, **plastici**, **energetici** e **bioregolatori**.

- I **principi nutritivi plastici** sono quelli che forniscono le sostanze per costruire, far crescere e riparare i tessuti dell'organismo, **funzione plastica**. Sono principi plastici le **proteine**.
- I **principi nutritivi energetici** sono quelli che forniscono le sostanze da cui l'organismo ricava l'energia necessaria alle sue funzioni vitali, **funzione energetica**. Sono principi energetici i **carboidrati** e i **lipidi**.
- I **principi nutritivi bioregolatori** (e/o **protettivi**) sono quelli che forniscono le sostanze utilizzate per regolare e proteggere le funzioni biologiche dell'organismo, **funzione regolatrice**. Sono principi bioregolatori i **sali minerali**, le **vitamine** e l'**acqua**.

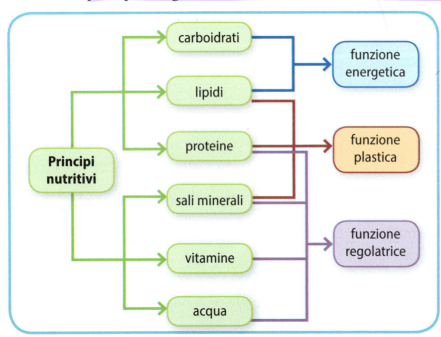

Ogni principio nutritivo, come puoi osservare nello schema a fianco, oltre a svolgere la sua specifica funzione, contribuisce allo svolgimento di altre funzioni; i lipidi, ad esempio, svolgono anche la funzione plastica e le proteine anche la funzione regolatrice.

256 Biologia

I principi nutritivi

Esaminiamo singolarmente i principi nutritivi.

- I **carboidrati** (o **glucidi** o **zuccheri**) sono composti organici formati da carbonio, idrogeno e ossigeno. Sono importanti perché forniscono energia utilizzabile subito dall'organismo.

    I principali carboidrati sono:
    - gli **zuccheri** quali il **fruttosio** contenuto nella frutta, il **lattosio** contenuto nel latte, il **glucosio** contenuto nella frutta, il **saccarosio** o zucchero da tavola che si estrae dalla barbabietola e dalla canna da zucchero e quello contenuto nel miele;
    - l'**amido** contenuto nei cereali, frumento, riso, mais, grano, orzo, e nelle patate;
    - la **cellulosa**, una sostanza contenuta nella frutta e nella verdura che non è digeribile dall'uomo ma è indispensabile per l'apporto di fibre necessarie al buon funzionamento dell'intestino.

- I **lipidi** (o **grassi**) sono composti organici formati da carbonio, idrogeno e ossigeno. Sono insolubili nell'acqua e non immediatamente utilizzabili dall'organismo che li accumula nel tessuto adiposo come materiale di riserva energetica.
    Possono essere di origine animale come quelli contenuti nel burro, nelle uova, nel latte, nei prodotti caseari e negli insaccati (salumi in genere), detti **saturi**, o di origine vegetale come l'olio di oliva o di semi, le margarine e quelli contenuti nella frutta secca (arachidi, noci, mandorle, pinoli ecc.), detti **insaturi**.

- Le **proteine** sono composti organici formati da carbonio, idrogeno, ossigeno e azoto che costituiscono gli **amminoacidi**. In natura esistono centinaia di amminoacidi, ma solo 20 di essi, combinandosi, danno origine a milioni di proteine ciascuna con caratteristiche e funzioni diverse. Sono proteine, ad esempio, i costituenti fondamentali dei muscoli, della pelle, delle ossa, ma anche gli anticorpi, l'emoglobina e gli enzimi.
    Si distinguono in:
    - **proteine animali**, presenti nella carne, nel pesce, nelle uova, nel latte e nei suoi derivati, dette "**complete**" perché contengono quasi tutti gli amminoacidi;
    - **proteine vegetali**, presenti nei legumi secchi (fagioli, piselli, lenticchie, ceci, soia ecc.), dette "**incomplete**" perché non contengono gli **amminoacidi essenziali**, quelli che l'organismo non riesce a fabbricare da solo.

- I **sali minerali** sono sostanze inorganiche presenti nel nostro organismo sia allo stato solido sia in soluzione nell'acqua. Si trovano in quasi tutti gli alimenti e sono importanti per le loro numerose funzioni.

unità 15 → La nutrizione e l'apparato digerente

- Le **vitamine** sono composti organici presenti negli alimenti in piccole concentrazioni, alcune si sciolgono nell'acqua, **vitamine idrosolubili**, altre nei grassi, **vitamine liposolubili**.

Alcune vitamine vengono sintetizzate dall'organismo stesso, altre devono essere assunte con gli alimenti. Sono abbondanti nella frutta e nella verdura ma si trovano anche negli alimenti di origine animale come il fegato, le uova, il pesce e il latte. Sono importanti in quanto proteggono l'organismo da alcune malattie, contribuiscono allo sviluppo dell'organismo e assicurano il corretto svolgimento di tante funzioni biologiche; la loro mancanza determina malattie anche molto gravi.

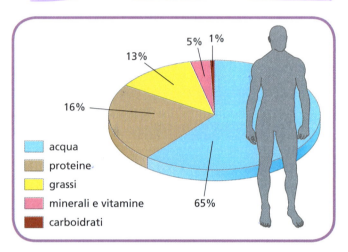

- L'**acqua**, contenuta in quasi tutti gli alimenti, è la principale componente del nostro organismo; circa il 65% del nostro corpo è acqua. Senza acqua non si sopravvive più di 3-4 giorni. Si trova nel sangue, nella linfa e nel citoplasma delle cellule, svolge funzione di trasporto delle sostanze nutritive e di rifiuto, interviene nelle reazioni chimiche che avvengono nell'organismo e contribuisce, evaporando con il sudore, a regolare la temperatura corporea.

FOCUS SU...

L'acqua ha un ruolo molto importante nell'alimentazione.
Ogni giorno il corpo umano perde circa 2,5 litri di acqua attraverso l'urina, il sudore, le feci e la respirazione; è perciò importante reintegrare sempre questa perdita introducendo acqua sia bevendo (acqua e bevande) sia mangiando.

Tutti i cibi infatti contengono acqua in quantità variabile; osserva qui a lato le percentuali di acqua di alcuni alimenti.

Test rapido

- Quali sono e che cosa sono i principi nutritivi?
- Quali sono le tre categorie in cui sono suddivisi i principi nutritivi?
- Quali sono le loro funzioni?

258 Biologia

Alimenti e fabbisogni

I nostri alimenti, in base al tipo di principio alimentare che contengono in prevalenza, si suddividono in tre grandi categorie, **alimenti plastici**, **energetici** e **bioregolatori**.

- Gli **alimenti plastici** sono quelli particolarmente ricchi di proteine.
  Vi appartengono tre gruppi di alimenti:
  – **latte** e **derivati**;
  – **carne**, **pesce** e **uova**;
  – **legumi secchi**.
- Gli **alimenti energetici** sono quelli particolarmente ricchi di carboidrati e grassi.
  Vi appartengono due gruppi di alimenti:
  – **i carboidrati**: cereali, zuccheri e derivati;
  – **grassi animali** e **vegetali**.
- Gli **alimenti bioregolatori** sono quelli particolarmente ricchi di vitamine e sali minerali.
  Vi appartengono due gruppi di alimenti:
  – **ortaggi**;
  – **frutta**.

La divisione degli alimenti in tre categorie, come per i principi alimentari, non è netta. Uno stesso alimento, infatti, può contenere diversi principi nutritivi ed essere quindi plastico, energetico o anche bioregolatore. La frutta, ad esempio, contiene sali minerali e vitamine ma anche zuccheri, le uova contengono proteine ma anche grassi ecc.
Tutti i principi nutritivi sono indispensabili al nostro organismo. Una sana alimentazione deve quindi assicurare il giusto apporto di questi tre tipi di alimenti. Ma qual è questo giusto apporto?

Per poter rispondere è fondamentale conoscere il nostro effettivo **fabbisogno alimentare**, cioè il **fabbisogno proteico**, **energetico** e **di natura bioregolatrice** del nostro organismo. Tale fabbisogno dipende dalla massa corporea, dall'età (nei giovani è maggiore che negli anziani), dal sesso (nei maschi è maggiore che nelle femmine), dal tipo di attività, dalla presenza di particolari condizioni (gravidanza, allattamento, malattie ecc.).

I nostri fabbisogni alimentari

- Il **fabbisogno proteico** è la quantità di proteine di cui il nostro organismo ha bisogno giornalmente. Esso varia a seconda dell'età: per una persona adulta è di **1 g** per ogni chilogrammo di peso corporeo, negli adolescenti aumenta a circa **1,5-2 g** per ogni chilogrammo di peso corporeo, nei bambini che, essendo in fase di sviluppo hanno bisogno di molti alimenti proteici, arriva a circa **2,5 g** per ogni chilogrammo di peso corporeo.

unità 15

→ La nutrizione e l'apparato digerente

- Il **fabbisogno energetico** è la quantità di energia di cui il nostro organismo ha bisogno giornalmente, si misura in **chilocalorie** (**kcal**) e varia secondo l'età, il sesso e l'attività svolta. Osserva la figura.

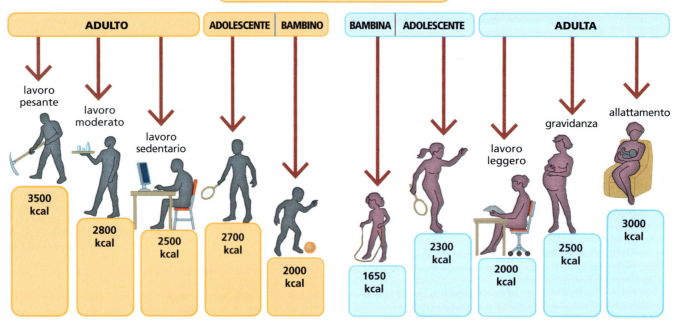

Per soddisfare questo fabbisogno energetico in giusto rapporto bisogna conoscere il valore energetico degli alimenti che consumiamo, ovvero il valore energetico dei principi alimentari contenuti negli alimenti. Esattamente sappiamo che:

- 1 g di **proteine** fornisce circa **4,1 kcal**;
- 1 g di **carboidrati** fornisce circa **4,1 kcal**;
- 1 g di **grassi** fornisce circa **9,1 kcal**.

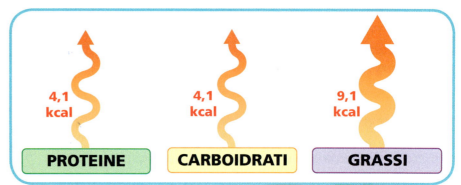

- Il **fabbisogno di natura bioregolatrice** è la quantità di minerali e vitamine di cui il nostro organismo ha bisogno giornalmente. Più ridotto ma indispensabile, esso viene assicurato da un consumo giornaliero di almeno **500 g di frutta e verdura**.

Test rapido

- Quali sono le tre categorie di alimenti?
- Che cosa si intende per fabbisogno alimentare?
- Qual è il fabbisogno proteico, energetico e bioregolatore giornaliero?
- Qual è il valore energetico di un grammo di proteine, di grassi e di glucidi?

260 Biologia

Il tuo fabbisogno energetico

Sappiamo che il fabbisogno energetico varia secondo l'età, il sesso e l'attività svolta.

Per un adolescente, come abbiamo visto, è di circa 2700 kcal (maschio) e 2300 kcal (femmina) che varia, ovviamente, secondo l'attività svolta.
Qual è quindi il tuo effettivo fabbisogno energetico secondo le tue più normali attività?
Osserva lo schema.

IL TUO FABBISOGNO CALORICO IN UN'ORA

90 kcal — se stai dormendo

50 kcal — se stai leggendo

120 kcal — se stai scrivendo

350 kcal — se stai andando in bici

120 kcal — se ti stai vestendo o lavando

220 kcal — se stai camminando

300 kcal — se stai salendo le scale

500 kcal — se stai correndo

580 kcal — se stai nuotando

Per soddisfare questo fabbisogno energetico sappiamo che:
- **1 g di proteine fornisce 4,1 kcal;**
- **1 g di carboidrati fornisce 4,1 kcal;**
- **1 g di grassi fornisce 9,1 kcal.**

Ma come facciamo a calcolare qual è il valore energetico di un nostro pranzo composto, ad esempio, da 70 g di pasta, una porzione di pollo da 200 g e 50 g di patate?

Innanzi tutto dovremmo sapere la quantità di proteine, grassi e glucidi contenuti nei vari alimenti del nostro pranzo, poi dovremmo calcolare le varie calorie di ogni alimento moltiplicando questi valori rispettivamente per 4,1, 4,1 e 9,1, quindi sommare le calorie ottenute per ogni alimento e infine sommare ancora le calorie di tutti gli alimenti.

2300 kcal — 2700 kcal

Unità 15 — La nutrizione e l'apparato digerente

A questo scopo però esistono delle tabelle che ci danno già il valore che otterremmo facendo tutti questi calcoli per ogni 100 g dei vari alimenti.
Osserva la tabella che ci dà i valori energetici (in kcal) di alcuni alimenti.

Cereali e derivati

Alimenti (100 g)	kcal fornite
biscotti	353
brioches	438
grissini	431
pane	271
pasta	353
riso	337

Verdure

Alimenti (100 g)	kcal fornite
carciofi	42
carote	40
cipolle	26
finocchi	8
lattuga	21
patate	75
peperoni	22
pomodori	20
spinaci	31
zucchine	11

Latte, latticini formaggi, uova

Alimenti (100 g)	kcal fornite
fontina	343
formaggini	309
gorgonzola	324
grana	384
latte intero	63
latte scremato	37
mozzarella di vacca	253
pecorino	392
provolone	374
ricotta di vacca	146
uovo intero	128
yogurt magro	43

Frutta fresca

Alimenti (100 g)	kcal fornite
albicocche	30
anguria	22
arance	45
banane	65
castagne	170
ciliegie	45
fichi	70
fragole	27
mele	50
melone	31
pere	54
pesche	30
uva	76

Carni

Alimenti (100 g)	kcal fornite
bue	100
coniglio	100
maiale	137
pollo	188

Legumi freschi

Alimenti (100 g)	kcal fornite
fagioli	133
fagiolini	32
piselli	76

Salumi

Alimenti (100 g)	kcal fornite
mortadella	317
pancetta	340
prosciutto cotto	215
prosciutto crudo	320
salame	400

Frutta secca

Alimenti (100 g)	kcal fornite
fichi	256
mandorle	603
nocciole	655
noci	707

Pesce fresco

Alimenti (100 g)	kcal fornite
merluzzo	89
tonno fresco	159
trota	85
sogliole	89

Grassi

Alimenti (100 g)	kcal fornite
burro	758
olio d'oliva	899

Bevande

Alimenti (100 g)	kcal fornite
caffè tostato	287
cola e simili	40
tè	50

Dolci

Alimenti (100 g)	kcal fornite
cioccolato al latte	355
cioccolato fondente	515
miele	304
zucchero	392
marmellata	222

Quante calorie fornisce quindi il nostro pranzo?
- Se 100 g di pasta forniscono 353 kcal, basterà considerare la proporzione:

  100 g : 353 kcal = 70 g : x kcal   da cui: $x = \dfrac{353 \times 70}{100}$ kcal = **247,1 kcal**

  La pasta fornisce quindi 247,1 kcal.

- Se 100 g di pollo forniscono 188 kcal avremo:

  100 g : 188 kcal = 200 g : x kcal   da cui: $x = \dfrac{188 \times 200}{100}$ kcal = **376 kcal**

  La carne fornisce quindi 376 kcal.

- Se 100 g di patate forniscono 75 kcal avremo:

  100 g : 75 kcal = 50 g : x kcal   da cui: $x = \dfrac{75 \times 50}{100}$ kcal = **37,5 kcal**

  Le patate forniscono quindi 37,5 kcal.

Complessivamente il nostro pranzo fornisce allora: (247,1 + 376 + 37,5) kcal = **660,6 kcal**

L'apparato digerente

Come abbiamo detto, il nostro corpo ha un continuo bisogno di energia e risponde a questo bisogno con delle importantissime funzioni, la **nutrizione**, la **digestione**, l'**assimilazione**, la **respirazione** e la **circolazione sanguigna**, che svolge grazie agli apparati digerente, respiratorio e circolatorio.
Questi tre apparati permettono infatti di introdurre le sostanze nutritive e l'ossigeno, di ricavare da questi le sostanze di cui l'organismo ha bisogno e di trasportarle alle varie cellule per ricavarne l'energia necessaria.
Adibito alla digestione e all'assimilazione è l'**apparato digerente** formato:

- dal **canale digerente**, un gruppo di organi strettamente collegati: la *bocca*, la *faringe*, l'*esofago*, lo *stomaco*, l'*intestino tenue* e l'*intestino crasso*;

- dagli **organi annessi**: i *denti*, le *ghiandole salivari*, il *fegato*, il *pancreas*, le *ghiandole gastriche* e le *ghiandole enteriche*.

Il canale digerente

Il **canale digerente**, o **tubo digerente**, è un tubo lungo circa 10 metri, che inizia dall'apertura boccale e termina con l'apertura anale, senza alcuna interruzione.

- La **bocca** è la prima porzione del tubo digerente ed è costituita da una cavità, il **cavo orale**, che comunica con l'esterno.
Anteriormente è delimitata dalle **labbra** e dalla **arcate dentarie**, l'insieme dei denti inseriti nella **mascella superiore** e in quella **inferiore**, la **mandibola**. In alto è delimitata dal **palato**, costituito da due parti: una scheletrica, il **palato duro**, e una muscolare, il **palato molle** o **velo pendulo**, dal quale pende al centro l'**ugola**, che delimita la bocca posteriormente.
In basso troviamo la **lingua**, un muscolo volontario molto mobile fissato al pavimento della bocca mediante il **frenulo linguale** o **filetto** e un piccolo osso, l'**osso ioide**. La lingua è rivestita da cellule particolari, le **papille gustative**, che sono la sede del gusto.
Lateralmente la bocca è delimitata dalle **guance**.

Nella bocca troviamo i primi due organi annessi al tubo digerente: i *denti* e le *ghiandole salivari*.

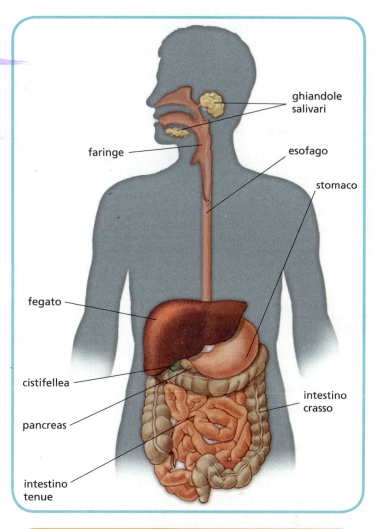

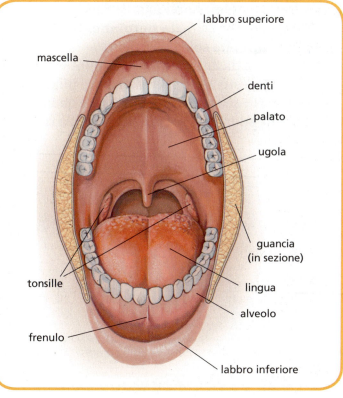

263

La nutrizione e l'apparato digerente

I **denti**, gli organi della masticazione, sono infissi in apposite cavità scavate nelle ossa mascellari, gli **alveoli dentari**, e formano le due **arcate dentarie**. Ogni dente è composto dalla **radice**, infissa nella gengiva, dalla **corona**, la parte visibile sopra la gengiva, e dal **colletto**, la zona di separazione tra la radice e la corona.

I denti sono costituiti da un particolare tessuto connettivo calcificato giallastro più duro delle ossa, la **dentina** o **avorio**, e a livello della corona sono rivestiti di **smalto**. La radice è formata anch'essa da dentina ed è rivestita di **cemento**, una sostanza ossea meno dura dello smalto.

All'interno di ogni dente c'è una cavità colma di tessuto connettivo molle, la **polpa dentaria**, ricco di vasi sanguigni e di fibre nervose che rendono il dente un organo "vivo" ed estremamente sensibile al dolore.

FOCUS SU...

L'uomo ha una dentatura **eterodonte**, ha cioè denti che differiscono tra loro per la forma della corona e della radice. I denti umani, infatti, si distinguono in **incisivi**, **canini**, **premolari** e **molari**.

- Gli **incisivi**, situati anteriormente, hanno radice unica e corona a forma di scalpello; servono a tagliare il cibo.
- I **canini**, a fianco degli incisivi, hanno radice unica e corona a forma conica; servono a strappare e lacerare il cibo.
- I **premolari** hanno radice unica e corona a forma cilindroide provvista di due sporgenze; servono a triturare il cibo.
- I **molari**, i denti più voluminosi, hanno radice divisa in due o tre parti e corona provvista di quattro-cinque cuspidi; servono a triturare il cibo.

La dentatura di un uomo adulto è composta da 32 denti, 16 per ogni arcata. In ogni arcata abbiamo 4 incisivi, 2 canini, 4 premolari e 6 molari.

Questa dentatura è detta **permanente** e sostituisce definitivamente quella **decidua** o **da latte** del bambino formata solo da 20 denti.

La dentatura da latte comincia a spuntare verso il sesto mese di vita e si completa al terzo anno circa. Verso il sesto anno i denti da latte iniziano a cadere e vengono sostituiti da quelli permanenti; a 12-13 anni la dentatura permanente è quasi completa: in ciascuna arcata manca solo il terzo paio di molari che spuntano verso i 20-30 anni e vengono detti **denti del giudizio**.

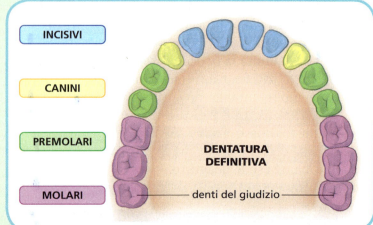

- Le **ghiandole salivari** sono numerose e suddivise in gruppi secondo la loro posizione, la **parotide**, la **sottolinguale** e la **sottomascellare**. Sono ghiandole **esocrine**, cioè a secrezione esterna, fornite di condotti che arrivano al cavo orale dove riversano il loro secreto, la **saliva**; questo liquido incolore, inodore e insapore è formato da acqua e da alcune sostanze chimiche dette **enzimi**, fra cui il **lisozima**, un antisettico efficace contro i batteri che inevitabilmente entrano in bocca, e la **ptialina**, il primo enzima digestivo.

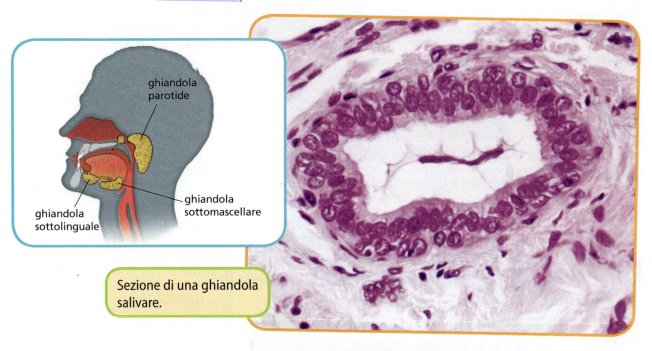

Sezione di una ghiandola salivare.

- La **faringe** è il canale che collega la bocca al tubo digerente vero e proprio ed è anche il punto di incrocio fra la via digerente e l'apparato respiratorio. Essa comunica infatti con la laringe (il primo tratto dell'apparato respiratorio) attraverso un'apertura, detta **glottide**, munita di una valvola di tessuto cartilagineo, l'**epiglottide**, che al passaggio del cibo chiude la laringe impedendo al cibo di entrare nelle vie respiratorie.

- L'**esofago**, il prolungamento verso il basso della faringe, è un canale muscolare lungo circa 25 cm che attraversa il diaframma e scende nella cavità addominale dove si connette, attraverso una valvola detta **cardias**, con lo stomaco. È rivestito di muscoli che si contraggono dall'alto verso il basso, permettendo così la progressione del cibo verso lo stomaco.

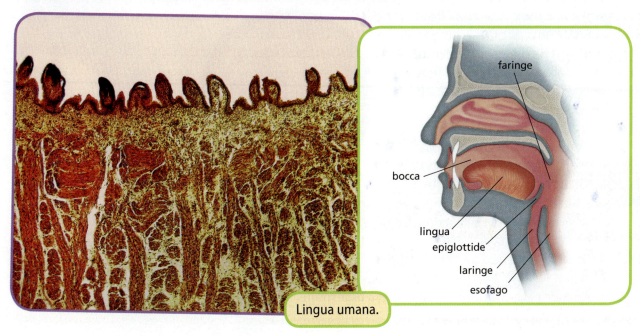

Lingua umana.

unità 15 Stomaco e intestino

Lo stomaco

Lo **stomaco**, un sacco allungato con la parte concava rivolta verso destra, è posto nella parte alta dell'addome. Le sue pareti sono formate da robuste fibre muscolari che, contraendosi, rimescolano e amalgamano il cibo. La parete interna dello stomaco è rivestita da una mucosa in cui sono presenti numerose ghiandole, le **ghiandole gastriche**.

Mucosa gastrica.

L'intestino

Attraverso un'altra valvola, il **piloro**, lo stomaco comunica con l'**intestino**, un lungo tubo aggrovigliato situato nella parte centrale dell'addome. Avvolto da una membrana, detta **peritoneo**, si divide in due parti: l'*intestino tenue* e l'*intestino crasso*.

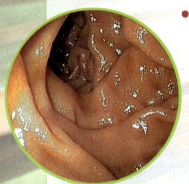

- L'**intestino tenue** è lungo circa 8 m, ha un diametro di 2-3 cm e si suddivide in tre parti: il **duodeno**, il **digiuno** e l'**ileo**. Nel duodeno si trovano gli sbocchi del fegato e del pancreas, nella parete interna del digiuno e dell'ileo ci sono le **ghiandole enteriche**. La parete interna del digiuno presenta delle pieghe, le **pliche**, con numerose sporgenze, i **villi intestinali**, protuberanze ricche di vasi sanguigni e linfatici adibite all'assorbimento dei prodotti della digestione.

- L'**intestino crasso** comunica con l'ileo per mezzo della **valvola ileo-cecale**. È lungo circa 2 m ed è più grosso dell'intestino tenue; è formato da una serie di rigonfiamenti separati da strozzature. Si divide in tre parti: **cieco**, **colon** e **retto**.
Il cieco, così chiamato perché costituisce una diramazione a fondo cieco, termina con un sottile budello, l'**appendice ileo-cecale**. Al cieco segue il colon che risale verso destra, **colon ascendente**, poi attraversa l'addome passando sotto lo stomaco, **colon trasverso**, e ridiscende infine a sinistra, **colon discendente**, terminando con il **retto**, l'ultima parte dell'intestino che sbocca all'esterno attraverso l'**apertura anale**.
Nell'intestino crasso sono presenti numerosi batteri che formano la cosiddetta **flora intestinale**, indispensabile alla digestione.

Importantissimi nella funzione di assorbimento delle sostanze nutritive sono i **villi intestinali** che, come abbiamo detto, si trovano nell'intestino tenue. La parete interna del digiuno è infatti una mucosa ripiegata in tante pieghe, le **pliche**, ciascuna delle quali presenta numerosissime sporgenze a forma di piccolissime dita, i **villi intestinali** (in un centimetro quadrato di intestino possiamo trovare più di 1000 villi). Questi villi, lunghi circa 1 mm, hanno la superficie formata da piccolissime pieghe, i **microvilli**, e all'interno presentano un capillare linfatico, il **vaso chilifero**, e un **reticolo di capillari sanguigni**, il cui compito è proprio quello di assorbire i prodotti della digestione.

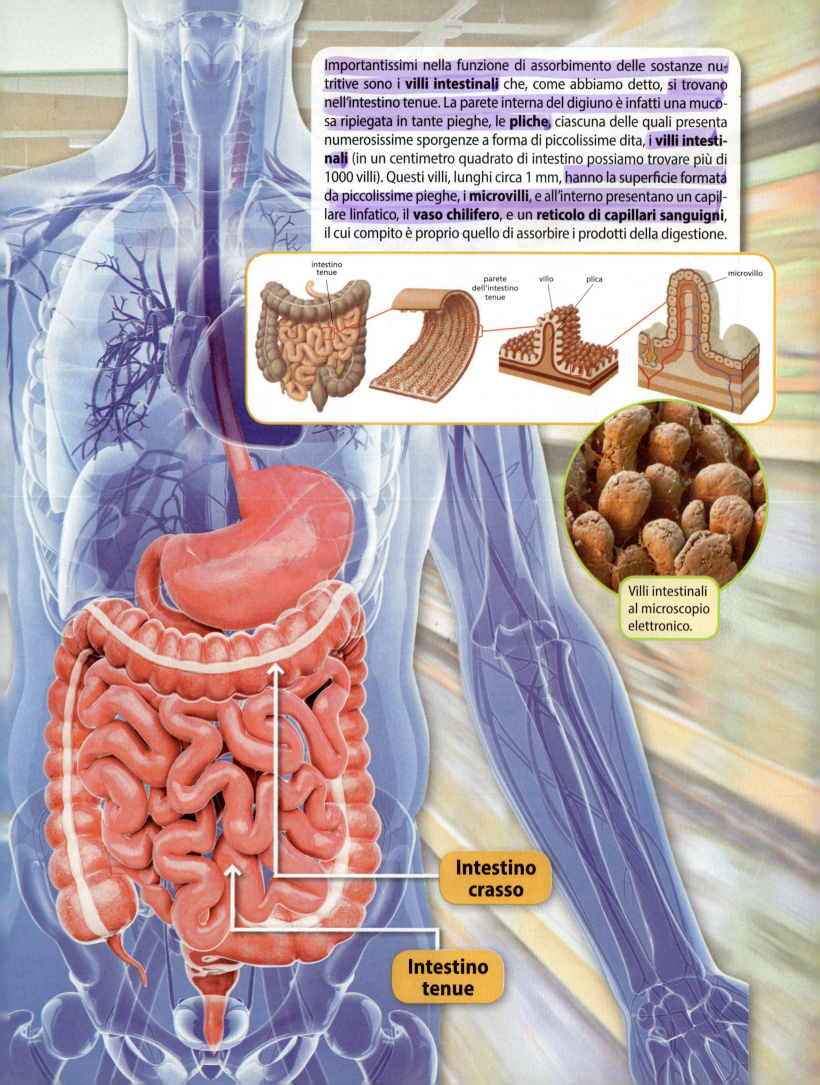

intestino tenue — parete dell'intestino tenue — villo — plica — microvillo

Villi intestinali al microscopio elettronico.

Intestino crasso

Intestino tenue

unità 15 — La nutrizione e l'apparato digerente

Gli organi annessi: fegato e pancreas

Oltre ai denti e alle ghiandole salivari, all'apparato digerente sono annessi anche il fegato, il pancreas, le ghiandole gastriche che abbiamo osservato nello stomaco e le ghiandole enteriche che abbiamo visto nell'intestino tenue.

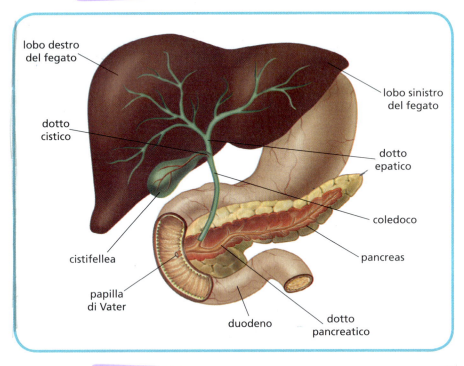

- Il **fegato**, la ghiandola esocrina più voluminosa del nostro organismo, è situato nella parte superiore destra della cavità addominale, sotto il diaframma. Pesa circa 1500 g ed è irrorato da molti vasi sanguigni. La funzione principale del fegato è la produzione della **bile**, un liquido giallo-verdastro che si riversa nel duodeno tramite un condotto detto **coledoco**; questo si apre nel duodeno solo quando si mangia. Tra un pasto e l'altro la bile non va al duodeno ma si raccoglie in un sacchetto, la **cistifellea** o **colecisti**.

- Il **pancreas** è una ghiandola sia esocrina sia endocrina; pesa circa 90 g e si trova nella parte sinistra della cavità addominale, dietro lo stomaco.
  Come ghiandola esocrina produce il **succo pancreatico** che si riversa nel duodeno attraverso i due **dotti pancreatici**.
  Come ghiandola endocrina riversa direttamente nel sangue due ormoni, l'**insulina** e il **glucagone**, prodotti da piccoli ammassi cellulari detti **isole di Langerhans**; questi due ormoni controllano il livello di glucosio nel sangue.

isola di Langerhans

Test rapido

- Da che cosa è formato l'apparato digerente?
- Da quali organi è formato il canale digerente?
- Quali organi annessi troviamo nella bocca?
- Dove si trovano e che cosa sono il cardias e il piloro?
- In quali parti si divide l'intestino?
- Che cosa sono il fegato e il pancreas?

268 Biologia

Il processo digestivo

Digestione e **assorbimento** costituiscono le funzioni dell'apparato digerente, la prima è il processo di trasformazione degli alimenti in sostanze assimilabili, la seconda è il processo mediante il quale queste sostanze vengono assorbite per essere distribuite a tutto l'organismo.
Il cibo di cui ci nutriamo, più esattamente i **principi nutritivi** in esso contenuti, non sono tutti direttamente utilizzabili dal nostro organismo. A eccezione dei **sali minerali**, delle **vitamine** e dell'**acqua** che sono direttamente assimilabili, gli altri principi nutritivi devono essere quindi trasformati in sostanze utilizzabili. Precisamente:

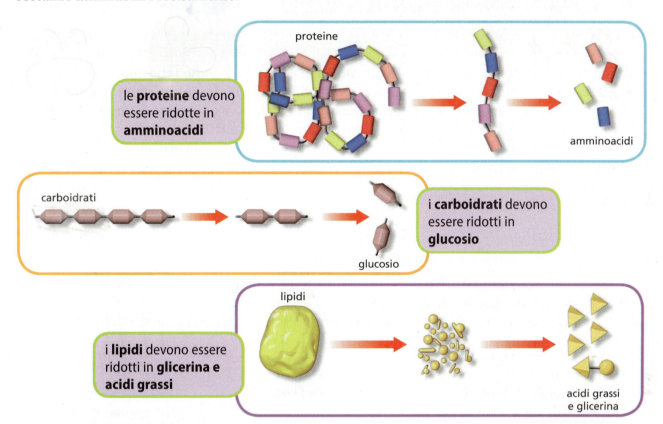

- le **proteine** devono essere ridotte in **amminoacidi**
- i **carboidrati** devono essere ridotti in **glucosio**
- i **lipidi** devono essere ridotti in **glicerina e acidi grassi**

Il processo di trasformazione dei principi nutritivi in sostanze assimilabili e utilizzabili poi come fonte di energia e come materiale di accrescimento e di riparazione dei tessuti danneggiati è la **digestione**, un processo di duplice natura, meccanica e chimica.
La **digestione meccanica** consiste in tutti i movimenti fisici che permettono di sminuzzare, triturare, inghiottire, rimescolare e trasportare il cibo.
La **digestione chimica** consiste nell'insieme di reazioni chimiche attraverso le quali si ha la trasformazione dei principi nutritivi in sostanze assimilabili.
Queste reazioni chimiche, dette **idrolisi** perché avvengono a opera dell'acqua, consistono nella scissione delle varie molecole costituenti gli alimenti in molecole più piccole. Tale scissione è piuttosto lenta ed è quindi necessario l'intervento di sostanze speciali che la accelerino: gli **enzimi**, particolari **proteine specifiche**, ciascuna delle quali cioè controlla una particolare reazione.

Per capire la complessa funzione digestiva, seguiamo l'intero percorso del cibo attraverso l'apparato digerente.

unità 15 → La nutrizione e l'apparato digerente

In bocca la prima digestione

Il cibo introdotto in bocca subisce subito le prime trasformazioni sia meccaniche sia chimiche, qui infatti viene masticato, insalivato e parzialmente digerito.

La **masticazione**, effettuata dai denti, ha il compito di ridurre il cibo solido in piccole parti per facilitare le fasi successive.
Con l'**insalivazione** queste piccole parti vengono ammorbidite dalla saliva e si trasformano in **bolo alimentare**.
A opera della **ptialina** contenuta nella saliva avviene la prima reazione chimica, le grosse molecole di amido vengono scomposte in molecole più piccole e solubili di maltosio. Proviamolo.

non solo TEORIA

Procurati tre provette, delle briciole di pane, della tintura di iodio (che colora di azzurro le soluzioni contenenti amido), della soluzione di Benedict (che colora di arancione le soluzioni contenenti zucchero), un contagocce, un fornellino e dell'acqua tiepida. Introduci nelle tre provette le briciole di pane e falle sciogliere in un po' di acqua. Nella seconda e nella terza provetta aggiungi un po' della tua saliva e scalda quindi le provette a bagnomaria portandole a una temperatura di circa 37 °C.

1ª provetta
acqua + pane

2ª provetta
acqua + pane + saliva

3ª provetta
acqua + pane + saliva

Aggiungi adesso nella prima e nella seconda provetta alcune gocce di tintura di iodio e nella terza un po' di soluzione di Benedict. Lascia riposare qualche minuto e controlla le provette. Che cosa osservi?

Nella prima provetta si ottiene una colorazione azzurra che rivela quindi ancora la presenza di amido. Nella seconda provetta non si ottiene una colorazione azzurra, quindi non c'è amido. Nella terza provetta si ottiene una colorazione arancione che mette in evidenza la presenza di zucchero.

1ª provetta

2ª provetta

3ª provetta

Abbiamo constatato che è la **saliva**, esattamente la ptialina, che **inizia la digestione dell'amido trasformandolo in zucchero** (maltosio).

270 Biologia

Con la **deglutizione** il bolo passa dalla bocca alla faringe. Per evitare che il bolo compia un percorso sbagliato imboccando la laringe, come abbiamo detto, quando si deglutisce l'epiglottide si abbassa chiudendo l'apertura della laringe.

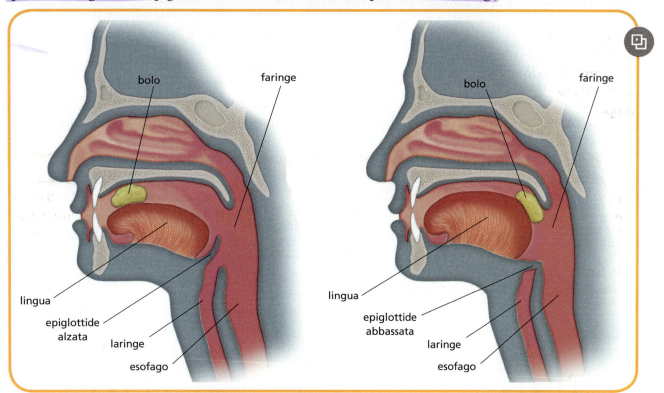

L'atto di deglutire o inghiottire è l'ultima azione volontaria che compiamo, da questo momento il cibo prosegue il suo percorso grazie ai movimenti dei muscoli involontari del tubo digerente, i **movimenti peristaltici**. Spinto da questi movimenti, il bolo percorre la faringe, l'esofago e, attraverso il cardias, arriva nello stomaco.

La digestione gastrica ed enterica

Nello stomaco prosegue il processo di scomposizione chimica e meccanica del bolo; precisamente inizia la **digestione gastrica**, che può durare da una a cinque ore ed è controllata dal **succo gastrico** che contiene:
- la **pepsina** che favorisce la trasformazione delle proteine in sostanze più semplici, i **peptoni**;
- la **chimosina** che fa coagulare il latte che altrimenti passerebbe come tutti gli altri liquidi nell'intestino senza che le proteine in esso contenute siano state prima scomposte e rese assimilabili;
- la **lipasi gastrica** che inizia la scomposizione dei grassi;
- l'**acido cloridrico** che rende l'ambiente acido (a basso pH) per permettere l'azione della pepsina.

Per proteggere lo stomaco dall'azione corrosiva dell'acido cloridrico, la parete dello stomaco produce una sostanza protettiva, la **mucina**.

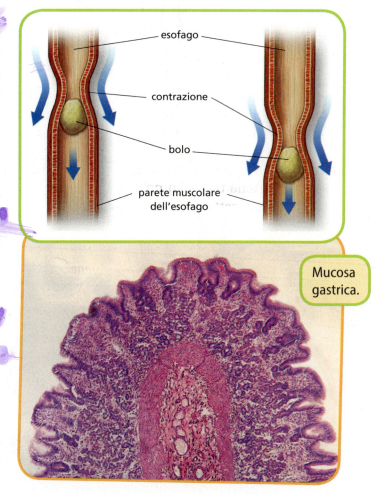

Mucosa gastrica.

271

unità 15
La nutrizione e l'apparato digerente

Proviamo come pepsina e acido cloridrico "digeriscono" le proteine.

non solo TEORIA

Procurati l'albume di un uovo, della pepsina (la trovi in farmacia), acido cloridrico, un pentolino, tre provette. Metti dell'acqua nel pentolino, versaci anche l'albume dell'uovo e poni il tutto a scaldare sul fornellino, mescolando molto bene fino a ottenere un liquido lattiginoso ricco di proteine.

Filtra questo liquido e versane un po' in ciascuna delle tre provette; aggiungi inoltre nella prima provetta solo la pepsina, nella seconda provetta solo l'acido cloridrico e nella terza provetta sia la pepsina sia l'acido cloridrico.

Scalda le tre provette a bagnomaria portandole a una temperatura di circa 37 °C.
Che cosa osservi?

> Nella prima e nella seconda provetta il liquido non presenta modificazioni, nella terza provetta è diventato limpido.

1ª provetta
liquido + pepsina

2ª provetta
liquido + acido cloridrico

3ª provetta
liquido + pepsina + acido cloridrico

Abbiamo constatato che è nella terza provetta, quella contenente sia pepsina sia acido cloridrico, che è avvenuta la "digestione" delle proteine.

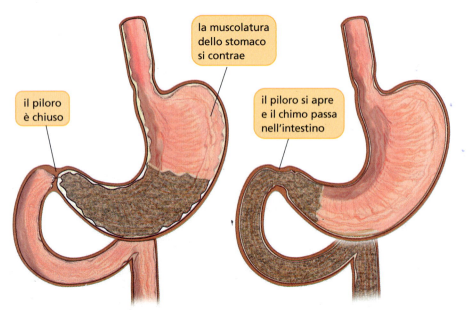

- il piloro è chiuso
- la muscolatura dello stomaco si contrae
- il piloro si apre e il chimo passa nell'intestino

I movimenti peristaltici dei muscoli dello stomaco continuano intanto l'azione meccanica di mescolamento e il bolo viene ridotto a una massa semiliquida detta **chimo**.

Attraverso il piloro, che si apre e chiude a intermittenza, il chimo passa poco per volta nell'intestino dove si completa il processo digestivo con la **digestione enterica**.

La digestione enterica è controllata da tre succhi digestivi, il **succo pancreatico**, il **succo enterico** e la **bile**.

272 Biologia

Questi succhi digestivi si riversano nel duodeno completando le trasformazioni chimiche del chimo attraverso i loro enzimi.
Esattamente:

- il **succo pancreatico** mediante i suoi enzimi riduce i peptoni in amminoacidi, continua la trasformazione degli zuccheri iniziata in bocca e scinde ulteriormente i grassi;

- il **succo enterico** con i suoi enzimi riduce i carboidrati rimasti in glucosio e termina la riduzione delle proteine in amminoacidi;

- la **bile**, infine, completa la scomposizione dei grassi emulsionandoli e riducendoli definitivamente in glicerina e acidi grassi.

Proviamo che la bile emulsiona i grassi.

non solo TEORIA

Procurati due provette, la bile di un pollo o di un coniglio (chiedila a un macellaio) e dell'olio di oliva. Versa in una provetta l'acqua e l'olio e nell'altra l'olio e la bile. Tappando bene le provette con la mano, agitale energicamente e poi lasciale riposare per almeno 5 minuti. Che cosa osservi?

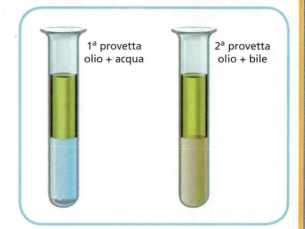

1ª provetta olio + acqua
2ª provetta olio + bile

Nella provetta contenente acqua e olio, l'olio è risalito in superficie senza mescolarsi affatto con l'acqua. Nella provetta contenente bile e olio, si è invece formata un'emulsione: l'olio, ridotto in piccolissime gocce, si è mescolato con la bile.

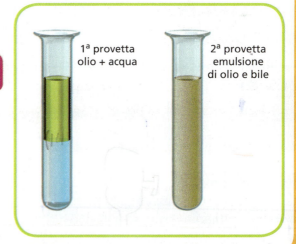

1ª provetta olio + acqua
2ª provetta emulsione di olio e bile

Abbiamo constatato che i grassi, l'olio, vengono scissi dalla bile in piccolissime gocce, vengono cioè emulsionati.

Test rapido

- In che cosa consistono digestione meccanica e digestione chimica?
- Che cosa succede al cibo introdotto in bocca?
- Che cosa sono e a che cosa servono i movimenti peristaltici?
- In che cosa consiste la digestione gastrica?
- In che cosa consiste la digestione enterica?

Bile e digestione

unità 15

→ La nutrizione e l'apparato digerente

Assorbimento e assimilazione

Completamente trasformato in un liquido lattiginoso dove troviamo tutti i principi alimentari ridotti in sostanze assimilabili, il chimo prende il nome di **chilo** e attraverso i movimenti peristaltici dell'intestino tenue viene sospinto nel digiuno e nell'ileo dove avverrà il suo assorbimento. Il processo di **assorbimento** si può dividere in due fasi.

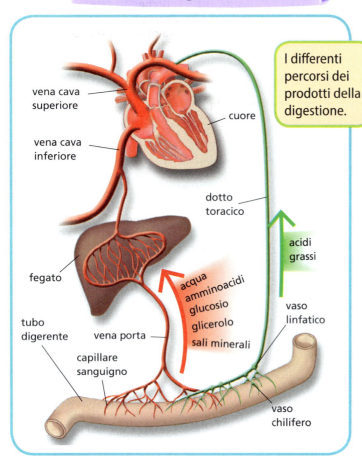

I differenti percorsi dei prodotti della digestione.

- La prima fase si compie attraverso i **villi intestinali** che tappezzano la parete interna del digiuno. Essi provvedono all'assorbimento dei principi alimentari presenti nel chilo secondo due diverse vie, i vasi sanguigni e i vasi linfatici.

Gli amminoacidi, il glucosio, la glicerina, l'acqua e i sali minerali penetrano, attraverso l'epitelio dei villi intestinali, nei vasi sanguigni e da questi, attraverso la **vena porta**, arrivano al fegato.
Dal fegato, depurati e in parte ulteriormente trasformati, vengono trasportati, attraverso la **vena cava inferiore**, al cuore che, grazie alla circolazione sanguigna, provvede a distribuirli a tutte le cellule del nostro organismo.

Gli acidi grassi, invece, sempre attraverso l'epitelio dei villi intestinali, penetrano nei vasi linfatici e, attraverso la **vena cava superiore**, raggiungono direttamente il cuore per entrare poi nella circolazione sanguigna e quindi arrivare anch'essi alle varie cellule.

- La seconda fase dell'assorbimento avviene nell'**intestino crasso**. I resti del chilo non assorbiti nell'intestino tenue passano, ancora liquidi, nell'intestino crasso attraverso la **valvola ileo-cecale**.
Qui avviene l'assorbimento dell'acqua, dei sali minerali e delle vitamine che, sempre per mezzo della circolazione sanguigna, verranno portati a tutte le cellule.

La **flora intestinale**, che si nutre delle sostanze non assorbite presenti nel chilo, produce a sua volta delle vitamine a noi necessarie (B1, B2, K ecc.).
Dopo l'assorbimento dell'acqua il chilo assume un aspetto consistente e le sostanze non più assimilabili a questo punto vengono espulse, attraverso l'apertura anale, sotto forma di **feci**.

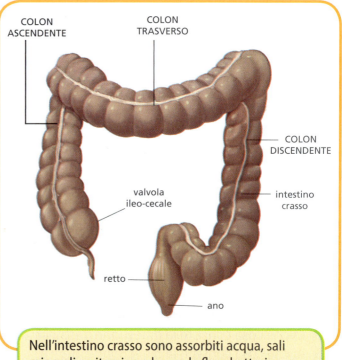

Nell'intestino crasso sono assorbiti acqua, sali minerali e vitamine e lavora la flora batterica.

274 Biologia

FOCUS SU...

Molto importante, nella prima fase dell'assorbimento, è il lavoro del fegato che abbiamo visto all'opera anche durante la digestione enterica con la produzione della bile. Ma il fegato è un vero e proprio "laboratorio chimico". Osserva tutte le sue funzioni.

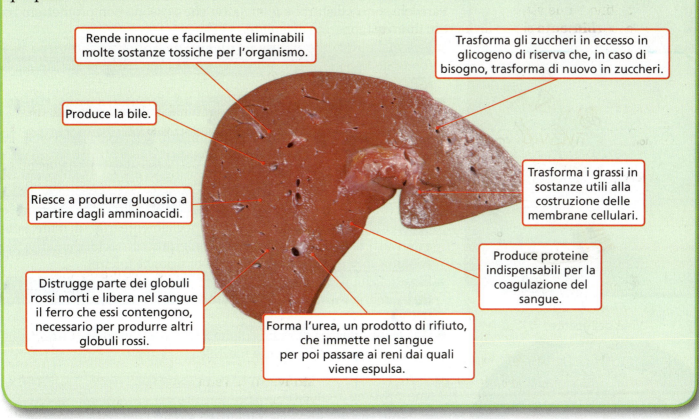

- Rende innocue e facilmente eliminabili molte sostanze tossiche per l'organismo.
- Trasforma gli zuccheri in eccesso in glicogeno di riserva che, in caso di bisogno, trasforma di nuovo in zuccheri.
- Produce la bile.
- Trasforma i grassi in sostanze utili alla costruzione delle membrane cellulari.
- Riesce a produrre glucosio a partire dagli amminoacidi.
- Produce proteine indispensabili per la coagulazione del sangue.
- Distrugge parte dei globuli rossi morti e libera nel sangue il ferro che essi contengono, necessario per produrre altri globuli rossi.
- Forma l'urea, un prodotto di rifiuto, che immette nel sangue per poi passare ai reni dai quali viene espulsa.

Le sostanze nutritive, scomposte in molecole semplici attraverso la digestione, assorbite dall'intestino e ulteriormente trasformate e purificate dal fegato, vengono trasportate dal sangue a tutte le cellule del corpo.
Nelle cellule avviene il processo di **assimilazione**, le varie sostanze cioè vengono "riassemblate" per diventare parte integrante dell'organismo.

Esattamente:
- gli **amminoacidi** andranno a formare le proteine specifiche dell'organismo;
- il **glucosio** viene adoperato per produrre energia;
- **glicerina** e **acidi grassi** vanno a ricostituire molecole di grasso come riserva dell'organismo.

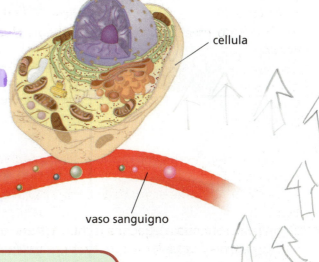

cellula

vaso sanguigno

Test rapido

- Quali sono le due fasi che compongono il processo di assorbimento?
- In che cosa consiste l'assimilazione?

unità 15 → La nutrizione e l'apparato digerente

Per la salute dell'apparato digerente

Parecchi sono i disturbi e le malattie che possono compromettere l'equilibrio dell'apparato digerente.

- Una malattia molto diffusa è l'**ulcera**, un'erosione più o meno profonda delle pareti dello stomaco, **ulcera gastrica**, o del duodeno, **ulcera duodenale**.
- La **colite** e la **gastrite** sono processi infiammatori a carico rispettivamente del colon e dello stomaco.
- L'**epatite** è un grave processo infiammatorio a carico del fegato. La forma più comune è l'**epatite virale**, una malattia infettiva acuta e contagiosa che si può manifestare a tutte le età ed è provocata da diversi tipi di virus. L'**epatite di tipo A** viene trasmessa per via oro-fecale (bocca e feci) e il contagio può avvenire da persona a persona o per contaminazione di acqua e cibi (specialmente frutti di mare, latte e derivati). L'**epatite di tipo B** si trasmette quasi esclusivamente per contatto di sangue (trasfusioni, aghi di siringhe infette).
- Possono colpire l'apparato digerente anche le **tossinfezioni alimentari**, quali: la **tossinfezione stafilococca**, la **salmonellosi**, il **botulismo**.
- Una grave malattia che può colpire il fegato è la **cirrosi epatica**, una malattia inguaribile e spesso mortale.

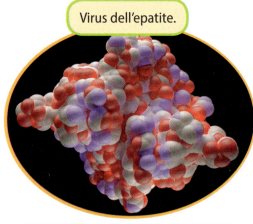

Virus dell'epatite.

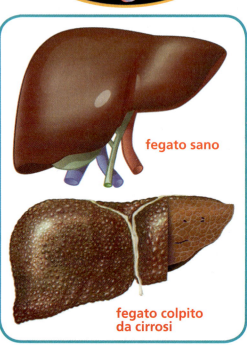

fegato sano

fegato colpito da cirrosi

Come possiamo difenderci?

Dal punto di vista igienico è importante che:
- tutto ciò che viene a contatto con il cibo (mani, posate, piatti ecc.) sia accuratamente pulito per evitare, con l'ingestione di alimenti contaminati, l'ingestione di germi patogeni;
- frutta e verdura, specialmente se mangiata cruda, siano ben lavate per eliminare germi e sostanze chimiche nocive usate in agricoltura;
- gli alimenti siano tenuti sempre al riparo da polvere, mosche e altri insetti.

Dal punto di vista alimentare è importante che la nostra alimentazione sia corretta ed equilibrata, ricordiamoci quindi che:
- tra i farinacei (pasta e pane) è meglio usare quelli preparati con farina integrale, meno raffinata ma più ricca di principi nutritivi e di fibra;
- tra gli zuccheri sono da preferire quelli con maggior valore biologico quali il miele e lo zucchero di canna;
- i grassi per condire devono essere usati con moderazione e, in ogni caso, sono da preferire quelli vegetali (soprattutto olio di oliva) a quelli animali (burro, lardo, strutto ecc.), evitando sempre di portarli a temperature troppo elevate per evitare la formazione di sostanze pericolose;
- è bene consumare carne bianca (pollo, tacchino e coniglio), più magra ma altrettanto nutriente di quella rossa;
- è necessario il consumo di pesce, legumi, latte e suoi derivati, soprattutto yogurt e formaggi magri;
- il consumo di bevande alcoliche deve essere moderato.

276 Biologia

unità 15

→ La nutrizione e l'apparato digerente

▼ **fissa i concetti chiave**

Quali sono e che cosa sono i principi nutritivi?

- I **principi nutritivi**, carboidrati, lipidi, proteine, sali minerali, vitamine e acqua, sono le sostanze che il nostro organismo utilizza come **fonte di energia**, **materiale di accrescimento e riparazione** dei tessuti e come **elementi di regolazione e controllo** di importanti funzioni.

Quali sono le tre categorie di principi nutritivi?

- Le tre categorie di principi nutritivi sono:
  > i **principi nutritivi plastici**, quelli che forniscono le sostanze per costruire, far crescere e riparare i tessuti dell'organismo, **funzione plastica**; sono principi plastici le **proteine**;
  > i **principi nutritivi energetici**, quelli che forniscono le sostanze da cui l'organismo ricava l'energia necessaria alle funzioni vitali, **funzione energetica**; sono principi energetici i **carboidrati** e i **lipidi**;
  > i **principi nutritivi bioregolatori**, quelli che forniscono le sostanze utilizzate per regolare e proteggere le funzioni biologiche dell'organismo, **funzione regolatrice**; sono principi bioregolatori i **sali minerali**, le **vitamine** e l'**acqua**.

Quali sono gli alimenti plastici, energetici e bioregolatori?

- Gli **alimenti plastici** sono quelli particolarmente ricchi di proteine. Vi appartengono tre gruppi di alimenti: **latte** e **derivati**, **carne**, **pesce** e **uova**, **legumi secchi**.

- Gli **alimenti energetici** sono quelli particolarmente ricchi di carboidrati e grassi. Vi appartengono due gruppi di alimenti: i **carboidrati**, cereali, zuccheri e derivati, e i **grassi animali** e **vegetali**.

- Gli **alimenti bioregolatori** sono quelli particolarmente ricchi di vitamine e sali minerali. Vi appartengono due gruppi di alimenti: **ortaggi** e **frutta.**

Quali sono i nostri fabbisogni alimentari?

- Il **fabbisogno proteico** è la quantità di proteine di cui il nostro organismo ha bisogno giornalmente. Esso varia a seconda dell'età: per una persona adulta è di **1 g** per ogni chilogrammo di peso, negli adolescenti aumenta a circa **1,5-2 g** per ogni chilogrammo di peso, nei bambini arriva a circa **2,5 g** per ogni chilogrammo di peso.

- Il **fabbisogno energetico** è la quantità di energia di cui il nostro organismo ha bisogno giornalmente, si misura in **chilocalorie**, **kcal**, e varia secondo l'età, il sesso e l'attività svolta. Sappiamo che: 1 g di **proteine** fornisce circa **4,1 kcal**, 1 g di **carboidrati** fornisce circa **4,1 kcal** e 1 g di **grassi** fornisce circa **9,1 kcal**.

- Il **fabbisogno di natura bioregolatrice** è la quantità di minerali e vitamine di cui il nostro organismo ha bisogno giornalmente. Più ridotto ma indispensabile, esso viene assicurato da un consumo giornaliero di almeno **500 g di frutta e verdura**.

ALIMENTI PLASTICI
- Gruppo I: latte e derivati
- Gruppo II: carne, pesce e uova
- Gruppo III: legumi

ALIMENTI ENERGETICI
- Gruppo IV: cereali, zuccheri e derivati
- Gruppo V: grassi animali e vegetali

ALIMENTI BIOREGOLATORI
- Gruppo VI: ortaggi
- Gruppo VII: frutta

→ La nutrizione e l'apparato digerente

Da che cosa è formato l'apparato digerente?

- L'apparato digerente è formato:
  > dal **canale digerente**, un gruppo di organi strettamente collegati: la *bocca*, la *faringe*, l'*esofago*, lo *stomaco*, l'*intestino tenue* e l'*intestino crasso*;
  > dagli **organi annessi**: i *denti*, le *ghiandole salivari*, il *fegato*, il *pancreas*, le *ghiandole gastriche* e le *ghiandole enteriche*.

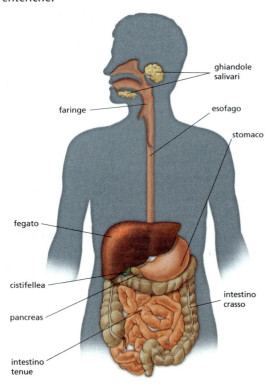

Che cos'è il canale digerente?

- Il **canale digerente**, o **tubo digerente**, è un tubo lungo circa 10 metri, che inizia dall'apertura boccale e termina con l'apertura anale, senza alcuna interruzione.
  > La **bocca** è la prima porzione del tubo digerente ed è costituita da una cavità, il **cavo orale**, che comunica con l'esterno. Nella bocca troviamo i primi due organi annessi al tubo digerente: i **denti** e le **ghiandole salivari**.
  > La **faringe** è il canale che collega la bocca al tubo digerente vero e proprio, essa comunica con la laringe attraverso un'apertura, detta **glottide**, munita di una valvola di tessuto cartilagineo, l'**epiglottide**, che al passaggio del cibo chiude la laringe impedendo al cibo di entrare nelle vie respiratorie.
  > L'**esofago** è un canale muscolare lungo circa 25 cm che attraversa il diaframma e scende nella cavità addominale dove si connette, attraverso una valvola detta **cardias**, con lo stomaco. È rivestito di muscoli che si contraggono dall'alto verso il basso, permettendo così la progressione del cibo verso lo stomaco.

> Lo **stomaco**, un sacco allungato con la parte concava rivolta verso destra, è posto nella parte alta dell'addome. Le sue pareti, formate da robuste fibre muscolari, rimescolano e amalgamano il cibo. Nella parete interna sono presenti le **ghiandole gastriche**.
> Attraverso un'altra valvola, il **piloro**, lo stomaco comunica con l'**intestino**, un lungo tubo aggrovigliato situato nella parte centrale dell'addome. Avvolto da una membrana, detta **peritoneo**, si divide in due parti: l'**intestino tenue** e l'**intestino crasso**.

Che cosa sono fegato e pancreas?

- Il **fegato**, la ghiandola esocrina più voluminosa del nostro organismo, è situato nella parte superiore destra della cavità addominale, sotto il diaframma. La sua funzione principale è la produzione della **bile**.
- Il **pancreas**, una ghiandola sia esocrina sia endocrina, si trova nella parte sinistra della cavità addominale, dietro lo stomaco. Come ghiandola esocrina produce il **succo pancreatico**, come ghiandola endocrina riversa nel sangue l'**insulina** e il **glucagone** che controllano il livello di glucosio nel sangue.

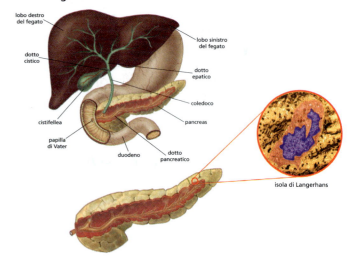

Che cos'è e come avviene la digestione?

- La **digestione** è il processo di trasformazione dei principi nutritivi in sostanze assimilabili e utilizzabili poi come fonte di energia e come materiale di accrescimento e di riparazione dei tessuti danneggiati.
  Il cibo introdotto in bocca subisce subito le prime trasformazioni, qui infatti viene masticato, insalivato e parzialmente digerito. La **masticazione** ha il compito di ridurre il cibo solido in piccole parti per facilitare le fasi successive. Con l'**insalivazione** queste piccole parti vengono ammorbidite dalla saliva e si trasformano in **bolo alimentare**. A opera della **ptialina** contenuta nella saliva le grosse molecole di amido vengono scomposte in molecole più piccole e solubili di maltosio.

278 Biologia

Con la **deglutizione** il bolo passa dalla bocca alla faringe e, spinto dai movimenti peristaltici, percorre la faringe, l'esofago e, attraverso il cardias, arriva nello stomaco.

Nello stomaco prosegue il processo di scomposizione chimica e meccanica del bolo; precisamente inizia la **digestione gastrica** che è controllata dal **succo gastrico** che trasforma il bolo in una massa semiliquida detta **chimo**.

Attraverso il piloro il chimo passa nell'intestino dove si completa il processo digestivo con la **digestione enterica** controllata da tre succhi digestivi, il **succo pancreatico**, il **succo enterico** e la **bile**, che si riversano nel duodeno e trasformano il chimo in **chilo**, un liquido lattiginoso dove troviamo tutti i principi alimentari ridotti in sostanze assimilabili.

Che cosa sono assorbimento e assimilazione?

- Il **chilo** attraverso i movimenti peristaltici dell'intestino tenue viene sospinto nel digiuno e nell'ileo dove avviene il processo di **assorbimento** che si può dividere in due fasi.
  > La prima fase si compie attraverso i **villi intestinali** che tappezzano la parete interna del digiuno. Essi provvedono all'assorbimento dei principi alimentari presenti nel chilo secondo due diverse vie, i vasi sanguigni e i vasi linfatici, che portano i principi nutritivi al cuore che, grazie alla circolazione sanguigna, provvede a distribuirli a tutte le cellule del nostro organismo.
  > La seconda fase dell'assorbimento avviene nell'**intestino crasso**. I resti del chilo non assorbiti nell'intestino tenue passano, ancora liquidi, nell'intestino crasso attraverso la **valvola ileo-cecale**. Qui avviene l'assorbimento dell'acqua, dei sali minerali e delle vitamine che, sempre per mezzo della circolazione sanguigna, verranno portati a tutte le cellule.
- Le sostanze nutritive, scomposte in molecole semplici attraverso la digestione, assorbite dall'intestino e ulteriormente trasformate e purificate dal fegato, vengono trasportate dal sangue a tutte le cellule del corpo. Nelle cellule avviene il processo di **assimilazione**, le varie sostanze cioè vengono "riassemblate" per diventare parte integrante dell'organismo.

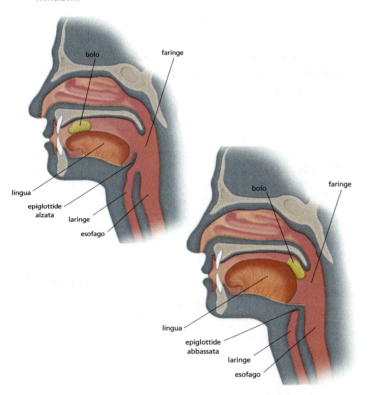

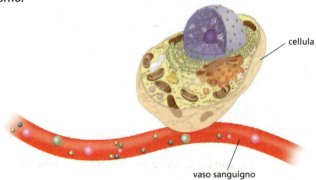

i miei appunti

→ La nutrizione e l'apparato digerente

ragiona e applica

... le conoscenze

1. Quali sono i principi alimentari? E che cosa sono?

2. In quali categorie si suddividono i principi alimentari? Descrivili.

3. Completa.
   I carboidrati sono composti organici formati da *carbonio, idrogeno, ossigeno*.
   Sono importanti nell'alimentazione perché *danno energia usabile subito immediamente*.

4. Quali sono i principali carboidrati?

5. Completa.
   I lipidi sono composti organici formati da *carbonio, idrogeno e ossigeno*. Sono *insolubili nell'acqua*
   e non *utilizzabili subito* dall'organismo che li *accumula nel tessuto adiposo*.
   Possono essere di origine animale come *latte, uova, burro*,
   che sono detti *saturi*, o di origine vegetale come *l'olio d'oliva, margarina*, che sono detti *insaturi*.

6. Completa.
   Le proteine sono composti organici formati da *carbonio, idrogeno, ossigeno e azoto*, le cui molecole sono costituite dagli *amminoacidi*.
   Si distinguono in *proteine animali*, presenti *nella carne, latte, uova e pesce*,
   e *proteine vegetali* presenti *nei legumi secchi*.

7. Completa.
   Le vitamine possono essere *idrosolubili* se si sciolgono *nell'acqua*, *liposolubili* se si sciolgono *nel grasso*.
   Sono importanti perché *proteggono l'organismo dalle malattie e contribuiscono allo sviluppo dell'organismo assicurano il corretto svolgimento di funzioni biologiche*.

8. Quali sono le tre categorie in cui possiamo suddividere i nostri alimenti? Descrivile.

9. Che cosa si intende per fabbisogno alimentare?

280 Biologia

10. Descrivi il fabbisogno proteico, energetico e di natura bioregolatrice.

11. Completa.

   a. 1 g di proteine fornisce circa .... kcal.

   b. 1 g di grassi fornisce circa .... kcal.

   c. 1 g di glucidi fornisce circa .... kcal.

[annotazione a mano: 5 ore di Digestione 11 0]

12. Completa.

   Il corpo umano risponde alla necessità di sostanze nutritive e di ossigeno con importantissime funzioni:

   ...., ..., ...,

   ...., ... che svolge grazie agli apparati

   ...., ... e ....

13. A che cosa è adibito l'apparato digerente?

14. Da che cosa è formato l'apparato digerente? *CANALE DIGERENTE E ORGANI ANNESSI*

15. Quali organi formano il canale digerente? Descrivili. *BOCCA, DENTI, STOMACO E INTESINO*

16. Quali sono gli organi annessi al tubo digerente? Descrivili.

17. Che cosa si intende per digestione?

18. Qual è la differenza fra digestione meccanica e digestione chimica? *QUELLA MECCANICA DECIDI TU QUELLA CHIMICA SOLO UNA PARTE*

19. Che cosa sono e a che cosa servono gli enzimi?

20. Descrivi il processo digestivo che avviene in bocca. *LA SALIVA SCIOGLIE IL CIBO RENDENDOLO BOLO, ANCHE GRAZIE ALLA PTIALINA*

21. In che cosa consiste la digestione gastrica? *LBOLO DIVENTA CHIMO GRAZIE AI SUCCHI GASTRICI*

22. Descrivi i compiti della pepsina, della chimosina, della lipasi gastrica e dell'acido cloridrico. *1) FAVORISCE LA TRASFORMAZIONE DEI PEPTONI, 2) COAGULA CE IL SANGUE, 3) SCOMPOSIZIONE DEI GRASSI, 4) PERMETTE L'AZIONE DELLA PEPTINA*

23. In che cosa consiste la digestione enterica? *3 SUCCHI TRASFORMANO IL CHIMO IN CHILO*

24. Completa. Il cibo:

   a. prende il nome di bolo dopo *LA MASTICAZIONE E LA SALIVAZIONE*

   b. prende il nome di chimo dopo *LA DIGESTIONE ENTERICA*

   c. prende il nome di chilo dopo *ESSERE ENTRATO NEL DUODENO ASSIEME AL SUCCO ENTERICO*

25. Descrivi il processo di assorbimento. *VILLI INTESTINALI ASSORBONO PORTANDO CIBO A TUTTE LE CELLULE, INTESINO GRASSO NELLA VALVOLA ILEO-CECALE*

26. In che cosa consiste il processo di assimilazione? *ASSORBIRE LE SOSTANZE NON DIGERITE*

27. Quali malattie possono colpire l'apparato digerente?

28. In che modo possiamo mantenere efficiente il nostro apparato digerente?

●●●●▶ ... le abilità

29. Elenca tre alimenti:

   a. plastici ....

   b. energetici ....

   c. bioregolatori ....

281 ●●●●

unità 15 → La nutrizione e l'apparato digerente — ragiona e applica

30. Accanto a ogni alimento scrivi qual è il principio alimentare che lo caratterizza maggiormente e quindi la sua funzione.

principio alimentare — *funzione*

- **a.** Pasta — CARBOIDRATI
- **b.** Olio — GRASSI
- **c.** Carne — PROTEINE
- **d.** Pesce — PROTEINE
- **e.** Yogurt — TUTTO
- **f.** Spinaci — SALI MINERALI

31. Segna il completamento esatto e giustificalo.
Prima di un'intensa attività sportiva che richiede un apporto immediato di energia, è consigliabile un pasto con alimenti ricchi di:

- **a.** proteine.
- **b.** vitamine.
- **c.** ~~carboidrati.~~ ✗

Perché CONTENGONO ZUCCHERI (AMIDO,) GLUCOSIO, SACCAROSIO

32. Segna il completamento esatto e giustificalo.
Per un ragazzo di 14 anni, è particolarmente importante un'alimentazione ricca di:

- **a.** proteine. ✗
- **b.** vitamine. ✗
- **c.** carboidrati. ✗

Perché LE PROTEINE HANNO LA FUNZIONE PLASTICA

33. Segna il completamento esatto e giustificalo.
Siamo a letto con l'influenza, è bene che la nostra alimentazione sia ricca di:

- **a.** proteine.
- **b.** vitamine. ✗
- **c.** carboidrati.

Perché DANNO ENERGIA

34. Nella figura a lato riconosci i vari alimenti e, per ciascuno di essi, indica il tipo e il gruppo a cui appartiene.

35. Sotto a ciascuna persona scrivi quale potrebbe essere il suo fabbisogno energetico.

a. .... b. .... c. .... d. .... e. .... f. ....

282 Biologia

36. Individua nella figura a fianco i vari organi dell'apparato digerente.

37. Perché gli enzimi sono importanti nel processo digestivo?

38. In bocca il cibo viene masticato, insalivato e parzialmente digerito. Quali di queste tre funzioni sono meccaniche e quali chimiche?

39. Rispondi alle seguenti domande.
   a. Per quale motivo lo stomaco produce la mucina?
   b. A che cosa servono i movimenti peristaltici?
   c. Dove si trova e a che cosa serve la flora intestinale?
   d. Perché la parete intestinale è tappezzata dai villi?

40. Completa la figura a lato con i termini mancanti.

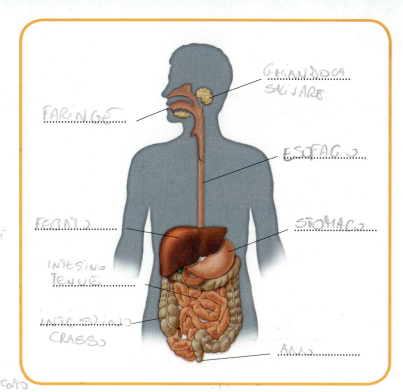

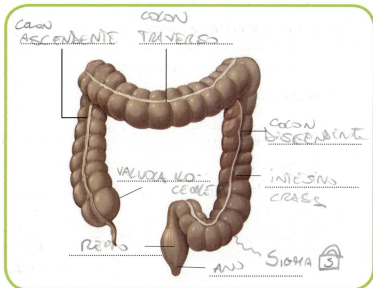

41. Individua nella figura il cardias, il piloro, l'esofago, lo stomaco e l'intestino.

42. Individua nella figura il duodeno, il fegato, la cistifellea, il pancreas e il coledoco.

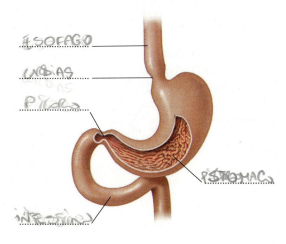

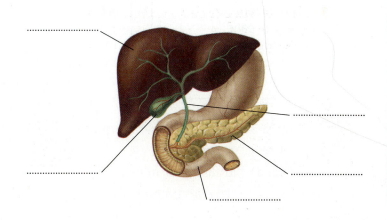

SCIENZE e Matematica

43. Considera la tabella a pag. 246 e rispondi alle domande dei seguenti esercizi.
   a. Sono più energetici 100 g di biscotti o 50 g di mandorle?
   b. Sono più energetici 100 g di cipolle o 200 di zucchine?

44. Rispondi a quanto richiesto.
   a. Quante calorie si introducono facendo una merenda con una mela di 150 g?
   b. Quante calorie si aggiungono a un piatto di pasta grattugiandovi 20 g di parmigiano?
   c. A parità di quantità fornisce più calorie la mortadella, il gorgonzola o la mozzarella?

45. Quante calorie fornisce un pasto composto da 100 g di riso, 150 g di carciofi, 50 g di parmigiano e 50 g di pane?

46. Quante calorie fornisce un pasto composto da 100 g di riso, 200 g di fagiolini, 150 g di trota e 50 g di grissini?

47. Scrivi la composizione di un pasto che sia adatto, per composizione e apporto energetico, a:
   a. una bimba di 9 anni;
   b. un ragazzo di 14 anni;
   c. una ragazza di 18 anni.

48. A chi può essere adatto un apporto energetico giornaliero di 2600 kcal? Segna la o le risposte esatte.
   a. A un adulto che fa un lavoro sedentario.
   b. A una bambina.
   c. A un adolescente.
   d. A una donna in gravidanza.
   e. A una donna che allatta.
   f. A un anziano signore.

49. Una dieta giornaliera è composta da alimenti che contengono 200 g di protidi, 50 g di lipidi e 350 di glucidi. Quante chilocalorie fornisce? A chi può essere adatta?

50. In base al tuo peso calcola il tuo fabbisogno proteico ed energetico e quindi la quantità di proteine, carboidrati e grassi che deve contenere la tua dieta per essere equilibrata.

51. Che cosa hai mangiato ieri a colazione, a pranzo, a cena e negli eventuali spuntini? Fai un elenco e calcola quante calorie hai assunto complessivamente. Commenta, in base al risultato, il tuo pasto complessivo.

52. Osserva la composizione dei tre pranzi proposti e rispondi alle domande.

PRANZO N° 1	PRANZO N° 2	PRANZO N° 3
• 80 g di pasta con 30 g di pomodori • 60 g di pane • 100 g di pollo • 100 g di spinaci • un'arancia (150 g circa)	• 80 g di pasta con 30 g di burro • 40 di pane • 100 g di maiale • 150 g di patate • una mela (60 g circa)	• 80 g di riso con 40 g di carciofi • 60 g di grissini • 150 g di coniglio • 100 g di zucchine • un'arancia (150 g circa) • uno yogurt magro (100 g)

   a. Quale dei tre pranzi è il più equilibrato?
   b. Quale il più calorico?
   c. Quale il più carente di fibre?
   d. Quale quello che comprende il maggior numero di gruppi di alimenti diversi?

Unità 16

L'APPARATO RESPIRATORIO

Perché ne parliamo?

La digestione del cibo e l'assimilazione dei principi nutritivi in esso contenuti ci ha fatto rispondere alla domanda "in che modo l'organismo ricava tutta l'energia di cui ha bisogno?". Ma quando questi principi nutritivi arrivano alle cellule, come avviene il loro utilizzo?
Cioè, come fanno le nostre cellule a produrre l'energia necessaria all'organismo per costruire nuove cellule, riparare i tessuti danneggiati e mantenere efficienti i propri organi? Sai rispondere?

E che cosa pensi se qualcuno risponde che le cellule producono quest'energia "**bruciando**" i principi nutritivi? No, non attraverso un incendio, ma con una **lenta e costante combustione**.

Come per una qualsiasi combustione c'è bisogno allora di ossigeno e c'è produzione di sostanze di rifiuto.
E a questo punto dobbiamo porci altre due domande: "in che modo procuriamo alle cellule l'ossigeno di cui hanno bisogno?" e "come eliminiamo le sostanze di rifiuto?".
Scopriamolo esaminando il nostro costante bisogno di **respirare** che è l'attività con cui, grazie all'**apparato respiratorio**, forniamo ossigeno al nostro organismo ed espelliamo le sostanze di rifiuto.

Contenuti
- Respirare, un continuo bisogno
- Gli organi dell'apparato respiratorio
- La respirazione
- Per la salute dell'apparato respiratorio

Prerequisiti
- Conoscere la struttura e le funzioni della cellula
- Conoscere l'organizzazione cellulare dei viventi

Obiettivi
- Conoscere la struttura e le funzioni dell'apparato respiratorio
- Individuare le funzioni dei vari organi dell'apparato respiratorio
- Distinguere le varie fasi della respirazione
- Essere consapevoli dell'importanza di mantenere sano ed efficiente l'apparato respiratorio

→ L'apparato respiratorio

unità 16
Respirare, un continuo bisogno

Con la nutrizione, la digestione e l'assimilazione, come abbiamo visto, forniamo al nostro organismo il "carburante" necessario alle nostre cellule per produrre l'energia di cui abbiamo bisogno.
Ma in che modo e dove avviene questa produzione di energia?

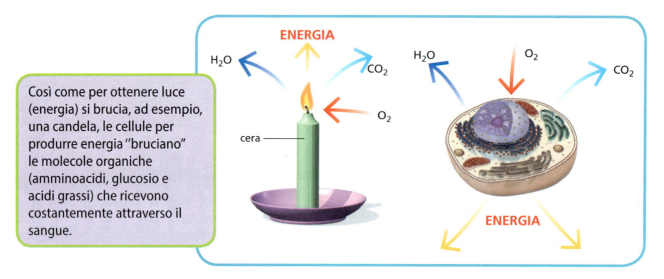

Così come per ottenere luce (energia) si brucia, ad esempio, una candela, le cellule per produrre energia "bruciano" le molecole organiche (amminoacidi, glucosio e acidi grassi) che ricevono costantemente attraverso il sangue.

All'interno di ogni cellula la produzione di energia avviene quindi attraverso una **lenta e costante combustione**, più esattamente un'**ossidazione**, delle sostanze che arrivano digerite e assimilate.
E come in ogni combustione:
- brucia un **combustibile**;
- c'è bisogno di **ossigeno**;
- si produce **energia**;
- si generano **sostanze di rifiuto** (acqua e anidride carbonica).

Nelle cellule infatti le molecole organiche si combinano con l'ossigeno producendo energia e prodotti di rifiuto, acqua e anidride carbonica.
Mentre il "carburante" è sempre disponibile perché fornito dalla digestione o dalle riserve dell'organismo, l'ossigeno necessario alla combustione deve essere fornito in continuazione perché viene consumato completamente e l'organismo non è in grado di formarne una riserva.

Abbiamo quindi costantemente necessità di assumere ossigeno e di eliminare le sostanze di rifiuto; **respirare** è proprio l'attività mediante cui assolviamo il continuo bisogno di fornire ossigeno al nostro organismo e di espellere le sostanze di rifiuto, in particolare l'anidride carbonica.

Il processo attraverso cui esplichiamo queste funzioni è la **respirazione**; gli organi adibiti a questo processo formano l'**apparato respiratorio**.

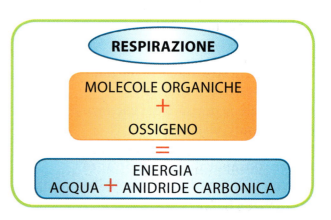

286 Biologia

Gli organi dell'apparato respiratorio

L'**apparato respiratorio** è formato dalle **vie respiratorie** e dai **polmoni**.
- Le **vie respiratorie** sono costituite dalle *cavità nasali*, dalla *faringe*, dalla *laringe*, dalla *trachea* e dai *bronchi*.
- I **polmoni** sono costituiti dalle ramificazioni dei bronchi in *bronchioli* che terminano negli *alveoli polmonari*.

Le vie respiratorie

Le **cavità nasali**, insieme alla bocca, rappresentano le vie respiratorie esterne. Esse sono rivestite da un epitelio mucoso in grado di trattenere le impurità dell'aria e sboccano nella prima parte della **faringe**, organo in comune con l'apparato digerente.

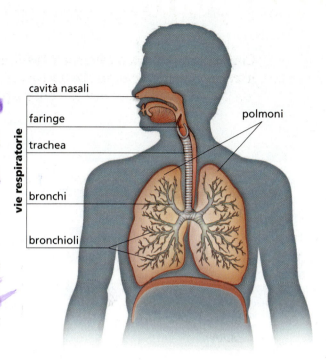

L'epiglottide, la cartilagine che chiude l'apertura della laringe quando inghiottiamo il cibo, consente all'aria di passare nella **laringe**, un organo a forma di imbuto rovesciato sostenuto da uno scheletro cartilagineo formato da vari pezzi. Uno di questi, la **cartilagine tiroidea**, è più sporgente degli altri e forma, nell'uomo, il **pomo di Adamo**.
Nella laringe si trovano le **corde vocali**, membrane che, vibrando al passaggio dell'aria, producono suoni che vengono trasformati in "parole" dai movimenti della lingua e delle labbra.
La laringe continua con la **trachea**, un tubo flessibile lungo circa 12 cm posto davanti all'esofago e formato da anelli cartilaginei a forma di "C" aperti posteriormente.
Le pareti interne della trachea sono rivestite da un epitelio provvisto di **ciglia vibratili** che servono ad allontanare (provocando un colpo di tosse) eventuali impurità o corpi estranei entrati nelle vie respiratorie. La parte inferiore della trachea si biforca in due rami, uno a destra e l'altro a sinistra: i **bronchi**. Questi penetrano nei polmoni dove si ramificano in rami sempre più piccoli, i **bronchioli**, che terminano con numerosissime vescichette, gli **alveoli polmonari**.
Bronchi, bronchioli e alveoli costituiscono l'**albero bronchiale**.

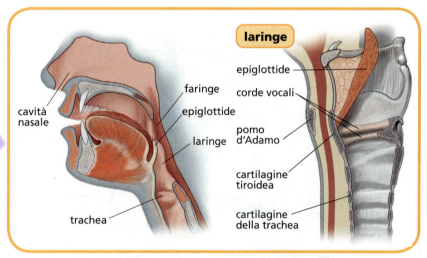

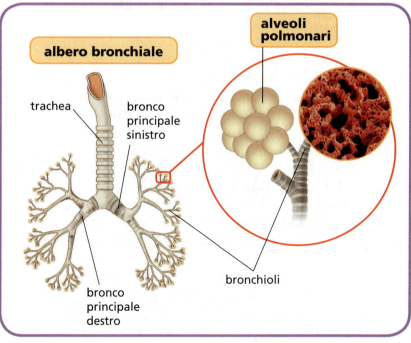

287

unità
16 I polmoni

I polmoni sono due organi a forma di tronco di cono situati nel torace e appoggiati al diaframma, il muscolo che separa il torace dall'addome.
Di consistenza spugnosa ed elastica, sono formati dalle ramificazioni dei bronchi, i **bronchioli**, e da una massa di **tessuto connettivo**.
Sono divisi da profondi solchi in più **lobi**, tre nel polmone destro e due in quello sinistro.

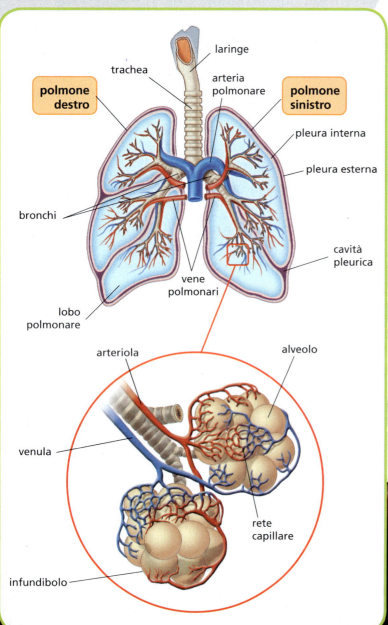
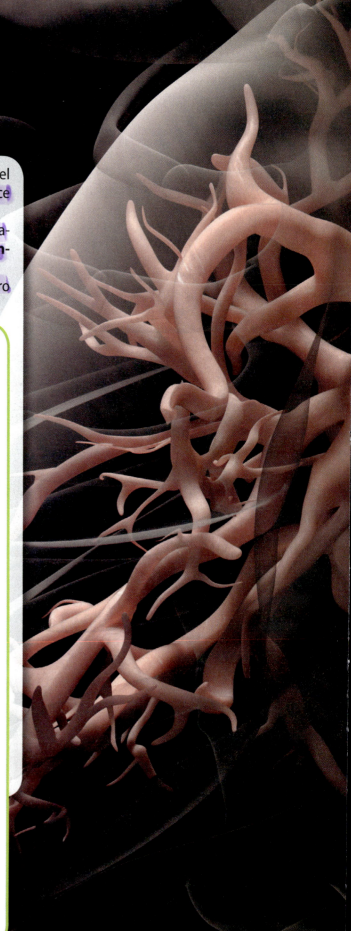

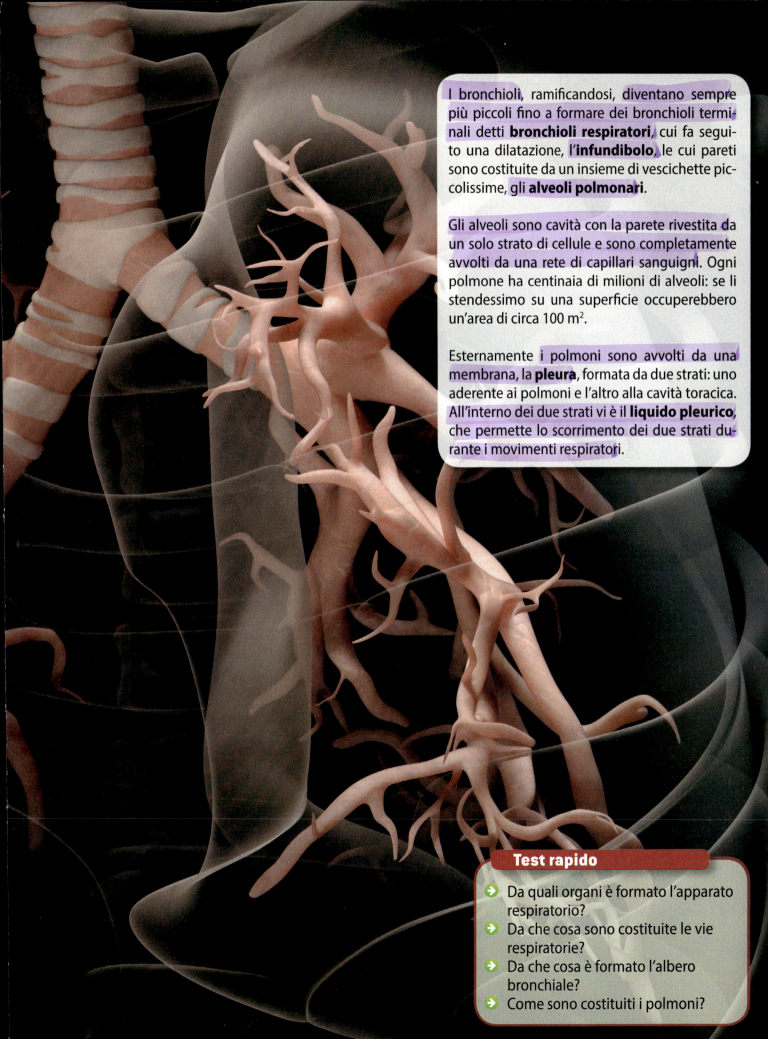

I bronchioli, ramificandosi, diventano sempre più piccoli fino a formare dei bronchioli terminali detti **bronchioli respiratori**, cui fa seguito una dilatazione, l'**infundibolo**, le cui pareti sono costituite da un insieme di vescichette piccolissime, gli **alveoli polmonari**.

Gli alveoli sono cavità con la parete rivestita da un solo strato di cellule e sono completamente avvolti da una rete di capillari sanguigni. Ogni polmone ha centinaia di milioni di alveoli: se li stendessimo su una superficie occuperebbero un'area di circa 100 m^2.

Esternamente i polmoni sono avvolti da una membrana, la **pleura**, formata da due strati: uno aderente ai polmoni e l'altro alla cavità toracica. All'interno dei due strati vi è il **liquido pleurico**, che permette lo scorrimento dei due strati durante i movimenti respiratori.

Test rapido

- Da quali organi è formato l'apparato respiratorio?
- Da che cosa sono costituite le vie respiratorie?
- Da che cosa è formato l'albero bronchiale?
- Come sono costituiti i polmoni?

unità 16 — L'apparato respiratorio

La respirazione

L'apparato respiratorio quindi deve fornire l'ossigeno necessario alle cellule per produrre energia ed eliminare l'anidride carbonica e il vapore acqueo che si formano come prodotto di scarto della combustione.

Ciò avviene attraverso una complessa funzione, la **respirazione**, che è il risultato di due diversi processi:

- lo scambio che avviene negli alveoli polmonari tra l'ossigeno presente nell'aria e l'anidride carbonica proveniente dalle cellule che viene detto **respirazione esterna** o **polmonare**;
- il processo attraverso il quale le cellule utilizzano l'ossigeno per bruciare le sostanze nutritive e ricavare energia, producendo anche anidride carbonica e vapore acqueo, che viene detto **respirazione interna** o **cellulare**.

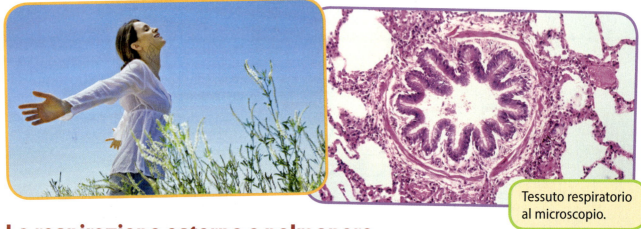

Tessuto respiratorio al microscopio.

La respirazione esterna o polmonare

La funzione respiratoria vera e propria avviene negli alveoli polmonari ed è detta **respirazione esterna**. L'aria inspirata ricca di ossigeno arriva agli alveoli; attraverso le sottilissime pareti degli alveoli l'ossigeno per diffusione passa nei capillari sanguigni che li circondano e viene quindi trasportato dal sangue a tutte le cellule. Al contrario, l'anidride carbonica, presente in maggiore quantità nei vasi sanguigni, passa per diffusione negli alveoli e da qui, con l'espirazione, viene espulsa all'esterno.

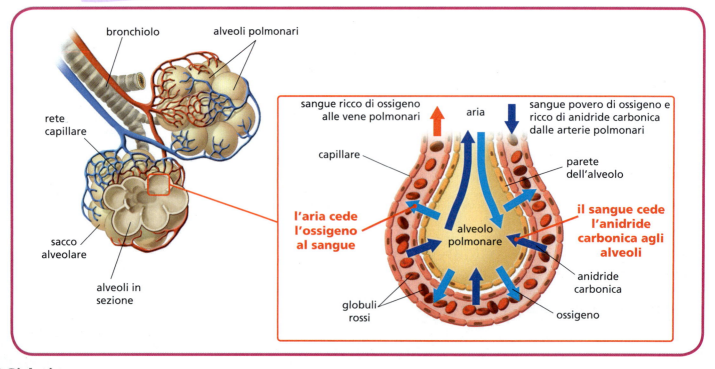

290 Biologia

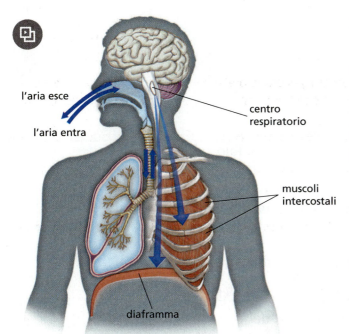

La ventilazione polmonare

La respirazione esterna è resa possibile dal continuo ingresso nei polmoni di aria ricca di ossigeno e dall'uscita, sempre dai polmoni, di aria ricca di anidride carbonica. Questo continuo scambio fra l'aria esterna, che penetra nei polmoni, e l'aria interna, che viene emessa nell'ambiente, prende il nome di **ventilazione polmonare** ed è attuata mediante i movimenti respiratori di **inspirazione** ed **espirazione**, che nel loro ritmico succedersi costituiscono gli **atti respiratori**.

Con l'inspirazione facciamo entrare l'aria nelle vie respiratorie attraverso il naso e la bocca. Da questi due organi l'aria inspirata passa nella faringe, nella laringe, nella trachea e nei bronchi, per finire poi attraverso i bronchioli nei polmoni e precisamente negli alveoli polmonari. Durante tutto questo percorso l'aria viene riscaldata, umidificata e purificata.

In che modo l'aria entrata attraverso il naso o la bocca raggiunge i polmoni?
I polmoni sono organi **passivi**, cioè privi di movimenti propri. Gli organi attivi della respirazione sono i **muscoli intercostali** e il **diaframma** che, a ogni atto respiratorio, vengono opportunamente stimolati dai centri nervosi.

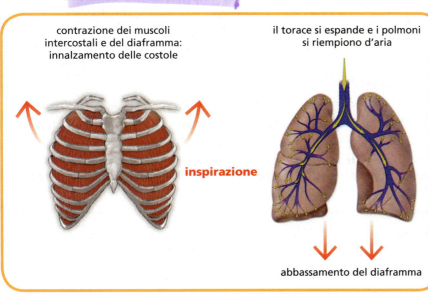

I muscoli intercostali, contraendosi, sollevano le costole e allargano la gabbia toracica, mentre il diaframma, contraendosi, si abbassa. Tutto ciò crea una depressione e determina la dilatazione dei polmoni.
L'aria presente nelle prime vie respiratorie, fase di **inspirazione**, viene quindi spinta nei polmoni dalla pressione atmosferica esterna, che è maggiore della pressione presente all'interno dei polmoni.

La fase successiva di **espirazione** si verifica con un meccanismo inverso. I muscoli intercostali si rilassano facendo abbassare le costole, il diaframma si dilata e si innalza e la gabbia toracica si restringe.
Tutto ciò provoca la compressione dei polmoni e quindi l'espulsione dell'aria verso l'esterno con un percorso inverso a quello di entrata: alveoli, bronchioli, bronchi, trachea, laringe, faringe e naso o bocca.

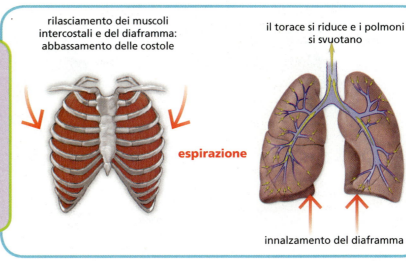

291

unità 16 → L'apparato respiratorio

Proviamolo con un esperimento.

non solo TEORIA

Procurati una bottiglia di plastica, un tappo di gomma forato, una membrana elastica, un tubo a Y, della plastilina e due palloncini. Taglia la bottiglia, lega alle estremità dei due rami del tubo i palloncini e infila il tubo nella bottiglia facendolo passare prima dal tappo forato. Chiudi il collo della bottiglia con il tappo e sigillane l'imboccatura con la plastilina. Chiudi infine il fondo della bottiglia legandovi bene la membrana elastica.

Il dispositivo è pronto: la bottiglia è la cassa toracica, i palloncini sono i polmoni, il tubo a Y i bronchi e la membrana che chiude il fondo della bottiglia è il diaframma.

Tira adesso la membrana, simulando l'abbassamento del diaframma, e poi rilasciala, simulando l'innalzamento del diaframma. Che cosa osservi nei due momenti?

Tirando la membrana i palloncini, si gonfiano. Rilasciando la membrana i palloncini iniziano a sgonfiarsi.

Abbiamo constatato che:
- simulando l'abbassamento del diaframma, la pressione all'interno della bottiglia diminuisce e l'aria entra nei palloncini, i polmoni, attraverso il tubo;
- simulando l'innalzamento del diaframma, la pressione all'interno della bottiglia aumenta e l'aria fuoriesce dai palloncini.

Durante un'inspirazione e un'espirazione introduciamo nei polmoni aria ricca di ossigeno ed espelliamo aria che contiene vapore acqueo e anidride carbonica.
Fra l'aria inspirata e l'aria espirata notiamo infatti una composizione diversa. Osserva.

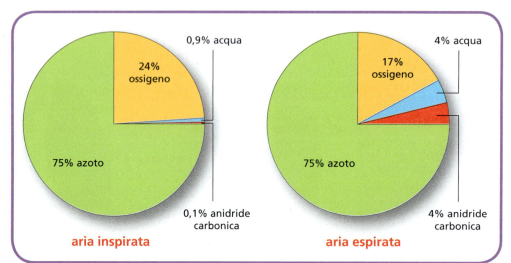

aria inspirata — 0,9% acqua, 24% ossigeno, 75% azoto, 0,1% anidride carbonica

aria espirata — 4% acqua, 17% ossigeno, 75% azoto, 4% anidride carbonica

Proviamo con due esperimenti questa diversa composizione dell'aria espirata.

non solo TEORIA

- Riempi d'aria una siringa da dolci, rivolgila verso uno specchio e premi lo stantuffo per fare uscire l'aria. Che cosa osservi allo specchio mentre fai ciò?

- Adesso, dopo aver inspirato, espira indirizzando l'aria ancora verso lo specchio. Mentre fai ciò che cosa osservi allo specchio?

Indirizzando verso lo specchio l'aria della siringa, lo specchio rimane pulito.

Indirizzando verso lo specchio l'aria espirata, lo specchio si appanna.

Abbiamo constatato che l'aria espirata contiene vapore acqueo che, a contatto con la superficie fredda dello specchio, condensa e forma un velo d'acqua che appanna il vetro.

Riempi di acqua un barattolo con il tappo di sughero e sciogli nell'acqua dell'idrossido di calce (o calce spenta, in vendita nei negozi di edilizia); otterrai così dell'**acqua di calce**, che ha la proprietà di diventare torbida in presenza di anidride carbonica. Sistema poi un tubicino di vetro e un tubo di gomma come nella figura a lato.

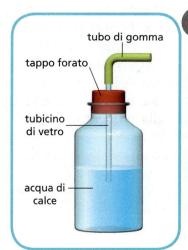

- Riempi d'aria una siringa da dolci e svuotala nel barattolo attraverso il tubo di gomma, che cosa osservi?

- Adesso inspira e poi immetti nel barattolo l'aria espirata, che cosa osservi?

Introducendo l'aria della siringa, l'acqua rimane limpida.

Introducendo l'aria espirata, l'acqua diventa torbida.

Abbiamo constatato che l'aria espirata contiene anidride carbonica che rende torbida l'acqua di calce.

L'apparato respiratorio

La respirazione interna o cellulare

La **respirazione interna** avviene a livello cellulare. L'ossigeno entrato nel circolo sanguigno viene ceduto a tutte le cellule con un processo simile a quello che avviene negli alveoli, cioè per diffusione.

Esso infatti si diffonde attraverso la parete dei capillari e la membrana cellulare e penetra nelle cellule, dove viene utilizzato dai mitocondri per la combustione dei principi nutritivi che, bruciando, producono energia e sostanze di rifiuto, acqua e anidride carbonica. Queste ultime passano nuovamente nel sangue che le trasporta ai polmoni da dove verranno espulse all'esterno.

Rivediamo quanto detto nel seguente quadro riassuntivo.

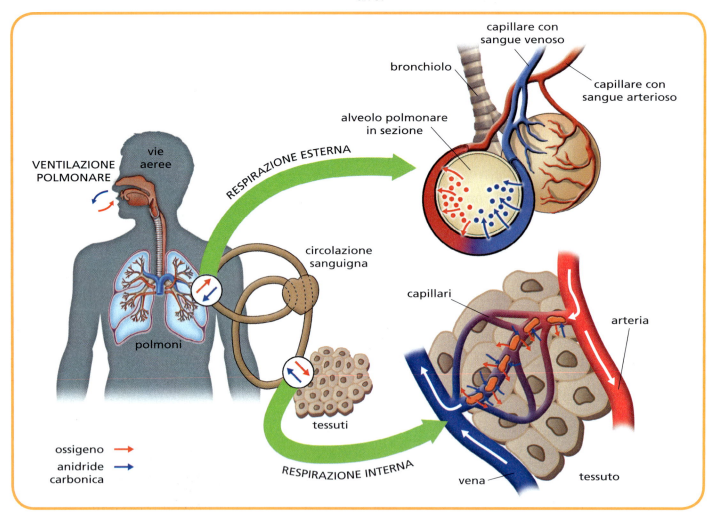

Test rapido

- Quali processi costituiscono la respirazione?
- Che cos'è e come avviene la respirazione esterna?
- In che cosa consiste la ventilazione polmonare?
- Che cos'è e come avviene la respirazione interna?

Scienziati si diventa

Per la salute dell'apparato respiratorio

L'apparato respiratorio è spesso bersaglio di malattie causate da batteri, virus e sostanze tossiche (gas, polveri ecc.) che possono facilmente penetrare negli organi della respirazione insieme all'aria inspirata.

- Fra le infezioni delle vie respiratorie ricordiamo:
  - il **raffreddore** e l'**influenza**, due malattie non preoccupanti ma di rilevanza sociale per la loro diffusione epidemica in ampie fasce della popolazione;
  - la **faringite** e la **laringite**, due infezioni delle prime vie respiratorie, rispettivamente della faringe e della laringe, che si manifestano con mal di gola;
  - la **bronchite**, un'infiammazione dei bronchi dovuta a microrganismi, sostanze irritanti, fumo o inquinamento atmosferico.
- Una grave malattia è la **polmonite**, un'infiammazione degli alveoli polmonari causata da vari tipi di germi; essa provoca febbre alta, tosse, dolori al torace e, a volte, complicazioni cardiache.
- Anche la **tubercolosi** è di origine batterica, si tratta di una malattia grave, pericolosa ed estremamente contagiosa che colpisce soprattutto i polmoni distruggendoli progressivamente.

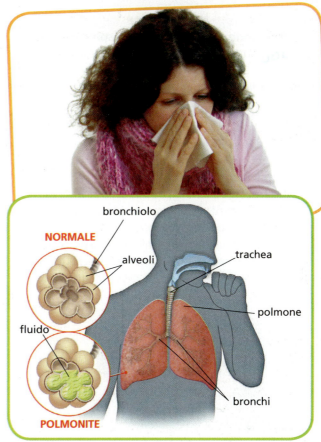

- Fra le malattie causate da sostanze irritanti o tossiche presenti nell'ambiente ricordiamo:
  - l'**asma bronchiale**, alcune forme di **rinite** e il **raffreddore da fieno**; quest'ultimo è provocato da allergie alla polvere, al polline, al pelo degli animali o a molte altre sostanze;
  - il **saturnismo**, una pericolosa intossicazione cronica dovuta al piombo respirato in certi ambienti di lavoro sotto forma di polvere, fumo o vapori.
- Legati a svariati fattori, tra i quali l'inquinamento e il fumo, sono i **tumori polmonari** che, in questi ultimi anni, rappresentano una delle principali cause di morte.

Come possiamo difendere il nostro apparato respiratorio?
La maggior parte delle malattie dell'apparato respiratorio è dovuta alle sostanze inquinanti presenti nell'aria o agli ambienti malsani in cui si vive, è sufficiente quindi rispettare alcune semplici regole igieniche.

- Respirare il più possibile aria pura, ad esempio abituandoci a fare lunghe passeggiate in campagna, lontani dall'inquinamento dei centri cittadini.
- Rinnovare spesso l'aria degli ambienti chiusi in cui viviamo (stanze, aule ecc.), aprendo le finestre per favorirne il continuo ricambio.
- Non esporsi a sbalzi di temperatura o a correnti d'aria, che possono causare l'infiammazione delle prime vie respiratorie.
- Dichiarare guerra al fumo per non distruggere la nostra salute a causa di questa inutile e dannosa abitudine.

unità 16 — L'apparato respiratorio

Da quali organi è formato l'apparato respiratorio?

- L'**apparato respiratorio** è formato dalle **vie respiratorie**, costituite dalle *cavità nasali*, dalla *faringe*, dalla *laringe*, dalla *trachea* e dai *bronchi*, e dai **polmoni**, costituiti dalle ramificazioni dei bronchi in *bronchioli* che terminano negli *alveoli polmonari*.

Come sono costituite le vie respiratorie?

- Le **cavità nasali** sono le vie respiratorie esterne. Esse sboccano nella **laringe**, un organo a forma di imbuto rovesciato che continua con la **trachea**, un tubo flessibile lungo circa 12 cm situato davanti all'esofago e formato da una serie di anelli cartilaginei a forma di "C" aperti posteriormente. La parte inferiore della trachea si biforca in due rami, i **bronchi**. Questi penetrano nei polmoni dove si ramificano in rami sempre più piccoli, i **bronchioli**, che terminano con numerosissime vescichette, gli **alveoli polmonari**. Bronchi, bronchioli e alveoli costituiscono l'**albero bronchiale**.

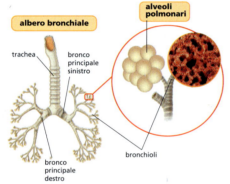

Come sono fatti i polmoni?

- I **polmoni** sono due organi a forma di tronco di cono situati nel torace e appoggiati al diaframma, il muscolo che separa il torace dall'addome. Di consistenza spugnosa ed elastica, sono formati dai **bronchioli** e da una massa di **tessuto connettivo**. Sono divisi da profondi solchi in più **lobi**, tre nel polmone destro e due in quello sinistro.

I bronchioli, ramificandosi, diventano sempre più piccoli e formano i **bronchioli respiratori**, cui fa seguito l'**infundibolo**, le cui pareti sono costituite da un insieme di vescichette, gli **alveoli polmonari**. Esternamente sono avvolti da una membrana, la **pleura**, formata da due strati al cui interno vi è il **liquido pleurico**, che permette lo scorrimento dei due strati durante i movimenti respiratori.

Che cos'è la respirazione esterna?

- Lo scambio che avviene negli alveoli polmonari tra l'ossigeno e l'anidride carbonica è la **respirazione esterna**. L'aria inspirata ricca di ossigeno arriva agli alveoli, l'ossigeno per diffusione passa nei capillari sanguigni che li circondano e viene quindi trasportato dal sangue a tutte le cellule. L'anidride carbonica, presente in maggiore quantità nei vasi sanguigni, passa per diffusione negli alveoli e da qui, con l'espirazione, viene espulsa all'esterno.

Che cos'è la ventilazione polmonare?

- La **ventilazione polmonare** è il continuo scambio fra l'aria esterna, che penetra nei polmoni, e l'aria interna, che viene emessa nell'ambiente mediante i movimenti respiratori di **inspirazione** ed **espirazione**, che costituiscono gli **atti respiratori**. I polmoni sono organi **passivi**, cioè privi di movimenti propri, gli organi attivi della respirazione sono i **muscoli intercostali** e il **diaframma**.

In che cosa consiste la respirazione interna?

- La **respirazione interna** è quella che avviene a livello cellulare. L'ossigeno entrato nel circolo sanguigno viene ceduto a tutte le cellule per diffusione. Esso infatti si diffonde attraverso la parete dei capillari e la membrana cellulare e penetra nelle cellule, dove viene utilizzato dai mitocondri per la combustione dei principi nutritivi che, bruciando, producono energia e sostanze di rifiuto, acqua e anidride carbonica. Queste ultime passano nuovamente al sangue che le trasporta ai polmoni da dove verranno espulse all'esterno.

i miei appunti

296 Biologia

unità 16 → L'apparato respiratorio

ragiona e applica

handwritten: unità sedici — ragiona e applica — a b c d e f g h i l m n o p q r s t u v z — x y h w

... le conoscenze

1. Che cosa significa respirare?

2. Completa.

a. L'apparato respiratorio è formato dalle *VIE RESPIRATORIE*
e dai *POLMONI*

b. Le prime sono formate da *CAVITÀ NASALI, FARINGE, LARINGE, TRACHEA, BRONCHI,*

c. I polmoni sono situati nel *TORACE* e sono appoggiati
al *A DIAFRAMMA* Sono formati dalle ramificazioni dei
BRONCHI 25, dette *BRONCHIOLI*, e da
una massa di tessuto *CONNETTIVO*

3. Indica qual è il termine con cui si indicano:

a. le membrane responsabili della produzione dei suoni:

b. le dilatazioni con cui terminano i bronchioli: *ALVEOLI POLMONARI*

c. la membrana che avvolge i polmoni: *PLEURA*

d. il liquido che scorre fra i due strati di cui è composta questa membrana: *LIQUIDO PLEURICO*

4. A che cosa servono le ciglia vibratili di cui è provvisto l'epitelio che riveste le pareti interne della trachea? *SERVONO AD ELIMINARE CORPI ESTRANEI DALLA TRACHEA*

5. A che cosa serve il liquido pleurico? *PERMETTE LO SCORRIMENTO DEI MOVIMENTI RESPIRATORI*

6. Qual è la funzione dell'apparato respiratorio? *FARCI RESPIRARE E DARE OSSIGENO ALLE CELLULE*

7. Che cos'è e in che cosa consiste la respirazione esterna? *SCAMBIO TRA OSSIGENO E ANIDRIDE CARBONICA*

8. Che cos'è e in che cosa consiste la ventilazione polmonare? *CONTINUO SCAMBIO D'ARIA*

9. Che cos'è e in che cosa consiste la respirazione interna? *RESPIRAZIONE CELLULARE PER DIFFUSIONE*

10. Che cos'è un atto respiratorio?

11. Quali sono gli organi attivi della respirazione?

12. Mediante quale fenomeno l'ossigeno e l'anidride carbonica passano attraverso le pareti degli alveoli polmonari? Segna la risposta esatta.

a. Per capillarità.　**b.** Per diffusione.　**c.** Per inalazione.

13. In che modo possiamo mantenere efficiente il nostro apparato respiratorio?

... le abilità

14. Che cosa significa che la produzione di energia da parte delle cellule avviene attraverso una lenta e costante combustione? *SIGNIFICA CHE LE CELLULE NON PRODUCONO SUBITO L'ENERGIA ATTRAVERSO UNA COMBUSTIONE DURATURA*

unità 16 → L'apparato respiratorio ▼ ragiona e applica

15. Osserva la figura e individua in essa i principali organi dell'apparato respiratorio.

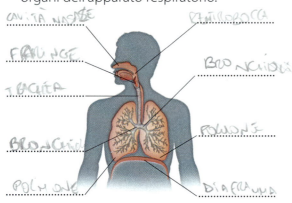

CAVITÀ NASALE
RETROBOCCA
FARINGE
BRONCHIOLI
TRACHEA
BRONCHI
POLMONE
POLMONE
DIAFRAMMA

16. Osserva la figura e individua in essa quanto richiesto.

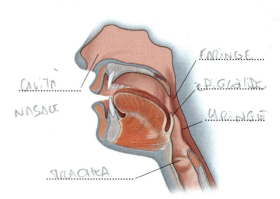

FARINGE
EPIGLOTTIDE
CAVITÀ NASALE
LARINGE
TRACHEA

17. La seguente affermazione "durante la respirazione si producono sostanze di rifiuto" è vera o falsa? Giustifica la tua risposta.

18. Qual è l'esatto percorso dell'aria che entra nel nostro organismo? Segna l'ipotesi esatta.
   a. Cavità nasali-faringe-laringe-bronchi-alveoli polmonari-trachea-bronchioli.
   b. ✗ Cavità nasali-faringe-laringe-trachea-bronchi-bronchioli-alveoli polmonari.
   c. Cavità nasali-esofago-trachea-laringe-faringe-alveoli polmonari-bronchioli.

19. Giustifica l'affermazione "i polmoni sono organi passivi della respirazione".

20. Segna il completamento esatto. Durante l'inspirazione la gabbia toracica si espande perché:
   a. ✗ si abbassa il diaframma.
   b. si alza il diaframma.
   c. si abbassano i polmoni.
   d. si alzano i polmoni.

21. Quale delle due figure rappresenta un'ispirazione e quale un'espirazione? Spiega il perché.

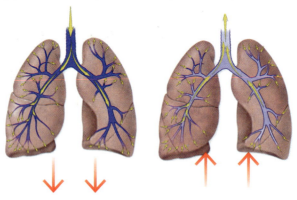

a. INSPIRAZIONE   b. ESPIRAZIONE

22. Nell'aria inspirata c'è più ossigeno o più anidride carbonica rispetto all'aria espirata? Perché? PERCHÉ CONTIENE ACQUA...

23. Le figure a fianco illustrano i processi della respirazione interna ed esterna. Individuali e poi, in ciascuna di esse, colora in rosso le frecce che indicano il percorso dell'ossigeno e in blu quelle che indicano il percorso dell'anidride carbonica.

a. ....

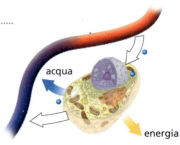

acqua
energia
b. ....

298 Biologia

Unità 17

APPARATO CIRCOLATORIO E SISTEMA LINFATICO

Perché ne parliamo?

A questo punto sappiamo che, respirando, grazie all'apparato respiratorio, forniamo l'ossigeno al nostro organismo ed espelliamo le sostanze di rifiuto. Ma forse non sappiamo ancora come fa l'ossigeno che respiriamo ad arrivare alle nostre cellule e come fanno le sostanze di rifiuto a uscire. Non sappiamo, in altre parole, qual è il **mezzo di trasporto**, la **rete di percorrenza** e il **motore** che permette tale trasporto.

Non ti sembra possibile che nel nostro organismo ci sia una vera e propria rete stradale, un mezzo di locomozione e un motore che fa questo lavoro?
E invece è proprio così, osserva come possiamo rappresentare il nostro corpo.

Non è altro che la rappresentazione del nostro **apparato circolatorio** formato dal **sangue**, il mezzo di trasporto, dai **vasi sanguigni**, la rete di percorrenza e dal **cuore**, il motore che permette tale trasporto.
Le pagine che seguono ti permetteranno di analizzare questa rete stradale e scoprire l'importanza del suo perfetto funzionamento affinché, in questa circolazione, non subentrino ingorghi e intasamenti pericolosi.

Contenuti
- Il cuore e il ciclo cardiaco
- Vasi sanguigni e sangue
- La circolazione del sangue
- Per la salute dell'apparato circolatorio
- Il sistema linfatico

Prerequisiti
- Conoscere la struttura e le funzioni della cellula
- Conoscere l'organizzazione cellulare dei viventi

Obiettivi
- Conoscere la struttura e le funzioni dell'apparato circolatorio e linfatico
- Riconoscere i vari componenti del sangue e la differente struttura di arterie, vene e capillari
- Riconoscere la grande e la piccola circolazione individuando i rispettivi percorsi del sangue
- Essere consapevoli dell'importanza di mantenere sano ed efficiente l'apparato circolatorio

unità 17
Apparato circolatorio e sistema linfatico

Il cuore e il ciclo cardiaco

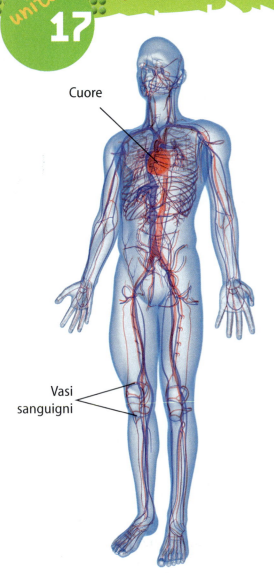

Cuore

Vasi sanguigni

In un organismo così complesso quale il nostro corpo, le sostanze nutritive, l'ossigeno e l'anidride carbonica per raggiungere le cellule o per essere allontanate da esse hanno bisogno di un mezzo di trasporto, di una rete di percorrenza e di un motore che permette tale trasporto.
Adibito a tutto ciò è l'**apparato circolatorio** formato dal **sangue**, il mezzo di trasporto dell'ossigeno, delle sostanze nutritive e di rifiuto, dai **vasi sanguigni**, la rete di percorrenza attraverso cui il sangue trasporta queste sostanze, e dal **cuore**, il motore che permette tale trasporto.

Il **cuore**, il motore di tutto l'apparato circolatorio, è un muscolo involontario cavo, delle dimensioni di un pugno a forma di cono rovesciato, situato nella cavità toracica fra i due polmoni e appoggiato sul diaframma.
Formato da un particolare tessuto muscolare, il **miocardio**, è rivestito da una spessa membrana, il **pericardio**, ed è circondato a corona da particolari arterie, le **coronarie**, che provvedono a nutrirlo.

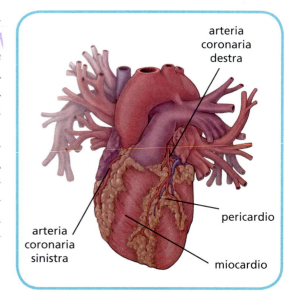

arteria coronaria destra
pericardio
miocardio
arteria coronaria sinistra

Verticalmente è diviso in due parti, **cuore sinistro** e **cuore destro**, da una robusta parete muscolare, il **setto ventricolare**.

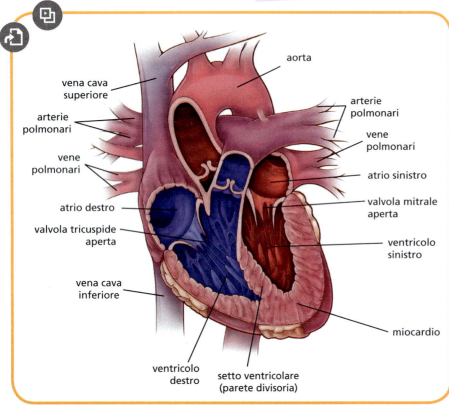

vena cava superiore
arterie polmonari
vene polmonari
atrio destro
valvola tricuspide aperta
vena cava inferiore
ventricolo destro
setto ventricolare (parete divisoria)
miocardio
ventricolo sinistro
valvola mitrale aperta
atrio sinistro
vene polmonari
arterie polmonari
aorta

Queste due parti non comunicano fra loro e ciò impedisce al sangue arterioso, che scorre nel cuore sinistro, di mescolarsi a quello venoso, che scorre nel cuore destro.

Ciascuna di queste due parti del cuore è divisa a sua volta orizzontalmente in due cavità: una superiore, detta **atrio** o **orecchietta**, e una inferiore, più grande, detta **ventricolo**.

Ogni atrio comunica con il ventricolo sottostante per mezzo di una valvola, la **valvola mitrale** o **bicuspide** tra atrio sinistro e sottostante ventricolo, la **valvola tricuspide** tra atrio destro e sottostante ventricolo, che permette il passaggio del sangue solo in un verso, dall'atrio al ventricolo e mai in senso opposto.

300 Biologia

Il ciclo cardiaco

Il lavoro incessante del cuore avviene attraverso una ritmica successione di contrazione, **sistole**, e di rilassamento, **diastole**. La successione sistole-diastole forma il **ciclo cardiaco**.

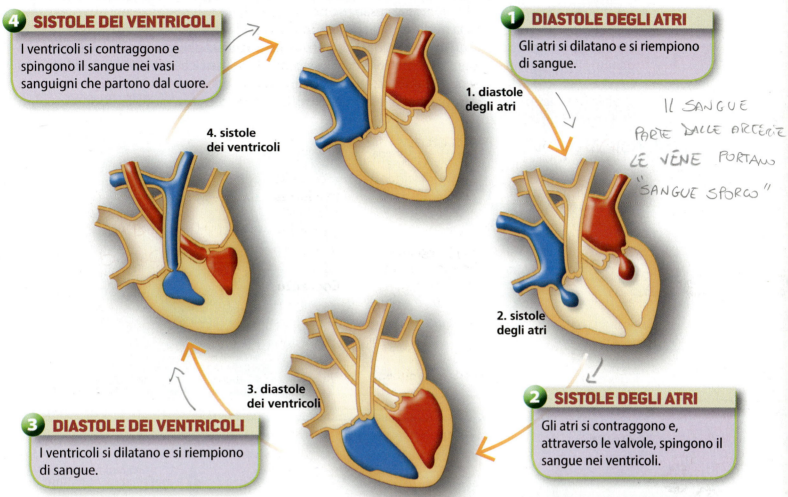

4 SISTOLE DEI VENTRICOLI
I ventricoli si contraggono e spingono il sangue nei vasi sanguigni che partono dal cuore.

4. sistole dei ventricoli

1 DIASTOLE DEGLI ATRI
Gli atri si dilatano e si riempiono di sangue.

1. diastole degli atri

IL SANGUE PARTE DALLE ARTERIE LE VENE PORTANO "SANGUE SPORCO"

2. sistole degli atri

2 SISTOLE DEGLI ATRI
Gli atri si contraggono e, attraverso le valvole, spingono il sangue nei ventricoli.

3. diastole dei ventricoli

3 DIASTOLE DEI VENTRICOLI
I ventricoli si dilatano e si riempiono di sangue.

Il ciclo cardiaco è evidenziato dal **battito cardiaco**, per fare il suo lavoro infatti il cuore "batte". In condizioni normali il cuore di un adulto batte al ritmo di circa 70 battiti al minuto che si possono sentire in zone non lontane dal cuore dove le arterie sono più superficiali.
Hai mai visto il medico che sente il polso appoggiando l'indice e il medio sulla parte interna del polso in corrispondenza del pollice? Egli conta le pulsazioni dovute al passaggio del sangue che attraverso l'arteria radiale arriva alla mano, tali pulsazioni corrispondono ai battiti del cuore.

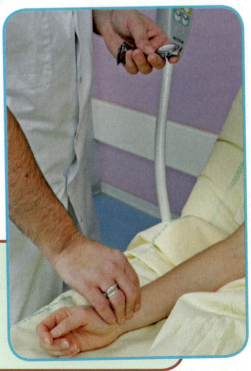

Test rapido

- Che cosa rappresentano nell'apparato circolatorio il cuore, i vasi sanguigni e il sangue?
- Come è formato il cuore?
- Che cosa sono la sistole e la diastole del cuore?
- Che cos'è il ciclo cardiaco?

unità 17

→ Apparato circolatorio e sistema linfatico

Vasi sanguigni e sangue

I **vasi sanguigni**, la rete di percorrenza attraverso cui il sangue trasporta l'ossigeno, le sostanze nutritive e di rifiuto, sono costituiti da una rete di vasi che si suddividono in **arterie**, **vene** e **capillari**.

- Le **arterie** sono i vasi che trasportano il sangue ricco di ossigeno e di sostanze nutritive, **sangue arterioso**, dal cuore verso la periferia del corpo. Unica eccezione è l'arteria polmonare che porta ai polmoni sangue ricco di anidride carbonica. Sono robuste ed elastiche grazie alle pareti formate da uno strato esterno di tessuto connettivo, da vari strati di fibre elastiche, da uno strato di tessuto muscolare liscio e da uno strato epiteliale interno, detto **endotelio**.

Il sangue vi scorre veloce, soprattutto in periferia, spinto dalle contrazioni delle fibre muscolari delle pareti delle arterie.

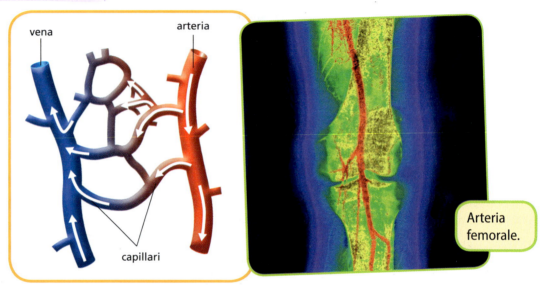

Arteria femorale.

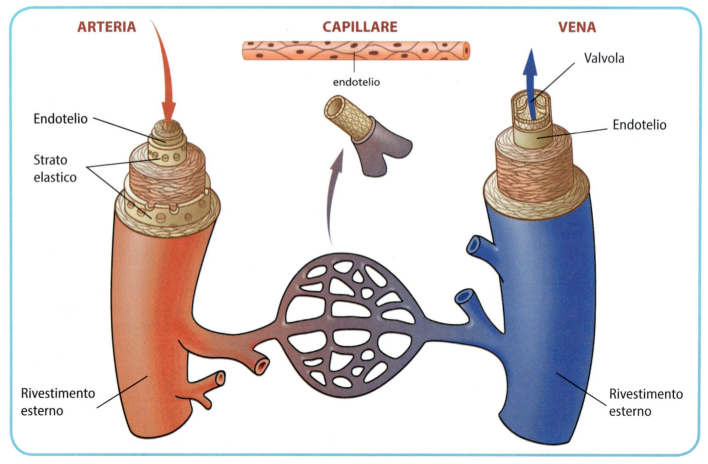

302 Biologia

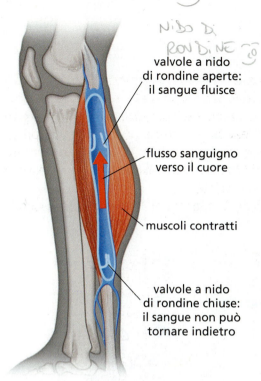

- valvole a nido di rondine aperte: il sangue fluisce
- flusso sanguigno verso il cuore
- muscoli contratti
- valvole a nido di rondine chiuse: il sangue non può tornare indietro

- Le **vene** sono i vasi che trasportano il sangue ricco di anidride carbonica e di sostanze di rifiuto, **sangue venoso**, dalla periferia verso il cuore. Unica eccezione sono le quattro vene polmonari che portano al cuore il sangue ricco di ossigeno proveniente dai polmoni. Le loro pareti sono più povere di fibre muscolari ed elastiche e in esse il sangue scorre lentamente. Per impedire il riflusso del sangue, le pareti delle vene sono provviste di **valvole a nido di rondine**, che consentono il passaggio del sangue in una sola direzione, verso il cuore, impedendone il ritorno indietro.

- I **capillari** sono vasi sottilissimi le cui pareti sono costituite da un solo strato di cellule, l'endotelio, attraverso cui si verificano gli scambi di sostanze nutritive, ossigeno e sostanze di rifiuto tra il sangue e le cellule.

Sono formati dalle ultime ramificazioni delle arterie, **capillari arteriosi**, e dalle prime ramificazioni delle vene, **capillari venosi**, e fanno da raccordo tra arterie e vene e permettono quindi lo scambio tra sangue arterioso e sangue venoso.

Nel loro percorso le arterie si dividono in rami più piccoli, le **arteriole**, e queste in rami ancora più piccoli, i **capillari arteriosi**, che arrivano a contatto con tutte le cellule.

Qui il sangue arterioso cede l'ossigeno e le sostanze nutritive alle cellule, si carica delle sostanze di rifiuto e diventa sangue venoso che scorre nei **capillari venosi** che si riuniscono a formare prima piccole vene, le **venule**, e poi le vene vere e proprie.

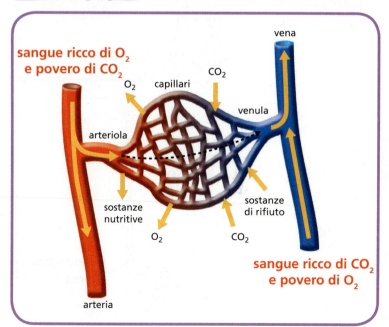

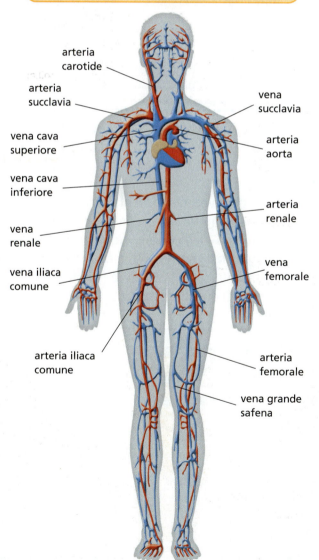

Principali vene e arterie del corpo umano

unità 17 Il sangue

Il **sangue**, il mezzo di trasporto dell'ossigeno, delle sostanze nutritive e di rifiuto, è un tessuto connettivo fluido costituito da una parte liquida, il **plasma**, e da una **parte corpuscolata**.

- Il **plasma**, che rappresenta il 55% di tutta la massa sanguigna, è formato per il 90% circa da acqua e per il 10% da sostanze organiche e inorganiche, fra cui i prodotti della digestione, varie sostanze di rifiuto, alcune proteine, enzimi e sali minerali.

- La **parte corpuscolata**, che rappresenta il 45% della massa sanguigna, è formata dalle cellule del sangue: i **globuli rossi**, i **globuli bianchi** e le **piastrine**.

- I **globuli rossi**, detti anche **emazie** o **eritrociti**, sono cellule molto piccole (il loro diametro è di 7 μm) a forma di disco biconcavo. Privi di nucleo, i globuli rossi non si riproducono ma vengono costantemente prodotti dal midollo rosso delle ossa. Vivono in media 120 giorni e, quando invecchiano, vengono eliminati dalla milza. In un millimetro cubo di sangue si trovano circa 5 milioni di globuli rossi nell'uomo e 4,4 milioni nella donna. Sono di colore rosso per la presenza dell'**emoglobina**, una proteina contenente ferro che si combina alternativamente con l'ossigeno e l'anidride carbonica, consentendo il trasporto di queste sostanze.

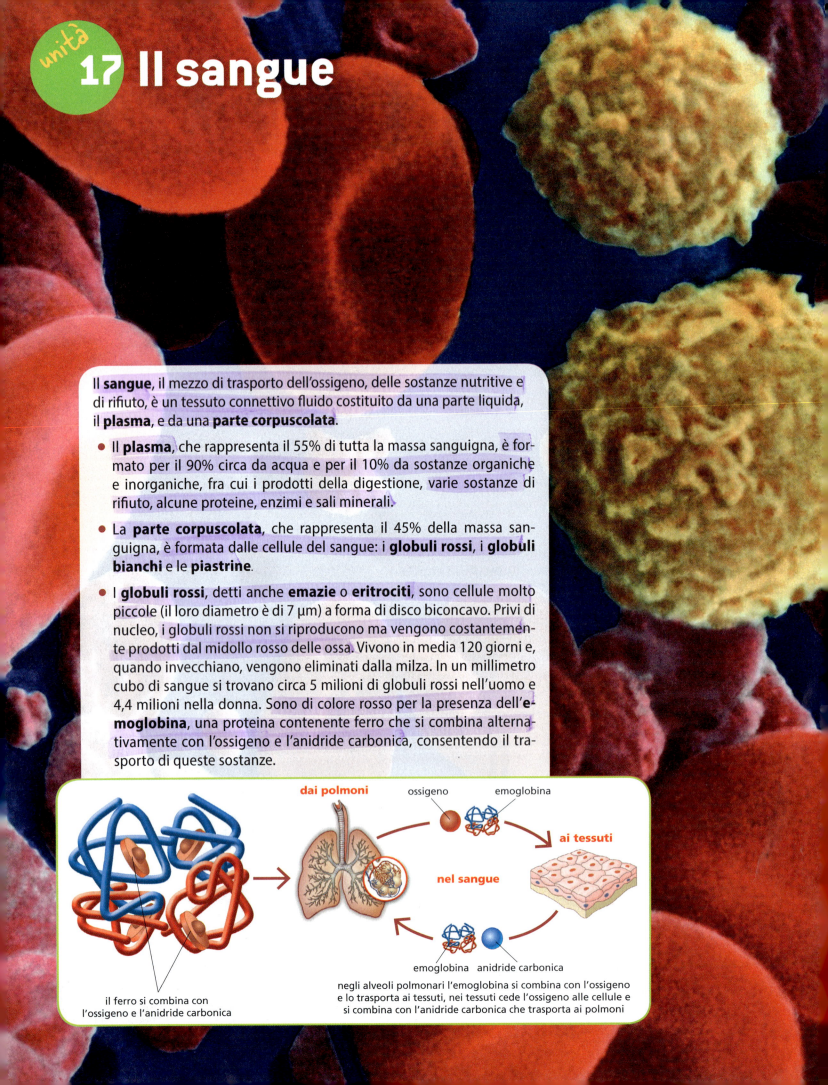

il ferro si combina con l'ossigeno e l'anidride carbonica

negli alveoli polmonari l'emoglobina si combina con l'ossigeno e lo trasporta ai tessuti, nei tessuti cede l'ossigeno alle cellule e si combina con l'anidride carbonica che trasporta ai polmoni

- I **globuli bianchi**, detti anche **leucociti**, sono cellule quasi sferiche prodotte dal midollo rosso, dalla milza e dai linfonodi; in un millimetro cubo di sangue ci sono circa 4500-8000 globuli bianchi e il loro numero aumenta notevolmente in caso di malattie infettive. Hanno la capacità di muoversi e sono in grado quindi di uscire dai vasi capillari e di penetrare nei tessuti, dove svolgono, come vedremo, l'importantissima funzione di difendere l'organismo dai microrganismi patogeni.

  Si suddividono in tre gruppi fondamentali:
  - **granulociti**, presenti in gran numero se è in corso un'infezione;
  - **monociti**, di dimensioni maggiori e molto mobili;
  - **linfociti**, il 27% di tutti i globuli bianchi caratterizzati dal nucleo di grosse dimensioni che occupa quasi tutta la cellula.

- Le **piastrine**, dette anche **trombociti**, non sono cellule vere e proprie, ma frammenti di cellula adibiti alla coagulazione del sangue. In caso di ferita, infatti, le piastrine raggiungono il luogo della lesione e liberano una sostanza che trasforma il **fibrinogeno** presente nel plasma in **fibrina**, una sostanza che attiva la coagulazione del sangue.

  Le piastrine sono prodotte dal midollo rosso e vengono distrutte dalla milza. In un millimetro cubo di sangue ci sono circa 200 000 piastrine.

La coagulazione

Le piastrine vicine alla ferita escono dai vasi sanguigni, aderiscono alla ferita, richiamano altre piastrine e si ammassano in gran numero nella zona interessata. Contemporaneamente liberano delle sostanze che producono la **trombina** (perché ciò avvenga è necessaria la presenza di calcio nel sangue) che determina la trasformazione del **fibrinogeno** in **fibrina**. La fibrina forma una ragnatela di sottilissimi filamenti che, addensandosi strettamente fra loro, intrappolano al loro interno i corpuscoli del sangue formando il **coagulo**.

unità 17

→ Apparato circolatorio e sistema linfatico

I gruppi sanguigni

In tutti gli individui il sangue ha la composizione che abbiamo visto, ma non tutti, come sai, hanno lo stesso tipo o gruppo di sangue.

Risale all'inizio del secolo scorso la scoperta dell'esistenza di **quattro gruppi sanguigni**, il **gruppo A**, il **gruppo B**, il **gruppo AB** e il **gruppo 0**, che differiscono fra loro per la presenza o assenza sui globuli rossi di due particolari sostanze: l'**antigene A** e l'**antigene B**.

La presenza di un antigene nel sangue causa la produzione di uno specifico **anticorpo** capace di neutralizzare l'antigene per cui è stato prodotto. In particolare, gli antigeni A e B causano la produzione degli anticorpi **anti-A** e **anti-B** in grado di neutralizzare rispettivamente l'antigene A e l'antigene B.

Ovviamente nel sangue antigene e relativo anticorpo non possono essere presenti contemporaneamente, perché ciò causerebbe l'**agglutinazione** dei globuli rossi, essi cioè coagulerebbero ammassandosi gli uni contro gli altri e formando grossi aggregati che ostacolerebbero la circolazione del sangue con conseguenze mortali.

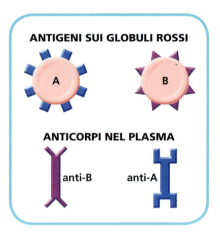

I quattro gruppi sanguigni sono quindi così caratterizzati:

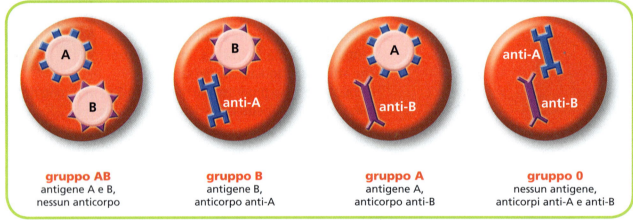

gruppo AB antigene A e B, nessun anticorpo

gruppo B antigene B, anticorpo anti-A

gruppo A antigene A, anticorpo anti-B

gruppo 0 nessun antigene, anticorpi anti-A e anti-B

Quando in caso di gravi malattie o forti emorragie si è costretti a effettuare **trasfusioni di sangue**, è molto importante tener conto di questi gruppi sanguigni per evitare l'agglutinazione dei globuli rossi, ogni individuo infatti deve ricevere solo sangue del suo stesso tipo.

In caso di difficoltà nell'avere sangue dello stesso tipo si possono eseguire le cosiddette trasfusioni **compatibili**, tali cioè da non causare effetti negativi mortali. Osserva la figura a fianco che rappresenta tutte le possibili trasfusioni.

Test rapido

- Che cosa sono e quali sono i vasi sanguigni?
- Qual è la composizione del sangue?
- Qual è la funzione dei globuli rossi, dei globuli bianchi e delle piastrine?
- Che cosa sono e quali sono i gruppi sanguigni

306 Biologia

La circolazione del sangue

Il sangue, nel suo scorrere nei vasi sanguigni, deve rifornirsi di ossigeno e di sostanze nutritive da portare a tutte le cellule e raccogliere i prodotti di rifiuto e portarli all'esterno. Per svolgere queste funzioni segue due percorsi:
- il percorso "ventricolo sinistro ⟶ aorta ⟶ capillari arteriosi e venosi (organi) ⟶ vene cave ⟶ atrio destro" che forma la **grande circolazione**,
- il percorso "ventricolo destro ⟶ arterie polmonari ⟶ capillari polmonari ⟶ vene polmonari ⟶ atrio sinistro" che forma la **piccola circolazione**.

Esaminiamo questi percorsi dal momento in cui il sangue venoso, attraverso la vena cava, arriva nell'atrio destro del cuore.

Con l'ingresso del sangue nell'atrio destro **inizia la piccola circolazione**.

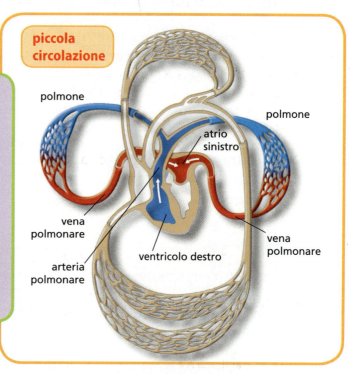

L'atrio destro si contrae (**sistole atriale**) e spinge il sangue nel ventricolo destro attraverso la valvola tricuspide.
Il ventricolo destro, rilassato (**diastole ventricolare**), si riempie di sangue e poi si contrae (**sistole ventricolare**), spingendo il sangue nell'**arteria polmonare**.
Attraverso l'arteria polmonare, che si divide subito in due rami, il sangue va ai due polmoni; qui, attraverso i capillari, arriva agli alveoli polmonari dove cede l'anidride carbonica e si carica di ossigeno (*respirazione esterna*).
Il sangue venoso diventa così sangue arterioso e, attraverso le **vene polmonari**, ritorna nell'atrio sinistro del cuore. L'atrio si contrae (**sistole atriale**) e spinge il sangue nel ventricolo sinistro attraverso la valvola mitrale.

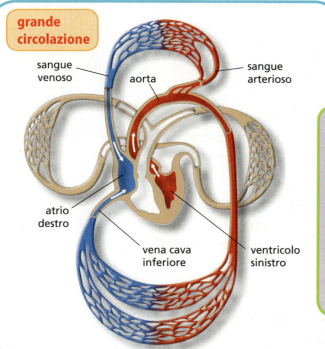

Con l'ingresso nel ventricolo sinistro **inizia la grande circolazione**.

Il ventricolo sinistro, rilassato (**diastole ventricolare**), si riempie di sangue e si contrae (**sistole ventricolare**), spingendo il sangue arterioso nell'**aorta**.
Per mezzo di questa arteria il sangue viene portato in tutte le parti del corpo dove, attraverso i capillari arteriosi, cede l'ossigeno e le sostanze nutritive alle cellule e si ricarica delle sostanze di rifiuto (*respirazione interna* o *cellulare*).
Il sangue arterioso diventa così sangue venoso, attraverso i capillari venosi raggiunge le vene e si dirige nuovamente al cuore, raccogliendosi nelle **vene cave** che lo riportano nell'atrio destro, da dove ricomincia il suo percorso.

unità 17 → Apparato circolatorio e sistema linfatico

Arterie, capillari e vene nell'uomo costituiscono un **sistema circolatorio chiuso**, caratteristico di tutti i vertebrati.

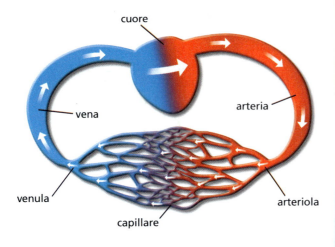

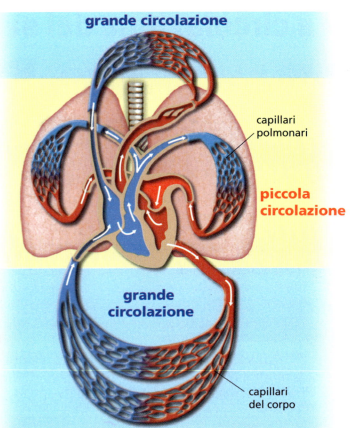

La circolazione sanguigna è detta **doppia** e **completa** perché il sangue compie un doppio percorso e il sangue arterioso non si mescola mai con il sangue venoso.

FOCUS SU...

Un'importante funzione della circolazione sanguigna è quella di mantenere costanti le condizioni interne del nostro corpo.

È fondamentale che il nostro organismo, sottoposto a continue variazioni esterne quali temperatura, pressione ecc. mantenga al suo interno condizioni il più possibile costanti, senza bruschi cambiamenti che potrebbero compromettere il suo funzionamento.

Questa capacità dell'organismo è detta **omeostasi** ed è regolata dal sistema nervoso tramite la circolazione sanguigna.

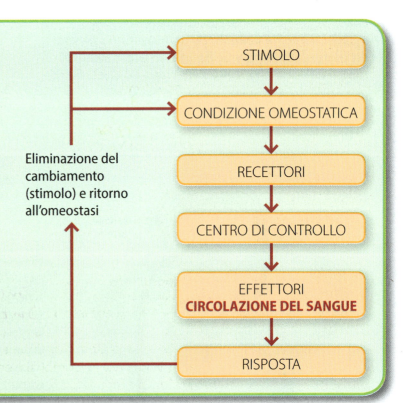

Test rapido

- Qual è il percorso della grande circolazione?
- Qual è il percorso della piccola circolazione?

308 Biologia

Per la salute dell'apparato circolatorio

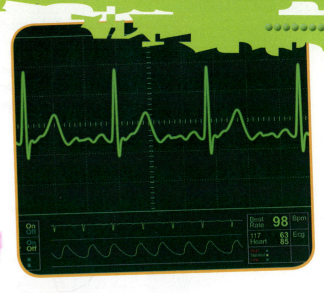

Il regolare e costante nutrimento delle cellule e quindi dei vari organi del nostro corpo dipende da un efficiente funzionamento dell'apparato circolatorio.

Secondo le ultime statistiche, la prima causa di morte, specie nei Paesi industrializzati, sono le malattie dell'apparato circolatorio che possono riguardare il sangue, **malattie del sangue**, i vasi sanguigni, **malattie vascolari**, e il cuore, **malattie cardiache**.

- Tra le **malattie del sangue** ricordiamo: le anemie, la talassemia e la leucemia.
  - Le **anemie** sono determinate da un numero insufficiente di globuli rossi nel sangue o da un basso contenuto di emoglobina. Ciò causa una scarsa ossigenazione dei tessuti, che porta al deperimento fisico e alla stanchezza generale dell'organismo. Piuttosto diffusa è l'anemia causata da uno scarso apporto di ferro nell'organismo che determina una scarsa produzione di emoglobina.
  - La **talassemia** è una forma di anemia ereditaria che presenta forme anomale di globuli rossi e un'alterazione nella produzione di emoglobina che risulta "difettosa" e quindi poco adatta al trasporto dell'ossigeno. La conseguenza è la mancanza di ossigenazione delle cellule; la sopravvivenza di chi è affetto da questa forma di anemia è legata a continue trasfusioni di sangue.

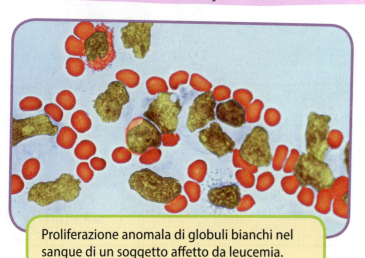

Proliferazione anomala di globuli bianchi nel sangue di un soggetto affetto da leucemia.

  - La **leucemia** è determinata da una proliferazione eccessiva di globuli bianchi che, riversandosi nei vasi sanguigni, raggiungono i tessuti formando masse tumorali. Di conseguenza sopraggiungono grave anemia, l'indebolimento delle difese e spesso la morte. Di origine ancora poco chiara, la leucemia è una malattia gravissima che solo in questi ultimi anni si riesce, in parte, a fronteggiare grazie ad alcune nuove terapie quale il trapianto del midollo osseo.

- Tra le **malattie vascolari** ricordiamo l'**arteriosclerosi** che consiste in un progressivo ispessimento e indurimento delle pareti delle arterie a causa dell'accumulo di grassi in eccesso, **colesterolo**.
La conseguenza di ciò è il restringimento dei vasi sanguigni con il conseguente rallentamento della circolazione sanguigna e, a volte, l'occlusione completa di un'arteria che causa trombosi o embolie.
L'arteriosclerosi è dovuta soprattutto a una sovralimentazione specialmente proteica e ricca di grassi, al fumo, all'alcol, alla mancanza di attività fisica o ad altre patologie quali l'obesità, il diabete e l'ipertensione (aumento della pressione sanguigna).
Le conseguenze possono essere particolarmente gravi se vengono interessate le arterie del cuore e del cervello; l'arteriosclerosi è infatti responsabile di ictus, trombosi e infarti che rappresentano circa il 45% delle morti per malattie vascolari.

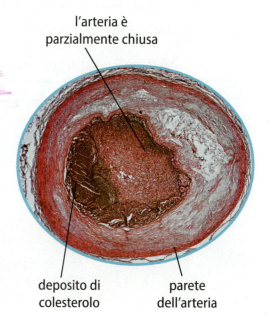

l'arteria è parzialmente chiusa

deposito di colesterolo

parete dell'arteria

309

unità 17 → Apparato circolatorio e sistema linfatico

- Tra le **malattie cardiache** la più pericolosa è l'**infarto cardiaco**, che consiste nella morte di una parte più o meno estesa del cuore, dovuto a una occlusione delle coronarie.
Solo se la parte colpita non è estesa e i soccorsi sono tempestivi, il cuore potrà riprendere lentamente la sua attività, in caso contrario la morte sopraggiunge rapidamente.

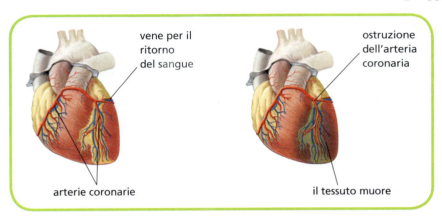

Salvarsi da un infarto spesso è solo una questione di tempo, riconoscere i primi sintomi e **chiamare subito il pronto soccorso** può essere quindi determinante per la sopravvivenza del malato. Il sintomo caratteristico dell'infarto cardiaco è un forte e improvviso dolore a livello dello sterno che si irradia subito verso le spalle e soprattutto verso il braccio sinistro.

FATTORI DI RISCHIO INFARTO

principali: alimentazione scorretta, fumo, ipertensione

secondari: obesità, stress, vita sedentaria

Come possiamo mantenere sano il nostro sistema circolatorio? Seguendo alcune elementari norme comportamentali.

- Evitiamo di condurre una vita troppo sedentaria o troppo frenetica; una tranquilla passeggiata all'aria aperta rappresenta una salutare pausa che può ritemprarci dallo stress quotidiano.
- Alimentiamoci in modo sano e corretto. Una dieta troppo povera o troppo ricca si ripercuotono negativamente sull'apparato circolatorio; la prima causando anemia e malattie da carenza alimentare, la seconda ipertensione, obesità, diabete, tutti fattori che predispongono all'arteriosclerosi.
- Evitiamo i fattori di rischio quali l'abuso di alcolici e di caffè e il fumo, fattori che predispongono all'ipertensione, all'arteriosclerosi e all'infarto.

310 Biologia

Il sistema linfatico

Se il sangue non è direttamente a contatto con le cellule in quanto scorre dentro un sistema di vasi chiuso, come avvengono gli scambi di materiale (ossigeno, sostanze nutritive, anidride carbonica) tra cellule e sangue?

Il sistema circolatorio nel suo lavoro è affiancato da un altro sistema circolatorio, il **sistema linfatico**, formato da un insieme di canali, i **vasi linfatici**, all'interno dei quali circola la **linfa**. Ma che cosa è e come si forma la linfa?

La linfa è un liquido che si forma per filtrazione del **liquido interstiziale**, il liquido che circonda le cellule e i capillari, che penetra negli spazi intercellulari più periferici.

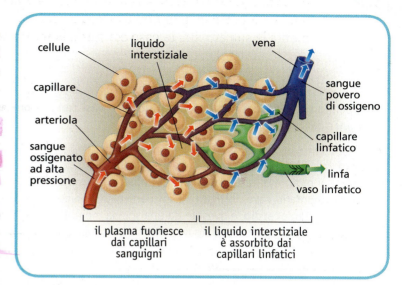

È attraverso questo liquido che:
- ossigeno e sostanze nutritive passano per diffusione dal sangue al liquido interstiziale e successivamente, sempre per diffusione, dal liquido alle cellule;
- anidride carbonica e sostanze di rifiuto passano dalle cellule al liquido interstiziale e successivamente dal liquido al sangue.

Il liquido interstiziale in eccesso tende ad accumularsi, ma il **sistema linfatico** provvede al suo filtraggio trasformandolo in linfa e provvedendo poi al suo assorbimento e riciclo.

Dai capillari linfatici la linfa confluisce ai **vasi linfatici** che fanno capo al **dotto toracico** e ai **dotti linfatici**, che sfociano nelle vene succlavie dirette al cuore e riconvogliano la linfa nel circolo sanguigno. La linfa viene fatta defluire lungo i vasi dalla contrazione dei muscoli che circondano i vasi linfatici e la presenza di valvole a nido di rondine ne impedisce il ritorno indietro. Lungo i vasi linfatici sono presenti piccoli rigonfiamenti: i **linfonodi**. Essi filtrano e purificano la linfa prima che passi nuovamente nel sangue; inoltre, producono un particolare tipo di globuli bianchi, i **linfociti**, adibiti fra l'altro alla distruzione dei microrganismi patogeni che entrano nel nostro organismo.

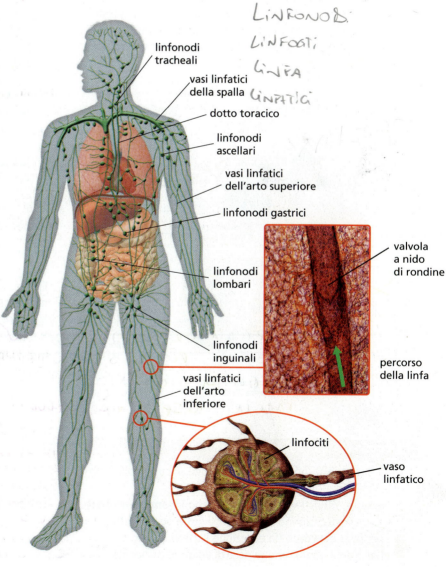

> **Test rapido**
> - Che cos'è il sistema linfatico?
> - Qual è il suo compito?
> - Che cos'è la linfa?

311

unità 17 → Apparato circolatorio e sistema linfatico

fissa i concetti chiave

Da che cosa è formato l'apparato circolatorio?

- L'apparato circolatorio è formato dal **sangue**, dai **vasi sanguigni** e dal **cuore**.

Che cos'è il cuore?

- Il **cuore**, il motore di tutto l'apparato circolatorio, è un muscolo involontario cavo, formato da un particolare tessuto muscolare, il **miocardio**, è rivestito da una spessa membrana, il **pericardio**, ed è circondato a corona da particolari arterie, le **coronarie**, che provvedono a nutrirlo. Verticalmente è diviso in due parti, **cuore sinistro** e **cuore destro**, che non comunicano fra loro e ciò impedisce al sangue arterioso di mescolarsi a quello venoso; ciascuna di queste parti è divisa a sua volta orizzontalmente in due cavità, una superiore, detta **atrio** o **orecchietta**, e una inferiore, più grande, detta **ventricolo**. Ogni atrio comunica con il ventricolo sottostante per mezzo di una valvola.

  Il lavoro incessante del cuore avviene attraverso una ritmica successione di contrazione, **sistole**, e di rilassamento, **diastole**. La successione sistole-diastole forma il **ciclo cardiaco**.

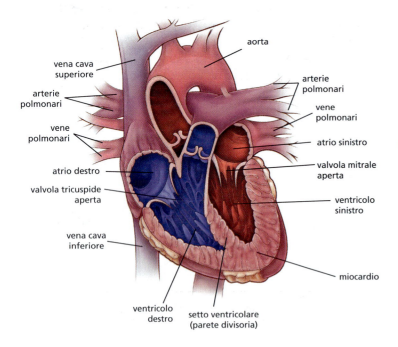

Che cosa sono i vasi sanguigni?

- I **vasi sanguigni** sono la fitta rete attraverso cui circola il sangue. Si distinguono in:
  > **arterie**, robusti vasi che trasportano il **sangue arterioso**, ricco di ossigeno e di sostanze nutritive, dal cuore alla periferia del corpo (fa eccezione l'arteria polmonare che porta ai polmoni sangue ricco di anidride carbonica);
  > **vene**, vasi meno robusti che trasportano il **sangue venoso**, ricco di anidride carbonica e di sostanze di rifiuto, dalla periferia verso il cuore (fanno eccezione le quattro vene polmonari che portano al cuore il sangue ricco di ossigeno proveniente dai polmoni);
  > **capillari**, vasi sottilissimi attraverso cui si verificano gli scambi tra il sangue e le cellule.

Che cos'è il sangue?

- Il **sangue** è un tessuto connettivo fluido costituito da una parte liquida, il **plasma**, e da una **parte corpuscolata**.
  > Il **plasma**, il 55% di tutta la massa sanguigna, è formato per il 90% circa da acqua e per il 10% da sostanze organiche e inorganiche.
  > La **parte corpuscolata**, il 45% della massa sanguigna, è formata dalle cellule del sangue: i **globuli rossi**, i **globuli bianchi** e le **piastrine**:
  > i **globuli rossi** sono cellule molto piccole e prive di nucleo che vengono prodotte dal midollo rosso delle ossa. Sono di colore rosso per la presenza dell'**emoglobina**, una proteina contenente ferro che si combina alternativamente con l'ossigeno e l'anidride carbonica, consentendo quindi il trasporto di questi gas;
  > i **globuli bianchi** sono cellule quasi sferiche prodotte dal midollo rosso, dalla milza e dai linfonodi; hanno la capacità di muoversi e quindi di uscire dai vasi capillari e di penetrare nei tessuti dove svolgono l'importante funzione di difesa dai microrganismi patogeni;
  > le **piastrine** sono frammenti di cellula adibiti alla coagulazione del sangue.

Che cosa sono i gruppi sanguigni?

- I gruppi sanguigni sono i vari tipi di sangue che differiscono fra loro per la presenza o assenza sui globuli rossi di due particolari sostanze: l'**antigene A** e l'**antigene B**.
  Esistono **quattro gruppi sanguigni**, il **gruppo A**, caratterizzato dalla presenza dell'antigene A e dell'anticorpo anti-B, il **gruppo B**, caratterizzato dalla presenza dell'antigene B e dell'anticorpo anti-A, il **gruppo AB**, caratterizzato dalla presenza degli antigeni A e B e senza anticorpi, il **gruppo 0**, caratterizzato dalla presenza degli anticorpi anti-A e anti-B e senza antigeni.

gruppo AB
antigene A e B, nessun anticorpo

gruppo B
antigene B, anticorpo anti-A

gruppo A
antigene A, anticorpo anti-B

gruppo 0
nessun antigene, anticorpi anti-A e an[ti-B]

312 Biologia

In che cosa consiste la circolazione sanguigna?

- Il ciclo cardiaco è il responsabile della **circolazione sanguigna** che avviene secondo due percorsi:
  - il percorso "ventricolo destro ⟶ arterie polmonari ⟶ capillari polmonari ⟶ vene polmonari ⟶ atrio sinistro" forma la **piccola circolazione** o **circolazione polmonare**;
  - il percorso "ventricolo sinistro ⟶ aorta ⟶ capillari arteriosi e venosi (organi) ⟶ vene cave ⟶ atrio destro" forma la **grande circolazione**.

- Con l'ingresso del sangue nell'atrio destro **inizia la piccola circolazione**.
  - L'atrio destro si contrae (**sistole atriale**) e spinge il sangue nel ventricolo destro attraverso la valvola tricuspide. Il ventricolo destro, rilassato (**diastole ventricolare**), si riempie di sangue e poi si contrae (**sistole ventricolare**), spingendo il sangue nell'**arteria polmonare**. Attraverso l'arteria polmonare, che si divide subito in due rami, il sangue va ai due polmoni; qui, attraverso i capillari, arriva agli alveoli polmonari dove cede l'anidride carbonica e si carica di ossigeno (*respirazione esterna*). Il sangue venoso diventa così sangue arterioso e, attraverso le **vene polmonari**, ritorna nell'atrio sinistro del cuore. L'atrio si contrae (**sistole atriale**) e spinge il sangue nel ventricolo sinistro attraverso la valvola mitrale.

- Con l'ingresso nel ventricolo sinistro **inizia la grande circolazione**.
  - Il ventricolo sinistro, rilassato (**diastole ventricolare**), si riempie di sangue e si contrae (**sistole ventricolare**), spingendo il sangue arterioso nell'**aorta**.
  - Per mezzo di questa arteria il sangue viene portato in tutte le parti del corpo dove, attraverso i capillari arteriosi, cede l'ossigeno e le sostanze nutritive alle cellule e si ricarica delle sostanze di rifiuto (*respirazione interna o cellulare*).

Che cos'è e a che cosa serve il sistema linfatico?

- Il **sistema linfatico** è formato da un insieme di canali, i **vasi linfatici**, all'interno dei quali circola la **linfa**, un liquido che si forma per filtrazione del **liquido interstiziale**, il liquido che circonda le cellule e i capillari. Il liquido interstiziale in eccesso tende ad accumularsi, ma il **sistema linfatico** provvede al suo filtraggio trasformandolo in linfa e provvedendo poi al suo assorbimento e riciclo.
  Gli scambi "ossigeno, sostanze nutritive ⟶ cellula" e "cellula ⟶ anidride carbonica e sostanze di rifiuto" avvengono nel **liquido interstiziale** che circonda le cellula. Per filtrazione del liquido interstiziale in eccesso si forma la **linfa** che scorre nei vasi linfatici che costituiscono il **sistema linfatico**. Lungo i vasi linfatici sono presenti i **linfonodi** che filtrano e purificano la linfa prima che passi nel sangue e producono i **linfociti** adibiti fra l'altro alla distruzione dei microrganismi patogeni che entrano nel nostro organismo.

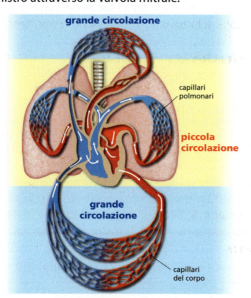

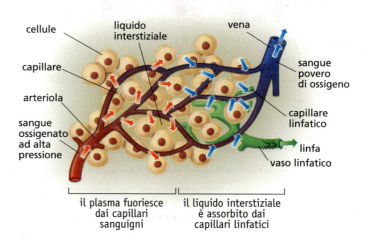

i miei appunti

→ Apparato circolatorio e sistema linfatico

ragiona e applica

... le conoscenze

1. Completa. L'apparato circolatorio è formato da:
   a. SANGUE che rappresenta MEZZO DI TRASPORTO DI SOSTANZE
   b. VASI SANGUIGNI che rappresenta IL PORTATORE DI SANGUE
   c. CUORE che rappresenta IL CUORE DEL CORPO

2. Che cos'è il cuore? Descrivilo.

3. In che cosa consiste il lavoro del cuore?

4. Che cosa si intende per ciclo cardiaco? IL TRASPORTO DEL SANGUE PER LA GRANDE E LA PICCOLA CIRCOLAZIONE / SISTOLE E DIASTOLE

5. Che cos'è il battito cardiaco? UN MOVIMENTO INVOLONTARIO DEL CUORE

6. In quanti e quali tipi si distinguono i vasi sanguigni?

7. Qual è la differenza fra i tre tipi di vasi sanguigni?

8. Da quali parti è costituito il sangue? PLASMA E PARTE CORPUSCOLATA

9. Che cosa sono e quali sono le funzioni dei globuli rossi? CELLULE PICCOLE CONTENENTI L'EMOGLOBINA

10. Che cosa sono e quali sono le funzioni dei globuli bianchi? DIFENDONO I MICRORGANISMI PATOGENI

11. Che cosa sono e quali sono le funzioni delle piastrine? COAGULANO IL SANGUE

12. Perché i globuli rossi devono essere prodotti costantemente dal midollo rosso?

13. Quanti e quali sono i gruppi sanguigni? Qual è la loro caratterizzazione?

14. Descrivi l'intero percorso del sangue partendo dal momento in cui il sangue arriva all'atrio destro del cuore.

15. Completa.
    Nel corpo umano il sangue compie due percorsi:
    a. uno forma la PICCOLA CIRCOLAZIONE
       e serve a FARE LA RESPIRAZIONE ESTERNA
    b. l'altro forma la GRANDE CIRCOLAZIONE
       e serve a FARE LA RESPIRAZIONE CELLULARE

16. Dove e in che modo il sangue venoso diventa arterioso?

17. Perché il nostro sistema circolatorio è detto chiuso? IL SANGUE NON LASCIA MAI GLI ORGANI

18. Perché la circolazione del sangue è detta doppia e completa?

19. Che cos'è e da che cosa è formato il sistema linfatico? VASI LINFATICI, AIUTA L'APPARATO CIRCOLATORIO

20. Qual è la funzione del sistema linfatico? PRODURRE I LINFOCITI E AIUTARE L'APPARATO CIRCOLATORIO

... le abilità

21. Quale dei tre grafici a fianco rappresenta in modo esatto la composizione del sangue? Segnalo.

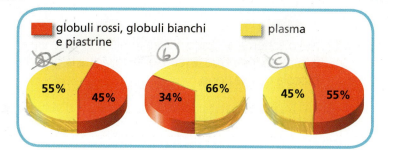

22. Giustifica le seguenti affermazioni.
   a. Una persona di gruppo sanguigno A può ricevere sangue di tipo A e 0. → PROTEINA / TUTTI
   b. Una persona di gruppo sanguigno AB può ricevere sangue di qualsiasi tipo. ENTRAMBI ANTIGENI
   c. Una persona di gruppo sanguigno 0 può ricevere solo sangue di tipo 0. NON HA ANTIGENO

23. Vero o falso? Giustifica la tua risposta.
   a. Una persona di gruppo sanguigno AB può donare il sangue solo a persone del suo stesso gruppo. VERO
   Perché NON HA NESSUN ANTICORPO
   b. Una persona di gruppo sanguigno 0 può donare il sangue a persone di qualsiasi gruppo. VERO
   Perché ANTICORPI ANTI A E ANTI B

24. Osserva le seguenti figure e individua che cosa rappresentano giustificando la risposta.

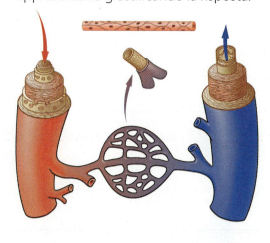

25. Nella figura sotto riconosci i due atri, i due ventricoli, la valvola tricuspide e la valvola mitrale.

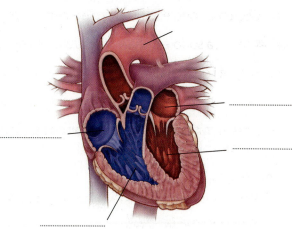

26. Vero o falso? Giustifica la tua risposta.
   a. Il cuore è diviso verticalmente in parti non comunicanti per favorire il ciclo cardiaco. VERO
   Perché ?
   b. Durante la sistole degli atri le valvole cardiache sono chiuse. FALSO
   Perché FANNO USCIRE SANGUE
   c. La circolazione è detta doppia perché trasporta ossigeno e anidride carbonica. FALSO
   Perché E DOPPIA
   d. I linfonodi appartengono alla parte corpuscolata del sangue. VERO
   Perché CHI' N SACC'?

→ Apparato circolatorio e sistema linfatico

▼ ragiona e applica

27. Nello schema a fianco colora in blu il sangue venoso e in rosso il sangue arterioso e individua la grande e la piccola circolazione.

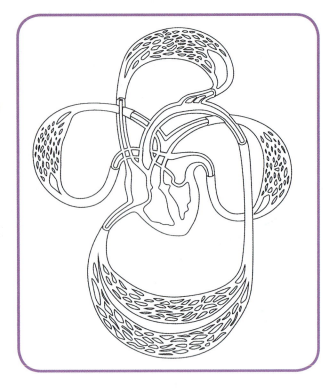

28. Stai osservando il lavoro del cuore che si trova nel momento della sistole del ventricolo sinistro. Che cosa pensi di vedere? Segna l'ipotesi esatta.

   a. Il sangue che passa nell'arteria polmonare.
   b. Il sangue che passa nell'aorta.
   c. Il sangue che passa all'atrio sinistro.

29. Il sangue dall'atrio sinistro sta scendendo nel sottostante ventricolo. Quale valvola potresti vedere aperta? Segna l'ipotesi esatta.

   a. La valvola mitrale.
   b. La valvola tricuspide.
   c. La valvola cardiaca.

30. Osserva la figura. In essa sono rappresentate le quattro fasi del ciclo cardiaco. Mettile nella giusta sequenza e indica le principali parti del cuore coinvolte in ciascuna fase.

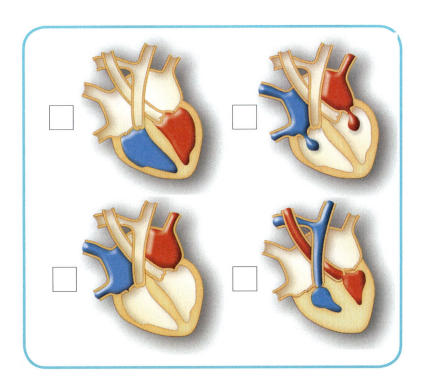

316 Biologia

Perché ne parliamo?

Durante la digestione e la respirazione, come sappiamo, avvengono delle reazioni chimiche che producono alcune sostanze di rifiuto: amminoacidi, glucosio, sali minerali e acqua in eccesso, vapore acqueo, anidride carbonica e scorie azotate.
La presenza di queste sostanze nell'organismo è nociva in quanto causerebbe fenomeni di intossicazione, è necessaria quindi la loro eliminazione.

Come avviene questa necessaria eliminazione?
Hai già visto come attraverso i polmoni, con l'aria espirata, vengono eliminati il vapore acqueo e l'anidride carbonica; e il resto?

Scoprirai che organi quali il fegato, l'intestino e la pelle sono adibiti a questa funzione di eliminazione di alcuni rifiuti con un processo che viene detto **escrezione**.

Destinato però in modo specifico all'eliminazione dei rifiuti è l'**apparato escretore** che attraverso i reni "ripulisce" il sangue selezionando ed eliminando le sostanze di rifiuto (urea, acido urico e ammoniaca) e quelle superflue (acqua e sali minerali) ed evitando così pericolose intossicazioni dell'organismo.
Un compito, come avrai capito, di fondamentale importanza. Vale la pena cercare di capire meglio queste delicate funzioni anche per comprendere l'importanza di mantenere sano il nostro apparato escretore.

Unità 18

L'APPARATO ESCRETORE

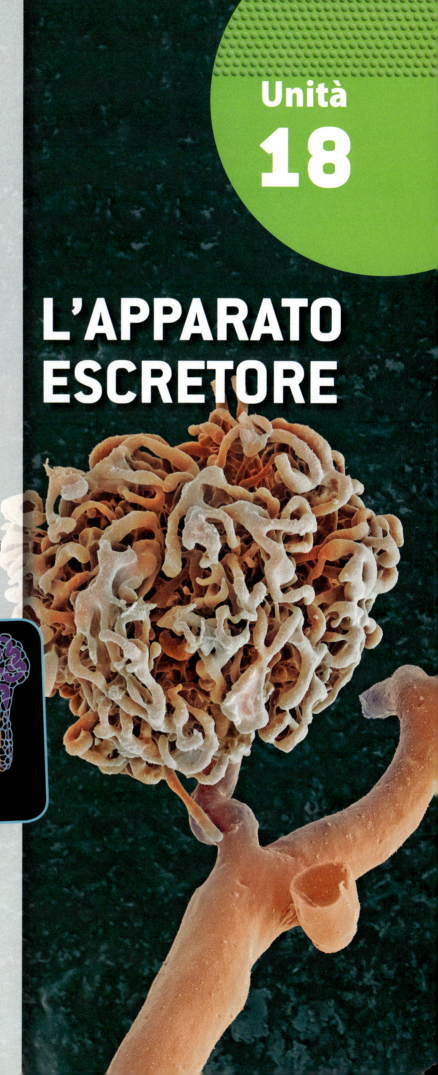

Contenuti
- **Eliminare i rifiuti**
- **Gli organi dell'apparato renale**
- **Le funzioni dell'apparato escretore**
- **Per la salute dell'apparato escretore**

Prerequisiti
- **Conoscere la struttura e le funzioni della cellula**
- **Conoscere l'organizzazione cellulare dei viventi**

Obiettivi
- **Conoscere la struttura e le funzioni dell'apparato escretore**
- **Essere consapevoli dell'importanza di mantenere sano ed efficiente l'apparato escretore**

unità 18 — L'apparato escretore

Eliminare i rifiuti

Durante lo svolgimento delle varie funzioni vitali nel nostro organismo avvengono, come abbiamo visto, reazioni chimiche che producono anche numerose sostanze di rifiuto: l'**anidride carbonica**, le **sostanze non assorbite** dall'intestino, le **sostanze azotate** (urea, acido urico, ammoniaca) provenienti dagli amminoacidi non utilizzati per formare le proteine, i **sali minerali** e l'**acqua in eccesso**. La permanenza di tutte queste sostanze nell'organismo è nociva in quanto provocherebbe gravi fenomeni di intossicazione, è necessaria quindi la loro eliminazione che avviene con un processo, chiamato **escrezione**, effettuato da vari organi. Osserva.

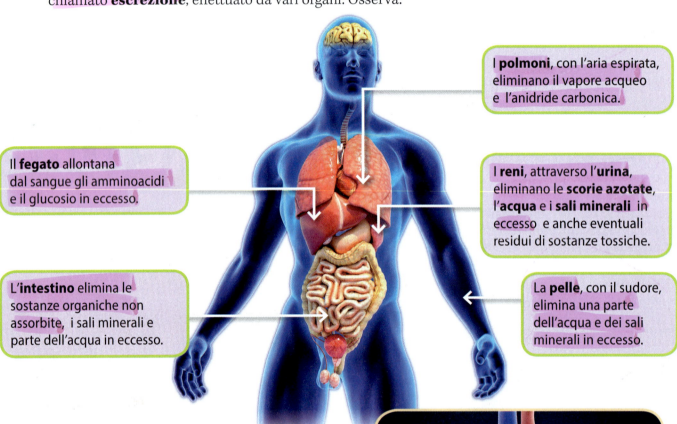

Il **fegato** allontana dal sangue gli amminoacidi e il glucosio in eccesso.

L'**intestino** elimina le sostanze organiche non assorbite, i sali minerali e parte dell'acqua in eccesso.

I **polmoni**, con l'aria espirata, eliminano il vapore acqueo e l'anidride carbonica.

I **reni**, attraverso l'**urina**, eliminano le **scorie azotate**, l'**acqua** e i **sali minerali** in eccesso e anche eventuali residui di sostanze tossiche.

La **pelle**, con il sudore, elimina una parte dell'acqua e dei sali minerali in eccesso.

Adibito in modo specifico all'eliminazione dei rifiuti è l'**apparato escretore** propriamente detto, ovvero l'**apparato renale** formato:

- dai **reni**, gli organi nei quali si forma l'urina;
- dagli **ureteri**, gli organi attraverso i quali l'urina passa nella vescica;
- dalla **vescica**, dove si raccoglie l'urina;
- dall'**uretra**, da dove avviene l'espulsione dell'urina.

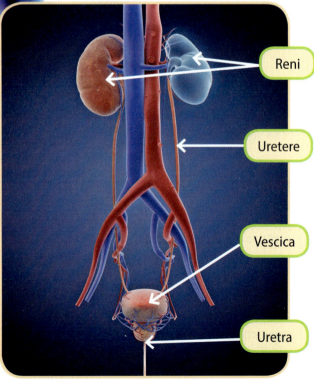

Reni

Uretere

Vescica

Uretra

Test rapido

- Che cos'è l'escrezione?
- Quali organi effettuano processi di escrezione?
- Qual è l'apparato escretore propriamente detto?

318 Biologia

Gli organi dell'apparato renale

Osserviamo gli organi che costituiscono l'**apparato renale**.

I **reni**, destro e sinistro, sono situati nella parte posteriore dell'addome, ai lati della colonna vertebrale, e hanno la forma di due grossi fagioli di colore rosso scuro.
Sezionato longitudinalmente, un rene appare formato da tre zone:
- la zona esterna, alquanto compatta, detta **zona corticale** o **corteccia**;
- la zona interna, detta **zona midollare** o **midolla**, nella quale sono presenti particolari strutture chiamate **piramidi del Malpighi**;
- il **bacinetto renale**, la zona dove entra l'arteria renale ed esce la vena renale; nel bacinetto si raccoglie l'urina prima di lasciare il rene attraverso l'uretere.

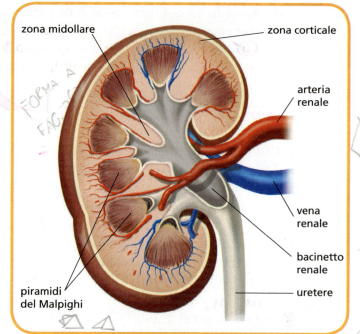

Se osserviamo un rene al microscopio, notiamo che sia la zona corticale sia la zona midollare risultano formate da particolari strutture, i **nefroni**.
Il **nefrone** è l'effettiva unità funzionale del rene in quanto provvede alla formazione dell'urina.
Esso è formato da un fitto groviglio di capillari arteriosi, detto **glomerulo**, dove viene filtrato il sangue; il glomerulo è contenuto nella **capsula di Bowman**, una struttura a forma di calice.

Da questa capsula si diparte un lungo tubo, detto **tubulo renale contorto**, dove una parte delle sostanze filtrate viene riassorbita nel sangue.
Questo tubulo attraversa la **zona delle piramidi** e sbocca nel **tubulo collettore**.

I vari tubuli collettori terminano nel **bacinetto renale** da cui si diparte l'**uretere**, un condotto muscolare che attraversa la cavità addominale e sbocca nella vescica.
La **vescica** è un sacco muscolare dove si raccoglie l'urina proveniente dai reni; l'urina passa infine all'**uretra**, un tubicino che sbocca all'esterno e permette l'espulsione dell'urina.

Test rapido

- Quali sono le zone che formano un rene?
- Qual è l'unità funzionale del rene?
- Che cosa sono l'uretere, la vescica e l'uretra?

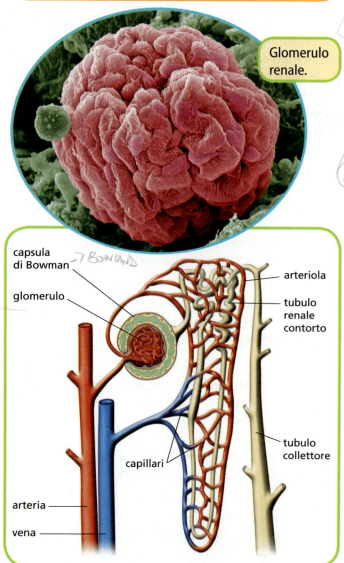

Glomerulo renale.

unità 18 Le funzioni dell'apparato escretore

In che modo l'apparato renale esplica la funzione di formare l'urina e di espellerla all'esterno?

Il sangue carico delle sostanze di rifiuto o in eccesso, attraverso l'arteria renale, arriva ai reni e quindi raggiunge i glomeruli.
Qui, attraverso le pareti dei capillari, avviene il processo di **filtrazione** del sangue e, nella capsula di Bowman, si raccoglie un liquido simile al plasma sanguigno, contenente sostanze quali l'urea, l'acqua, i sali minerali e alcuni principi nutritivi (soprattutto glucosio).

Questo liquido percorre il tubulo renale contorto dove avviene il riassorbimento di alcune sostanze ancora utili all'organismo, acqua, sali minerali e glucosio, detto **riassorbimento preferenziale** o **selettivo**.
Nel tubulo restano così solo le sostanze di rifiuto (urea, acido urico e ammoniaca) e quelle superflue (acqua e sali minerali), queste sostanze costituiscono l'**urina**.
L'urina viene incanalata nei tubuli collettori, passa nei bacinetti renali e, attraverso gli ureteri, si accumula nella vescica, che si svuota periodicamente attraverso l'uretra.

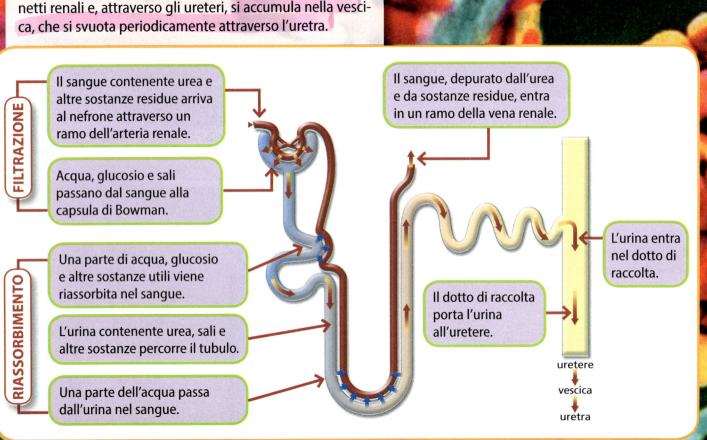

FILTRAZIONE
- Il sangue contenente urea e altre sostanze residue arriva al nefrone attraverso un ramo dell'arteria renale.
- Acqua, glucosio e sali passano dal sangue alla capsula di Bowman.

RIASSORBIMENTO
- Una parte di acqua, glucosio e altre sostanze utili viene riassorbita nel sangue.
- L'urina contenente urea, sali e altre sostanze percorre il tubulo.
- Una parte dell'acqua passa dall'urina nel sangue.

- Il sangue, depurato dall'urea e da sostanze residue, entra in un ramo della vena renale.
- L'urina entra nel dotto di raccolta.
- Il dotto di raccolta porta l'urina all'uretere.

uretere
vescica
uretra

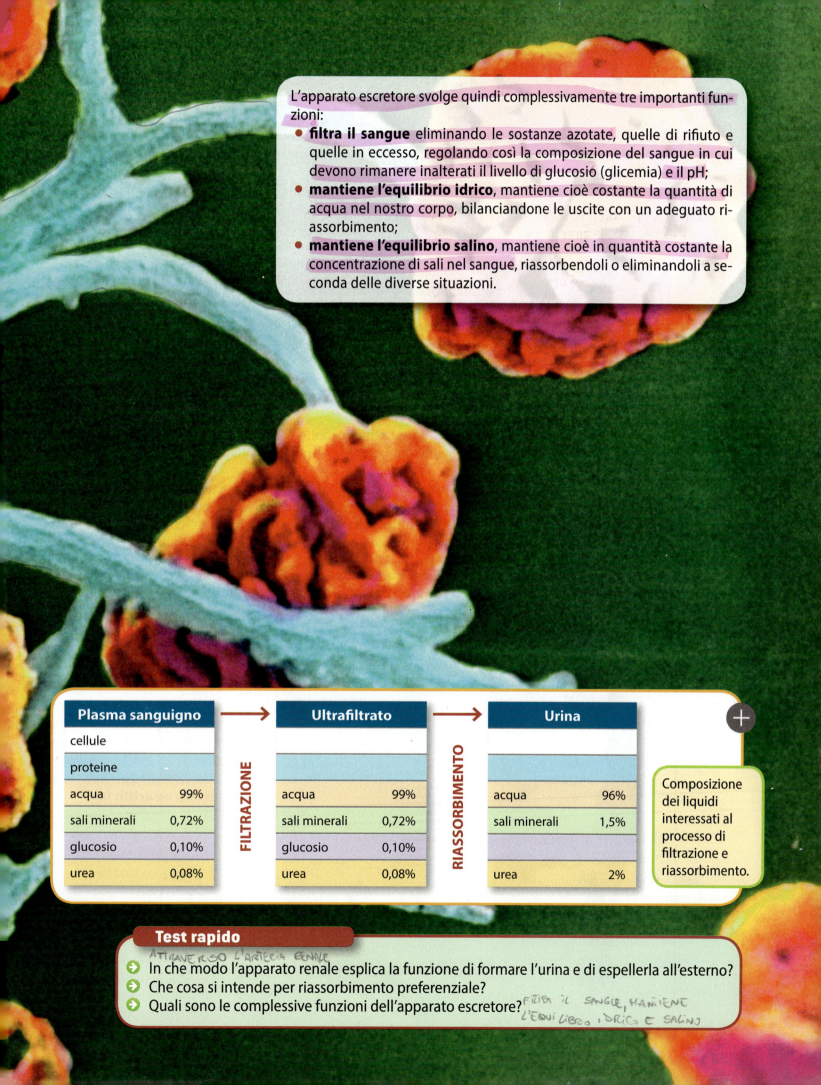

L'apparato escretore svolge quindi complessivamente tre importanti funzioni:
- **filtra il sangue** eliminando le sostanze azotate, quelle di rifiuto e quelle in eccesso, regolando così la composizione del sangue in cui devono rimanere inalterati il livello di glucosio (glicemia) e il pH;
- **mantiene l'equilibrio idrico**, mantiene cioè costante la quantità di acqua nel nostro corpo, bilanciandone le uscite con un adeguato riassorbimento;
- **mantiene l'equilibrio salino**, mantiene cioè in quantità costante la concentrazione di sali nel sangue, riassorbendoli o eliminandoli a seconda delle diverse situazioni.

Plasma sanguigno			Ultrafiltrato			Urina	
cellule							
proteine							
acqua	99%		acqua	99%		acqua	96%
sali minerali	0,72%		sali minerali	0,72%		sali minerali	1,5%
glucosio	0,10%		glucosio	0,10%			
urea	0,08%		urea	0,08%		urea	2%

FILTRAZIONE → RIASSORBIMENTO

Composizione dei liquidi interessati al processo di filtrazione e riassorbimento.

Test rapido

- In che modo l'apparato renale esplica la funzione di formare l'urina e di espellerla all'esterno? *Attraverso l'arteria renale*
- Che cosa si intende per riassorbimento preferenziale?
- Quali sono le complessive funzioni dell'apparato escretore? *Filtra il sangue, mantiene l'equilibrio idrico e salino*

→ L'apparato escretore

unità 18
Per la salute dell'apparato escretore

L'apparato escretore è soggetto a molte malattie le cui conseguenze possono essere a volte gravi perché ne alterano la capacità di filtrare il sangue causando gravi stati di intossicazione all'organismo. Ricordiamone alcune.

- La **nefrite** è un'infiammazione che può interessare le varie strutture del rene: i glomeruli, i tubuli o il tessuto connettivo stesso. La forma più diffusa colpisce i glomeruli (**glomerulonefrite**) ed è causata dalle tossine prodotte da vari germi che passano nel sangue attraverso le tonsille e la gola. È caratterizzata da aumento della pressione sanguigna, diminuzione dell'urina, gonfiore al viso, aumento del tasso di azoto nel sangue e tracce di sangue nell'urina.

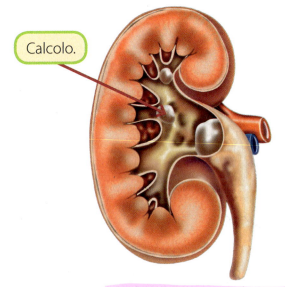

Calcolo.

- La **cistite** è un'infiammazione della vescica dovuta di solito a germi patogeni tra cui l'*Escherichia coli*. È caratterizzata dal continuo bisogno di espellere urina, con bruciore e dolore alla parte bassa dell'addome. Va subito curata perché rappresenta un focolaio di infiammazione che potrebbe raggiungere i reni e procurare gravi danni.

- I **calcoli renali** sono formazioni solide simili a piccole pietre dovute alla cristallizzazione di alcune sostanze disciolte nell'urina che, aggregandosi, non riescono a passare nell'uretere e si depositano nel bacinetto renale provocando violenti e improvvisi dolori a livello della regione lombare, le **coliche renali**, con presenza di sangue nelle urine.
Se i calcoli non vengono espulsi spontaneamente, bisogna rimuoverli chirurgicamente per evitare infezioni dovute al ristagno di urina. Attualmente prima di ricorrere all'asportazione chirurgica, si tenta di farli uscire sbriciolandoli prima con un'apparecchiatura, il **litotritore**.

Qualsiasi malattia delle vie urinarie o disfunzione renale va curata subito o, meglio ancora, prevenuta perché può causare l'**insufficienza renale**, la ridotta capacità dei reni di filtrare il sangue che, intossicando tutto l'organismo, compromette la funzionalità di quasi tutti gli apparati e può portare al coma irreversibile e alla morte.

L'**insufficienza renale cronica non è curabile** e le persone che ne sono affette sopravvivono grazie all'**emodialisi** o **dialisi**, una depurazione artificiale e periodica del sangue mediante una complessa macchina detta **rene artificiale**.

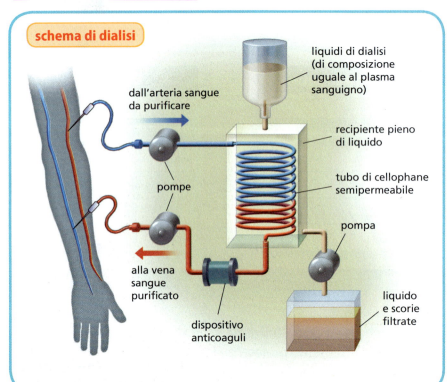

Il **rene artificiale** è un apparecchio che fa circolare il sangue attraverso un "filtro" esterno che sostituisce il rene che non funziona e consente di depurare il sangue e ristabilire l'equilibrio idrico dell'organismo.

Le tante persone che sono costrette a sottoporsi alla dialisi devono sottostare a notevoli limitazioni e interrompere qualsiasi attività a intervalli fissi e regolari per recarsi al centro di dialisi dove sono in cura. Tra una dialisi e l'altra i malati possono svolgere le loro normali attività ma, soprattutto, possono vivere, cosa che, senza il rene artificiale, non sarebbe loro possibile.

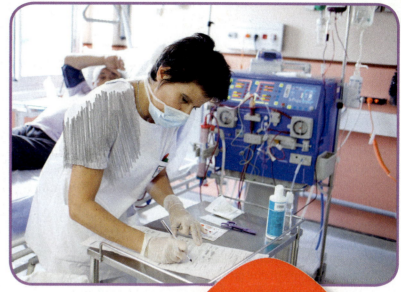

La cura definitiva dell'insufficienza renale consiste nel **trapianto di reni**, cioè nella sostituzione di almeno uno dei due reni malati con un rene sano prelevato da un donatore: un solo rene è infatti sufficiente per condurre un'esistenza del tutto normale.

Purtroppo la disponibilità di organi per il trapianto è sempre molto limitata e, almeno fino a oggi, ci sono lunghe liste di attesa. Esiste un'associazione nazionale, l'**AIDO**, che ha lo scopo di sensibilizzare la popolazione alla donazione di organi e di assistere trapiantati e donatori.

Il compito dell'apparato escretore, "ripulire" il sangue dalle sostanze tossiche evitando avvelenamenti dell'organismo con conseguenze mortali, è di fondamentale importanza.

Come possiamo mantenere sano il nostro apparato escretore?

- È importante un'attenta opera di prevenzione contro le malattie che lo possono colpire e il sistema più efficace è la **diagnosi precoce**.
- Una periodica analisi delle urine permette di diagnosticare per tempo l'insorgere di alcune malattie che possono portare all'insufficienza renale.
- È bene seguire una **dieta controllata** povera di sale e di proteine soprattutto di origine animale che causano un aumento delle scorie azotate.
- Evitare l'assunzione di sostanze alcoliche e l'**abuso di farmaci** spesso estremamente lesivi per i reni.
- È sempre un'abitudine salutare **bere molta acqua** povera di sali minerali perché facilita il lavoro dei reni.

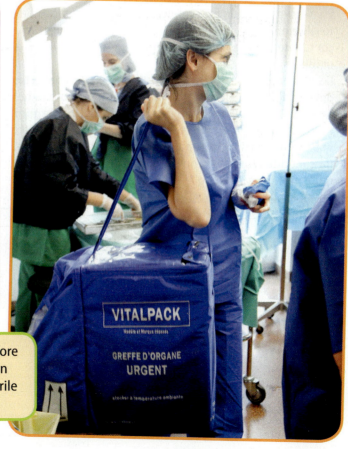

Il rene di un donatore viene trasportato in un contenitore sterile e refrigerato.

unità 18 → L'apparato escretore

Qual è l'apparato escretore propriamente detto?

- L'**apparato escretore** propriamente detto è l'**apparato renale** formato dai **reni**, gli organi nei quali si forma l'urina, dagli **ureteri**, gli organi attraverso i quali l'urina passa nella vescica, dalla **vescica**, dove si raccoglie l'urina e dall'**uretra**, da dove avviene l'espulsione dell'urina.

Come sono formati i reni?

- I **reni**, situati posteriormente ai lati della colonna vertebrale, hanno la forma di due grossi fagioli di colore rosso scuro. Sezionato longitudinalmente, un rene appare formato da tre zone:
  > la zona esterna, alquanto compatta, detta **zona corticale** o **corteccia**;
  > la zona interna, detta **zona midollare** o **midolla**, nella quale sono presenti particolari strutture chiamate **piramidi del Malpighi**;
  > il **bacinetto renale**, la zona dove entra l'arteria renale ed esce la vena renale; nel bacinetto si raccoglie l'urina prima di lasciare il rene attraverso l'uretere.

Che cos'è il nefrone?

- Il **nefrone** è l'effettiva unità funzionale del rene in quanto provvede alla formazione dell'urina.
  Esso è formato da un fitto groviglio di capillari arteriosi, detto **glomerulo**, dove viene filtrato il sangue; il glomerulo è contenuto nella **capsula di Bowman**, una struttura a forma di calice.
  Da questa capsula si diparte il **tubulo renale contorto**, dove una parte delle sostanze filtrate viene riassorbita nel sangue. Questo tubulo attraversa la **zona delle piramidi** e sbocca nel **tubulo collettore**. I vari tubuli collettori terminano nel **bacinetto renale** da cui si diparte l'**uretere**, un condotto muscolare che sbocca nella **vescica**, un sacco muscolare dove si raccoglie l'urina che poi passa all'**uretra**, un tubicino che sbocca all'esterno e permette l'espulsione dell'urina.

In che modo funziona l'apparato escretore?

- Il sangue carico delle sostanze di rifiuto o in eccesso raggiunge i glomeruli. Qui, attraverso le pareti dei capillari, avviene il processo di **filtrazione** del sangue e, nella capsula di Bowman, si raccoglie un liquido contenente sostanze quali l'urea, l'acqua, i sali minerali e alcuni principi nutritivi. Questo liquido percorre il tubulo renale contorto dove avviene il riassorbimento di alcune sostanze ancora utili all'organismo, detto **riassorbimento preferenziale** o **selettivo**. Nel tubulo restano così solo le sostanze di rifiuto e quelle superflue, che costituiscono l'**urina**. L'urina viene incanalata nei tubuli collettori, passa nei bacinetti renali e, attraverso gli ureteri, si accumula nella vescica, che si svuota periodicamente attraverso l'uretra. A questo punto il sangue depurato esce dal rene attraverso la vena renale e ritorna nel circolo sanguigno.

Quali sono le funzioni complessive dell'apparato escretore?

> **Filtra il sangue** eliminando le sostanze azotate, quelle di rifiuto e quelle in eccesso, regolando così la composizione del sangue.
> **Mantiene l'equilibrio idrico**, mantiene cioè costante la quantità di acqua nel nostro corpo.
> **Mantiene l'equilibrio salino**, mantiene cioè costante la concentrazione di sali nel sangue.

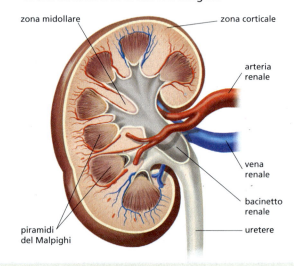

i miei appunti

unità 18 — L'apparato escretore

ragiona e applica

... le conoscenze

1. Quali sostanze di rifiuto produce il nostro organismo?

2. Come vengono eliminate le sostanze di rifiuto? Completa.
   a. La pelle elimina *sudore*
   b. Il fegato elimina *amminoacidi e glucoso in eccesso*
   c. I polmoni eliminano *anidride carbonica*
   d. L'intestino elimina *sostanze organiche non assorbite*
   e. I reni eliminano *l'urina*

3. Da quali organi è formato l'apparato escretore? *Reni ed (uretra, ureteri e vescica)*

4. Qual è la struttura del rene?

5. Qual è l'unità funzionale del rene? Descrivine la struttura. *Nefrone — Capsula di Bowman, glomerulo renale*

6. Collega con una freccia ciascun termine con la sua funzione.

   a. reni
   b. uretere
   c. uretra
   d. vescica
   e. arteria renale

   1. vaso che va al rene portando sangue da filtrare
   2. unità funzionale dei reni
   3. organi escretori ai lati della colonna vertebrale
   4. tubo che collega il rene alla vescica
   5. vaso che porta in circolo il sangue filtrato
   6. organo che raccoglie l'urina
   7. tubicino che collega la vescica con l'esterno

7. Qual è il percorso esatto dell'urina, dalla formazione all'espulsione? Segna la risposta esatta.
   a. Reni → uretra → vescica → ureteri
   b. Reni → vescica → ureteri → uretra
   c. Reni → ureteri → vescica → uretra

8. Quali sono le funzioni dell'apparato escretore? Descrivile.

9. In che modo possiamo mantenere efficiente l'apparato escretore?

... le abilità

10. Nella figura a fianco individua i principali organi dell'apparato escretore.

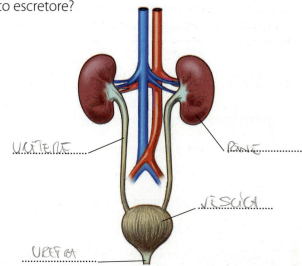

uretere — rene — vescica — uretra

unità 18 — L'apparato escretore — ragiona e applica

11. Osserva la sezione di un rene e individuane le varie parti.

12. Nel seguente schema di nefrone individua le parti richieste.

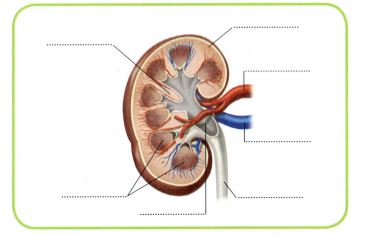
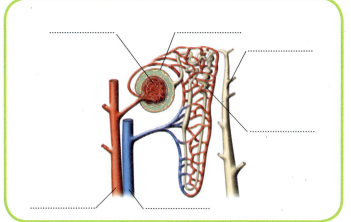

13. Quale funzione svolge la fitta rete di capillari arteriosi di ogni nefrone?

14. La seguente figura schematizza i processi che avvengono all'interno del glomerulo e del tubulo renale. Scrivi i nomi di quanto richiesto e rispondi alle seguenti domande.

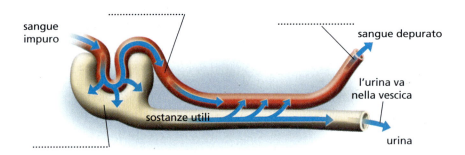

a. Quale fenomeno è messo in evidenza dalla figura?
b. Quali sostanze si raccolgono nella capsula di Bowman?
c. Quali di queste sostanze vengono riassorbite?
d. Qual è la composizione finale dell'urina?

15. Quale di questi tre processi si attua mediante il riassorbimento preferenziale? Segna la risposta esatta.
   a. Eliminazione delle sostanze di rifiuto.
   b. Recupero delle sostanze nutritive.
   c. Accumulo di glucosio.

16. Secondo te la quantità di urina prodotta giornalmente da un individuo è maggiore durante l'estate o l'inverno? Giustifica la risposta.

17. Vero o falso? Scrivilo accanto a ciascuna affermazione.
   a. Attraverso l'arteria renale passa sangue carico di sostanze di rifiuto. ....
   b. Il sangue depurato esce dal rene attraverso l'arteria renale. ....
   c. Attraverso la vena renale avviene il riassorbimento delle sostanze ancora utili. ....
   d. L'urina attraversa l'uretra e si accumula nella vescica. ....